Basic
Seminar
on
Civil
Procedure

基礎演習
民事訴訟法
［第3版］

【編著者】

長谷部由起子
Hasebe, Yukiko

山本　弘
Yamamoto, Hiroshi

笠井正俊
Kasai, Masatoshi

第3版はしがき

　このたび、第3版を刊行する運びとなった。

　第2版を刊行した2013年以降、新たな判例や文献が公表されたことにくわえ、本年5月には民法（債権関係）に関する改正法が成立するなど、関係する法令にも変化が生じた。これらを踏まえて記述を見直し、項目によっては全面的に書き改め、判例・文献をアップデートするなどの改訂作業を行った。読者のみなさんからこれまでにいただいたご指摘にも配慮したので、いっそう使いやすいものになったのではないかと期待している。

　今回の改訂の特徴は、以下の点にある。

・上記の民法改正に対応したのみならず、改正前の民法（現行規定）にも対応していること。

・「8　自白」の項目の執筆者が交代し、新たに書き下ろしたこと。

・「12　文書提出命令」の項目については、判例の発展に対応して［ケース］の設定から書き改めたこと。

　法科大学院をめぐる状況は依然として厳しく、法学部教育についても改革の動きが伝えられる昨今ではあるが、法曹を目指す学生諸君にとって民事訴訟法の学習が重要であることに変わりはない。本書が民事訴訟法の学習に役立つものとなるよう、今後も工夫を重ねていきたいと考えている。

　最後になったが、初版以来、大変お世話になっている弘文堂編集部の高岡俊英さんに、心より御礼申し上げる。

　2017年12月

編著者一同

初版はしがき

　2004年に始まった法科大学院制度も、今年で7年目を迎える。

　この間、法科大学院の民事訴訟法の授業を担当して強く感じたのは、法学部で民事訴訟法の基礎を修得することの重要性であった。たとえば、法科大学院の既修者コースに入学してきた学生諸君の中にも、民事訴訟法が苦手だという人はかなり多い。基本的な事項についての正確な理解を学部時代に身につけておいてくれたなら、法科大学院の民事訴訟法の勉強はもっと楽しく、おもしろくなるのにと思うことも、しばしばあった。

　本書は、そうした問題意識から、法学部の学生諸君のための教材として編集された。演習その他の少人数の授業や学生同士の自主的な勉強会で、活用されることを願っている。

　他方、法科大学院未修者コースの学生は、1年次に必修科目として民事訴訟法を基礎から学ぶこととなるが、上記のような問題意識から編まれた本書は、その副教材としても役立つところがきわめて大きいのではないかと考える。

　選択した30の項目は、法学部を卒業するまでにぜひとも理解しておいてほしいものである。それぞれについて［ケース］を設定し、［設問］を掲げ、［解説］を加えるスタイルをとった。［ケース］は、典型的な事例を取り上げ、論点がわかりやすいように、できるかぎりシンプルな内容にした。［設問］では、基本的な事項の理解を問い、［解説］では、初歩的な事項から始めて、発展的な内容にいたるまで、順序を追って理解を深められるようにした。冒頭の導入部分で、その項目で扱う問題の要点をまとめたので、これを参考に教科書の該当箇所を読んでおくと、理解しやすいと思う。また、応用力を養えるように、末尾には［発展問題］と［発展問題のヒント］、［参考文献］を付加した。

　項目の順序は、標準的な教科書の目次にしたがっているが、「審判権の限界」「訴訟と非訟」「境界確定訴訟」の3項目は、最終章で扱うことにした。これらの検討は、民事訴訟の基本原則と手続の概要を学んだあとにしたほうが、学習効果が上がると考えたためである。

　本書がなったのは、きわめて多忙な中、執筆をご快諾くださり、編者からの注文にも快く応じてくださった皆様のご協力があったからこそである。こ

の場を借りて厚く御礼申し上げたい。

　最後になったが、弘文堂編集部の高岡俊英さんには、企画の段階から大変お世話になった。心より御礼申し上げる。

　2010年3月

編著者一同

第2版はしがき

　本書の初版を刊行してから早いもので、まもなく3年になる。

　この間に、新しい判例や文献が公表されたほか、非訟事件手続法および家事審判法が改正され、新非訟事件手続法および家事事件手続法が本年1月1日に施行されるにいたった。これらを踏まえて、記述の補充・改訂を行い、事項索引も付けて、新しい版として送り出すこととなった。読者のみなさんにとって、いっそう使いやすいものになっていることを期待している。

　本書は、法学部に在学し、民事訴訟法の講義を受講している、あるいは、法科大学院未修者コースに入学してこれから民事訴訟法を本格的に勉強しようとしている、といった学生諸君が、基本的な事項についての理解を深め、応用力を養うことができるような演習書を目指して、企画されたものであった。ところが、刊行してみると、既修者として法科大学院に入学した学生諸君の中に、少なからぬ読者を得ることができたと聞き及んでいる。そうしたレベルの学生諸君が本書を利用されることは当初は想定していなかったが、読者層が広がったのは、執筆者の皆様が［ケース］［設問］［解説］［発展問題］に様々な工夫をしてくださったことによるものと思う。これからも、少しでも多くの方々に本書を使っていただき、民事訴訟法の学習に役立てていただけるのならば、これに優る喜びはない。

　今回の改訂作業にあたっても、執筆者の皆様にはきわめて多忙な中、行き届いたご配慮をいただいた。この場を借りて厚く御礼申し上げたい。

　最後になったが、弘文堂編集部の高岡俊英さんには、初版に引き続き大変お世話になった。心より御礼申し上げる。

　2013年2月

編著者一同

目次 contents

第1章——訴訟要件

1） 当事者能力 　　　　　　　　　　　名津井吉裕 ……… *1*

2） 当事者適格（1）法定訴訟担当 　　松下淳一 ……… *13*

3） 当事者適格（2）任意的訴訟担当 　堀野　出 ……… *24*

4） 代理（法定代理・訴訟代理・法人の代表）　林　昭一 ……… *36*

5） 訴えの利益 　　　　　　　　　　　野村秀敏 ……… *48*

6） 二重起訴の禁止 　　　　　　　　　三木浩一 ……… *60*

第2章——審判の対象と資料

7） 弁論主義 　　　　　　　　　　　　笠井正俊 ……… *74*

8） 自　白 　　　　　　　　　　　　　菱田雄郷 ……… *87*

9） 釈明権 　　　　　　　　　　　　　坂田　宏 ……… *100*

第3章——審理の過程

10） 主張・証明責任——要件事実入門 　下村眞美 ……… *112*

11） 自由心証・証明度 　　　　　　　　山田　文 ……… *125*

12） 文書提出命令 　　　　　　　　　　北村賢哲 ……… *138*

第4章——判決および訴訟の終了

13） 基準時後の形成権の行使 　　　　　内山衛次 ……… *153*

14） 既判力の客観的範囲・一部請求・相殺 　越山和広 ……… *164*

15） 既判力の主観的範囲 　　　　　　　本間靖規 ……… *179*

16） 争点効・信義則 　　　　　　　　　原　強 ……… *190*

17） 和　解 　　　　　　　　　　　　　垣内秀介 ……… *204*

第5章——多数当事者訴訟

18）通常共同訴訟
（同時審判申出共同訴訟・訴えの主観的予備的併合）　水元宏典 ········ 219

19）固有必要的共同訴訟　山本克己 ········ 230

20）類似必要的共同訴訟　和田吉弘 ········ 240

21）独立当事者参加　畑　瑞穂 ········ 253

22）補助参加の利益　山本和彦 ········ 263

**23）補助参加人の権限と
判決効・訴訟告知の効力**　髙田昌宏 ········ 275

24）訴訟承継　岡田幸宏 ········ 287

第6章——上訴・再審

25）上訴の利益　上野泰男 ········ 298

26）不利益変更禁止の原則　勅使川原和彦 ········ 310

27）再　審　山本　弘 ········ 321

第7章——民事紛争と民事訴訟

28）審判権の限界　安西明子 ········ 331

29）訴訟と非訟　長谷部由起子 ········ 341

30）境界確定訴訟　八田卓也 ········ 353

事項索引······巻末

〔凡　　例〕

●主要な法令名の略語は一般に用いられているものによった。条文に関し、特に断りのないものは民事訴訟法の条文である。

〔文献略語表〕

●概説書・論文集

アルマ・民訴	山本弘=長谷部由起子=松下淳一・民事訴訟法（第2版）〔有斐閣・2013〕
伊藤・当事者	伊藤眞・民事訴訟の当事者〔弘文堂・1978〕
伊藤・民訴法	伊藤眞・民事訴訟法（第5版）〔有斐閣・2016〕
伊藤・古稀	髙橋宏志=上原敏夫=加藤新太郎=林道晴=金子宏直=水元宏典=垣内秀介編・民事訴訟の現代的使命—伊藤眞先生古稀祝賀論文集〔有斐閣・2015〕
井上・多数当事者法理	井上治典・多数当事者訴訟の法理〔弘文堂・1981〕
上野・古稀	加藤哲夫=本間靖規=髙田昌宏編・現代民事手続の法理（上野泰男先生古稀祝賀論文集〔弘文堂・2017〕
春日・証拠法研究	春日偉知郎・民事証拠法研究〔有斐閣・1991〕
兼子・研究(1)〜(3)	兼子一・民事法研究第1巻〜第3巻〔酒井書店・1950〜1964〕
兼子・体系	兼子一・民事訴訟法体系〔酒井書店・初版1954、新修初版1956〕
兼子・還暦(上)(中)(下)	兼子博士還暦記念・裁判法の諸問題(上)（1969)・(中)（1969)・(下)（1970)〔有斐閣〕
小山ほか・演習民訴	小山昇=中野貞一郎=松浦馨=竹下守夫編・演習民事訴訟法〔青林書院・1987〕
新堂・争点効(上)(下)	新堂幸司・訴訟物と争点効(上)（1988)・(下)（1991)〔有斐閣〕
新堂・役割	新堂幸司・民事訴訟制度の役割〔有斐閣・1993〕
新堂・判例	新堂幸司・判例民事手続法〔弘文堂・1994〕
新堂・基礎	新堂幸司・民事訴訟法学の基礎〔有斐閣・1998〕
新堂・展開	新堂幸司・民事訴訟法学の展開〔有斐閣・2000〕
新堂・新民訴	新堂幸司・新民事訴訟法（第5版）〔弘文堂・2011〕
新堂古稀(上)(下)	新堂幸司先生古稀祝賀・民事訴訟法理論の新たな構築(上)(下)〔有斐閣・2001〕
新堂編・特講	新堂幸司編著　特別講義民事訴訟法〈法学教室全書〉〔有斐閣・1988〕
鈴木・古稀	福永有利=井上治典=伊藤眞=松本博之=德田和幸=髙橋宏志=高田裕成=山本克己『民事訴訟法の史的展開（鈴木止裕先生古稀祝賀）〔有斐閣・2002〕
髙橋・重点(上)(下)	髙橋宏志・重点講義民事訴訟法（上・第2版補訂版）（2013)・(下・第2版補訂版）（2014)〔有斐閣〕
谷口・口述	谷口安平・口述民事訴訟法〔成文堂・1987〕
德田・古稀	山本克己=笠井正俊=山田文編・民事手続法の現代的課題と理論的解明（德田和幸先生古稀祝賀論文集）〔弘文堂・2017〕
中田還暦(上)(下)	中田淳一先生還暦記念・民事訴訟の理論(上)（1969)・(下)（1970)〔有斐閣〕
中野・論点Ⅰ	中野貞一郎・民事訴訟法の論点Ⅰ〔判例タイムズ社・1994〕
中野古稀(上)(下)	中野貞一郎先生古稀祝賀・判例民事訴訟法の理論(上)(下)〔有斐閣・1995〕
中野ほか・講義	中野貞一郎=松浦馨=鈴木正裕編・新民事訴訟法講義（第2版補訂2版）〔有斐閣・2008〕

福永・当事者論　　　福永有利・民事訴訟当事者論〔有斐閣・2004〕
松本＝上野・民訴　　松本博之＝上野泰男・民事訴訟法（第8版）〔弘文堂・2015〕
松本・古稀　　　　　徳田和幸＝上野泰男＝本間靖規＝高田裕成＝髙田昌宏編・民事手続法制の展開
　　　　　　　　　　　と手続原則（松本博之先生古稀祝賀論文集〔弘文堂・2016〕
三ケ月・研究(1)～(10)　三ケ月章・民事訴訟法研究第1巻～第10巻〔有斐閣・1962～1989〕
三ケ月・全集　　　　三ケ月章・民事訴訟法〔有斐閣（法律学全集）・1959〕
三ケ月・民訴　　　　三ケ月章・民事訴訟法（第3版）〔弘文堂・1992〕
三ケ月ほか・新版演習民訴(1)　三ケ月章＝中野貞一郎＝竹下守夫編『新版・民事訴訟法演習1〔判決
　　　　　　　　　　手続(1)〕』〔有斐閣・1983〕
三ケ月ほか・新版演習民訴(2)　三ケ月章＝中野貞一郎＝竹下守夫編『新版・民事訴訟法演習2〔判決
　　　　　　　　　　手続(2)・民事執行〕』〔有斐閣・1983〕
山本・基本問題　　　山本和彦・民事訴訟法の基本問題〔判例タイムズ社・2002〕

●注釈書
コンメ民訴Ⅰ・Ⅱ・Ⅲ・Ⅳ・Ⅴ　秋山幹男＝伊藤眞＝加藤新太郎＝高田裕成＝福田剛久＝山本和彦〔菊
　　　　　　　　　　井維大＝村松俊夫原著〕・コンメンタール民事訴訟法Ⅰ（第2版追補版・
　　　　　　　　　　2014）・Ⅱ（第2版・2006）、Ⅲ（2008）、Ⅳ（2010）Ⅴ（2012）Ⅵ
　　　　　　　　　　（2014）Ⅶ（2016）〔日本評論社〕
条解民訴　　　　　　松浦馨＝新堂幸司＝竹下守夫＝高橋宏志＝加藤新太郎＝上原敏夫＝高田裕成〔兼子一
　　　　　　　　　　原著〕条解民事訴訟法（第2版）〔弘文堂・2011〕
注解民訴(1)～(11)　　斎藤秀夫＝小室直人＝西村宏一＝林屋礼二編著・注解民事訴訟法（第2版）第1
　　　　　　　　　　巻～第11巻〔第一法規・1991～1996〕
注釈民訴(1)～(9)　　新堂幸司＝鈴木正裕＝竹下守夫編集代表・注釈民事訴訟法第1巻～第9巻〔有斐
　　　　　　　　　　閣・1991～1998〕
注釈民訴5巻　　　　高田裕成＝三木浩一＝山本克己＝山本和彦編第5巻（2015）〔有斐閣〕

●講座
講座民訴①～⑦　　　新堂幸司編集代表・講座民事訴訟第1巻～第7巻〔弘文堂・1983～1985〕
講座新民訴Ⅰ～Ⅲ　　竹下守夫編集代表・講座新民事訴訟法第1巻～第3巻〔弘文堂・1998～
　　　　　　　　　　1999〕
実務民訴講座(1)～(10)　鈴木忠一＝三ケ月章編・実務民事訴訟講座第1巻～第10巻〔日本評論社・
　　　　　　　　　　1969～1971〕
新実務民訴講座(1)～　鈴木忠一＝三ケ月章編・新・実務民事訴訟講座第1巻～第14巻〔日本評論
　　　　　　　　　　社・1982～1984〕
実務民訴講座〔第3期〕①～⑥　　新堂幸司監修・髙橋宏志・加藤新太郎編集第1巻～第6巻〔日
　　　　　　　　　　本評論社・2012～2014〕
民訴講座(1)～(5)　　民事訴訟法学会編・民事訴訟法講座第1巻～第5巻〔有斐閣・1954～1956〕

●別冊等
研究会新民訴法　　ジュリスト増刊　研究会新民事訴訟法─立法・解釈・運用〔有斐閣・1999〕
ジュリ争点　　　　ジュリスト増刊　民事訴訟法の争点（新・法律学の争点シリーズ4）〔有斐閣・
　　　　　　　　　　2009〕
ジュリ争点〔第3版〕　ジュリスト増刊　民事訴訟法の争点（第3版）（法律学の争点シリーズ
　　　　　　　　　　〔有斐閣・1998〕
百選〔初版〕　　　別冊ジュリスト民事訴訟法判例百選〔有斐閣・1965〕

続百選	別冊ジュリスト続民事訴訟法判例百選〔有斐閣・1972〕
百選〔第2版〕	別冊ジュリスト民事訴訟法判例百選（第2版）〔有斐閣・1982〕
百選Ⅰ・Ⅱ	別冊ジュリスト民事訴訟法判例百選Ⅰ・Ⅱ〔有斐閣・1992〕
百選Ⅰ・Ⅱ〔新法対応補正版〕	別冊ジュリスト民事訴訟法判例百選Ⅰ・Ⅱ（新法対応補正版）〔有斐閣・1998〕
百選〔第3版〕	別冊ジュリスト民事訴訟法判例百選（第3版）〔有斐閣・2003〕
百選〔第4版〕	別冊ジュリスト民事訴訟法判例百選（第4版）〔有斐閣・2010〕
百選〔第5版〕	別冊ジュリスト民事訴訟法判例百選（第5版）〔有斐閣・2015〕
民事執行・保全百選	別冊ジュリスト民事執行・保全判例百選〔有斐閣・2005〕
民事執行・保全百選〔第2版〕	別冊ジュリスト民事執行・保全判例百選〔有斐閣・2012〕

●判例集・雑誌

民録	大審院民事判決録
判決全集	大審院判決全集
裁判例	大審院裁判例
民集	最高裁判所（または大審院）民事判例集
裁判集民事	最高裁判所裁判集民事
高民集	高等裁判所民事判例集
下民集	下級裁判所民事裁判例集
裁時	裁判所時報〔最高裁判所事務総局〕
新聞	法律新聞
最判解民	最高裁判所判例解説・民事篇
評論	法律評論
曹時	法曹時報〔法曹会〕
重判解	重要判例解説〔有斐閣〕
判時	判例時報〔判例時報社〕
判評	判例評論〔判例時報社〕
判タ	判例タイムズ〔判例タイムズ社〕
金判	金融商事判例〔経済法令研究会〕
リマークス	私法判例リマークス〔日本評論社〕
ジュリ	ジュリスト〔有斐閣〕
NBL	NBL〔商事法務〕
法協	法学協会雑誌〔法学協会〕
法教	法学教室〔有斐閣〕
民商	民商法雑誌〔有斐閣〕
民訴雑誌	民事訴訟雑誌〔民事訴訟法学会〕

1)) 当事者能力

　民事訴訟の当事者をめぐっては、様々な問題がある。ここでは、民事訴訟の当事者に求められる資格の1つ、当事者能力を取り上げる。当事者能力は、自然人や法人といった権利能力者よりも、現実には、法人でない団体について問題になることが多い。以下では、そもそも法人でない団体が民事訴訟の当事者になれるのか、また、法人でない団体が民事訴訟の当事者となることにはどのような意義があるのかを、具体例に即して検討してみよう。

ケース 1

　Xスポーツクラブは、100名の構成員によって組織され、構成員相互の親睦とクラブライフの向上を目的とする任意団体であって、法人ではない。Xの規約では、年1回の定時総会における決議事項は、前年度の重要事項の報告、新年度の運営方針、役員の選任ならびに予算および決算であり、出席構成員の過半数により決議することとされている。Xの運営にかかる事項については、総会で選任された役員をもって構成される理事会において、出席役員の過半数をもって決定される。Xは理事会で互選された理事長をおくものとされており、今回はAが理事長に選出された。また、Xの規約では、構成員は1万円の年会費を支払い、そこには競技場の使用料も含まれるものとされていた。

　Xは、同じ競技を愛好するYクラブとの間で、対抗試合を企画した。XとYは、Zの管理する競技場を利用しようと考え、会場使用料・賞金その他の諸経費を合計した60万円を折半すること、対抗試合の主催者はXとし、会場確保等の一切の準備作業はXが行い、対抗試合の終了後にまとめてYと清算すること等を事前に書面で取り決めた（本件合意）。対抗試合の翌日、Xが分担金30万円の支払をYに求めたところ、Yは一切払うつもりはないと返答し、Xの要求に応じようとしない。そこでX

第1章　訴訟要件　*1*

は、臨時総会を開催して、Yを相手取って民事訴訟を提起する旨を全会一致で決議したところ、構成員全員から訴訟協賛金として1人あたり5,000円のカンパを受けた。理事会は、このカンパに年会費積立金の一部を加えて弁護士費用に充てることを決議し、その1週間後、Aは弁護士を通じて裁判所に訴状を提出した。

設問

1．裁判所は、Xに対して民事訴訟法29条を適用して当事者能力を認めるべきか。また、Xに固有の財産があるかどうかは、この判断にどのような影響を及ぼすか。

2．Xが本件訴訟を提起するにあたって、臨時総会を開催し、全会一致で訴訟提起を決議したことは、Xが適法に訴えを提起する上でどのような意義を有するか。

3．Xは、Yに対して、自己に対して分担金を支払うよう請求することができるか。

解説

【1】—権利能力なき社団の法理

　［ケース1］のXは、法人ではない。しかし、Xは架空の団体といった類でなく、その名において活動している実態がある以上、Xは実在するものと見受けられる。では、このようなXが、それ自身として法的紛争にかかわったとき、民事訴訟においてどのように扱われるべきか。この問題意識が、以下の考察の出発点となる。

　まず、基本を確認しておこう。そもそも法人格は、法令の定める手続に従って設立されたものにのみ与えられる（民33条1項）。わが国では、こうして創設された「団体」のみが「法人」とされ、他の任意の方式で設立された場合には、法人の成立を否定するのが原則である（法人法定主義）。ところが、社会には「法人」でなくとも、独立の主体のように組織的に活動する団体がいくつも存在する。［ケース1］に登場するXがその一例であり、民法学では、「権利能力なき社団」と呼ばれる（そ

2　1 当事者能力

の他にも、同窓会、町内会、学会等が例とされる）。上記の法人法定主義の建前からすれば、事実上の独立性があるというだけでは、Xを「法人」と認めることができないのは自明である。しかし現実には、「法人」に匹敵する立派な任意団体もある。そうした団体を、「単なる人の集まり」にすぎないとして、法的な主体として扱うことを一切拒否するのは、団体と取引関係に入った相手方にとって望ましいことではない。そこで、法人格をもたない一定の団体については、法人と同様、権利義務が帰属することを承認する考え方（「権利能力なき社団の法理」と呼ばれる）が生じ、現在に至っている。

　ところで、［ケース１］で問題となっているのは、Xのような団体について、民事訴訟上の当事者たりうる地位を認めてよいか、つまり当事者能力の有無である（**設問１前段**）。元来、当事者能力の観念は、権利能力から転じたものである。しかし、「法人でない社団（または財団）」に当事者能力を認める民事訴訟法29条が存在する結果、当事者能力をめぐる議論は、権利能力とは一味違った様相を呈する。

【2】— 権利能力なき社団に関する当事者能力の基準

　では、「権利能力なき社団」の法理は、どのような団体に適用されるだろうか。この法理は、ドイツ法から継受された後、わが国の裁判実務にも広く浸透し、最判昭和39年10月15日（民集18巻8号1671頁）は、権利能力なき社団の成立要件について、次のように判示している。すなわち、「団体としての組織を備え、多数決原理が行われ、構成員の変更にもかかわらず団体そのものが存続し、その組織において代表の方法、総会の運営、財産の管理その他団体としての主張な点が確定」しているものが、「権利能力なき社団」とされる。この判断基準は、その後、民事訴訟法29条の「法人でない社団」の解釈にも応用された（最判昭和42年10月19日民集21巻8号2078頁）。こうした判例法理が形成された理論的な背景は、次のように考えることができるだろう。すなわち、民事訴訟法28条は、当事者能力に関して民法その他の法令に従うと規定するから、民法において権利能力を有する者は、当事者能力も認められるのが原則である。と

すれば、民法学上、権利能力なき社団として保護される団体は、訴訟法上も同様の保護が与えられると考えるのが素直であるから、民法学における「権利能力なき社団」の成立要件（保護要件）は民事訴訟法29条の「法人でない社団」の判断基準でもあるとして、両者を一致させる解釈が合理性をもつと考えられる（なお、昭和42年最判の先例としての意義については、名津井吉裕『民事訴訟における法人でない団体の地位』〔大阪大学出版会・2016〕〔以下、名津井・団体〕175頁〔初出：同「民法上の組合の当事者能力について」谷口安平先生古稀記念『現代民事司法の諸相』〔成文堂・2005〕77頁〕）。

　以上の考察から、「法人でない社団」の当事者能力の要件は、一応明らかになった。しかし、社会に生起する団体は実に多様であり、その中から本条の適用を受ける団体を選別するのは必ずしも容易でない。多くの裁判例があるが、単純な整理を許さない状況にある（長谷部由起子「法人でない団体の当事者能力——財産的独立性の要件をめぐって」成蹊法学25号95頁等）。訴訟法学では、こうした状況に鑑み、本条の「社団」を選別する、より機能的な基準が模索され、次の4つの要件をもって判断する見解（伊藤・当事者19〜87頁）が、現在のところ多数説をなしている。すなわち、①対内的独立性（構成員の脱退・加入に関係なく団体の同一性が保持されていること）、②対外的独立性（代表者が定められ現実に代表者として行動しており、他の法主体から独立していること）、③内部組織性（組織運営について規約が定められており、総会等の手段によって構成員の意思が団体の意思形成に反映していること）、④財産的独立性（構成員から独立して管理されている団体独自の財産があること）、を備える団体であれば、当事者能力を認めてよいとされる。

【3】— 団体の財産的側面

　ところで、昭和39年最判（および昭和42年最判）の前述した社団の要件において、その財産的側面はどのように捉えられていただろうか。同最判は、団体の主要な点として、「財産の管理」を掲げる。このように判例上、財産管理面の確定は、権利能力なき社団か否か、そして社団の当事者能力を判断する上で不可欠の要件であると解される。このことは、民法学上、法人を「排他的責任財産を作る法技術」とする見解（星野英

一「いわゆる『権利能力なき社団』について」『民法論集第一巻』〔有斐閣・1970〕270〜271頁）などとほぼ同旨である。もっとも、ここでいう「財産」（あるいは「財産的独立性」の用語）には二義性があり、厳密には、①構成員の個人財産から区別された「団体財産」（個々の財産の集合体としての一種の目的財産）が形成されていることと、②団体財産として分別管理される「個々の財産」が存在することを区別して考えるべきである（名津井・団体216頁〔初出：同「法人でない社団の当事者能力における財産的独立性(一)」民商144巻4=5号46頁〕）。上記最判や有力学説にいう「財産」は①の意味で社団財産が形成され、構成員の個人財産と分別管理できることを指しており、この点が当該団体に対して権利能力なき社団としてあるいは訴訟当事者としての地位を与える上で不可欠とされるのである。

　判例はその後、財産的側面に関して注目すべき判断をしている。最判平成14年6月7日（民集56巻5号899頁）は、［ケース1］と同様の任意団体の原告能力が問題となった事案において、昭和39年最判の上記基準を引用した後に、「財産的側面についていえば、必ずしも固定資産ないし基本的財産を有することは不可欠の要件ではなく、そのような資産を有していなくても、団体として、内部的に運営され、対外的に活動するのに必要な収入を得る仕組みが確保され、かつ、その収支を管理する体制が備わっているなど、他の諸事情と併せ、総合的に観察して同条にいう『法人でない社団』として当事者能力が認められる場合があるというべきである」とした（なお、本判決後も、［ケース1］のXと同様の財産的基礎をもつ団体に被告能力を認めたものとして、東京高判平成17年5月25日判時1908号136頁がある）。

　［ケース1］のXという団体は、不動産をその資産として保有していないが、年会費制度を採用していることから、「収入を得る仕組み」を確保しているとみられる（その他、一声でカンパが集まる構成員相互の結束力等もこれに含めるかは評価が分かれよう）。昭和39年最判との関係で言えば、「収入を得る仕組み」は、上記のように構成員に対する金銭債権の形で存在する場合もあることから、上記②の意味の「財産」（「個々の財産」）に相当する。それらの「収支を管理する体制」は、①の意味の「財産」

（「団体財産の形成」ないし「財産の管理」）の問題である。①の「財産」は前述のように不可欠であるところ、それが存在することは、「収入を得る仕組み」の存在を認定できるXについては認めてよいと考えられる（①の「財産」を主要事実とみたとき、②の「財産」はその重要な間接事実に相当する事実と位置づけられる。名津井・団体235頁〔初出：同「前掲（二・完）」民商145巻1号32頁〕）。

　なお、学説上、「財産的独立性」については、社団が金銭給付訴訟の被告になる場合でのみ当事者能力の要件となり、その他では不可欠の要件ではなく、当事者能力を判定するための諸要素の１つないしは補助的要件にすぎないと位置づける見解があるが（伊藤・当事者75頁）、前半の論旨は「財産的独立性」を、上記②の「財産」として捉える点で難があると考えられる（名津井・団体216～222頁〔初出：同「前掲(一)」民商144巻4=5号46～53頁〕）。しかし、後半の論旨は、上記①の「財産」が不可欠の要件であることを前提とする限り、先に検討した平成14年最判と同旨とみて差し支えないように思われる。

【4】— 臨時総会による決議の意義

　［ケース１］では、XのYに対する分担金償還請求権が訴訟物になるが、これはXの財産（総有財産）である。Xの事業規模からして、この財産権を失うことは、Xのその後の事業運営に少なからぬ影響を及ぼすものと予測される。しかも、この財産権に基づくXの提訴は、敗訴のリスクに照らし、Xにとって当該権利の処分と同等の意義を有する。したがって、［ケース１］において、Xが臨時総会を開催し、本件提訴につき構成員全員の同意を得たことは、Xによる当該権利の処分について、その帰属主体たる構成員が同意したことと同等の意義をもつのである（この処分には、当該権利に関するXへの管理処分権の授与も含まれる）。

　では、このような決議（同意）なしにXが提訴した場合、裁判所は、どのように処理すべきだろうか（**設問2**）。この場合、Xには分担金請求権の管理処分権がない結果、当事者適格を欠くものとして訴えを不適法却下すべきだろうか、それとも、代表者に対しては、規約によってXの

財産につき提訴することを含めた包括的な管理処分権がすでに授与されているので、提訴にかかる構成員からの同意（授権）を欠いてもXの当事者適格には影響しない（よって、裁判所は本案判決ができる）、とみるべきか。後者のように解する場合でも、本件提訴が、Xの規約上その常務に属さず、あるいは、Aの代表権限の範囲に含まれないならば、臨時総会の決議が欠如している以上、本案判決は許されないだろう。このように、［ケース1］において、臨時総会の決議を欠くときは、Xの当事者適格の基礎は格段に弱くなる。最高裁は、入会地の所有権確認請求において、構成員全員からの提訴の同意を要求したことがある（最判昭和55年2月8日判時961号69頁。この判決の意義につき、福永有利・後掲木川・古稀(上)を参照)。この判例は、所有権確認請求の対象となった入会地が、当該入会団体の基本的な財産にあたるために、構成員全員の同意を要求したものと解されている。これに対して、［ケース1］は、不動産に関する訴訟ではない。しかし、本件訴訟における敗訴が、Xにとってその団体としての存続を危うくするおそれがあるならば、構成員全員から本件提訴に関する同意を得ることを要すると解する余地があり、これがあればXはその原告適格を確実なものにすることができる。なお、提訴にかかる同意は文字どおり構成員全員から得なければならないか、という点は、一つの問題である。たとえば、総会における特別な多数決によっても（全会一致ルールを放棄しても）、Xの当事者適格を基礎づけられるか否かは一考に値する（この点について、最判平成6年5月31日民集48巻4号1065頁参照。議論の詳細は、山本弘・後掲新堂・古稀(上)を参照)。

【5】— 民事訴訟法29条を適用したときの効果

　　［ケース1］におけるXのYに対する分担金償還請求権は、法的には誰に帰属するのだろうか。Xは法人格をもたない以上、X自身には財産権が帰属しないとすれば、Xの構成員全員に帰属することになろう。昭和39年最判によれば、社団財産は、構成員全員に総有的に帰属するとされる。となると、［ケース1］でも、上記の分担金請求権は、Xの構成員全員の総有とみなければならない。ではXは、これを自らに支払うこ

とを求めて提訴できるだろうか（**設問3**）。この問題は、Xに民事訴訟法
29条を適用した後の処理にかかわる。

　通説は、（民事訴訟法29条を適用して）「当事者能力を認めることは、個別
的事件の解決を通じて、権利能力を認めることに帰する」と解する（兼
子・体系119頁など）。そうであれば、Xは本件訴訟では権利能力者と同様
の扱いを受けるので、Yに対して、分担金請求権は自己の権利であると
主張してもよく、「Yは……Xに支払え」という請求の趣旨を用いるこ
とができる。給付訴訟であるから、当事者適格もXに認められる（固有
適格構成という）。

　これに対して、法人格のないXにはあくまで財産権は帰属しない、と
いう建前を維持するなら、Xは他人たるその構成員の権利について訴訟
担当者として訴訟追行するものと解することになる。この場合の請求の
趣旨は、「Yは……Xの構成員に支払え」となり、Xには訴訟担当者と
しての当事者適格が認められる（訴訟担当構成という。ただし、その要件ない
し根拠について見解は一致しない。なお、民事訴訟法29条にその根拠を求める見解
〔同条をして法定訴訟担当をも認めた規定と解する〕がすでに提唱されている。山本
克己「入会地管理団体の当事者能力・原告適格」法教305号等）。

　結局、［ケース1］において、通説の立場からは、**設問3**を肯定する
ことになるが、Xの当事者適格を訴訟担当とする学説に従う場合でも、
本件訴訟は適法である（以上について、名津井・団体275頁以下〔初出：「法人
格のない社団・組合をめぐる訴訟と当事者能力・当事者適格」法時85巻9号37頁以
下〕参照）。

ケース2

　Bは、Xの設立時における発起人メンバーの1人であってXの初代理
事長である。BはXを設立するにあたり、クラブ運営の便宜を図るため、
Bが所有し、当時自らは全く使用していなかった土地建物をXに無償で
譲渡し、登記名義については、Xには法人格がなく、X名義の登記がで
きないことから、Bの個人名義のままにしておくことにした。設立時以
来、Xはそこを活動の拠点とし、役員会・各種委員会等の開催場所とし

て頻繁に利用していた。［ケース1］のように、新たにAが理事長に選任され、Xの代表者が交替することになったため、Aは、Bに対して本件土地建物の所有権移転登記手続を求めた。

■設問■

　1．本件土地建物が、Bの個人名義で登記されている理由を検討しなさい。

　2．Xが原告となり、Bに対して本件土地建物の所有権移転登記手続を求める訴訟を提起できるかを検討しなさい。

解説

　Xのような権利能力なき社団が原告になる訴訟には、多様なものが考えられるが、［ケース1］のような金銭給付訴訟以外の類型としては、登記請求訴訟が重要である。権利能力なき社団の財産帰属形態を総有とする判例法理によれば、［ケース2］の土地建物も、Xの構成員全員に総有的に帰属する。しかし、登記実務はXのような権利能力なき社団の登記能力を否定するため、不動産の所有権をどのように公示すべきかが問題となる（**設問1**）。所有権の総有的帰属を登記に反映させる方法としては、構成員100名の共有名義で登記することが考えられる。しかし共有名義によるときは、構成員の1人が交替しただけで公示が不正確になってしまい、また登記事項の正確を期すためには登記名義をその都度訂正しなければならないが、これは極めて煩瑣である（**設問1の理由①**）。そこで実務上利用されるのが、社団の代表者個人が登記名義人となる方法である。［ケース2］においても、土地建物の所有権はXの初代理事長Bの個人名義で登記されている。判例によれば、「社団構成員の総有に属する不動産は、右構成員全員のために信託的に社団代表者個人の所有とされるものであるから、代表者は、右の趣旨における受託者たるの地位において右不動産につき自己の名義をもって登記をすることができる」（**設問1の理由②**）とされる（最判昭和47年6月2日民集26巻5号957頁。代表者個人名義説）。これに対して、学説上、社団名義の登記を許容する社団名義説や、代表者の肩書を付した個人名義の登記を許すべきとする代表者肩書

第I章　訴訟要件　　9

説も有力である。前者は法人に準じた方法であるのに対し、後者は権利能力なき社団に特有の方法である。しかし上記の判例は、これらは実質上社団を権利者扱いするもので、不動産登記法の立法趣旨に反する（**設問1の理由③**）として排斥している。

　さて、[ケース2]においては、BがXの初代理事長（社団代表者）であり、その後、新理事長としてAが選任されたため、代表者の交替が生じている。昭和47年最判によれば、この場合、新理事長A（登記権利者）は登記名義を有する旧理事長B（登記義務者）に対して所有権移転登記手続を求めることができる（同最判によれば、これは信託法の信託における受託者の更迭〔旧50条1項〕に準じたものとされる〔現75条1項が、受託者の変更に伴う権利義務の承継を定めるのも同旨〕。ただし、登記については新受託者の単独申請を許す不登100条1項の準用を否定すべきであるから、新旧代表者は共同申請の原則〔同60条〕に服するのが前提である。だからこそ、AはBに対して所有権移転登記請求訴訟を提起する必要がある〔判決による登記につき、同63条1項参照〕）。他方、所有権移転登記請求訴訟が提起される場合、民訴法29条があるにもかかわらず、Xは当事者として登場しない（原告はA、被告はB）。これは、Xの社団名義の所有権登記が許されない上に　（Xを登記名義人とすることを求める登記申請は却下される〔不登25条13号、不登令20条2号参照〕）、Xには登記申請者としての資格もないことによる　（申請人は自然人または法人のみが予定されている〔不登18条、不登令3条1号〕）。とすると、**設問2**のようにX自身への所有権移転登記を求める訴えには請求適格がなく、不適法として却下すべきことになる（民訴法29条の能力によりXも権利帰属の主張が原則可能となり、適格も認められるが、それでも社団自身の登記請求権は現在の登記制度上権利保護の余地がない）。では、Xが原告となり、A個人への所有権移転登記を求めた場合はどうか。判例は、同様の請求が定立された事案において法人でない社団に原告適格を認め（最判平成26・2・27民集68巻2号192頁）、社団の法律関係に適した訴訟態様を付加的に容認した（判決の確定により被告の意思表示が擬制されて執行は終了し、代表者個人は単独で登記申請ができる。結果、前掲昭和47年最判の場合と同様）。しかし、Xが原告となるのはこの限りにおいてであり、X自身への所有権移転登記を求める訴えを

適法化するには社団名義説に基づく立法を要する。

発展問題

1. Yが法人でない団体である（Yの代表者をCとする）場合、金銭給付訴訟においてYに当事者能力（被告能力）を認めることにはどのような意義があるか。

2. XのYに対する請求を認容した判決が確定した場合、その判決効はY以外の者にも拡張されるか。

[発展問題のヒント]

判例によれば、「権利能力なき社団の代表者が社団の名においてした取引上の債務は、その社団の構成員全員に、一個の義務として総有的に帰属するとともに、社団の総有財産だけがその責任財産となり、構成員各自は、取引の相手方に対し、直接には個人的債務ないし責任を負わない」とされる（最判昭和48年10月9日民集27巻9号1129頁）。これを踏まえてYに被告能力を認める意義を検討するのが本問である。【5】で述べたように、通説によれば、Yに被告能力を認めることは事件限りでYに権利能力を認めたのと同じ扱いを許すことを意味する。つまり、Yの構成員全員に総有的に帰属する債務の履行を求める訴訟において、XはYを被告とすることができ、かつ、請求認容判決の既判力もYとの間に生ずる（115条1項1号）。これに対して、近時有力な訴訟担当構成（【5】参照）によってもXはYを被告として提訴できるが、この被告適格は訴訟担当であるから、Yの構成員に対する既判力拡張（115条1項2号）が前提である（詳細につき、高田・後掲11頁以下参照）。

ところで、通説はYの被告能力を肯定する結果、Yを名宛人とする給付判決が成立する。よってXは、その確定判決を債務名義（民執22条1号）としてYに強制執行することができる（なお、Yには執行当事者能力も認められる〔民執20条による民訴29条の準用〕）。金銭執行ではYの総財産が責任財産になるが、預金債権などY名義の財産があれば、それを対象にして執行することに特段の問題は生じない（他方、訴訟担当構成では、Yの構成員〔＝責任財産の帰属主体〕に対する執行力拡張を伴うが、その手続面は代表者に対する執行力拡張の方法〔後述〕に準ずる）。

これに対して、社団の資産たる不動産を執行の対象とする場合には厄介な問題が生ずる。設問1のように、XのYに対する金銭執行においては、XがYの資産たる不動産を執行対象として差し押さえようにも、Yは登記能力を欠くからY名義の不動産が存在しないからである。現実には、[ケース2]と同様、代表者Cの個人名義で登記されていることが多い（構成員の共有名義につき、同解説を参照）。この場合、Xは強制競売の申立書に添付すべき登記事項証明書（民執規23条1号）を用意できない。つまり、執行債務者（Y）と執行対象財産の登記名義人（C）が一致しない以上、Xは強制競売の開始を申し立てることができないのである（吉野衛「権利能力なき社団又は財団は登記名義人となり得るか」判タ177号36頁等）。しかしこれでは、Yに被告能力を認めた意義が大きく損なわれる。しかもこれは債務名義に表示された債務者が法人でない社団である場合に必然的に生ずる問題である。したがって、XのYに対する債務名義に基づいて、代表者C名義で登記された不動産に対す

る強制執行を可能にする方策が検討されなければならない（設問２）。

　この問題について、従来は学説上、Ｙに対して債務名義をもつＸは、登記名義人たる代表者Ｃを「請求の目的物の所持者」（民訴115条１項４号）に準ずる者とし、民執法23条３項・27条２項を類推して、当該不動産がＹの資産である旨を証明すれば、Ｃに対する承継執行文の付与を受けて強制執行することができると解されてきた（新堂幸司『新民事訴訟法〔第４版〕』142頁、伊藤眞『民事訴訟法〔第３版再訂版〕』96頁、山本弘「当事者能力」法教251号16頁等）。また、傍論ではあるが、代表者あるいは社団規約上で登記名義の管理を委ねられた者の名義で登記された不動産を対象財産として、上記学説の方法により強制執行ができるとした下級審裁判例もある（東京高判平成21年４月15日〔民集64巻４号1273頁〕。原審〔東京地判平成20年11月17日判タ1295号306頁〕もほぼ同旨。高裁判決の評釈として、名津井吉裕・速報判例解説５号145頁、同・法学教室別冊付録354号32頁等参照）。しかし、対象不動産が代表者等以外の第三者の名義で登記された不動産である場合には、執行文付与の方法によることはできず、むしろ債権者代位権（民423条）により代表者個人への真正な登記名義の回復を原因とする所有権移転登記手続を経た上でこれを差し押さえる方法によるべきものとされていた。

　これに対して、最高裁は、従来の学説が支持した執行文付与の方法による強制執行を否定した。すなわち、執行対象である不動産が第三者の名義で登記されている場合、社団に対する金銭債権の債務名義を有する債権者は、当該社団を債務者とする執行文の付された債務名義の正本の他に、債権者と社団および登記名義人との間で当該不動産が構成員全員の総有に属することを確認する旨の確定判決その他これに準ずる文書を添付して強制競売の申立てをすることができるとした（最三小判平成22・６・29民集64巻４号1235頁）。この判例のように社団を債務者とする単純執行文で強制執行をする建前の下では、執行力は確定給付判決の名宛人である社団のみに及ぶもの（執行力の拡張はない）と解すべきであるが、結局のところ、第三者の名義で登記された不動産を対象財産とする不動産競売手続となる点は否めないため、執行力を登記名義人である第三者に拡張したのと同様の結果となることには留意すべきだろう。なお、平成22年最判に対する学説の反応としては、これを支持して改説したものがある一方で（新堂・新民訴150頁、中野貞一郎＝下村正明『民事執行法』131頁。なお、伊藤・民訴法』122頁は従来の立場を維持するようである）、この判例に批判的な立場を表明したものもある（中野貞一郎『民事執行法〔増補新訂６版〕』143頁、同「権利能力のない社団の不動産に対する強制執行」判タ1341号４頁以下）。

◦◦◦ **参 考 文 献** ◦◦◦

　福永有利「権利能力なき社団と当事者能力」木川統一郎先生古稀記念『民事裁判の充実と促進(上)』〔判例タイムズ社・1994〕、山本弘「権利能力なき社団の当事者能力と当事者適格」新堂・古稀(上)、高橋・重点(上)184頁以下、高田裕成「民法上の組合の当事者能力」福永有利先生古稀記念『企業紛争と民事手続法理論』〔商事法務・2005〕

（名津井　吉裕）

2 当事者適格(1) 法定訴訟担当

特定の訴訟における訴訟物たる権利あるいは法律関係について、当事者として訴訟追行し、本案判決を求めることができる資格を当事者適格という。原告、被告それぞれについて、原告適格、被告適格が観念される。当事者の権能から見て訴訟追行権ということがあり、また当事者適格を有する者を正当な当事者ということがある。

給付訴訟については、一般には、自ら訴訟物たる給付請求権を有していると主張する者に原告適格があり、原告から義務者であると主張されている者に被告適格がある。もっとも、第三者に帰属する給付請求権を主張する者に当事者適格（原告適格）が認められる場合がある。本項目では、そのような場合のうち、法定訴訟担当と呼ばれるものを扱うこととする。

ケース

XはSに対して1,000万円を融資し、その返済期限は既に到来している。しかし、債務超過（総資産の評価額よりも負債総額の方が大きい状態）に陥っているSは、Xに対して融資金の返済をしていない。Sがその関連会社Yに代金800万円で動産を売却したが、弁済期の到来した売買代金請求権を行使していない、という事実関係をXは知ったので、Xは債権者代位権を行使して、SのYに対する売買代金請求権について800万円の自己への支払を求めてYを被告として訴えを提起した。

設問

1. Sは、「Xに対する融資金返還債務は、保証人Pが既に弁済しているため消滅済みであって、XはYに対して訴えを提起できる地位になく、むしろS自らがYに対して800万円の支払を求めて訴えを提起できてしかるべきである。」と主張している。この主張を貫徹するために、

第1章 訴訟要件　13

XのYに対する訴訟の係属中に、Sはどのような手続をとることができるか。

2．Xは、Yに対する訴訟の係属中に、Yとの間で、「YはXに対して2か月ごとに150万円の弁済を5回する。残余の50万円は放棄する。」という内容の訴訟上の和解をすることができるか。

3．SのYに対する売買代金請求権は既に時効により消滅していることを理由にXの請求を棄却する判決がされて、これが確定した後に、SはYに対して800万円の売買代金の支払を求めて訴えを提起できるか。

解説

【1】— 法定訴訟担当

　訴訟物たる権利義務の帰属主体（であると主張し、または主張される者）に代わって、またはその主体とともに、第三者がその訴訟物について当事者適格を有する場合を訴訟担当という。訴訟担当において当事者となる者を担当者、訴訟物たる権利義務の帰属主体を被担当者と呼ぶ。後述（【4】(2)）のように議論はあるものの、一般には、担当者の受けた判決の効力は、担当者（115条1項2号の「他人のために原告又は被告となった」「当事者」）自身のみならず、被担当者、すなわち訴訟物たる権利義務の主体（115条1項2号の「他人」）にも及ぶ。他人の権利について訴訟追行するという点では代理と共通するが、代理の場合には、代理人は当事者とならず、したがって代理人には判決効も及ばない点が訴訟担当とは異なる。

　訴訟担当は、その発生原因が法律の規定に基づく法定訴訟担当と、被担当者の意思に基づく任意的訴訟担当とに分かれる。法定訴訟担当は、さらに訴訟担当関係の根拠から、担当者のための訴訟担当と職務上の当事者とに分かれる。第1に、担当者のための訴訟担当とは、第三者が自己の権利の実現あるいは利益の保護のために、訴訟物たる権利義務について当事者適格が認められる場合であり、一般的な見解によれば、債権者が債権者代位権（民423条）に基づいて債務者の第三債務者に対する権利を行使する訴訟、差押債権者が提起する取立訴訟（民執157条）、株主

が会社の役員等を被告として提起する責任追及の訴え（株主代表訴訟、会社847条3項）がその例である（もっとも、後述（【3】【4】（2））するように、これらの例のそれぞれについて訴訟担当であることを否定する見解もある）。第2に、職務上の当事者とは、訴訟物たる権利義務の主体自身による訴訟追行が法律上または事実上、不可能、困難あるいは不適切でありながら、その権利義務に関する紛争の解決の必要がある場合に、権利義務の主体の利益を保護することを職務とする者に訴訟担当を認めるものである。具体的には、人事訴訟において訴えに係る身分関係の当事者で被告とすべき者が死亡して被告とすべき者がない場合の検察官（人訴12条3項）や成年被後見人のために原告または被告となる成年後見人・成年後見監督人（人訴14条）、海難救助料に関する訴えにおいて救助料の債務者（船主・荷主）のために当事者となる船長（商811条2項）、破産者の財産（破産財団）関係訴訟の当事者適格を有する破産管財人（破80条）がその例である。遺言執行者は、条文上は相続人の代理人とみなされている（民1015条）ものの、遺言の執行に関連して遺言執行者と相続人とが原告・被告となる訴訟もありえ、遺言執行者が相続人の代理人だとすると両当事者とも相続人となってしまって、二当事者対立構造をとれなくなってしまうことから、遺言執行者は、相続人とは別に、自己の名において当事者となる訴訟担当者と理解されている（最判昭和31年9月18日民集10巻9号1160頁）。

【2】─ 債務者自身による訴え提起

債権者代位訴訟において、代位する債権者の当事者適格を基礎づけているのは、債権者代位の要件、特に債権者の債務者に対する債権（被保全債権、本問ではXのSに対する融資金返還請求権）の存在である。

債権者が、債権者代位の要件をみたして代位権行使に着手した場合には、後述（【4】（2））のように議論はあるものの、判例（大判昭和15年3月15日民集19巻8号586頁）、あるいは多数説によれば一定の条件の下に、債権者と第三債務者との間の判決の効力は債務者にも及ぶ（115条1項2号、民法新423条の6も参照）。

他方で、債権者代位の要件をみたさない場合には、債権者は当事者適

第1章 訴訟要件　*15*

格を有せず、訴訟要件を欠くことになるから、訴訟の係属中にその欠缺が判明すれば、債権者の第三債務者に対する訴えは却下されることになる。訴訟の係属中にその欠缺が判明せず、債権者と第三債務者とを当事者として本案判決がされたとしても、債務者は、その後、債権者代位権の要件が欠けていたことを理由に、その本案判決の効力が自己には及ばない旨を主張することができる。

　それでは、債権者代位訴訟が係属中に、債務者が、債権者の債務者に対する債権の不存在およびこれにもとづく債権者の当事者適格の欠缺を主張し、さらに自ら第三債務者に対して訴訟上権利行使をするためにはどのような手続をとるべきか。債権者代位訴訟における訴訟物は、債務者の第三債務者に対する権利である（本問ではＳのＹに対する800万円の売買代金請求権）。民法の改正（平成29年法律第44号）以前は、債権者が代位権行使を債務者に通知すれば（あるいは債務者がこれを了知すれば）、債務者は被代位権利の処分権を失い、そのため被代位権利について訴え提起もできないとされていた（大判昭和14年5月16日民集18巻9号557頁）。しかし、改正民法423条の5は、債権者が代位権行使をした場合でも、債務者は被代位債権について処分権を有し続けると定めていることから、代位権が行使されていても、債務者は第三債務者に対して被代位権利について訴えを提起できることになる。債権者代位訴訟の係属中に、債務者が別訴として第三債務者に対して訴えを提起すると、債務者の第三債務者に対する債権の存否について矛盾した判断がされるおそれがあり、重複起訴の禁止（142条）に触れることになる。たとえば、債権者代位訴訟においては代位債権者の当事者適格が肯定された上で、債務者の第三債務者に対する権利の存在も認められて請求認容判決がされる一方で、債務者の第三債務者に対する訴訟においては、債務者の第三債務者に対する権利は存在しないと認定されて請求棄却判決がされると、前者の請求認容判決の効力が債務者にも拡張される（115条1項2号）ことから、債務者の第三債務者に対する権利の存否について判断の矛盾が生じてしまうのである。

　上記のような不都合を避けるために、債務者が、債権者の債務者に対

する債権（被保全債権）の不存在を主張し、自ら第三債務者に対して訴訟上権利行使をするためには、債権者代位訴訟に独立当事者参加（権利主張参加、47条1項）をすべきである（最判昭和48年4月24日民集27巻3号596頁）。債務者は、債権者に対しては債務不存在確認請求を、第三債務者に対しては自らの権利に係る請求をそれぞれ定立して参加をすることになる。債権者代位権に基づく債権者の請求と参加した債務者の請求については、併合審理が強制され合一確定が保障されるから（47条4項・40条1項〜3項）、重複起訴の禁止（142条）の趣旨である、審判の重複による訴訟上の不経済、既判力抵触のおそれ、および被告の応訴の煩という弊害は生じないのである。審理の結果、債権者代位が適法であることが判明した場合には、債権者代位訴訟については本案判決をする一方で、債務者の第三債務者に対する請求についても本案判決をすることになる。逆に、債権者代位が不適法であることが判明した場合には、債権者は当事者適格を有しないことになるから、債権者の訴えは却下すべき一方で、ここでも、債務者の訴えは適法として本案判決をすることになる。

　なお、債務者が、代位権行使の適法性、即ち債権者の当事者適格を争わない場合には、債権者と債務者とがともに被代位権利に係る訴訟について原告適格を有し、かつ、議論はあるものの（【4】（2））、債権者が原告の訴訟の判決の効力は債務者に及ぶことを前提とすれば、債務者は、被代位権利の行使のために債権者代位訴訟に共同訴訟参加することになろう。債権者も債務者も自己への支払等を求めることになり（民423条3）、請求の趣旨が異なることになるが、債権者代位訴訟に他の債権者が代位権行使のために共同訴訟参加する場合にも生じる事象である。

【3】— 代位債権者と第三債務者との間の訴訟上の和解

　第三者の訴訟担当は、他人の権利・法律関係について第三者が管理処分権を有する場合に認められる、という説明が一般的である（高橋・重点(上)240〜241頁）。もっとも、その管理処分権の内容は、訴訟担当の類型毎に異なる。職務上の当事者の場合には、権利主体による権利行使の事

実上あるいは法律上の空白状態を前提として、担当者は本来の権利主体の有する管理処分権を全面的に有するのが通常である。これに対して、担当者のための訴訟担当の場合には、被担当者の管理処分権が全面的に担当者に帰属するわけではなく、被担当者の権限が一定範囲で残ることの反面として、訴訟物たる権利・法律関係についての担当者の管理処分権が制約されることがある。以下では、訴訟物たる権利・法律関係を互譲により処分する訴訟上の和解の可能性について検討する。訴訟当事者が、和解の目的たる権利・法律関係について処分権を有することが、訴訟上の和解の要件である。

　株主代表訴訟は、原告株主が会社の役員に対する損害賠償請求権を自己の名で代位行使する法定訴訟担当であると一般的には理解されているところ（ただし、小林秀之「手続法からみた株主代表訴訟」法教159号41頁は、株主代表訴訟について代位訴訟性を否定し、株主全員の権利を原告株主が代表訴訟として行使する点を強調して、代表の適切性の要件の導入や、和解のような最終処分行為に際して他の株主の利益保護のために他の株主への通知・公告が必要である、と説く）、原告株主は被告たる役員との間で会社の権利について自由に互譲により処分をして訴訟上の和解を締結できるわけではない。株主代表訴訟においては、会社が和解の当事者となるか、会社が和解について承認をするか、または原告株主が和解内容を会社に通知し、異議があるときは2週間以内に異議を述べるべき旨の催告をしたにもかかわらず異議がなかったことで会社が承認したものとみなされるか、すなわち会社自身が何らかの形で損害賠償請求権を処分したといえる場合でなければ、和解は効力を生じないとされている（会社850条1項〜3項）。原告株主は、訴訟上の和解の会社への効力を基礎づける実体法上の処分権を当然には有しないのである。異議が述べられた場合（あるいはそもそも通知を欠く場合）の「効力を生じない」の意味について、そもそも和解による訴訟の終了を否定する見解もあるが、訴訟の続行を望まない原告に判決に至るまで訴訟追行を強いる必要もないことから、訴訟終了効は認め、訴訟物たる権利の変更は、（原告被告間ではともかく）会社を拘束しない、と解すれば足りよう（中島弘雅「株主代表訴訟と和解」小林秀之＝近藤光男編『新しい株

主代表訴訟』〔弘文堂・2003〕143頁。もっとも、和解成立のための手続に関する上記の規律については、和解成立についての他の株主の関与の機会は保障されないことから、原告株主が被告役員や会社と馴れ合って会社に不利な和解をして他の株主の利益を損なうことは防げない、との指摘がされている）。

　訴訟上の和解については、上記のように被担当者の関与を要求する明文の規定のない差押債権者の取立訴訟においても、被担当者の関与を必要とする方向で解釈されている。大阪地判平成17年11月29日（判時1945号72頁）は、「取立訴訟は、差押債権者としての取立権に基づいて、債務者に代わって被差押債権たる請求権を行使する訴訟手続であるが、取立権は、被差押債権の換価（金銭的価値の実現）を許容するに過ぎず、被差押債権自体に関する処分権まで含んでいるわけではないから、取立訴訟における和解手続において、被差押債権について、差押債権者と、第三債務者との間で免除、猶予等の合意がされたとしても、債務者が和解手続に参加していないかぎり、その効力が債務者に及ぶものではない」と判示する（同旨、中野貞一郎＝下村正明『民事執行法』〔青林書院・2016〕715頁）。和解ができるとすれば、被差押債権は変更しないままの、取立債権者固有の権限である取立権の一部放棄・期限の猶予であろう。

　債権者代位権は、債務者の責任財産の保全という目的の限度で債務者の財産管理に債権者が介入することが認められる制度である。したがって、上記判示と同様に、実体法上、代位債権者は代位の目的である権利の処分権まで有するわけではなく、代位行使される権利の一部免除や期限の猶予をすることはできないと解されているから（潮見佳男『新債権総論Ⅰ』〔信山社・2017〕681～682頁）、それらを内容とする訴訟上の和解も原告・被告限りではできないことになろう。したがって、債権者代位訴訟において、原告債権者と被告第三債務者との間で、互譲に基づいて訴訟上の和解が成立したとしても、債務者はこれに拘束されず、債務者は第三債務者に対して本来の債権を行使できる、と解すべきであろう。株主代表訴訟におけるのと同様に考えれば、訴訟終了効は認めてよいであろう。債務者が和解に拘束されるために、債務者の積極的な処分行為が必要なのか、それとも原告債権者が和解内容を債務者に通知し異議がない

場合でも拘束されるのかは、残された問題である。

【4】— 債権者代位訴訟における請求棄却判決の債務者への効力

（1） 判例・かつての通説とその問題点

先述（【2】）のように判例（大判昭和15年3月15日民集19巻8号586頁）は、債権者代位訴訟の判決は、債務者がその訴訟に参加したかどうかを問わず、常に民事訴訟法201条2項〔現民訴115条1項2号〕の規定により債務者にその効力が及ぶ、と判示しており、かつての通説（兼子一『判例民事訴訟法』〔弘文堂・1950〕100頁）も同様に、訴訟担当関係にあることを理由に、勝訴判決でも敗訴判決でもその効力は債務者に拡張される、債権者の拙劣な訴訟追行により敗訴して債務者の権利を喪失させたと同様の効果が生じたとしても、債務者は債権者に責任を追及すべきである、と解していた。

このような判例・通説に対して、三ケ月章博士から以下のような問題提起がされた。すなわち、職務上の当事者の場合には、権利主体たる被担当者による権利行使の可能性が事実上あるいは法律上ないことが前提であるから、被担当者は担当者の訴訟追行にすべて依拠せざるをえないので（吸収型法定訴訟担当）、担当者の受けた判決の効力は、被担当者に有利である場合のみならず不利である場合も、被担当者に及ぶと解して不都合はない。これに対して、担当者のための訴訟担当の場合には、債権者代位訴訟における債権者と債務者の関係のように、担当者と被担当者の間に利害対立の緊張関係があるのであって（対立型法定訴訟担当）、担当者の受けた判決、特に敗訴判決の効力を当然に被担当者に及ぼしてよいのか、という指摘が債権者代位制度や訴訟担当制度の比較法的な淵源にまで遡った考察をふまえてなされた（三ケ月・研究(6)1頁「わが国の代位訴訟・取立訴訟の特異性とその判決の効力の主観的範囲」、三ケ月・百選〔初版〕156頁）。

（2） 学説の展開——判決効拡張の見直し

三ケ月説は、上記の問題の解決の方向として以下の2つがあると説く。

すなわち、代位訴訟・取立訴訟を法定訴訟担当の範疇から除き、縮小された範囲でのみ法定訴訟担当イコール判決効拡張という図式を維持するか、代位訴訟・取立訴訟を法定訴訟担当の範疇に含めつつ、法定訴訟担当イコール判決効拡張という図式自体を修正するか、である。そして、三ケ月説自身は、後者の立場をとり、吸収型の場合には担当者の受けた判決の効力は常に被担当者に及ぶのに対して、対立型の場合には、その実体的な利益状況から、担当者の受けた判決の既判力は、被担当者に有利なら（請求認容判決なら）被担当者に及ぶのに対して、被担当者に不利なら（請求棄却判決なら）被担当者には及ばない、いわば既判力は片面的にのみ拡張される、とするのである。

　他方で、三ケ月説の挙げた選択肢のうち、前者の方向をとるのが、福永説（福永・当事者論「当事者適格理論の再構成」126頁）である。福永説は、当事者適格の基準としての管理権の概念は不明確であることを指摘した上で、「訴訟の結果に係る重要な利益」を基準に当事者適格を判断すべきであるとの一般論を立てた上で、債権者代位訴訟や取立訴訟においては、原告は自分のための固有の当事者適格を有しているのであって訴訟担当と理解すべきではなく、したがって原告敗訴の判決の効力は債務者には及ばない、と説くのである（もっとも、原告勝訴の場合には、その訴訟の追行自体が取立行為と目すことができ、取立行為の効力は債務者と第三債務者との間にも効力が認められなければならないので、その原告勝訴の判決の効力は、債務者に及ぶ、とする）。

（3）　学説の展開──判決効拡張の正当化

　その後の学説においては、三ケ月説の指摘をふまえて、担当者の受けた敗訴判決の効力も被担当者に及ぼす必要があることを前提に、それを如何にして正当化するか、という方向での検討が進んだ。代位債権者・取立債権者が敗訴した後に、その判決の既判力が債務者に及ばないがゆえに債務者が再度第三債務者に対して訴えを提起できるとすると、第三債務者が再度応訴しなければならないという負担を負う点で不当である、という認識を前提に、債務者に判決効を及ぼすために、誰のどのようなイニシアティブで債務者が代位訴訟・取立訴訟に関与する機会を保障す

第 I 章　訴訟要件　*21*

るか、が問題とされたのである。

　前出の福永説は、民事執行法157条１項の類推適用により、第三債務者は債務者を取立訴訟に引き込むことができる旨を説く（福永・前出165頁）。債務者の関与の機会を保障する手続を第三債務者の負担とするのである。しかし、学説の多くは、訴えを提起する担当者にその負担を帰すのが適切であるという判断の下に、債権者代位訴訟においては、原告は債務者への訴訟告知をすべきであり（会社849条３項類推）、これによって債務者が独立当事者参加（【２】）あるいは共同訴訟的補助参加をする機会を確保し、この機会を利用しない債務者には、公平あるいは訴訟経済の観点から、不利な判決も債務者に及ぶ、としている（新堂・新民訴294頁、池田辰夫『債権者代位訴訟の構造』〔信山社・1995〕82頁、条解民訴567～568頁［竹下守夫］。前出の兼子『判例民事訴訟法』104頁も、債権者代位訴訟の原告が拙劣な訴訟追行の責任を債務者から追求されるのを回避する手段として、訴訟告知を挙げていた）。

　第三債務者の再度の応訴の負担を回避するためには、債権者代位訴訟の判決効は敗訴判決であっても債務者に及ぶと解する必要があり、そのような判決効の拡張は、債権者代位訴訟の提起により利益を受ける原告（代位債権者）が債務者への訴訟告知という手続負担を履践することにより正当化される、という方向の議論が望ましいであろう。

　以上のような議論をふまえて、改正民法423条の６は、債権者は、被代位債権の行使に係る訴えを提起したときは、遅滞なく、債務者に対して訴訟告知をしなければならない、と規定する。詐害行為取消請求の認容判決の債務者への拡張（民425条）のような明文の規定はないものの、この訴訟告知は債権者代位訴訟の判決の効力を債務者に拡張することを正当化するためのものであろう。債権者が訴訟告知をしない場合には、債務者に不利な本案判決がされないようにするために、訴えを不適法却下することが考えられる。このように考えるとすれば、訴訟告知は債権者代位訴訟における訴訟要件と位置づけることになろう。

発 展 問 題

　以下の問題においては、相続開始時に遺言で遺言執行者が指定されていることを前提とせよ。

　1．特定不動産の遺贈を受けた者がその遺言の執行として特定不動産の移転登記を求める訴えを提起する場合に、被告とすべき者は相続人か、それとも遺言執行者か。

　2．遺贈の目的不動産につき遺言の執行として既に受遺者宛に遺贈による所有権移転仮登記がされているときに相続人がその仮登記の抹消登記手続を求める場合には、相続人が被告とすべき者は当該受遺者か、それとも遺言執行者か。

　3．特定の不動産を特定の相続人Ａに相続させる趣旨の遺言がある場合に、他の相続人Ｂが当該不動産につき自己名義の所有権移転登記を経由したときには、この所有権移転登記の抹消登記手続を請求する訴訟において、原告となるべき者はＡか、それとも遺言執行者か。

[発展問題のヒント]

　全体について、以下の参考文献を参照。

　1．民法1012条・1013条および最判昭和43年5月31日（民集22巻5号1137頁）を参照しよう。また、判例の立場に対して批判もあることについて、後掲高橋論文、山本論文を参照しよう。

　2．最判昭和51年7月19日（民集30巻7号706頁）を参照しよう。相続人からの抹消登記手続請求を争うことは遺言の執行の一環といえるか。

　3．「相続させる遺言」については、最判平成3年4月19日（民集45巻4号477頁）は、原則として当該財産を特定の相続人（上記問題におけるＡ）に相続させる遺産分割方法の指定であって、特段の行為を要することなく、相続開始時に直ちに当該財産が当該相続人に承継される、としている。「相続させる遺言」において遺言の執行を観念できるか。仮にできるとして、Ｂ名義の登記という遺言の実現を排除することは遺言の執行の一環といえるか。

◎◎◎ **参 考 文 献** ◎◎◎

　福永・当事者論357頁「遺言執行者の訴訟追行権」、高橋宏志「遺言執行者の当事者適格」『企業紛争と民事手続法理論』福永有利先生古稀記念〔商事法務・2005〕73頁、山本弘「遺言執行者の当事者適格に関する一考察」『現代民事司法の諸相』谷口安平先生古稀祝賀〔成文堂・2005〕11頁、八田卓也「遺言執行者の原告適格の一局面」『民事紛争と手続理論の現在』井上治典先生追悼〔法律文化社・2008〕370頁。

（松下　淳一）

3 》当事者適格(2) 任意的訴訟担当

　他人の権利・法律関係について、法律上の許容規定がないにもかかわらず他人の意思に基づいて第三者が自己の名で適法に訴訟追行をし、かつ、既判力をはじめとする判決の効力が他人である権利・法律関係の主体に拡張される場合には、いかなるものが考えられるか。また、そのための要件はどのように考えるべきか。

ケース1

　Xほか10名は、かねてより協力して行っていた化粧品の販売事業を拡大する目的で、民法上の組合であるA組合を設立した。設立の際に定められたAの規約においては、組合の目的とともに、XをAの代表者（業務執行組合員）とすること、および、Xは代表者として、化粧品売買代金の請求、受領等の対外的な業務を執行し、組合財産を管理する権限を有する旨が定められていた。Aの事業は好調で、この後、Yもその販売する商品を購入しようとAとの取引を開始した。ところが、当初は順調に継続していたYとの取引も、その後次第にYの代金支払が滞るようになり、未払金はすでに200万円を超えている。

ケース2

　芸能人Aは、Y出版社の出版した雑誌記事が自身のパブリシティ権を侵害するものであったので、これに対し損害賠償請求をしたいと考えている。Aはその所属する芸能プロダクション会社であるXとのあいだで、当該プロダクションに所属する際に、将来においてAのパブリシティ権が侵害されたときは、「侵害の排除又は損害の回復に必要な一切の裁判上および裁判外の権限」を授与する旨の契約を締結していた。なお、X

プロダクションでは、各芸能人との所属契約のなかに、かかるパブリシティ権侵害の排除および損害の回復について必要となる、一切の裁判上および裁判外の権限をＸに授与する旨の条項が含めるのが通例であり、ＡＸ間の契約もその例外ではなかった。

•••••••••••••••••••••••••••• 設問 ••••••••••••••••••••••••••

[ケース1][ケース2]において、Ｘが自己の名で、Ａに帰属する売買代金債権や損害賠償請求権を訴訟上行使し、Ｙとのあいだで本案判決を得ることはできるか。

••

解説

民事訴訟において第三者が自己の名で他人の権利を主張しかつその他人にも判決効が及ぶ場合を、第三者の訴訟担当という（115条1項2号）。任意的訴訟担当とは、このうち、第三者の当事者適格（訴訟追行権）が訴訟で争われる権利義務の帰属主体である他人の意思に基づくものをいう。任意的訴訟担当は、確認訴訟や形成訴訟においてもその成否が論じられる余地はあるが、主として給付訴訟において問題となり、それもとくに原告側の訴訟担当が論じられている。

任意的訴訟担当については、これを明文の規定をもって許容している場合があり、そこにおいては法律上規定されている要件を満たせば許されることになる。民訴法30条にいう選定当事者による訴訟、手形の取立委任裏書の被裏書人による訴訟（手形18条。ただし法令上の訴訟代理人とする見解もある）がその例である。また、建物区分所有法（建物の区分所有等に関する法律）26条4項、47条8項は、管理組合の規約または区分所有者集会の決議に基づき、管理者または管理組合法人が区分所有者のために訴訟当事者となれる旨を、同法57条3項および58条4項、59条2項、60条2項は、集会決議に基づき区分所有者が区分所有者全員のために訴訟担当者となることを定めている（この他、サービサー法〔債権管理回収業に関する特別措置法〕11条などで認められている）。

問題は、明文の許容規定がない場合において、いかなる範囲でいかなる要件のもと任意的訴訟担当を許容すべきかであり、以下ではこの点を

検討する。なお、［ケース１］の民法上の組合をめぐる訴訟においては、（組合に当事者能力が認められれば）組合がその名で提訴する方法や組合員全員が当事者となって提訴する方法（固有必要的共同訴訟）も採りうるが、これらについてはここでは扱わない。

〔1〕— 任意的訴訟担当の要件その1
——弁護士代理の原則等の潜脱のおそれ

（1） 任意的訴訟担当を制限する諸制度

任意的訴訟担当は、訴訟担当者の訴訟追行権が訴訟で争われる権利義務の主体の意思に基づいて認められるものであるがゆえに、濫用の危険が伴う。たとえば、金銭債権の履行を求める際に、債権の帰属は自己に残したまま、第三者にその者の名での訴訟追行を委ねたとすれば、いかに第三者が代理人ではなく当事者として扱われようと、民訴法54条にいう弁護士代理の原則を潜脱する危険を否定できない（裏返せば、訴訟代理人弁護士を委任することで適切に処理してもらうことが可能な事件では任意的訴訟担当を認める実益は少ないのだから（高橋・重点(上)300頁参照）、弁護士代理の原則の制約を相対化し任意的訴訟担当を許容する必要がある場合とは、実際の訴訟追行を誰がするかという点とは別に、権利主体以外の第三者が訴訟当事者となることに実益がある場合ということになる）。また、提訴する者に訴訟で争われる権利の移転がされていれば、かたちのうえでは権利の主体が自己の権利について訴えを提起していることになり問題ないようにみえるが、信託法10条〔旧信託法11条〕はこのような訴訟を目的とした財産の信託（訴訟信託）を禁止しているので、財産の移転を伴わないにしても任意的訴訟担当を通じて第三者が当事者として他人の財産関係につき訴訟することを広く許すと、強行規定である信託法の規定の脱法行為を容認してしまいかねない。

このような理由から、訴訟追行の授権を得た者に当事者適格を認めるには、弁護士代理の原則や訴訟信託の禁止規定を潜脱する危険がないことが要求されている。加えて、これらの規定に比べれば、十分な言及がされてこなかったものであるが、非弁活動を禁じている弁護士法72条お

26 **3** 当事者適格(2) 任意的訴訟担当

よびその脱法行為を禁じている同法73条の違反のおそれがないことも、
要件として弁護士代理の原則等と並列的に扱われる必要がある。

（2） 判例・学説

　このような任意的訴訟担当を取巻く諸制度への配慮から、判例は、古
くは、無尽講・頼母子講の講元による講金取立てについての訴訟担当を
例外として（最判昭和35年6月28日民集14巻8号1558頁）、任意的訴訟担当を
許容していなかったし、学説もまた、正当業務説と呼ばれる、許容範囲
をごく限定する立場が支配的であった（兼子・体系161頁）。しかし、弁護
士代理の原則等の趣旨から任意的訴訟担当を無制限に許容することはで
きないにしても、権利義務の帰属主体の意思によって第三者が当事者に
なるからといって、それら原則の趣旨に反する危険が常にあるともかぎ
らない。最大判昭和45年11月11日民集24巻12号1854頁（百選［第5版］13
事件）は、そのようなときにまで任意的訴訟担当を許さないのは妥当で
ないとし、民法上の組合の権利関係につきその業務執行組合員の任意的
訴訟担当資格を認めた。現在の判例は、この判決に従い、弁護士代理の
原則等の趣旨から任意的訴訟担当を無制限に許容することはできないと
しながら、民訴法54条および信託法11条〔現行10条〕による制限を回避、
潜脱するおそれがなく、かつ、これを認める合理的必要がある場合には、
任意的訴訟担当を許容してよいとの枠組みで処理している。

　学説において最も有力なのは、実質関係説と呼ばれる考え方である
（福永有利「任意的訴訟担当の許容性」福永・当事者論294頁）。これは、前記昭
和45年最大判に先立って提唱された理論であり、弁護士代理の原則等に
よる制限を相対的にとらえて、45年判決以前の判例学説が狭く限定して
いた任意的訴訟担当の許容範囲を広げることを帰結する。任意的訴訟担
当が許容される類型として、任意的訴訟担当を「担当者のための任意的
訴訟担当」と「権利主体のための任意的訴訟担当」の2つに分類し、前
者には、たとえば、債権の譲渡人が譲受人に代わって当該債権の履行を
債務者に求めて訴訟追行する場合、家屋の譲渡人が譲受人に代わって不
法占有者に対して家屋所有権に基づく明渡請求訴訟を提起する場合が該
当するとし、担当者が他人（被担当者）の訴訟が提起された場合のその

第1章　訴訟要件　　**27**

訴訟につき補助参加と同程度の利害関係を有することを要件として課す（ただし、これは説明のための表現でもあり、補助参加の利益を有する第三者に必ず任意的訴訟担当が許されるわけではない）。後者として、講金の取立てについての講元の訴訟担当や労働組合員の労働協約上の権利についての労働組合の訴訟担当のほか、民法上の組合の権利関係についての業務執行組合員による訴訟担当が含まれるとし、次の2つの要件を満たさなければならないとする。すなわち、①担当者に対し訴訟追行権限を含む包括的な管理権限の授与がされていること、②担当者たる第三者が権利義務の帰属主体と同程度の知識を有する程度に、訴訟物たる権利関係の発生や管理に密接な関与を現実にしていることである。弁護士代理の原則等との関係では、担当者のための任意的訴訟担当の場合は担当者が実体的利益を有する場合であるから考慮から外れるのはもとより、権利主体のための任意的訴訟担当についても、現実に関与し権利主体と同程度の知識を有する関係があればそれらの原則等の潜脱の危険はないことを導く。

【2】— 任意的訴訟担当の分類の要否

　任意的訴訟担当の許容性を検討するにあたって、その前提として、実質関係説が提示したように、許容される類型を分けるべきかは議論のあるところである。分類する方向をとれば、厳密には類型毎に任意的訴訟担当の要件が異なることになり、許容要件全般に影響する。

　学説理論においては実質関係説の二分類を批判する立場も少なくなく、批判はまず訴訟担当が誰のためかによる分類では、観点によって担当者のためとも権利主体のためとも考えうる場合があり厳密な区別が困難なことに向けられている。たとえば、業務執行組合員による任意的訴訟担当についていえば、業務執行組合員も組合員であり訴訟で争われる権利義務の帰属主体でもあるがゆえに、むしろ担当者のための訴訟担当に分類することもできるからである（このようなことから、二分類を採用するにしても、分類の内容として、担当者の実体的地位に基づくものとそうでないもの［純然たる訴訟追行の授権がされているもの］に分類する立場［松本＝上野・民訴266頁、松本博之「代理受領権者は訴訟担当者として取立て訴訟を提起することができるか」

椿寿夫編『現代契約と現代債権の展望3』〔日本評論社・1994〕219頁以下〕も提唱
されている)。

　また、同じ理由から、類型の妥当性ではなく、分類すること自体が妥
当でないという批判もされている。この見解は、任意的訴訟担当全般に
ついて分類を施さないまま、担当者が被担当者の権利・法律関係を訴訟
上行使(主張)することにつき固有の利益(独立の訴訟を許容してでも保護
すべき程度に重要な利益)を有しているか否かにより許容性を決すべきと
する(中野・論点Ⅰ111頁以下)。この立場によれば、民法上の組合の業務
執行組合員の例は、担当者が固有の利益を有する場合として許容される
ことに変わりはないが、実質関係説の二分類にいう純然たる「権利主体
のための任意的訴訟担当」があるとすれば、そのような訴訟担当は許さ
れるべきではないとされ、実質関係説の枠組みでは広くなりすぎる任意
的訴訟担当の許容範囲をより狭めるべきことが帰結される。

【3】— 任意的訴訟担当の要件その2
——訴訟追行の授権以外の要件

　任意的訴訟担当はその性質上、一方当事者側の都合で、実体法上の権
利義務関係の帰属主体とは異なる主体が当事者とされてしまう側面をも
つものであるから、仮に弁護士代理の原則等の潜脱の問題が生じない場
合であったとしても、そのことにより生じる相手方当事者の不利益をで
きるだけ回避すべきである。すなわち、問題となるのは、訴訟当事者機
能の連結点(訴訟当事者として訴訟法上の規定の適用を受ける主体)が変更され
てしまうことによる弊害の回避である。たとえば、訴訟費用負担の責任
主体、反訴の提起要件の要求される主体、訴訟手続の中断・中止事由の
判断対象となる主体などが、権利主体から訴訟担当者に替わることにな
り、また、権利主体に対する尋問は当事者尋問ではなく証人尋問による
ことになるなどといったことが、任意的訴訟担当の要件を授権のみで足
りるとすれば広く認められてしまうことになる。

　前述した実質関係説を批判する立場は、こうした弊害を正当化するた
めに、当事者となる担当者に固有の利益を要求する(中野・論点Ⅰ121頁)。

そこでは、相手方当事者（および場合によっては裁判所）の不都合・不利益に対する手当てが施されているわけではなく、相手方の不利益よりも担当者側の利益の保護が勝らなければならないことが許容根拠とされ、独立してでも保護しなければならない担当者固有の利益を要求するしくみがとられている。もっとも、そこにおける実体関係と訴訟関係のズレによる弊害はさほど深刻でないとの指摘もされており（たとえば、わが国では、訴訟費用については弁護士費用がそれに含まれないために実際に敗訴当事者に償還請求がされることが少ない、証人尋問と当事者尋問の手続に顕著な差異も見当たらないといったことが指摘されている。八田卓也「任意的訴訟担当の許容性について(三)」法協116巻4号607頁以下、同「任意的訴訟担当」ジュリ争点61頁参照）、さらには、相手方の保護を考えるのであれば、費用の償還等についてみれば、わが国においてはむしろ権利主体よりも望ましい主体が訴訟担当者となることのほうが多いともいえ、このような弊害はさほど考慮しなくてよいかもしれない。

　こうした点を直視すれば、授権とは別の要件は不要となりそうではあるが、許容要件として、訴訟追行の授権の他に担当者と被担当者の間の実体関係を要求する点は各説に共通している。実質関係説は、権利主体のための任意的訴訟担当において、他人の権利関係についての現実の関与や権利主体と同程度の知識を要求しているが、言い換えれば、そのような知識や関与が引き出されうる程の実体関係を要求しているわけであるから、任意的訴訟担当全般について実体関係を基準とした固有の利益を要求する見解との距離はそれほど遠くない。判例が要求する「合理的必要」も同じように位置づけることが可能であり、担当者と被担当者（権利主体）間で形成された実体関係が担当者による訴訟追行の必要性を合理的に基礎づける程度のものである場合には、許容要件を満たすとする枠組みが採られているとの評価ができる（前記最大判昭和45年の一般的判示は、弁護士代理の原則等の潜脱の危険がないことが訴訟担当を許容する合理的必要を基礎づけるものとされているようにも解しうることから、学説には、合理的必要の要件が弁護士代理等による制限を潜脱する危険が存在するか否かの判断のなかに埋没しているとし、要件としての独自性に疑問を向けるものも多いが、業務執

行組合員による組合の権利関係にかかる訴えにつき合理的必要が存するか否かに殊更に言及する必要はなかったという事例の性格によるものであり、合理的必要は独立した要件として扱われているものと考えるべきであろう）。

一定の実体関係が要求されるのは、明文規定で許されている任意的訴訟担当も例外ではなく、たとえば、選定当事者訴訟においては、選定者と選定当事者が利益を共同するがゆえに、選定当事者が自己の利益の貫徹のために訴訟追行すれば、必然的にそれが選定者のためにもなるという関係があるのであり、担当者たる選定当事者はその訴訟追行（結果）に自身の利益を有することになる。また、地域住民の利益のために住民団体や環境団体が、生活環境の侵害行為の差止めを求めて訴え出る場合には（伊藤眞「紛争管理権論再論」竜嵜喜助先生還暦記念論文集『紛争処理と正義』〔有斐閣・1988〕211頁以下参照）、団体は定款ないし規約に定めた目的を追求し構成員の利益を擁護することに利益を有しているのであるから、かかる利益が訴訟担当の基礎に置かれることになろう。

前述のように、訴訟担当を認めることによる相手方当事者の不利益が大きくないものとすれば、このような実体関係を必要とする根拠があらためて問われなければならないが、最近では、この点を被担当者（権利主体）の利益保護の観点から説明する立場（山本克己「民法上の組合の訴訟上の地位(1)」法教286号79頁参照）もみられる。任意的訴訟担当においては、被担当者の利益保護は訴訟追行の授権を要求すること自体によりカヴァーされるが、この見解によれば、それのみでは十分でなく、担当者と被担当者の間に被担当者の利益を保護することが保障される実体関係が必要となると説明されることになる（このような視点は、外国国家発行の円建債券の償還請求訴訟において、銀行である債券管理会社の任意的訴訟担当を認めた、最判平成28年6月2日民集70巻5号1157頁においても示されている）。

【4】─ 任意的訴訟担当の要件その3 ──訴訟追行の授権の要件

任意的訴訟担当における授権の要件を論ずる際に問題となるのは、授権の必要性自体ではなく、その態様からみて訴訟追行の授権として十分

かという点である。すなわち、選定当事者制度で予定されているような訴訟提起に際しての明示的な（書面での）意思表示による訴訟追行の授権がなされていれば問題はないが、実際上は、訴訟追行の授権が訴訟に際して明示的にされることはほとんどなく、それゆえ、多くの事例では、授権の存否が問題とされるときは、訴訟に先立って被担当者からなされる実体法上の権能の授与のなかに訴訟追行のための授権までがなされているかが、事後的に審査されることになっている。

　授権の要件は【3】でみた利益要件（実体関係の要件）とは別個に判断されなければならないことはもちろんであるが、実際上は、いったん形成された実体関係によりすでに授権の要件も満たしうる事実関係が揃っていることが多く、結果的現象にみれば、一度の実体関係の形成により訴訟担当の各要件が充足され許容されることになる。担当者の実体的地位に照らせばすでに訴訟追行を委ねるほどの権限の授与がされているような場合には、かかる実体的地位に基づく任意的訴訟担当が許容されうるという見解（松本=上野・民訴266頁参照）が出されるのも、このような事情を一因とするものであろう。

　こうしたことからみれば、訴訟追行の授権の存在が、訴訟に先立って形成されている担当者・被担当者間の実体関係のなかに含まれているものとして、事後的に評価される場合には、任意的訴訟担当といえどもその実質は授権を要しない法定訴訟担当により近くなる側面を有する（ここでは余談であるが、そうであればそれに応じて授権の要件やその効果を相対化することも考えられなくはないであろう。前記最判平成28年6月2日も、任意的訴訟担当者たる債券管理会社と法定の社債管理会社との近似性を考慮している）。

【5】― 設問の解答

　［ケース1］、［ケース2］とも、組合規約、所属契約の中で、それぞれ対外的な業務執行権および組合財産の管理権限ないしは損害に関する一切の裁判上の権限が授与されており、選定当事者訴訟にいうような訴訟提起に際しての書面による選定行為（授権）ではないにせよ、訴訟の必要が生じたときのために事前に訴訟追行の授権がされたと評価するに足

32　**3** 当事者適格(2)　任意的訴訟担当

る事実関係を認めることができよう。しかし、訴訟追行の授権がなされていても任意的訴訟担当が許容されない場合があることは【3】で述べたとおりであり、問題は、それぞれのケースの訴訟物からみた被担当者・担当者の実体関係が、担当者の訴訟追行を許すに十分なものであるか否かである。

福永説（実質関係説）では、「権利主体のための任意的訴訟担当」の場合として、［ケース1］のXは訴訟で争われているAの権利関係について、Aと同程度の知識を有する程度に関与・管理しているといえるし、［ケース2］のXについても、同説が労働協約に基づく労働者の権利についての労働組合の任意的訴訟担当を認めていることからすれば、その任意的訴訟担当資格も肯定されることになろう（ただし、［ケース2］のパブリシティ権は人格権に基づくものであり、その一身専属性を重視すれば任意的訴訟担当を否定する方向に向かうことになろう）。中野説によれば、［ケース1］では、業務執行組合員Xは組合の維持・存続の責任主体でありそこに自己の利益もかかっているのだから、訴訟担当を行う固有の利益も肯定されることになる。一方で、［ケース2］のXについては、Aの損害賠償請求権を代わって行使するほどの固有の利益を認め難いことになろう（判例理論においても、Xが訴訟の成果をYに還元しないおそれも否定できないため、合理的必要は見出せないことになろう。東京地判平成17年8月31日判タ1208号247頁参照）。ただし、固有の利益のみを基礎に置く理論枠組みを採用することと任意的訴訟担当の許容範囲を狭めることはイコールではなく、理論構造上は、保護に値する担当者固有の利益の範囲を広く画することによって許容範囲を拡大しうるのであり、中野説と同じ理論枠組みでありながら許容範囲を広げる立場（木川統一郎『民事訴訟法重要問題講義(上)』〔成文堂・1992〕50頁以下）も成り立ちうるところである（それゆえ、任意的訴訟担当の許容範囲を広げた前記最判平成28年6月2日も、この立場と相容れないわけではない）。

発展問題

X銀行は、外国国家Yが日本国内で発行する債券の管理会社であり、当該債券を

購入したＡら債権者の保有する債券の償還請求訴訟をＸの名で提起した。ＸとＹとの間では、債券を購入したＡらのために、Ｘが当該債券に基づく弁済を受けまたは債権の実現を保全するために必要な一切の裁判上または裁判外の行為をする権限を有する旨の条項を含む管理委託契約が締結されていた。この権限の授権に係る条項は、Ｘ、ＹおよびＡらの間の契約関係を規律する「債券の要項」の内容を構成し、Ａらに交付される目論見書等にも記載されていた。当該債券は多数の一般公衆に対して発行される点で社債に類似するものであるところ、上記の授権に係る条項を設けるなどしてＸに訴訟追行権を認める仕組みは、社債に関する商法（平成17年法律第87号による改正前のもの）の規定に倣ったものであった。また、Ｘは銀行であり銀行法に基づく規制や監督に服するとともに、管理委託契約上、Ａらに対して公平誠実義務や善管注意義務を負うものとされていた。

上記の事案において、１．Ｘによる訴訟担当は許されるか。２．許されるとした場合、ＸはＡを拘束するような訴訟上の和解をＹとの間でなしうるか。

［発展問題のヒント］

１．上記のような事案において、最判平成28年6月2日民集70巻5号1157頁は、Ｘによる任意的訴訟担当を適法であると判示した。①授権の要件については、担当者・被担当者間で債券の管理に関する契約が交わされているわけではないにもかかわらず、Ｘと外国国家Ｙとでの債券管理委託契約が、Ａら債券保有者のためにする、いわゆる第三者のためにする契約であるとした上で、権利主体である債券保有者からみれば、このような関係・状況下において受益の意思表示をしたことが訴訟追行の授権に当たるものと評価されている。

また、補足的に、以下の点がＸの当事者適格を基礎付ける論拠とされている。すなわち、②本件債券は社債に類似するものであるが、発行当時は、社債については、一般公衆である社債権者の保護のため、社債管理会社の設置が原則として強制されており（旧商法297条）、社債管理会社は、「社債権者のために弁済を受け、又は債権の実現を保全するために必要な一切の裁判上又は裁判外の行為をする」権限を有するものとされていたところ（旧商法309条1項）、本件においては、XYの合意により社債管理会社に類した債券の管理会社を設置し、債券要項に旧商法309条1項の規定に倣った授権条項を設けるなどして、Ｘらに対して本件債券についての実体上の管理権のみならず訴訟追行権も認める内容が採り入れられていたこと、③さらに、Ｘは銀行であって、銀行法に基づく規制や監督に服し、本件管理委託契約上、Ａら債券等保有者に対して公平誠実義務や善管注意義務を負うものとされ、ＸがＡら債券保有者のために適切に訴訟追行することが期待できること、といった点である。

なお、こうした理由付けからみれば、最判平成28年6月2日が登場したからといって、［ケース２］のような訴訟担当がただちに認められることにはならないであろう。

２．Ｘによる訴訟追行を適法とするのであれば、訴訟追行の過程において、訴訟上の和解の契機も出てくるであろう。任意的訴訟担当者による訴訟上の和解をめぐっては、選定当事者による和解につき、最判昭和43年8月27日判時534号48頁が、選定者から選定当事者へ和解の特別授権がないこと、および、選定者の一人からは訴訟

追行の授権において和解をなしえない旨の制限が付されていたことを理由として、和解の効力が争われた事例において、「選定当事者は、訴訟代理人ではなく当事者であるから、その権限については民訴法81条2項（現55条2項）の適用を受けず、訴訟上の和解を含むいっさいの訴訟行為を特別の委任なしに行なうことができるものであり、かつ、選定行為においてもその権限を制限することのできないものであって、たとい和解を禁ずる等権限の制限を付した選定をしても、その選定は、制限部分が無効であり、無制限の選定としての効力を生ずるものと解するのが相当である。」とした。任意的訴訟担当においては、担当者の訴訟追行を認める意思（訴訟追行の授権）があることが前提となっていることからすれば、このような扱いが出発点となろう。

　ただし、この一方で、Ｘとの地位の近似性に言及されている社債管理会社が社債権者のために和解するには、現行会社法705条1項および706条1項1号・2号（旧商法309条および309条の2第1項1号・2号）において、社債権者集会の決議が必要とされており、訴訟追行が許されるからといってただちに和解までなしうるわけではなく、手続上の加重要件が要求されている。

　外国債券の管理会社Ｘの地位が任意的訴訟担当者であるとして、上記のいずれの規律を採用するかについては、後者が妥当と考えられようが、いまだ議論の詰められていない問題である。

◦◦◦ 参 考 文 献 ◦◦◦

　本文中に掲げたもののほか、伊藤眞「任意的訴訟担当をめぐる解釈と立法」鈴木正裕先生古稀祝賀記念論文集『民事訴訟法の史的展開』〔有斐閣・2002〕89頁以下、八田卓也「任意的訴訟担当論の現況についての一考察」神戸法学雑誌60巻3・4号256頁、園田賢治「任意的訴訟担当の現代的展開」法教445号17頁を参照。

（堀野　出）

4 代 理
（法定代理、訴訟代理、法人の代表）

法律行為について代理が認められるのと同様に、訴訟行為についても代理が認められる。民訴法上の代理制度とは、どのようなものか。また、民法上の代理に関する様々なルールが訴訟行為にもそのまま適用されるか。考えてみよう。

ケース

X君は、この春に高校を卒業し大学への進学を希望する18歳の少年である。このほど、第2希望の私立K大学に合格したため、所定の入学金と半年分の授業料からなる学納金200万円を納入した。X君は、L大学を第1希望として受験勉強に励んできたが、不合格となってしまったため、K大学へ進学するつもりでいた。そんな折りも折り、なんと、L大学から追加合格の通知が届いた。

早速、X君は、L大学への入学手続とK大学の入学辞退手続を行った。こうしてX君は、4月1日からの大学生活をスタートさせたものの、K大学からは、学納金の返還が一向になされなかった。そこで、X君は、その両親Pとともに、何度もK大学に学納金の返還を催促したが、K大学の窓口では「担当者が不在」などと言を左右にするばかりで、応じてもらえなかった。そこで、X君と両親Pは、弁護士Cに相談した結果、訴訟やむなしという判断に至り、弁護士Cに特別授権を含む訴訟委任をしたうえで、K大学を経営する学校法人Yを相手取って、学納金のうち授業料に相当する金150万円および訴状の送達の日の翌日からその完済に至る日まで年5分の割合による遅延損害金の支払いを求めて、訴えを提起した。その際に、訴状の原告当事者の欄にX君、その法定代理人の欄に両親P、そして、訴訟代理人の欄に弁護士Cの名前をそれぞれ記載

し、被告当事者欄には学校法人Yと、その代表者として法人登記簿上の理事長であるAの名前を記載した。この被告当事者欄をめぐって、後々、X君には思いもよらない争いが展開されることになる。

訴状副本と期日呼出状は、いずれもAに宛てて、A個人の住所に送達された。ところが、Aは、提訴から半年以上も前の理事会において不行跡を理由に理事長および理事を解任されており、すでにYとは無関係であるとして、これらを放置しておいた。しばらくして、Y欠席のまま、X勝訴を伝える判決書に代わる調書の正本がAに送達された。この段になって、Aは、Yに連絡したほうがよかろうと思い、Yに関係書状をすべて郵送した。

連絡を受け驚いたYは、A前理事長の解任騒動以来放置しておいた代表者の登記を、Aの解任の際に併せて選任されたBに改めたうえで、真の代表者であるB理事長を代表者として、控訴を提起した。その控訴状の中で、訴え提起当時すでにAは解任されており、代表者ではなくなったAを代表者として提起された本件訴えは不適法として却下すべきであると述べた。

これに対して、X君らは、登記事項は登記した後でなりれば第三者に対抗できないとする私立学校法28条2項、または、表見代理を定める民法新109条1項の規定の趣旨により、YについてAに代表権限を認めるべきであると主張した。

・・・・・・・・・・・・・・・・・・・・・・【設問】・・・・・・・・・・・・・・・・・・・・・・

1．法人の訴訟上の代表者はどのように定められるか。また、法人の訴訟上の代表者に関して、表見法理の適用があるか。

2．法人の代表者に代表権限が欠けていることを看過してなされた第1審判決に対して控訴が提起された場合、控訴審裁判所は、どのようにしたらよいか。

・・

解説

［ケース］のような大学の入学辞退に伴う学納金の返還について、最高裁は、入学金を除く授業料相当分についての返還を認めている（最判

第1章 訴訟要件 **37**

平成18年11月27日民集60巻9号3437頁など）。X君らは、K大学がこの期に及んでもなお返還に応じないために訴えを提起したものの、Yが訴訟に出てこないまま勝訴したのも束の間、Yによる控訴が提起されて上記のような主張を展開されて唖然とさせられたわけである。というのも、X君らとしては、学校法人Yを相手取って訴えを提起するに当たり、Y自らが行ったはずの法人登記をきちんと確認して、A理事長をその代表者として特定していたためである。そこで、このようなX君らの信頼を表見法理に依拠して保護すべきかどうかがここでの問題となる。その一方で、Yとしても、訴状すら受け取ってもおらず、ましてや、その言い分を述べる機会も全く与えられることのないまま第1審敗訴の判決を甘受しなければならないといういわれはないはずである。そこで、正当な代表権限を有する代表者によって訴訟追行されるYの利益をどれほど保護すべきかということも考える必要がある。

　以下では、法人の代表者による訴訟行為にも準用される、民訴法上の代理制度について概観した後に、訴訟行為に対する表見法理の適用の可否について検討し、最後に、代表権の欠缺を看過してなされた判決の取り扱いについて考えてみよう。

【1】─ 民事訴訟法上の代理制度
　　　（法定代理・任意代理・法人の代表）

（1）　法定代理

　未成年者は、民法上、行為能力を制限される者であり（民5条・6条）、民訴法上も、訴訟無能力者として扱われる（民訴28条）。もっとも、民法上は、未成年者自らが法律行為をなすことができるが、それが完全に有効であるためには原則として法定代理人の同意を要する（民5条1項）とされる一方で、民訴法上は、未成年者は法定代理人によらなければ訴訟行為をすることができない（民訴31条）と定められている。これは、訴訟行為が取引行為以上に複雑で、高い判断能力が求められるため、民法以上に手厚く未成年者を保護する必要があること、そして、個別的に同意を得ることを要するとすることによって生ずる訴訟手続の不安定を除

去する必要があることを理由とするものである。［ケース］のX君は、訴え提起の時点で未成年であるため、その親権者（民818条）である両親Pが、法定代理人として、X君の名において、X君に代わって一切の訴訟行為を行うことになる（民824条参照）。

　このように、法定代理とは、本人の名において代理人であることを示して訴訟行為をなす訴訟上の代理の1つとして、自ら有効に訴訟行為をなすことができない訴訟無能力者らの保護のために、訴訟無能力者本人の意思に基づかずに、法律によって、代理人が本人に代わって訴訟行為をなすことをいう。法定代理には、①実体法上の法定代理人として、未成年者のための親権者のほか、親権者を欠く場合等に選任される未成年後見人（民838条1号）、そして成年被後見人のための成年後見人（同2号）などが定められているほか、②訴訟法上の特別代理人として、実体法上の法定代理人が不在の場合または法定代理人が代理権を行うことができない場合（たとえば利益相反の場合、民826条）に、相手方当事者が訴訟無能力者に対して訴えを提起できないという不都合を回避するために、裁判所が選任する訴訟無能力者らのための特別代理人（民訴35条）の制度が設けられている。

　法定代理権の範囲や効果については、民訴法に特別の定めがない限り民法等の法令に従う（民訴28条）。たとえば、民法上、本人の死亡（民111条1項1号）または親権の喪失（民834条）などにより法定代理権が消滅するとされるが、民訴法上、その効果は、相手方に通知するまで生じないとされている（民訴36条1項、民訴規17条）。これは、消滅の時期を明確にして手続の安定をはかるために民訴法が特別に設けた基準であるが、後述する論点との関係では要注意の規定である。また、未成年後見人または成年後見人について後見監督人がある場合には、後見人は、訴訟行為について後見監督人の同意を要するが（民864条・13条1項4号）、相手方の提起した訴えまたは上訴に応じる訴訟行為については、後見監督人の同意が得られないと相手方が不利益を被るため、後見監督人の同意を要しない（民訴32条1項）。また、訴えの取下げや和解など、本人の利益に重大な影響を及ぼす一定の訴訟行為については、特別授権を要する（同

第1章　訴訟要件　　39

2項）という特則がある。なお、法定代理権または訴訟行為をするのに必要な授権は、書面で証明しなければならないとされる（民訴規15条）。これは、法定代理権等の存在を明確にしつつ、その存否に関する将来の争いの芽を事前に摘んでおくという趣旨である。たとえば、親権者であれば、戸籍の全部事項証明書などの書面がこれに用いられる。

ところで、法定代理権を欠く者による訴訟行為は無効であり、法定代理権の欠缺が認められた場合には、裁判所は、期間を定めてその補正を命じなければならない（民訴34条1項）。もっとも、能力を回復した本人または法定代理人によって追認されると、行為の時にさかのぼってその効力を生ずる（同2項）。裁判所の補正命令に従わず、または、追認がなされなかった場合には、訴えは、不適法なものとして却下される。法定代理権の欠缺を看過してなされた判決は、絶対的上告理由（民訴312条2項4号）または再審事由（民訴338条1項3号）に該当し、取り消される。

（2） 訴訟代理

法定代理は、訴訟無能力者の保護という要請に照らして、本人の意思に基づかずに設置される一方で、訴訟代理は、訴訟能力者の訴訟追行力の拡充のために、本人の意思に基づいて代理権の授与が行われる訴訟上の代理である。これには、①訴訟委任に基づく訴訟代理人として、［ケース］においてX君と両親Pが弁護士Cに紛争の処理を依頼したように、特定の事件の訴訟追行について本人が包括的な訴訟代理権を授与する場合と、②法令上の訴訟代理人として、支配人（商21条1項、会社11条1項）や船長（商713条1項）のように、本人の意思に基づいて一定の地位に就任する者に対して法令が本人のための訴訟代理権を付与する場合の訴訟代理人がある。

わが国においては、弁護士を訴訟代理人に選任しないと訴訟行為をなしえないという弁護士強制主義は採用されておらず、当事者が自ら出廷して訴訟行為をする本人訴訟が認められている。しかし、訴訟代理人を選任する以上は、弁護士を訴訟代理人に選任しなければならないという弁護士代理の原則が採用されている（民訴54条1項）。これは、当事者本人の利益を保護するとともに、訴訟手続の円滑な進行を図るという趣旨

である。ただし、簡易裁判所においては、簡裁訴訟代理等関係業務の資格を得た司法書士を訴訟代理人に選任できる（司法書士3条1項6号イ・2項・6項）ほか、許可を得て弁護士でない者を訴訟代理人とすることができる（民訴54条1項ただし書）。

　訴訟代理権の存在および範囲は、手続の安定を図るために書面で証明しなければならない（民訴規23条1項）。訴訟代理権の範囲は、訴訟手続を円滑に進行するという要請に基づき、そして、弁護士に対する一般的な信頼の高さという点に照らして、包括的なものでなければならず、代理権を個別に制限することは禁じられている（民訴55条3項）。また、反訴や控訴の提起、訴えの取下げなどの重要な事項については、特別の授権を要するものとされている（同2項）。なお、これらの代理権の範囲に関する制限は、法令上の訴訟代理人には当てはまらない（同4項）。

　訴訟代理権の消滅は、民法上の代理権の消滅事由を基礎としており、たとえば、委任契約の解除（民651条1項）による委任関係の終了があれば、訴訟代理権も消滅する（民訴28条、民111条2項）。もっとも、訴訟手続の明確性の要請から、その効果は、相手方に通知しない限り生じないとされる（民訴59条・36条1項）。なお、本人の死亡は、民法上は、代理権の消滅事由とされるが（民111条1項1号）、民訴法上は、訴訟手続の迅速性・安定性の要請に照らして、そして弁護士の能力・倫理観への信頼を前提として、これによって訴訟代理権は当然には消滅しないとされる（民訴58条1項1号）。この場合、訴訟手続は中断せず（民訴124条2項）、訴訟代理人は、当然承継により当事者となった相続人の訴訟代理人として訴訟行為をすることになる。

（3）　法人の代表

　法人が訴えまたは訴えられた場合には、法人は、自ら出廷して訴訟行為をなすことができない以上、その代表者によって訴訟行為がなされなければならない。［ケース］のYのような学校法人については、私学法37条1項が「理事長は、学校法人を代表し、その業務を総理する」と定めており、その他にも、たとえば、一般社団法人の場合には理事または代表理事（一般法人77条1項）が、株式会社の場合には取締役または代

取締役（会社349条１項）が原則として代表権を有し、一切の裁判上の行為をなしうると定められている（一般法人77条４項、会社349条４項）。これらの代表者は、法人の機関として、法人の名において自己の意思に基づいて訴訟行為をすることから、法人と代表者との関係は、訴訟無能力者である本人と法定代理人との関係に類似する。そのため、民訴法は、法人の代表者を法定代理人に準じて取り扱っている（民訴37条）。

　ところで、［ケース］のように、法人を被告とする訴訟の訴状等の送達は、民訴法上は、商業登記簿等記載の代表者に宛てて、その住所において実施される建前となっている（民訴37条・102条１項・103条１項本文）。もっとも、送達実務上は、これらの訴状等は代表者を名宛人として法人の営業所または事務所（会社の本店または支店）に送達されていることに注意が必要である（民訴37条・103条１項ただし書）。

【２】─ 訴訟行為に対する表見法理の適用の可否

　法人の代表者の氏名は訴状の必要的記載事項（民訴37条・133条２項１号）であることから、法人を相手として訴えを提起する場合には、その代表者を特定する必要がある。法人の代表者は登記事項であり、会社であれば商業登記簿（会社907条・911条３項14号）、一般社団法人であれば一般社団法人登記簿（一般法人301条２項６号・316条）に代表者と記載されている者を訴状における代表者に定めるのが一般的である。民訴法上、法人の代表者であることの資格証明は書面で行わなければならず（民訴規18条・15条）、裁判所が職権により法人の代表者を調査する際には登記事項証明書を中心に行われることから、登記の記載が極めて重大な役割を果たしている。

　ところが、代表者の就任または交替が登記事項とされているにもかかわらず、［ケース］の学校法人Ｙのようにこれを怠っていたり、あるいは、代表者に就任した事実のない者が代表者として登記されていたり（後掲昭和45年判決の事例）というように、登記の記載が実体と合致しないことが起こりうる。取引行為であれば、代理権を与えた旨の表示（民新109条、会社354条等）や登記（商９条、会社908条等）などの外観を信頼した

者を保護するために表見法理の適用があり、法人は、法人を代表する権限を有するものと認められる名称を与えられた者や登記簿上の代表者が真の代表者ではないということを理由として、善意の第三者に対する取引上の責任を免れなくなる。それでは、このような表見法理が訴訟行為にも適用されるのであろうか。

　訴訟行為への表見法理の適用を認める見解を積極説、認めない見解を消極説とすると、判例は、消極説の立場をとることを鮮明にしている。まず、学校法人の代表者の確定につき、登記事項は登記後でなければ第三者に対抗できないと定めた私学法28条2項の適用を否定し（最判昭和41年9月30日民集20巻7号1523頁）、次いで、株主総会決議無効確認訴訟において株式会社の訴訟上の代表者を定めるにあたって、登記事項は登記なくして善意の第三者に対抗できないと定めた商法9条1項および会社法908条1項の適用を否定し（最判昭和43年11月1日民集22巻12号2402頁）、そして、代理権授与の表示による表見法理に関する規定である民法新109条1項および会社法354条もまた訴訟行為には適用されないとした（最判昭和45年12月15日民集24巻13号2072頁）。さらに、法人の代表者に関する事件ではないが、父母の一方が共同名義でした行為の効力を定める民法825条が弁護士に対する訴訟委任について適用されるかどうかについても、これを消極に解している（最判昭和57年11月26日民集36巻11号2296頁）。

　このように判例の立場は一貫しており、その理由づけも明快である。

　第1に、昭和41年判決が述べるところであるが、「民事訴訟は、公権力をもって実体法上の法律関係を確定する手続であって、それ自体は実体法上の取引行為ではない」というものである。この趣旨は、以降、昭和43年判決、および昭和45年判決においても踏襲されており、さらに、昭和57年判決においても徹底されている。

　第2に、旧商法42条1項但書が、表見支配人の権限について裁判上の行為を除外しているということである（昭和45年判決。なお、旧商法42条1項に相当する現行商法24条および会社法13条では、表見支配人の権限が「一切の裁判外の行為」に限定されていることも同様の趣旨に基づくものである）。

　第3に、訴訟行為においては1つの行為が他の行為の前提となって有

機的に手続を形成していくために、これらの行為の効力が一義的に明白であることが必要であり、相手方の善意・悪意によって効力が左右されるのは妥当ではないということである（昭和57年判決）。

第4に、法定代理権の存在が職権調査事項であること、そして、その欠缺を看過した場合に絶対的上告理由（民訴312条2項4号）または再審事由（民訴338条1項3号）となるということが指摘されている（昭和57年判決）。

学説においても、判例と同様に消極説に立つ見解がみられる。その根拠としては、表見法理の適用により手続の画一性・安定性が損なわれる（宅間達彦=立川共生「判批」民商42巻2号92頁、豊水道祐「商事会社の訴訟代表と商法第一二条との関係」松田判事在職四十年記念『会社と訴訟(下)』〔有斐閣・1968〕1114頁）、真の代表者による訴訟追行がデュー・プロセスの要請に適うことから、法人の真の代表者による訴訟追行の保障を優先すべきである（石川明「判批」民商56巻4号103頁）などがみられる。

これに対して、消極説には様々な疑問が呈されており、学説上は、むしろ積極説が有力に主張されている。それは、以下のような理由による。

第1に、訴訟は、実体法上の権利関係を実現するプロセスであって、訴訟行為は、実体的取引行為の延長線上にあり、両者を厳密に区別することは困難であるということである。

第2に、表見支配人の権限を裁判外の行為に限定する旧商法42条は、登記までされた支配人についても適用すべきかどうかは問題であり、その存在は、真実でない登記に対する信頼を少なくとも否定するものではないということである。

第3に、代理権の消滅の効力が相手方へ通知されるまで発生しないとする民訴法36条の規定が代理権の存否について外観を基準として、手続の安定とともに相手方の信頼保護を図っているということである。

第4に、[ケース]のように部外者であるX君らがY法人の理事会の議事録を閲覧することは事実上不可能なことからも明らかなように、法人の代表者の真偽の確認は外部の者からは困難であるということである。

第5に、真実の代表者の下で最初から訴訟をやり直すことになると、

登記簿上の表示を信頼して訴訟追行してきた相手方当事者の犠牲の下で、登記を懈怠した法人が保護されるという不合理な結果を招くために、真実に反する内容の登記簿から生ずる不利益は法人に負わせるのが衡平に適うということである（以上、竹下守夫「訴訟行為と表見法理」実務民訴講座(1) 184頁、新堂・判例181頁、高橋・重点㊤235頁、伊藤・民訴法148頁、松本＝上野・民訴111頁などを参照）。

　以上のように、表見法理の訴訟行為への適用の可否をめぐっては、消極説と積極説とが鋭く対立している。もっとも、近時では、判例のように一刀両断に表見法理の適用の可否を論じるのではなく、問題となりうる場面を限定したうえで、事案の内容に応じてその適用の可否を検討するという方向性が模索されている（その試みとして、谷口・口述411頁、新堂・新民訴180頁、本間靖規「法人の代表者」小山ほか・演習民訴222頁、佐藤鉄男「法人の代表」鈴木ほか『基本問題セミナー』〔一粒社・1998〕78頁、上田徹一郎『民事訴訟法（第7版）』〔法学書院・2011〕114頁などを参照）。そのような場面の1つとして、訴訟の途中で真の代表者が発覚した場合に、代表権限のない者を相手として行われた従前の訴訟結果を覆滅して最初から訴訟をやり直すかどうかということについて両説の対立が見られる。まず、消極説では、真の代表者に対して訴状副本を送達することからやり直すことになる。次に、積極説では、相手方の信頼の上に一旦進行した手続が代表権の欠缺を理由に覆滅されないように、従前の訴訟追行を有効なものとして扱い、真の代表者に受継させることになるが、積極説の中にも、法人の側で訴訟係属を知りうる状況にあったにもかかわらず、法人の側から代表変更の手続を怠った場合にのみ、訴訟結果の覆滅を防ぐべきであるとの見解がある（本間・前掲228頁、佐藤・前掲79頁）。この見解は、登記を信じて訴訟を追行した相手方の信頼保護と、法人の裁判を受ける権利といういずれも追求しなければならない価値を実現しようという試みであるといえ、妥当なものであると考える。［ケース］のように真の代表者であるBの住所または学校法人Yの事務所に訴状の送達が行われなかったために、Yが訴訟の係属を全く知らなかったという場合には、Yに第1審敗訴の不利益を負わせるべきではないであろう。

【3】─ 控訴審裁判所のとるべき措置

それでは、法人の代表者に代表権限が欠けていることを看過してなされた第1審判決に対して、控訴審裁判所は、どのように対処すればよいであろうか。

まず考えられるのは、法人を相手方とする訴訟では法人の真の代表者に宛てて訴状が送達されなければならず、代表権のない者に宛てた送達は適法な訴状送達の効果（訴訟係属）を生じないため、控訴審裁判所が、訴え自体を不適法なものとして却下するというものである。もっとも、以下でみるように、この場合の送達の瑕疵は、訴状の不備について訴状の補正（民訴138条2項・137条1項）を命じることで治癒される可能性がある以上、ただちに訴えを却下することはできないものと解される（小山昇「判批」民商65巻5号798頁）。

次に、控訴審裁判所が、訴状の補正を命じ、真の代表者の所在を明らかにさせ、その者に対して改めて訴状を送達するということが考えられる。これによって、真の代表者による従前の手続の追認（民訴37条・34条2項）と以降の訴訟追行が期待される。追認の時期については、控訴審における追認も有効とされている（最判昭和34年8月27日民集13巻10号1293頁）。仮に真の代表者を突き止めることができなかったとしても、相手方の申立てにより、控訴審裁判所は、特別代理人（民訴37条・35条）を選任することができる。もっとも、［ケース］のように第1審でY側が敗訴しているような場合には、Bによる追認の期待はそもそも薄く、また、控訴審での追認をあらかじめ期待して特別代理人を選任するというのも、法定代理人を欠く場合における補正のあり方として決して健全なものとは言い難い（宇野栄一郎「判批」最判解民23巻8号318頁）。

そうであるとすれば、控訴審裁判所自らが補正を命じるべきではなく、訴状の送達の任務に当たるべき第1審裁判所が補正を命じなければならないと考えるべきである。控訴審裁判所は、第1審判決を取り消した上で、第1審裁判所に事件を差し戻す（民訴308条1項）ことになる。判例（昭和45年判決）は、この立場を採用する。［ケース］のX君としては、第

46　4 代理（法定代理、訴訟代理、法人の代表）

1審からのやり直しのための労力と時間とを強いられることとなるが、すべての審級において真の代表者によって訴訟行為が行われることが法人の手続保障にとって不可欠であると考えられるため、適切な措置であるといえる。

発 展 問 題

1．法人を代表する資格がないと自ら認める者（[ケース] の場合は A）による応訴行為または控訴の提起が行われた場合、その行為はそもそも有効か。

2．法人を代表する資格がない者との間で訴訟上の和解によって訴訟が終了した場合には、表見法理は適用されるか。

3．株主総会決議取消しの訴え（会社831条）など、会社の組織に関する訴えの場合には、表見法理は適用されるか。

4．法人の代表権の消滅が相手方に通知されず、口頭弁論終結後にその事実が判明した場合には、裁判所は、新代表者を表示して判決をすることができるか。

[発展問題のヒント]

1．訴訟無能力者によるまたはこの者に対する訴訟行為は無効であるが、訴訟無能力者が自己の訴訟能力を争うことは可能か、という問題と比較して考えてみよう。

2．訴訟上の和解には、私法上の和解契約と、その内容を裁判所に対して合同で陳述する訴訟行為とが併存することから、前掲昭和45年判決などが指摘する実体法上の取引行為ではないという理由が妥当するか、また、訴訟行為としての和解の効力が否定されると私法上の効果が生じないとすることに問題はないか、その他にも、訴訟上の和解によって訴訟が終結した後にはさらに手続が積み重なることがないことから、前掲昭和57年判決などが指摘する手続の安定性の確保という要請が働くかどうか、などの観点から考えてみよう。

3．会社の組織の構成員も保護に値する第三者といえるか、会社に対して正しい代表者による訴訟追行をつねに保障する必要があるか、前掲昭和43年判決などを参考にして考えてみよう。

4．法人の代表権の消滅は、相手方に通知されるまではその効力を生じない（民訴37条・36条1項）が、この趣旨は、つねに徹底されなければならないか。相手方が法人の代表者の代表権の喪失を知りうる立場にあった場合や、法人に限らず国または地方公共団体の代表者の代表権の喪失が公知の事実である場合はどうか。最判昭和43年4月16日民集22巻4号929頁、最判平成19年3月27日民集61巻2号711頁などを参考にして考えてみよう。

◇◇◇ 参 考 文 献 ◇◇◇

本文中に掲げたもののほか、本間義信「法人の代表」三ヶ月ほか・新版民訴法演習(1)63頁以下、酒井博行・百選〔第5版〕42頁、高見進・注釈民訴(1) 510頁。

（林　昭一）

5) 訴えの利益

　民事訴訟制度を利用するためには、本案判決をすることについての利益ないし必要性がなければならない。この利益ないし必要性を訴えの利益といい、定義上対象が無限定である確認訴訟において最も問題となるが、給付訴訟や形成訴訟においても問題となりうる。また、これら3つの訴訟類型に共通な訴えの利益の問題もある。訴えの利益が認められるか否か問題のある事例を取り上げて、どのような視点に即してその有無を分析したらよいのかを見てみよう。

ケース1

　甲空港の周辺住民であるAらは、離着陸する航空機の騒音等により種々の精神的・身体的被害等を受けていると主張して、同空港の設置・管理主体であるB（国）に対し、夜間の航空機の飛行の禁止とともに、過去および将来の損害賠償の支払を求めて訴えを提起した。将来の損害賠償に係る請求は、「Bが甲空港において毎日午後9時から翌日午前7時までの間の一切の航空機の発着を禁止し、かつ、その余の時間帯においてAらの居住地に60デシベルを超える一切の航空機騒音を到着しないようにするまで、Aら各自に対し毎月2万2,000円を支払え」というものである。

・・・・・・・・・・・・・・・・・・・・・ 設問 ・・・・・・・・・・・・・・・・・・・・・

　この訴えのうちの将来の損害賠償の請求に係る部分は適法か。
　この訴訟が第1審に係属中であるとして、将来の損害賠償の請求につき、「第1審判決の言渡日」までの部分に限って適法として支払を命ずることはできないか。

・・

解説

〔1〕— 訴えの利益の意義

ある人が通行中の別の人を被告として自己の飼い犬が死んでしまった
ことの確認を求める訴えを提起したとしよう。このような訴えを取り上
げることに意味があるであろうか。あるいは、このような訴えについて
本案判決をしてみても、どんな紛争が解決されるというのであろうか。
民事訴訟制度は国家が国民の税金を使って設営しているものであるから、
このような訴えはさっさと却下してしまうのが適当であろう。また、こ
んな訴えにつきあわされるのは被告にとっても迷惑なことであることか
らも、そう言うことができよう。そこで、本案判決をすることに紛争解
決上の利益があり、あるいはその必要性がある場合に限って訴えは適法
とされることになる。逆に言うと、この利益ないし必要性が欠けるとき
は訴えは却下されることになるから、訴えの利益は訴訟要件の1つであ
るといえる（このように訴えの利益を本案判決との関連で捉えつつ、そのような
判決をするための要件とするのが通説であるが、異説については、松村和徳「訴え
の利益とその機能」ジュリ争点〔第3版〕124頁以下、松尾卓憲「確認の利益」ジュ
リ争点〔第3版〕126頁以下参照）。

〔2〕— 各種の訴えについて共通な問題と各々に特有
な問題

（1） 各種の訴えに共通な訴えの利益の問題

給付、確認、形成の3つの訴訟類型に共通なこととして、請求が具体
的な権利関係その他の法律関係の主張でなければならないとされる。民
事訴訟は、請求の当否を法律的に解決することによって現在の具体的な
紛争の解決を図ることを使命としているからである。したがって、法律
関係以外の社会関係、たとえば宗教団体の団体上の地位をめぐる訴えは
不適法である。もっとも、これは民事審判権の限界（法律上の争訟。裁3
条1項）の問題であり、訴えの利益の問題とは区別されるとの見解が最
近は有力になりつつある（審判権の限界の問題については、本書項目**28**参照）。

第Ⅰ章 訴訟要件　**49**

具体的な法律関係でなければならないから、抽象的な法律関係、法律問題を問題とする訴えには訴えの利益は欠けるとされる。たとえば、抽象的に法令等の違憲無効の確認を求める訴え（最大判昭和27年10月8日民集6巻9号783頁）や就業規則等に違反するか否かが問題となる行為が行われる前における当該就業規則等の効力・内容の確認を求める訴え（東京地判昭和51年11月12日判時842号114頁）は許されない（ただし、一律にそう言っていいかについても、最近、異論がある。野村秀敏『予防的権利保護の研究』〔千倉書房・1995〕369頁以下参照。なお、東京地判平成19年3月26日判時1965号3頁は、予定されている就業規則の廃止は無効であるとの理由での、当該規則廃止後も当該規則上の職種による労働者たる地位を有する旨の規則廃止前の確認の訴えを、将来の法律関係の確認の訴え［これについては後述参照］の下に問題とし、適法とする）。法律関係の主張でなければならないから、単なる事実の存否の確認も許されない（ただし、例外については後述参照）。

　そのほか、3つの訴訟類型共通の問題として、起訴が禁止されていないこと（142条・262条2項、人訴25条）、不起訴の合意がないこと、仲裁合意がないこと（仲裁14条）、等があげられることも多いが、これらは訴えの利益と結び付けずに、各々をそれ自体として問題とすれば足りるように思われる。

（2）　各種の訴えに特有な訴えの利益の問題

　㋐　給付の訴え　　現在の給付の訴えの場合には、原告が直ちに給付を請求しうる地位にあるのに現に給付を受けていないと主張するのであるから、当然に紛争解決の必要性・実効性を認めることができ、訴えの利益が認められるのが原則である。ただし、原告が既に確定勝訴判決を有する場合には、時効中断〔改正民法では、時効の完成猶予・更新〕のために訴えの提起が必要であるような場合（この場合、確認の訴えのみが認められるとの見解もある）を除き、訴えの利益は認められない。期限未到来とか条件未成就のために口頭弁論終結時において直ちには履行を求めることができない給付請求権を主張する将来の給付の訴えは「あらかじめその請求をする必要がある場合に限り（135条）」、認められる（この点の詳細については後述参照）。

(イ) **確認の訴え** 最も問題の多いのが確認の訴えであるが、確認訴訟の訴えの利益（確認の利益）は、原告の権利または法的地位に現に危険・不安が存在し、その危険・不安を除去する方法として原被告間で当該請求たる権利または法律関係の存否を確認する判決をすることが有効適切である場合に認められる。具体的には、確認訴訟によることの適否、確認対象（訴訟物）として選択された権利・法律関係の適否、即時確定の現実的利益の有無の３つの視点から、その有無を判断するのが適切である。

(a) **確認訴訟によることの適否** 他の紛争解決方法が存在する場合には確認の利益は認められない。したがって、給付の訴えが可能な請求権に関しては確認の訴えは認められない。給付判決は執行力をもつ点で既判力だけの確認判決よりも優れている。また、本案判断の前提をなす手続問題に関しては当該訴訟内で解決すれば足りるから、別訴で確認を求める利益は認められない。たとえば、別件訴訟における訴訟代理人の代理権の有無は当該訴訟の中で判断すれば足りるから、それ自体に関して独立の訴訟で確認を求める利益は認められない（最判昭和28年12月24日民集７巻13号1644頁）。

(b) **確認対象の選択の適否** 確認対象として選んだ訴訟物に関して本案判決をすることが紛争解決にとって有効適切なものであるか、という問題である。確認の対象は、現在の権利または法律関係でなければならないとされる。それを確認することが紛争の法的解決にとって直截であるからである。

(i) 事実の存否の確認は許されない。しかし、法律は、証書真否確認の訴えという例外を認めている（134条。それ以外に例外が認められないかには争いがある）。証書の真否とは、その書面が、作成者と名指しされた者の意思に基づいて作成されたか否かの事実をいう。ただし、原告の法的地位の危険・不安が証書の真否のみならず、その他の点、たとえば書面でなされた法律行為の効力にも原因している場合には、その法律行為により生ずる権利、法律関係を確認の対象にすべきであるから証書真否確認の訴えは認められない。

第1章 訴訟要件 **51**

(ii)　過去の法律関係の確認の訴えは認められない。過去の法律関係は現在までの間に変動している可能性があるから、現在の法律関係の方を直接に確認の対象とすべきであるというのである。しかし、過去の法律関係から諸々の現在の法律関係が派生していることがあり、そのような場合には、派生した個々の法律関係を個別的に確認の対象にするより、過去の法律関係を確認した方が紛争の抜本的解決に資する面がある。そこで、最近は、過去の法律関係の確認は許されないとの原則は一応のものにすぎず、それにも確認の利益が認められることがあるとされている。たとえば、父母の双方または子のいずれか一方の死亡後の親子関係確認の訴えは、その一例である（最大判昭和45年7月15日民集24巻7号861頁。この場合、検察官が被告となる。人訴12条3項類推）。

　過去の法律行為の効力や不存在の確認は、かつては過去の法律関係の確認そのものと理解されていたが、厳密にいえば異なるものである。しかし、考え方としてはそれと同様に捉えることができ、前記の基準に従って確認の利益の有無を判断すべきである。新株発行不存在確認の訴え（会社829条）、株主総会決議不存在・無効確認の訴え（会社830条）、婚姻の無効確認の訴え（人訴2条1号）、行政処分の無効確認の訴え（行訴36条）などのように法律の明文によって認められている例もあるが、そのような明文がなくとも、学校法人の理事会の決議無効確認の訴え（最判昭和47年11月9日民集26巻9号1513頁）などにも確認の利益が認められる。したがって、後記［ケース2］の［設問］前半で問題とされている遺言無効確認の訴えには確認の利益が認められる（最判昭和47年2月15民集26巻1号30頁）。

(iii)　自己の権利の積極的確認を求めるべきであり、相手方の権利の消極的確認には確認の利益が欠ける。しかし、登記簿上の第2順位の抵当権者が抵当権の実行を阻止するために（自己の抵当権の存在確認ではなく）第1順位の抵当権の不存在確認を求める場合（大判昭和8年11月7日民集12巻2691頁参照）などから分かるように、この原則も例外を許す一応のものにすぎない。

(c)　**即時確定の現実的利益の有無**　　以上のように確認対象の選択の

52　**5 訴えの利益**

適否との関係であげられる原則がいずれも例外を許すものであるとすると、最終的に確認の利益が認められるか否かの判断にとっては、即時確定の現実的利益の有無こそが重要になる（これを狭義の確認の利益という）。すなわち、原告の法的地位の危険・不安が生じていなければならず、かつ、その危険・不安は現実的なものでなければならない。通常は、被告が原告の法的地位を争っていたり、それと抵触する法的地位を主張する場合に危険・不安が生ずるが、そうではなくとも、戸籍などの公簿の記載の訂正のために確定判決が必要な場合にも、確認の利益が認められる（最判昭和31年6月26日民集10巻6号748頁）。

(ｳ) **形成の訴え**　形成の訴えは、法律がその必要があるとして個別的に規定を置いている場合に認められるものであるから、個別規定の要件を満たしていると主張される限り、訴えの利益が認められるのが原則である。ただし、訴訟前または訴訟中の事情の変動によって、原告が追求していた目的が形成判決を得ても達成しえなくなった場合や、逆に、その目的が形成判決によるまでもなく達成されてしまった場合には、訴えの利益は欠ける。前者の例として、メーデーのための皇居前広場使用不許可処分の取消訴訟の係属中に5月1日が経過してしまったという場合（最大判昭和28年12月23日民集7巻13号1561頁）を、後者の例として、重婚を理由とする後婚の取消訴訟の係属中に、後婚が離婚によって解消された場合（最判昭和57年9月28日民集36巻8号1642頁）をあげることができる。

【3】― 継続的不法行為に基づく将来の給付の訴え

[ケース1]の訴えのうち、事実審口頭弁論終結時以降に生ずる航空機騒音等による被害を理由とする損害賠償請求に係る訴えは将来の給付の訴えである。したがって、この訴えが適法であるためには、あらかじめその請求をする必要があることが必要である。従来から、義務者が既に義務の存在または態様を争っている場合と、履行が少しでも遅れると債務の本旨に従った履行にならない定期行為（民旧542条〔民新542条1項4号〕）や履行遅滞による損害が重大なものとなる扶養料請求の場合には、将来の給付の訴えの利益が認められるとされてきた。

第1章　訴訟要件　*53*

［ケース1］はこのうちの前者の場合に該当する（既に履行期の到来した過去の不法行為に基づく損害賠償義務の存在を争っているから、将来の分についても、その履行期の到来時に争うことは明らかである）から訴えは直ちに適法としてよいようにも思われるが、このような事案に関する大阪国際空港事件大法廷判決は新たな視点を加えた（最大判昭和56年12月16日民集35巻10号1369頁）。すなわち、継続的不法行為に基づき将来発生すべき損害賠償請求権については、①「既に権利発生の基礎をなす事実上および法律上の関係が存在し」、かつ、②「その継続が予測される」場合であっても、③「損害賠償請求権の成否およびその額を予め一義的に認定することができず、具体的に請求権が成立したとされる時点において初めてこれを認定することができ、かつ、その場合における権利の成立要件の具備については債権者においてこれを立証すべく、事情の変動を専ら債務者の立証すべき新たな権利成立阻却事由の発生と捉えてその負担を債務者に課するのは不当と考えられるようなもの」は、将来の給付の訴えを提起することのできる請求権としての適格を欠くとした。そして、この③の視点に鑑みれば、不動産の不法占有による明渡しに至るまでの賃料相当損害金の支払を求める場合と［ケース1］のような場合とは区別されるとし、後者には将来の給付の訴えの利益を認めることはできないとした。

　しかしながら、［ケース1］のような場合には、最小限度の被害の発生は、特別な事態が起こらない限り、将来、当分のあいだ確実に継続するであろうことは、むしろ常識的に認めうるところであろう。そして、この特別の事情の大部分は加害者が行う損害防止措置の実施であろう。そうであれば、賠償を命ずべき損害賠償額は最小限度とし、支払期間も控えめなものとすれば（［ケース1］のように、「騒音を到着しないようにするまで」とするのは不適当であろう）、判決の基礎となった事情に変動が生じた場合の請求異議の訴え（民執35条）や確定判決変更の訴え（民訴117条）によって賠償金額の減額を主張する負担を被告に負わせても（賠償金額を増額すべき事情が生じたときには追加請求の後訴の負担を原告に負わせても）公平に反することはないとも考えうる。すなわち、この場合の将来の給付の訴えにも、一定範囲内で訴えの利益を認めてよい。上記大法廷判決にはこ

のような趣旨の団藤裁判官の少数意見が付されていたのであり、学説上はむしろこれに賛成する立場が多数であるといってよい（長谷部由起子・百選〔第5版〕50頁以下参照）。

　その後25年を経て、最高裁は、横田基地騒音公害訴訟判決において、上記大法廷判決の法廷意見の立場を確認しているが（最判平成19年5月29日判時1978号7頁）、この事件の控訴審判決は、その口頭弁論終結後判決言渡日までの8か月間ないし1年間について口頭弁論終結時に認められるのと同内容の損害賠償請求権を認めていた（東京高判平成17年11月30日判時1938号61頁）。横田基地騒音公害訴訟判決の法廷意見には3人の裁判官の補足意見が付されているほか、控訴審判決は大阪国際空港事件大法廷判決の趣旨に反しないとする那須裁判官の反対意見、大法廷判決に関しては判例変更されるべきであるとする田原裁判官の少数意見が付されていた。学説の傾向とこのような事情に鑑みれば、判例変更が予測されなくもないとの評価もあったし（野村秀敏「判批」民商137巻4＝5号477頁以下）、事実、その8年後には、厚木基地騒音公害訴訟において、控訴審の東京高裁判決は、事実審終結時から約1年8か月後までの期間に係る損害賠償請求を認めた（東京高判平成27年7月30日判時2277号13頁）。しかし、その上告審の最高裁判決は、大法廷判決や横田基地騒音公害訴訟最高裁判決などを引用しつつ、従来からの立場を維持する旨を明らかにしており（最判平成28年12月8日判時2325号37頁）、判例の立場はやはり揺るがないようである。なお、この控訴審判決は、当該期間に関しては当該地域の航空機騒音の発生等が継続することが高度の蓋然性をもって認められる等のことを理由とするものであったが、最高裁判決には、控訴審判決は従来の判例に反するし、その点を措いても、飛行場の施設使用の目的や態様（騒音等の発生）は公共的な要請に対応して変化する可能性を内包すると指摘する小池裁判官の補足意見が付されている。

　判例の大勢に従えば、**設問**の解答は前半に関しても後半に関しても否定的なものとなるが、後半は肯定してよいように思われる。また、事案にもよるが、判決言渡日までではなくて、もう少し先まで支払を命じてもよいかもしれない（横田基地騒音公害訴訟の控訴審判決ではそれが8か月ない

し1年先ということであったが、口頭弁論終結時からより短い時期に判決言渡しとなる場合でも1年先でよいだろうし、騒音防止工事の計画によっては1年半とか2年先でもよいかもしれない）。

ケース2

Cは、甥Dにその所有する本件土地建物を遺贈する旨の公正証書遺言をした。Cの養子であり、その唯一の推定法定相続人であるEは、当該遺言はCが意思能力を欠いた状態でなされたものであって無効であると主張して、C、Dを相手取って当該遺言の無効確認の訴えを提起した。遺言者であるCは生存中であるが高齢であって、本件訴え提起前にアルツハイマー性老人性認知症のために心神喪失の常況にあるとして後見開始の審判を受けており、かつ、主治医からその病状は回復の見込みがないとの診断をされている。

設問

Cが訴え提起時に既に死亡しており、Eが［ケース2］と同一の理由でDのみを相手取って当該遺言の無効確認の訴えを提起していたとしたら、この訴えは適法か。

［ケース2］の遺言無効確認の訴えは適法か。

解説

【4】— 遺言者生存中の遺言無効確認の訴え

過去の法律関係や法律行為の効力の確認は認められないとの原則にもかかわらず、遺言の効力の確認の訴えに確認の利益が認められる余地のあることについては、既に説明した。しかし、これは遺言者の死亡後の遺言の効力の確認の訴えのことである。これに対し、［ケース2］の訴えは遺言者の生前の遺言無効確認の訴えであるが、このような事案について最高裁は次のように言っている（最判平成11年6月11日判時1685号36頁）。

Eがこのような確認判決を求める趣旨は、「Dが遺言者であるCの死亡によって遺贈を受ける地位にないことの確認を受けることによって、

56　**5 訴えの利益**

推定相続人であるEの相続する財産が減少する可能性をあらかじめ排除しようとする」点にあるが、「遺言は遺言者の死亡により初めてその効力が生ずるものであり（民985条1項）、遺言者はいつでも既にした遺言を取り消すことができ（民1022条）、遺言者の死亡前に受遺者が死亡したときには遺言の効力は生じない（民994条1項）のであるから、遺言者の生存中は遺贈を定めた遺言によって何らの法律関係も発生しないのであって、受遺者とされた者は、何らかの権利を取得するものではなく、単に将来遺贈が効力を生じたときは遺贈の目的である権利を取得できる事実上の期待を有する地位にあるにすぎない」から、「このような受遺者とされる者の地位は、確認の対象となる権利または法律関係には該当しない」として、確認の利益を否定した。

　この紛争の実質は、C死亡時という将来の時点においてDとEとのいずれに本件土地建物の所有権が帰属するかということであろう。そうであるとすれば、ここでは、将来の法律関係の確認が問題とされていると言える。現在の法律関係のみが確認の対象になるとの原則の反面、過去の法律関係のみならず、将来の法律関係も確認の対象にならないとされる。将来の法律関係を確認してみてもそれがそのまま現実化するとは限らないから、現実化した時点で確認の対象とすれば足りるというのである。過去の法律関係云々という原則には例外が認められるとされていることは既に指摘したとおりであるが、将来の法律関係に関する原則の方は現在でも強固であるように思われる。しかしながら、将来の法律関係の確認が許されないことの理由がそれがそのまま現実化するとは限らないことにあるのであれば、［ケース2］では心神喪失の常況にあるCの病状は回復の見込みはなく、Cが遺言を取り消したり、新たな遺言をする見込みはないというのであるから、例外的に確認の利益を認めてもよいようにも思われる。事実、学説上はこのような立場も有力である（今津綾子・百選〔第5版〕58頁以下参照）。

　確かに、ある製品を製造・販売すれば、他人の特許権の侵害となるかもしれない場合には、あらかじめ侵害となるか否かについて確認判決を得ておく必要は大きい。実際に製造・販売を開始してしまってから、特

第1章　訴訟要件　**57**

許権侵害だとされてしまったのでは、設備投資に投入した資金が無駄になる等、製造・販売者に大きな損害が生じかねない。すなわち、複雑化・高度化した現代社会では法律関係が不明確であることによる不都合が大であるから、将来の法律関係の確認も適法とすべき場合はありうるであろう。

だが、被告が争う原告の法的地位はそもそも法的保護に値するものでなければならない。そして、［ケース2］の本件土地建物を取得しうるかもしれないという推定相続人の地位は法的保護に値するようなものではない（最判昭和30年12月26日民集9巻14号2082頁）。すなわち、被相続人が自己の財産を自由に処分することができることからすれば、推定相続人の地位は、もともと事実上の期待ないし単なる期待権にすぎないのであって、被相続人によって自由に剝奪されうる程度のものである。したがって、それはわざわざ確認訴訟を認めて保護するほどのものとは認められないのではなかろうか。そして、このことは、被相続人が問題の財産を実際に処分する可能性がどの程度あるかに関わりはないはずである（野村『予防的権利保護の研究』407頁以下、同『民事訴訟法判例研究』〔信山社・2002〕277頁以下）。

設問の後半の解答は、学説上の有力説に従えば適法ということになる。これに対し、最高裁は、この訴えには確認の利益は認められないとしており、結論として、こちらを支持する学説も少なくない。前半の訴えが適法であることについては既に説明した。

発展問題

1．登記簿上、F→G→H→Iと移転登記が行われている。Fが抹消登記請求の訴えを提起したがIに対して敗訴しその判決が確定した。FのG、Hに対する抹消登記請求の訴えは適法か。

2．被相続人Jが死亡し、KとLが共同相続人となった。訴外MからLに移転登記のなされている本件土地があるが、Kはこの本件土地はMからJが買ったものであるが、税務対策上L名義に登記がなされたにすぎないと主張する。LはMから買ったのは自分であると主張する。KL間の遺産分割審判の手続は、KL間の本件土地に関する主張の対立のために進捗しない。そこで、KはLを相手に、本件土地が亡Jの遺産である旨の確認を求める訴えを提起した。この訴えは適法か。

3．N株式会社の株主総会においてOPQが取締役に選任されたが、株主Rは選任されなかった。そこで、Rは、当該株主総会の招集手続には瑕疵があったと主張して、Nを相手に株主総会決議取消しの訴えを提起した。ところが、この訴訟が控訴審に係属中に、OPQの任期が満了し、Oらはいずれも取締役を退任してしまった。株主総会決議取消しの訴えはどうなるか。

[発展問題のヒント]

　1．の先例は、最判昭和41年3月18日民集20巻3号464頁である。強制執行が不能ないし困難であることが、なぜ現在の給付の訴えの利益に影響しないのかを具体的に考えてみてほしい。

　2．の先例は、最判昭和61年3月13日民集40巻2号389頁である。遺産確認の訴えの確認の対象は何か、係争財産に関する自己の法定相続分に応じた共有持分権の確認訴訟との役割分担などの点から、遺産確認の訴えの適法性を検討することが必要である。

　3．の先例は、最判昭和45年4月2日民集24巻4号223頁である。問題のような場合に、訴えの利益が失われることを阻止する事情としてどのようなことが考えられるかを具体的に考えてみてほしい。

◦◦◦ 参 考 文 献 ◦◦◦

　本文中に掲げたもののほか、萩澤達彦・百選〔第5版〕48頁、加藤哲夫・百選〔第5版〕54頁、田頭章一・百選〔第5版〕66頁、高橋・重点（上・第2版補訂版）343頁以下を参照。

（野村　秀敏）

6)) 二重起訴の禁止

　民事訴訟法142条が定める二重起訴の禁止については、同一の訴えが同一の原告によって重ねて提起される単純な訴えの重複の場合を超えて、拡大的な適用の可否が議論されることがある。その中で、とりわけ議論が多いのが、相殺の抗弁と二重起訴の関係である。同一の実体法上の権利が、訴えにおける訴訟物と相殺の抗弁の自働債権とで二重に行使された場合、二重起訴の禁止に抵触するのであろうか。学説は、古くから現在に至るまで諸説が百花繚乱の状態であり、支配的な見解が形成されるには至っていない。他方、判例は、最高裁のレベルで、この問題を扱った主要なものがいくつかあるが、それらに対しては学説からの批判も少なくなく、また判例相互の整合性を疑問視する見解もある。こうした学説や判例の状況からも分かるように、相殺の抗弁と二重起訴の関係は、さまざまな議論が複雑に交錯する難しい問題である。次の事例を素材にして、検討してみよう。

ケース

　農産物の輸入を主要な業務とするＡ社と食品加工会社であるＢ社の間には長年にわたって取引関係があったが、最近、Ａ社がＢ社に納入した輸入農産物は、原産地の表示が虚偽であり、品質も約束のものより格段に劣っていた。Ｂ社は、Ａ社を信頼していたために、疑うことなくこの農産物を使って加工食品を作って販売したが、その後にマスコミによって問題が発覚したことで、市場から全品を回収することを余儀なくされたうえに、Ｂ社自身も社会的な信用を失うなど、重大な被害を受けた。

　そこで、Ｂ社は、総額で8,000万円相当の損害を被ったとして、Ａ社に対し、債務不履行に基づく損害賠償として、とりあえず8,000万円のうちの一部である3,000万円の支払いを求める旨を明示して、訴えを提起した（別件訴訟）。Ａ社は、この訴訟において、現地の会社に巧妙に騙

されたので自分たちも被害者であるし、その現地の会社はB社から指定された会社であるから、自分たちに何ら責任はないとして、B社の主張を全面的に争った。

　他方、A社は、過去にB社が資金繰りに困ったときに、3,000万円を無利子で貸していた。すでに、返済期限は過ぎているが、長年の取引関係があることもあり、その返済を猶予していた。しかし、B社から別件訴訟を提起されたのを契機として、その返済を求めることにした。しかし、B社からの回答は、たしかに双方の先代社長のときに3,000万円を借りたことがあるが、すでに先代社長同士で免除が合意されているので、返済義務はないというものであった。そこで、A社は、消費貸借契約を理由として3,000万円の支払いを求める訴えを提起した（本件訴訟）。B社は、この訴訟において、免除による債務消滅を主張してA社の主張を争った。

　このようにして、A社とB社の間で2つの訴訟が別々に係属していたところ、B社は、本件訴訟において、別件訴訟で請求中の3,000万円の損害賠償請求権を自働債権とし、受働債権を本件訴訟の訴訟物である3,000万円の貸金債権として、相殺の抗弁を主張した。B社は、主たる抗弁として免除を主張しているので、この相殺の主張は予備的抗弁である。B社は、A社が他社との間でも原産地偽装などの重大なトラブルを抱えており、このところ急速に経営状態が悪化しているとの噂を耳にしたので、債務者の資産状態に関係なく確実に債権の回収が見込める相殺の抗弁は、是非とも裁判所に認めてもらいたいと考えている。

　その後、B社は、別件訴訟における一部請求の残額部分（B社の主張を前提とすれば、8,000万円の損害賠償請求権から3,000万円を差し引いた残額の5,000万円部分）を、相殺の抗弁の自働債権として、さらに追加した。二重起訴の禁止に関する判例に照らせば、別件訴訟で請求中の債権による相殺は否定される可能性が高いので、そのような場合に備えておく必要があるし、また、かりに認められたとしても、別件訴訟における裁判所の認定額がB社の主張よりも低いときは、本件訴訟における相殺の抗弁の自働債権が受働債権を下回ることになることを考慮したからである。

第1章　訴訟要件　**61**

・・・・・・・・・・・・・・・ 設問 ・・・・・・・・・・・・・・・

　１．本件訴訟において、別件訴訟で請求中の3,000万円の債権による
相殺の抗弁は認められるか。

　２．本件訴訟において、別件訴訟で請求中の3,000万円の債権の残部
による相殺の抗弁は認められるか。

・・

解説

　民事訴訟法142条は、「裁判所に係属する事件については、当事者は、
更に訴えを提起することができない。」と規定する。これを文字どおり
読むと、この規定が定めているのは、ある訴えを提起した原告が、その
訴訟が係属しているときに、同一の被告を相手方として、同一の訴訟物
の訴えを再び提起することは許されないということである。つまり、二
重の訴えの提起は不適法として却下されるとの定めであり、したがって、
この定めは、伝統的に「二重起訴の禁止」と呼ばれてきた。

　しかし、このような素朴な形で二重の訴えが提起されることは、実際
の訴訟では、ほとんど見られない。前訴で敗訴した者が紛争をむし返す
というのならまだしも（この場合は、二重起訴ではなく、既判力の問題となる）、
未だ前訴が係属しているのに、それと全く同一の後訴を同一の原告が重
ねて提起するメリットは、現実にはあまり考えられないからである。し
たがって、142条は、何らかの意味で訴訟が重複する多種多様な場合か
ら、同一の原告による二重の訴えという極端な場合であって、しかも訴
えの却下という画一的な処理になじみやすい場合のみを取り出して、規
定しているにすぎないと考えるべきである。

　実務では、前訴と後訴とで当事者が異なっていたり、当事者は同一で
も原告と被告の立場が入れ替わっていたり、前訴と後訴で狭義の訴訟物
が異なっていたり、狭義の訴訟物は同じであっても裁判要求の種類が異
なる（確認の訴えと給付の訴えなど、広義の訴訟物が異なる場合）など、単純な
二重の訴えとは異なるが、実質的には審理の全部または大部分が重複す
る事件が、しばしば現れる。これらの場合にも、司法資源の不効率など
の問題が生じるので、こうした重複をそのまま放置しておいてよいのか

が問われることになる。もっとも、これらの場合は前訴と後訴が完全に同一ではないので、常に後訴を却下するという処理は望ましくなく、前訴と後訴の併存を認めつつ審理の重複を避ける工夫を考えていく必要がある。

このように、142条の文理を超えてその実質的な適用範囲を拡げていく一方で、同条が定めている訴えの却下という処理のみにとどまらず、さまざまな柔軟かつ多様な処理を考えるときには、伝統的な「二重起訴の禁止」と区別する意味で、「重複訴訟の禁止」とか「重複訴訟の処理」と呼ぶこともある。しかし、こうした言葉の使い分けが完全に定着しているわけではないので、以下の説明では、原則として「二重起訴の禁止」という言葉を使うことにする。それでは、検討を始めていこう。

【1】— 二重起訴禁止の根拠

まず、142条の立法趣旨、すなわち二重起訴禁止の根拠を確認することからはじめよう（三木浩一「重複訴訟論の再構築」同・民事訴訟における手続運営の理論〔有斐閣・2013〕288頁（以下、三木〔再構築〕という）、山本弘「二重訴訟の範囲と効果」ジュリ争点92頁等参照）。二重起訴禁止の根拠について、伝統的な通説は、二重起訴が維持されることにより、①二重の訴訟追行を強いられる相手方当事者が迷惑する（相手方の応訴の煩）、②それぞれの訴訟の既判力が衝突して混乱が生じる（既判力の矛盾抵触）、③審理の重複による訴訟不経済が生じる（司法資源の非効率）という3つを挙げてきた。しかし、①と②については疑問がある。

まず、①の「相手方の応訴の煩」である。まずもって、この根拠は、前訴と後訴で被告が同一の場合でなければ妥当せず、一般的な根拠とはなりえない。また、かりに被告が同一の場合であっても、重複的な訴えを提起する原告の側に保護に値する合理的な理由があるときは、被告において甘受すべき負担である。つまり、重複的な訴えを提起したい側の利益と二重の応訴を免れたい側の利益との衡量によって決すべき問題であり、その意味でも独立の根拠とはなりえない。最近では、①を根拠として挙げる見解は少ないようである。

次に、②の「既判力の矛盾抵触」であるが、これを根拠として挙げることには、以下のような問題がある。既判力は、同一事項について矛盾した判断が生じることを防止する効力であり、前訴の判断が後訴の裁判所を拘束するから、前訴と後訴が全く同時に確定するという非現実的な事態を除いては、既判力が矛盾抵触するということはありえない。かりに、既判力ある判決の存在を看過してこれと矛盾抵触する判決が下されて確定したとしても、再審の訴えによって取り消すことができる（338条1項10号）。実際には、二重起訴が問題になる場合は、前訴と後訴で当事者が同一人または関係者であるので、既判力が見逃される可能性は少ない。何よりも問題なのは、「既判力の矛盾抵触」を根拠に据えると、二重起訴禁止の範囲は自動的に既判力が及ぶ範囲となることである。すなわち、相殺の抗弁（114条2項）のように既判力拡張の規定がある場合には、きめ細かな利益衡量の作業などを経ることなく、いわば当然に二重起訴禁止が働くと解することになる。また、その場合における処理の方法についても、二重起訴禁止の作用と既判力の作用を同一視するために、常に後訴（または後訴に準じる攻撃防御方法）を却下するという、いわば硬直的な運用になりやすい。実際に、二重起訴禁止の主たる根拠として「既判力の矛盾抵触」を唱える見解には、そうした硬直的な解釈態度をとるものが少なくない。

　このように、②の「既判力の矛盾抵触」を根拠の中心に据えることには問題が多いのに対し、③の「司法資源の非効率」は二重起訴禁止の主要な根拠と考えられる。国家の司法資源は有限であり、無駄な審理の重複はなるべく避ける必要があるからである。また、③を二重起訴禁止の根拠と考える場合には、142条の解釈運用における指導原理が、上述した②とは大きく異なってくる。審理の重複による訴訟不経済を避けるべきであるとの要請は、②でいうところの「既判力の矛盾衝突」の場合に限られない。したがって、二重起訴禁止の原則が適用される場面は、より柔軟に考えられることになる。また、訴訟経済は重要な価値ではあるが、利益衡量を許さない絶対的な価値ではないので、事件の処理においても、後訴の却下に限られず、事件の移送（当事者間の衡平を図るための裁

量移送。17条）、弁論の併合（152条１項）、手続の事実上の中止、後訴の優先（前訴の事実上の中止）など、多様かつ柔軟な対応が可能になる。また、こうした多様かつ柔軟な選択肢が与えられることにより、裁判所は、事件ごとの具体的な事情を勘案し、両当事者の利害を衡量した対応をとることができる。

【2】— 柔軟な対応の意義

　二重起訴の処理に関する伝統的な通説は、「既判力の矛盾衝突」の防止を根拠の中心に掲げて、後訴を当然に却下することで足りると考えてきた。しかし、後訴の当然却下という硬直的な対応では、解決することができない問題があることが、明らかになってきた。その典型的な例が、前訴が手形債務不存在確認訴訟で後訴が手形金請求手形訴訟の場合である（三木・前掲〔再構築〕326頁、山本・前掲93頁、三木浩一「重複訴訟の禁止」鈴木重勝＝上田徹一郎編『民事訴訟法（基本問題セミナー）』〔一粒社・1998〕106頁等参照）。たとえば、前訴でＡがＢに対して手形債務不存在確認の訴えを提起し、この訴訟が係属中に、ＢがＡに対して同一の手形に基づく手形金請求の手形訴訟を提起した場合である。この場合、前訴は債務不存在確認の訴えで、後訴は同一の訴訟物に関する給付訴訟である。

　まず、手形訴訟固有の問題に立ち入る前に、同一債権を対象とする消極的確認訴訟と給付訴訟の関係を検討してみよう。この場合、前訴と後訴で訴訟物たる債権は同一であるが、単純に後訴を却下するわけにはいかない。前訴において請求棄却の確定判決が出ても、訴訟物たる債権が存在するという判断に既判力が生じるだけなので、債権者である後訴の原告は、執行力を得るために給付訴訟の後訴を提起する利益を有するからである。ただし、後訴の提起が許されるとしても、別訴まで許されるかどうかは、また別の問題である。後訴の原告は、前訴の手続の中で、反訴の形で給付訴訟を提起することが可能であるからである。後訴が反訴の形をとった場合には、前後両訴は同一手続で審理されるから、訴訟経済上の問題は生じないし、もちろん判決内容の矛盾も生じない。

　ところが、給付訴訟の後訴が手形訴訟である場合には、問題は複雑に

第１章　訴訟要件　　65

なる。Bが後訴として提起した手形訴訟は、手形の経済的な効用を維持するために、手形債権者に簡易迅速な債務名義の取得を保障する制度である。かりに、Bの後訴が認められないとすると、手形債権者に保障されるべき簡易迅速な債務名義の獲得手段が、不当に奪われてしまうことになる。それどころか、Aは、先制的に手形債務不存在確認訴訟を提起することによって、Bの手形訴訟の提起を封殺することができるという問題も生じる。したがって、Bの後訴を認めないわけにはいかない。それでは、二重起訴の弊害を防ぐために、反訴の形による後訴の提起のみを認めることにすればどうか。しかし、残念ながら、手形訴訟の場合には、これもできない。なぜなら、手形訴訟には厳格な証拠制限（352条）があるなど、通常訴訟である前訴と同種の訴訟手続とはいえないため、併合審理の途をとることは許されないからである（136条）。つまり、Bの有する手形訴訟を利用する権利を保障するためには、別訴としての手形訴訟の提起を認めざるを得ないのである。したがって、このような場合には、Bの後訴の提起が二重起訴禁止に触れないものと解することについて、裁判例でも学説でも異論を見ない（大阪地判昭和49年7月4日判時761号106頁、大阪高判昭和62年7月16日判時1258号130頁、畑瑞穂「判批」ジュリ959号113頁など）。

　しかし、二重起訴禁止に触れないとしても、前訴と後訴の間で審理が実質的に重複することは否定できない。したがって、後訴の却下でも反訴の強制でもない方法で、訴訟経済に配慮した適切な対応を探っていく必要がある。具体的には、一方の手続の期日を「追って指定」として事実上中止することが考えられる。いずれの手続を中止するかについても、常に前訴を優先するのではなく、後訴の優先を含めた柔軟な対応が必要である。原則としては、前訴は既判力しか生じない消極的確認訴訟であるのに対し、後訴は給付訴訟であるうえに迅速な債務名義の付与が要求される手形訴訟なので、後訴を優先して前訴を中止すべきであろう。なお、手形判決に対して異議が出され、手続が通常訴訟に移行した後は、両手続の併合の可否を検討すべきである。この場合も、原則的には、後訴の手続に前訴を併合すべきである。ただし、両手続の審級が異なる場

合など、手続の併合ができない場合もある。

　このように、二重起訴の対応には柔軟な処理が必要となることがあるのであり、利益衡量を経ない硬直的な処理には、必ずしも馴染まないように思われる。

【3】━ 相殺の抗弁と二重起訴の禁止

　訴訟上の相殺の抗弁は、その実質において反訴の提起と類似することや、相殺に供した債権の存否の判断には既判力が発生する（114条2項）など、訴えの提起に準ずる側面がある。そこで、係属中の前訴における訴求債権を後訴において相殺の抗弁の自働債権とする場合（訴え先行型）と、前訴で相殺の自働債権に供した債権を訴求債権として後訴を提起する場合（抗弁先行型）の双方について、これらが二重起訴の禁止に抵触して許されないのではないかという問題が古くから議論されてきた。

　学説は、大きく不適法説と適法説に分かれる（高橋・重点㊤140頁、松本博之「判批」百選〔第3版〕93頁等参照）。不適法説が理由に挙げるのは、主として、①相殺の抗弁には既判力が生じるので、既判力の矛盾抵触のおそれが生じること、および、②審理の重複による訴訟不経済を防止する必要があることの2つである。これに対し、適法説は、①相殺の抗弁は予備的な攻撃防御方法であり、判決で斟酌されるかどうか不確実であること、②一方の訴訟で生じた既判力が見逃されるおそれは少ないこと、③弁論の併合や一方の訴訟の事実上の中止などの適切な訴訟指揮により、実際上の不都合は生じないことなどを挙げて、これに反論する。学説の中には、訴え先行型と抗弁先行型で結論を異にするものもあるが、いずれであるかによって結論が分かれるものではないとする見解が多数である。

　裁判例の傾向は、次のとおりである。まず抗弁先行型であるが、これまでのところ、最上級審（大審院または最高裁）の判例は、存在しない。下級審については、二重起訴の禁止には触れないとして、適法説をとるのが伝統的な下級審の傾向であった（東京地判昭和32年7月25日下民集8巻7号1337頁、東京高判昭和42年3月1日判時472号30頁、大津地判昭和49年5月8日

第Ⅰ章　訴訟要件　　67

判時768号87頁、東京高判昭和59年11月29日判時1140号90頁など）。ただし、最近
では、不適法説とする裁判例も出るようになっている（東京高判平成8年
4月8日判タ937号262頁等）。

　他方、訴え先行型であるが、後訴における相殺の抗弁を不適法とする
裁判例が、数多く出されている。そうした中で、最高裁は、最判平成3
年12月17日民集45巻9号1435頁（評釈として、松本・前掲92頁参照）におい
て、不適法説に立つことを明らかにした。この平成3年判決は、相殺の
抗弁が二重起訴の禁止に触れるとする理由として、主として既判力の矛
盾抵触のおそれを論拠とする。すなわち、「相殺の抗弁が提出された自
働債権の存在または不存在の判断が相殺をもって対抗した額について既
判力を有するとされている」ことから「相殺の抗弁の場合にも自働債権
の存否について矛盾する判決が生じ法的安定性を害しないようにする必
要がある」ので、二重起訴の禁止に触れると考えるべきであるという。

　なお、平成3年判決は、このような結論は、「両事件が併合審理され
た場合についても同様である」と述べている。つまり、手続が併合され
ている場合でも二重起訴の禁止に抵触するという立場であり、徹底した
不適法説（絶対的不適法説）である。

【4】― 設問の検討（その1）

　以上を踏まえ、まず、別件訴訟で請求中の3,000万円の債権による相
殺の抗弁の可否を検討していくことにする（三木〔再構築〕・前掲328頁、山
本・前掲94頁等参照）。

　設問の事例は、平成3年判決と同じく訴え先行型である。平成3年判
決は、上述したように、相殺の抗弁にも既判力が生じるから既判力の矛
盾抵触が生じるおそれがあるとして、142条の趣旨は、同一債権につい
て重複して訴えが係属した場合のみならず、すでに係属中の別訴におけ
る訴求債権を他の訴訟において自働債権として相殺の抗弁を提出する場
合にも妥当するとした。このように、判例は、既判力の矛盾抵触を主た
る理由として、攻撃防御方法である相殺の抗弁を重複する訴えの提起と
同視し、一般的な判断として後訴における相殺の抗弁を不適法とするも

のである。学説における不適法説も、これとほぼ同様の考え方をとっている。

　他方、適法説は、相殺の抗弁があくまでも攻撃防御方法であることを重視すると同時に、相殺の抗弁を提出する当事者の動機や利害を具体的に考慮する。それでは、設問のB社が、別件訴訟で請求中の債権を本件訴訟で相殺の抗弁に供したことには、どのような動機や利害があるのであろうか。B社は、A社の経営状態が悪化しているとの噂を耳にしている。この噂が本当であって、A社の資産が負債の総額を下回ることになった場合には、比例弁済の原則により、B社はたとえ別件訴訟で勝訴したとしても、完全な支払いを受けることはできない。しかし、本件訴訟で相殺の抗弁が認められれば、その担保的機能により、B社は完全な満足を得ることができる。また、A社の資産状況がそこまで悪くない場合でも、勝訴判決を債務名義として強制執行をするには手間や費用などの負担が多い。しかし、相殺には意思表示だけで執行が完了するという簡易決済機能があるから、強制執行のような負担を伴わない債権回収が可能になる。このように、B社が、本件訴訟において相殺の抗弁を提出することには、相応の合理的な理由がある。

　しかし、別件訴訟と本件訴訟とで審理の重複があることは事実であり、その回避が望ましいことも、また確かである。それでは、B社が、別件訴訟における訴えのほうを取り下げるというのはどうであろうか。しかし、これも有力な解決方法とは言えない。そもそも、訴えの取下げは、相手方であるA社が同意しなければできない（261条2項）。また、相殺の抗弁は予備的な防御方法であり、本件訴訟において主たる抗弁である免除が認定されれば判断されずに終わるので、軽々に別件訴訟を取り下げることはできないのである。

　このように、平成3年判決に代表される不適法説の考え方と、有力説である適法説の考え方が対立するが、民事訴訟法における有名な難問であるので、読者の皆さんそれぞれが、ご自分の頭でいろいろと考えてみていただきたい。なお、適法説をとる場合には、なるべく審理の重複を避けるために、両手続の併合や一方の手続の中止なども検討すべきであ

第1章　訴訟要件　69

る。ただし、本件訴訟の審理がすでにかなり進んでいる場合には、弁論の併合や本件訴訟の手続の中止などにより、Ｂ社の権利救済が不当に遅延することになることに注意すべきである。Ａ社の経営状態が悪化しつつあるのであれば、Ｂ社としては、一刻も早く債務名義を取得したいであろう。そのような場合には、訴訟経済は絶対的な価値ではないのであるから、別件訴訟における請求と本件訴訟における相殺の抗弁の併存を認めることとし、判決内容の整合性の維持は既判力に委ねるべきであろう。

　ところで、平成３年判決について、少し補足しておきたい。同判決は、両手続が併合されていても二重起訴の禁止に抵触するという絶対的不適法説をとっている。しかし、このような見解は、学説ではほとんど見られない。すなわち、適法説をとる学説のみならず、不適法説をとる学説であっても、両手続が併合されている場合には、二重起訴禁止の問題は生じないとする立場が、圧倒的に多数である。訴えの原始的併合、弁論の併合、訴えの変更、反訴などにより、手続が併合されていれば、審理の重複や判断の抵触のおそれがないからである。もちろん、裁判所が両手続を分離（152条１項）すれば、こうしたおそれが生じることになるが、それは分離それ自体に問題があるというべきである。弁論の分離は裁判所の裁量権に属するが、同一債権が重複的に審理されている場合には、裁判所の分離の裁量権は制約されると解される。同じく裁判所の裁量権に服する弁論の再開（153条）について、裁判所の裁量権といえども限界があることを示した有名な判例（最判昭和56年９月24日民集35巻６号1088頁）があることを想起すべきである。

　最高裁が、このように絶対的不適法説をとったことは、見方によっては最高裁にとって一種の足枷になっているとも思われる。次のような最高裁の判例（最判平成18年４月14日民集60巻４号1497頁）がある。本訴と反訴という形態で２つの手続が併合されている場合において、反訴原告が、反訴の訴求債権を自働債権として本訴において相殺の抗弁を提出した。学説の一般的な考え方によれば、２つの手続は併合されているのであるから、二重起訴の禁止についてどのような立場をとろうと、この相殺の

抗弁は許されるはずである。しかし、最高裁は、絶対的不適法説をとっているために、その立場を変更しない限り、この場合でも相殺の抗弁は二重起訴の禁止に触れることになる。しかし、それは、あまりに非常識な結論である。そこで、最高裁は、かなり無理がある理屈を使うことによって、この相殺の抗弁を適法とせざるを得なかった。興味のある読者は、詳細を調べてみるとよい（評釈として、三木浩一「判批」平成18年度重判127頁参照）。

〔5〕— 設問の検討（その2）

　さて、それでは、もう1つの問題である別件訴訟で請求中の債権の残部による相殺の可否を検討しよう。

　最高裁は、上述のように、平成3年判決において、訴え先行型における不適法説の採用を明らかにしたが、別件訴訟が一部請求訴訟である事案において残部債権を自働債権とする場合には、相殺の抗弁を適法とした（最判平成10年6月30日民集52巻4号1225頁）。最高裁は、こうした判断は、平成3年判決とは矛盾しないという。その理由として、次の2つを挙げる。第1は、一部請求論との関係である。すなわち、最高裁は、「一個の債権の一部であっても、そのことを明示して訴えが提起された場合には、訴訟物となるのは右債権のうち当該一部のみに限られ、その確定判決の既判力も右一部のみについて生じ、残部の債権に及ばない」とする一部請求論に関する判例法理（最判昭和37年8月10日民集16巻8号1720頁）を引き、一部請求の残部には前訴の既判力が及ばないため、既判力の矛盾抵触が生じないので、残部による相殺の抗弁は許されるとした。第2は、相殺の抗弁が有する機能である。最高裁は、次のようにいう。「こと相殺の抗弁に関しては、訴えの提起と異なり、相手方の提訴を契機として防御の手段として提出されるものであり、相手方の訴求する債権と簡易迅速かつ確実な決済を図るという機能を有するものであるから、一個の債権の残部をもって他の債権との相殺を主張することは、債権の発生事由、一部請求がされるに至った経緯、その後の審理経過等にかんがみ、債権の分割行使による相殺の主張が訴訟上の権利の濫用に当たるなど特

第1章　訴訟要件　　71

段の事情の存する場合を除いて、正当な防御権の行使として許容される
ものと解すべきである」。

　この平成10年判決をどのように評価すべきかが問題となる（評釈とし
て、三木浩一「判批」百選〔第3版〕96頁参照）。このような場合において、
相殺の抗弁が適法であるという結論には、異論は見られない。学説との
関係では、適法説は言うに及ばず、たとえ不適法説であっても、この場
合には相殺の抗弁を適法とするであろう。問題となるのは、その結論を
導くための判例の理屈である。平成10年判決は、理由の第2として、相
殺の担保的機能や簡易決済機能を尊重すべきことを挙げている。そのこ
と自体は、適法説がかねてより唱えてきたところである。しかし、そう
であるとすれば、後訴における相殺の抗弁が適法であるという結論は、
相殺の自働債権が一部請求の残部債権でなくてもよい道理である。第2
の理由は、あらゆる事案に共通する理由である。そして、これを理由と
して挙げるのであれば、第1の一部請求論との関係は、あえて論ずるま
でもないし、そもそも訴訟物が異なるかどうかは本質的な問題ではなく、
実質的な審理重複の有無とその正当性の有無こそが問題であるはずであ
る。つまり、ここにおいて、平成3年判決の論理は綻びを露呈したよう
に思われる。

　このことを設問に即して確認してみよう。B社は、本件訴訟において、
別件訴訟で請求中の3,000万円を超える部分（B社の考えでは5,000万円の債
権）を自働債権とする相殺の抗弁を主張した。この相殺の抗弁は、平成
10年判決の立場によれば適法である。しかし、別件訴訟で請求中の
3,000万円による相殺の抗弁は、平成3年判決の立場によれば、不適法
として却下されることになる。おかしな結論ではないだろうか。5,000
万円部分も3,000万円部分も1つの債権であり、審理が重複するという
場合の重複の中味はまったく同じであるから、結論を異にする理由はな
いはずである。この問題についても、読者の皆さんにおかれては、ご自
分で、いろいろと検討してみていただきたい。

72　**6** 二重起訴の禁止

発 展 問 題

1. 相殺の抗弁と二重起訴の関係につき、抗弁先行型の場合は、どのように考えるべきであろうか。

2. 反訴原告が、反訴の訴求債権を自働債権として本訴において相殺の抗弁を提出した場合は、どのように考えるべきであろうか。

[発展問題のヒント]

1. については、教科書の記述や本文で掲げた論文などを参照し、訴え先行型と抗弁先行型とで考え方や結論を変更する必要があるかどうかを検討してみよう。

2. については、最判平成18年4月14日民集60巻4号1497頁とその判例評釈などを参照し、平成3年判決との関係を検討しよう。

○○○ **参 考 文 献** ○○○

本文中に掲げたもののほか、中野論点Ⅱ161頁。

（三木　浩一）

第1章　訴訟要件　73

7）弁論主義

　民事訴訟の基本原則の1つである弁論主義によると、裁判所は、当事者が主張していない事実を認定して判決の基礎とすることを禁じられている（弁論主義の第1原則）。どのような場合にこの原則が問題になるのか、また、どのような事実についてこの原則が適用されるのか等を検討してみよう。

ケース

　X株式会社は、平成29年5月15日、Y（自然人）を被告として、「Xは、平成28年11月11日にYに対し、英会話教材1セットを代金40万円で売ったので、その売買代金の支払を求める」旨を記載した訴状を甲簡易裁判所に提出し、40万円の支払を求める訴えを提起した（なお、Xは、少額訴訟による審理および裁判を求めていない）。

　Xの訴訟代理人は、第1回口頭弁論期日に、訴状を陳述し、書証として平成28年11月11日付けの契約書（本件契約書）を提出した。本件契約書には、購入者が英会話教材1セットを代金40万円でXから買う旨の記載があり、購入者の欄にYの氏名の記載とその姓を示す印影があった。

　これに対し、同期日に裁判所に出頭したYは、裁判所から答弁を求められ、請求棄却判決を求めるとともに、「Xが主張するような売買契約を締結した覚えはなく、そのような契約書は見たことがないし、印影や印鑑もYには無関係である」旨を述べた。

　そこで、Xの訴訟代理人は、「Xの従業員AがYとの契約に関する交渉一切を担当した」と説明してAの証人尋問の申出をした。

　裁判所は、Aの証人尋問を採用したほか、職権でYの本人尋問をすることとし、同期日にこれらの尋問を実施した。その結果、裁判所は、YがXとの間でXの主張する売買契約を締結した事実が認められるとの心証を得た。他方、裁判所は、同期日のうちに、本件契約書（X会社の事務

所に保管されていた原本）に、手書きの「'17.4.3. 15万円、Ｙの父Ｂから代金受領済み（Ａ）」という記載があることに気付き、Ｙの父Ｂが平成29（2017）年4月3日に代金の一部である15万円をＹに代わってＸに弁済した事実があるとの心証を抱いた。

後記の**設問1**と2は、以上を共通の前提とするが、相互に独立した問題であり、次のように、当事者の主張または立証についての異なる状況を前提とする。

（設問1が前提とする状況）

設問1は、ＸもＹも上記のほかに特段の事実を主張していない場合を前提とする。

（設問2が前提とする状況）

設問1が前提とする状況とは異なり、Ｙも本件契約書の手書きの記載に気づいたため、Ｙは、第1回口頭弁論期日のうちに、「仮にＹがＸから英会話教材を購入していたとしても、Ｙの父Ｂが平成29年4月3日に代金15万円をＸに弁済した」と主張し、かつ、Ｙは、これに加えて、「ＹがＸに同月17日に当該英会話教材の残代金25万円を弁済した」と主張した。これらのＹの主張についてＸの訴訟代理人は全部否認する旨陳述したが、この事実関係について尋問に答えた証人Ａは、「Ｙの父Ｂから平成29年4月3日に本件英会話教材の代金15万円の弁済を受けたことは間違いない。また、ＡがＸの担当者として同月17日にＹから25万円の支払を受けたこともあるが、その25万円は、平成28年12月12日にＸがＹに代金25万円で販売したドイツ語会話教材の代金であった」旨を証言した。

<hr>

■設問■

１．裁判所は、ＢがＸに15万円を弁済した事実が認められることを前提に、「Ｘの請求のうち25万円分は認容するが、15万円分は棄却する」旨の判決（実務上の主文例では、「被告は、原告に対し、25万円を支払え。原告のその余の請求を棄却する。」との判決。以下同じ）をすることができるか。

２．裁判所は、Ｘの請求する英会話教材の売買代金のうちＢからＸへの15万円の弁済の事実は認めるが、ＹからＸへの25万円の支払について

はＡが証言するドイツ語会話教材の代金であると認められるから、本件英会話教材の代金の支払とは認められないとの理由で、「Ｘの請求のうち25万円分は認容するが、15万円分は棄却する」旨の判決をすることができるか。その結論は、Ｘの訴訟代理人が「Ｙが25万円を支払ったことは認めるが、その25万円は XY 間のドイツ語会話教材の売買代金である」と主張していた場合とそのような主張をしていなかった場合とで異なるか。

・・

解説

〔1〕— 弁論主義の意義

　弁論主義とは、判決の基礎となる事実および証拠の収集および提出について、当事者の責任であり、権限であるとする原則である。

　弁論主義の内容は、次の３つの命題ないし原則から成るとするのが一般的な考え方である（ドイツ語の These に由来して、これらを「第１テーゼ」等と呼ぶことがあるが、本解説では「第１原則」等の語を用いることとする。他に、「第１命題」、「第１準則」といった用語法もある）。

　第１：裁判所は、当事者の主張しない事実を判決の基礎としてはならない。「主張原則」ともいわれる。

　第２：裁判所は、当事者間に争いのない［自白された］事実をそのまま判決の基礎としなければならない。「自白原則」ともいわれる。

　第３：裁判所は、争いのある事実を証拠によって認定するに当たっては、当事者が申し出た証拠方法によらなければならない（裁判所は、当事者の申し出ない証拠調べをしてはならない）。「証拠原則」ともいわれる。

　このように、弁論主義は、民事訴訟において、裁判所の判断に、当事者の行為に従うべき一定の枠を設けるものである。

　ここでいう「裁判所」と「当事者」との関係は、「裁判所」と「両当事者」との関係のことをいい、両当事者のうちどちらが主張したか、証拠を提出したかを問うものではない。すなわち、当事者の一方が、自己

に不利な事実（その当事者が主張責任を負わない事実）を主張した場合であっても、裁判所は、その事実を裁判の基礎として斟酌することができる（主張共通の原則）。また、当事者の一方が提出した証拠を、相手方の援用がなくても、相手方に有利な事実（相手方が証明責任を負う事実）の認定に用いることができる（証拠共通の原則）。

　訴訟上問題となる事実については、主要事実（権利の発生・変更・消滅という法律効果を判断するのに直接必要な具体的事実。その法律効果の法律要件に該当する具体的事実）、間接事実（主要事実の存否を推認するために用いられる事実）、補助事実（証拠の信用性に影響を与える事実）という区別がされる。このうち、主要事実に弁論主義の第1原則と第2原則が適用されることについては、あまり異論がない。主要事実以外の事実に適用されないかどうかについては、議論があり、この点は、**設問2** に関して後記**【4】**で述べる。

　なお、弁論主義に関しては、「民事訴訟においてなぜこの原則が適用されるのか」という「弁論主義の根拠」について議論がある。そこでは、私的自治説、手段説、多元説等の学説が主張されており、私的自治説が通説であるとされている（私的自治説は、民事訴訟が対象とする紛争は、もともと当事者が自ら解決できるものであるので、それを裁判によって強制的に解決する必要のある場合でも、できる限り私人間での自主的解決に近い判断内容となるべきであるので、判決の基礎となる事実および証拠の収集および提出について、当事者の自主的な権限と責任を認めるべきであることを弁論主義適用の根拠とする考え方である）。ただ、本問のような事例の規律を検討するにあたって、どの説を採るかで結論に直接差が出るというような意味での学説と結論の論理的な結び付きはないと考えられるので、弁論主義の根拠論については、これ以上立ち入らないこととする。

　さて、本問では、特に、裁判所の判断が弁論主義の第1原則に違反しないかが問題となる（裁判上の自白に関する第2原則については、項目**8**で取り上げられる）。以下、2つの設問について検討しよう。

第2章　審判の対象と資料　　77

【2】— 主張（弁論）と証拠（証拠資料）の峻別

弁論主義の第1原則は、裁判所が、ある主要事実が証拠上認定されると判断しても、その事実が当事者によって主張されていない限り、その事実を判断の基礎に用いてはならないことを意味する。

このことは、「証拠による主張の代用は許されない」などと表現されることがあり、「主張」と「証拠」の違いをきちんと理解しておくことが弁論主義の第1原則の理解のために必要である。

訴訟では、裁判所が請求に理由があるかないかを判断するのに必要な事実を当事者が口頭弁論で主張し、それを証明したりその証明を妨げたりするために証拠を提出する。裁判所は争いのない事実はそのまま判決の基礎とし（179条。上記の弁論主義の第2原則）、争いのある事実については証拠調べをしてその事実の存否（すなわち、当事者の主張の真否）を判断する。当事者の「主張」は、このように、どのような事実について判決の基礎にするかを裁判所に求める行為であり、訴状や答弁書その他の準備書面に記載され（133条・161条、民訴規53条・79条〜81条）、口頭弁論（87条1項で、判決をするために必要とされる）で陳述される（その場合、実務の通例では、法廷でこれらの書面の記載内容を読み上げることはなく、当事者または訴訟代理人が「準備書面のとおり陳述します」などと述べるか、裁判所が「訴状のとおり陳述しますね」などと確認を求めるのに対して当事者や訴訟代理人が「はい」と述べるのみである）。また、書面に記載していない事実を、当事者が、法廷で、主張として口頭で述べることもある（その内容は、主要事実に関するものであれば、改めてこれを記載した書面を当事者が提出する場合を除き、裁判所書記官が口頭弁論調書に録取することによって、記録に残されるのが通例である。160条、民訴規67条1項参照）。このような当事者の訴訟行為を「口頭弁論」または単に「弁論」と呼ぶことがある（「口頭弁論」の意味には、証拠調べに関する行為も含んだ「広義の口頭弁論」もあるが、ここでいう「口頭弁論」は証拠調べを含まない「狭義の口頭弁論」であり、通常、「口頭弁論」または「弁論」という場合には、この狭義の口頭弁論のことをいう）。

このような「主張」に対し、「証拠」は、180条から233条までの規定

に従い、事実の存否を判断するために裁判所が取り調べるもので、当事者によって申し出られ、または、職権で採用される（弁論主義の第3原則からは、当事者が証拠を申し出るのが原則であるが、たとえば207条の当事者本人尋問のように、職権でも可能とされている証拠調べがある。本問のYのような訴訟代理人がつかない（いわゆる本人訴訟の）当事者の本人尋問は、裁判所が職権で採用することがしばしばある）。そして、書証（219〜230条・170条2項参照）の内容や証人尋問（190条〜206条参照）で現れた証言は証拠であって当事者の主張ではないことが明らかである（なお、厳密には、「証拠」をめぐる諸概念のうち、このように裁判所の心証に直接影響する証拠の内容を「証拠資料」といい、証拠調べの客体（文書、証人等）のことをいう「証拠方法」や、証人尋問等の訴訟行為のことをいう「証拠調べ」と区別される）。また、上記のように当事者本人も証拠方法の1つであり（207条）、当事者本人尋問の結果得られた当事者本人の供述と当事者の主張との区別は、いずれも同じ人が述べた事実であるだけに、やや分かりにくい。しかし、当事者が、主張として述べたことと（その方法は上述のとおり）、当事者本人尋問という証拠調べ手続の中で供述したこととは、弁論主義との関係では厳密に区別される。

　以上のように弁論主義の第1原則によると、当事者の主張していない主要事実がたまたま証拠に現れたとしても、そのままでは、裁判所は判決の基礎にすることはできない。証拠に沿った主要事実を当事者（訴訟代理人）が自主的に主張するか、裁判所が釈明権を行使（後記【3】(2)参照）するのに応じて当事者が主張するかして、上記の「狭義の弁論」として現れなければ、裁判所は裁判の基礎とできないのである（そのほかに、望ましいかどうかは別として、当事者の主張の趣旨から、裁判所がある事実が主張されていると「善解」することでも、その事実が狭義の弁論に現れたものと扱い得る）。

【3】── 設問1の検討〜弁論主義第1原則の適用

（1）　弁論主義の第1原則との関係

　さて、以上を前提に、**設問1**について考えてみよう。裁判所が手書きの記載に気づいたのは、証拠方法である本件契約書を見たことによる。

しかし、「本件請求に係る売買代金のうち15万円をBがXに平成29年4月3日に弁済した」という事実は、当事者の主張に現れていない。この事実は、売買契約が締結されたことによって発生したXのYに対する売買代金請求権を消滅させる事実であって（民法474条の定める第三者弁済である）、主要事実である（なお、いわゆる要件事実論に関しては、項目**10**で取り上げられるが、売買契約の締結が原告Xに証明責任のある請求原因事実、債務者本人の弁済や第三者の弁済は、被告Yに証明責任のある抗弁事実であり、いずれも要件事実である。本解説では、「要件事実」と「主要事実」とを同じ意味で用いることとする）。

　そうすると、これは、当事者の主張がなければ裁判の基礎とできない事実である。そのような事実を、裁判所が証拠方法から読み取ることによって認定して判決の基礎とすることは、弁論主義の第1原則に違反することとなるので、できないということになる。

（2）　釈明権の行使について

　裁判所としては、釈明権（149条。項目**9**参照）を行使して当事者がこれに応じて主張をすれば、これを判決の基礎とすることができる。しかし、本問のような場合に、釈明権を行使することが許されるかどうか、あるいは、釈明義務があるかどうかについては、実体的真実の追求の要請はどの程度働くか、当事者間の公平と裁判所の中立性をどう考えるべきか等の観点から、慎重に検討することを要する。裁判所がこのような手書きの記載に気付きながら釈明権を行使せずに、弁論主義に従って弁済がなかったものとして請求の全部を認容する判決をすることは、実体的真実を重視すると正義に反すると考えられるかもしれないが、弁論主義の根拠が私的自治にあることを強調すると、手書きの記載に気づかないなどの理由で弁済の主張をしないYの自己責任であるとして、請求全部認容の判決をするという判断が正当であるとの見方も成り立ちうる（さらに、Y本人の弁済とは異なり第三者弁済であってYが知るのが難しい場合であればどうかといった検討も必要である）。

（3）　弁論主義違反の効果

　ところで、当事者の主張がないにもかかわらず、裁判所が15万円の弁

済の事実を認定して請求の一部認容、一部（15万円分）棄却の判決をしたならば、これは弁論主義違反ということになる。すなわち、これは、控訴審での取消事由（305条）、高等裁判所への上告理由（312条3項。本件のように簡易裁判所が第1審の場合には、地方裁判所が控訴審となるので、高等裁判所が上告審となり、同条項が適用される。裁16条3号、24条3号参照。原告の368条1項に基づく求めによる少額訴訟であれば377条、380条1項で控訴ができないが、本問では原告は少額訴訟による審理と裁判を求めなかった）または最高裁判所への上告受理申立理由（318条1項。本問とは異なり、地方裁判所が第1審の場合である。ただし、本問のような場合がこれに当たるかは議論があり得よう）、上告審での破棄理由（325条1項後段または2項）となる。

　これらの場合、原判決の破棄をする上告審では、事件を原審に差し戻すべきかどうか（325条1項・2項・326条参照）が問題となるが、差戻しがされると、欠けていた主張（本問であればBによる15万円の弁済の事実の主張）を差戻し後に当事者が補充するのが通常であろうから、弁論主義違反の状態は解消されることが予想される。このことからすると、差戻し判決自体が、弁論主義の規律を実質的に無意味なものにする結果を生むので、あくまで弁論主義の効果をつらぬくためには、当該主張がないことを前提に破棄自判（326条1号参照）する（本問の場合、当該弁済がないことを前提にXの請求を全部認容する判決をする）こととなろう（なお、弁論主義違反を問題にする上告人は、違反によって不利益を被る当事者、本問でいえばXであろうから、その相手方Yに対する釈明義務違反を理由に破棄差戻しをすることは妥当でない。弁論主義違反を理由に原判決を破棄した代表的な判例である最判昭和55年2月7日民集34巻2号123頁は、さらに審理を尽くさせるのが相当であるとして事件を原審に差し戻しているが、本問とは異なり、双方の当事者から主張が補充される余地のある事案についての判断である。この判例について、弁論主義違反ではなく上告人に対する釈明義務違反の問題とすべきであったとするものとして、山本・基本問題137頁がある）。

　控訴審が第1審判決に弁論主義違反があると考えた場合は、自ら釈明権を行使して当事者に主張を補充させるか（もっとも、第1審判決に従ってYが進んで弁済の主張を補充するのが通常であろう。そのような補充がなかった場

合、特にXのみが控訴していたときには、Yに有利〔控訴人に不利益〕な方向に釈明権を行使してよいかという問題が生ずる）、そうせずに原判決取消し・自判するか（308条1項の反対解釈）を判断することとなろう（控訴審の裁判について、項目**26**参照）。

【4】─ 設問2について
～間接事実と第1原則の適用の有無

（1）　問題の所在

設問2においては、**設問1**とは異なり、代金15万円をBがXに弁済したことをYが主張しているので、15万円の弁済があったことを前提に裁判所が判決をすることには弁論主義違反はない。

なお、Yが売買契約の成立を否認しながら代金弁済の事実を主張することには、やや不自然な感じを受けるかもしれない。しかし、訴訟で、当事者が、自分が認めていない相手方の主張を裁判所が認める場合に備えて、その場合でも自分に有利な結論が導ける主張や立証を仮定的にしておくこと自体は許されないわけではない。そして、そのような主張でも、それについて判断する必要が生じた場合（本問で、裁判所がX主張の売買契約の成立を認める場合）には、裁判所は判断をしなければならない（弁済の事実が認められれば請求の一部が棄却されるのに、Yの弁済の主張について判断をせずに請求全部認容の判決をすることは許されない。338条1項9号にいう判決に影響を及ぼすべき重要事項についての判断遺脱という再審事由に当たる。上告との関係では、最判平成11年6月29日判時1684号59項が、このような場合、312条2項6号の理由不備という上告理由には当たらないが、判決に影響を及ぼすことが明らかな法令違反に当たり、325条2項による破棄事由となるとする。高等裁判所が上告裁判所であれば、上告理由（312条3項）であり、破棄事由（325条1項後段）でもあるということになる）。

設問2で問題となるのは、裁判所が、当事者が主張していないドイツ語会話教材の売買やその代金25万円の支払をAの証言から認定して、判決の理由としたことが弁論主義の第1原則に反しないかということである。そこでは、これらの事実が、本件訴訟の判断事項との関係で、ど

82　**7 弁論主義**

ような意味を持つかを考える必要がある。

（2）　別の債務の弁済という事実の位置づけ

ここで問題となる主要事実は、XがYに請求している売買代金（英会話教材の代金）のうち25万円をYがXに支払った事実である。すなわち、YがXに対して25万円の金銭を支払ったという事実だけではなく、その支払がXの本件請求に係る英会話教材の売買代金の弁済としてされたものであることも、主要事実（Yが証明責任を負う抗弁事実）の一部である（最判昭和30年7月15日民集9巻9号1058頁は、「弁済の抗弁については、弁済の事実を主張する者に立証の責任があり、その責任は、一定の給付がなされたこと及びその給付が当該債務の履行としてなされたことを立証して初めてつくされたものというべきである」とする）。そうすると、Yが別の債務（ドイツ語会話教材の売買代金債務）の弁済として25万円を支払ったことは、この支払が英会話教材の売買代金の弁済としてされたという主要事実の存在を否定する方向に働く間接事実（ある主要事実がないことを裁判所に推認させるための事実）であって、本件で請求されている英会話教材の売買代金請求権の発生、消滅等に直接関わる主要事実（要件事実）ではないということになる。このことからすると、このような間接事実について弁論主義の第1原則の適用はなく、当事者の主張がなくても、証拠上それが認められれば、裁判所はこれを判決の基礎として採用してよいということになる（最判昭和46年6月29日判時636号50頁が同趣旨を述べる）。

（3）　別の考え方の可能性

このような考え方に対しては、次のような2つの方向からの反論が想定できる。

1つは、弁済の抗弁としては債務者から債権者への一定の金銭の支払という事実のみで足りることを前提として、債務者が別の債務を負っていたことは弁済の効果を打ち消すための主要事実（再抗弁事実）であるので、弁論主義の適用がある（別の債務があることを前提として、支払が請求債権について充当（民旧488条・489条、民新488条・490条）されたことは、被告が証明責任を負う再々抗弁事実として位置づけられる）とする考え方である（奥田昌道『債権総論（増補版）』〔悠々社・1992〕489頁参照）。

第2章　審判の対象と資料　*83*

しかし、弁済は債務との結びつきがあって初めて意味があるのであって、債務者がただ一定金額の金銭の支払をしたというだけで請求に係る債務の消滅原因（抗弁事実）となるというのは合理性を欠くので、前記最判昭和30年7月15日の考え方に従うべきであり、この反論は成り立たないと考えられる。

　もう1つの反論としては、間接事実であっても、一定の重要な間接事実については弁論主義の適用があり、本問で問題となるような間接事実も弁論主義の対象となるのではないかというものである。弁論主義は主要事実にのみ適用されるとの考え方が伝統的な通説であり、これは、間接事実は証拠と同じ働きをするものであるから、当事者が主要事実を主張している限り、主張に表れていない間接事実を裁判所が認定しても当事者にとって不意打ちとはならないし、当事者が主張しなければ裁判所が斟酌できないとすると裁判所の自由心証主義を害することになることなどを理由とする。これに対して、間接事実についても一定のものについては弁論主義の適用があるとみる考え方も相当有力であり、近時の多数説といってよい状況である（ただし、どの範囲で弁論主義が適用されるかについては見解が一致していない。学説の状況につき、高橋・重点(上)423頁、村田渉「主要事実と間接事実の区別」ジュリ争点158頁、本間義信「主要事実と間接事実の区別」鈴木正裕先生古稀祝賀『民事訴訟法の史的展開』〔有斐閣・2002〕407頁等参照）。筆者も、一般論としては、間接事実に弁論主義を適用する余地を認めるのが妥当であると考えている。

　もっとも、本問のような別の債務の存在とそれに対する支払という事実は、本件の売買代金請求権への弁済を否定する方向の証拠と同じ働きをするにすぎず、それを当事者の主張なく証人尋問の結果からのみ裁判所から採用したからといって、弁論主義第1原則の趣旨に反するとはいえないであろう。ここでは、前記判例（最判昭和46年6月29日）に従い、このような事実を当事者の主張なしに認定しても、弁論主義に反しないと考える。したがって、主張の有無によって結論は変わらない。

　ただし、こういった間接事実も、争点を明確にして当事者がより充実した攻撃防御をできるようにするために、当事者が明確に主張した方が

望ましい（訴状や準備書面に記載すべき事項として、主要事実に関連する事実であって重要なものが挙げられていることについて、民訴規53条1項・80条1項・81条参照。もっとも、これらが、弁論主義が適用される間接事実という意味で説かれる「重要な間接事実」という概念とは異なると解すべきことには注意が必要である）。

〔5〕── 代理に関する主張の要否

　ところで、**設問1と2**を通じて、注意深い読者は、代理人による法律行為の場合は、弁論主義との関係で、代理人の行為、本人のためにすることを示したこと（顕名）、代理権の授与という各事実の主張が必要であるとの通説（現在の実務の採るところでもある。司法研修所『増補　民事訴訟における要件事実第一巻』〔法曹会・1986〕17頁参照。これに対して、最判昭和33年7月8日民集12巻11号1740頁は代理人による意思表示の主張がなくてもこれを認定できるとする）を念頭に置き、英会話教材の売買契約がX株式会社の従業員Aが担当して締結されたことについても当事者の主張が必要ではないかとの指摘をするかもしれない。また、これを応用して、**設問2**のYのXへの弁済に関し、法律行為ではないが支払の受領についてもAがしたことの主張が必要であるとの見方もあり得よう。

　しかし、Xが法人であり、自然人である誰かの行為を介さなければ行動できないことや、いずれの事項についても、行為者が誰かや代理権の有無が直接の争点になっているわけではないことからすると、契約がAを介してされたことや、Yの支払をAが受領したことという各事実は、ＸＹ間の契約締結やYのXへの支払という当事者の主張に含めて主張されていると解してよく、また、法的には代理人ではなく使者にすぎないともいえるので、この点での弁論主義違反は問題にならないというべきであろう（加えて、本ケースでは、Aの証人尋問の申出にAが行為者である旨の主張が含まれていると見られなくはないところである）。

発 展 問 題

　Xは、歩道を歩行中、Yが運転する自転車と接触して転倒し負傷したと主張して、Yを被告として、不法行為に基づく損害賠償請求の訴えを提起した。この訴訟で、

Ｘは、Ｙの過失について、Ｙが前方を注意して見ていなかったのでＸに気づくのが遅れた過失があると主張し、Ｙがこれを否認していたところ、裁判所は、証拠調べの結果、Ｙの前方注意に問題はなく、ＹはＸに適時に気づいたが、整備不良のまま自転車を運転していたためブレーキが十分に効かなかったことにより事故が発生したとして、Ｙの過失を認め、Ｘの請求を認容する判決をした。この判決には弁論主義の観点から問題がないか。

［発展問題のヒント］

発展問題では、「過失」等のいわゆる規範的要件（過失のほか、正当の事由、公序良俗、権利濫用等）について、その「過失」という概念自体を主要事実とみて、これを基礎付ける具体的事実は間接事実であってそれには弁論主義の適用がないとみるか、具体的事実を主要事実とみてそこに弁論主義の適用を認めるかで結論が変わってくる。現在の通説は、規範的要件を基礎づける事実をもって主要事実と解しており（篠田省二「権利濫用・公序良俗違反の主張の要否」新実務講座(2)35頁、青山善充「主要事実・間接事実の区別と主張責任」講座民訴④367頁、司法研修所・前掲書30頁等参照）、その観点からは、これらの事実についても弁論主義の第Ⅰ原則の適用があるということになる。

◎◎◎ **参 考 文 献** ◎◎◎

文中に掲げたもののほか、鈴木正裕「主要事実と間接事実」三ヶ月ほか・新版民訴法演習(1)」213頁。

（笠井　正俊）

8) 自 白

　裁判上の自白に関しては、その拘束力をいかなる根拠によって認めるか、成立要件、撤回要件をどのように考えるかをめぐって様々な議論がある。ここでは、これらの議論について、簡単なケースを素材としながら、検討する。

ケース

　Xは、平成29年5月15日、Yを被告として、所有権に基づいて本件建物に係るXからYへの所有権移転登記（以下、「本件登記」という）の抹消登記請求訴訟を提起し、第1回口頭弁論期日において、次の通り主張した。本件建物は、Xの父Aの所有であったが、平成20年1月15日にAが死亡したことにより、Xが単独相続したものである。しかるに、本件建物については本件登記がなされているので、その抹消を求める。

　これに対して、Yは同期日において、次のように主張した。本件建物が元々Aの所有であったこと、これを平成20年1月15日にXが単独相続したこと、現在本件登記がなされていることは認める。しかし、平成25年12月15日に、YはXから本件建物を買い受け（以下、「本件売買」という）、それに基づいて、本件登記がなされているのであるから、Xの請求には理由がなく、その棄却を求める。

　以上のようにYが争ったことから、裁判所は、争点および証拠を整理するため、事件を弁論準備手続に付した。

　弁論準備手続において、Xは、本件売買は、Xが個人で営んでいる事業の不振により、本件建物がXの債権者に差し押さえられるおそれがあったため、Yと通じて仮装したものであり、民法94条1項の通謀虚偽表示として無効である、現に本件建物の固定資産税と敷地の地代（以下、「地代等」という）は、Xが本件売買以降も支払い続けている旨を主張した。これに対して、Yは、本件売買以降も地代等はXが支払っているこ

第2章　審判の対象と資料　**87**

とを認めつつ、これはXY間で、Yが本件建物のリフォーム費用を全て負担することに鑑みて、本件売買後も一定期間Xが地代等を負担する旨を特に合意したからにすぎず（以下、この合意を「本件特約」という）、本件売買は通謀虚偽表示ではない旨を主張した。そこで、裁判所は、XYとの間で、本件特約の存在が証明すべき事実であることを確認した上で、弁論準備手続を終了した。

　その後開かれた第2回口頭弁論期日において、弁論準備手続の結果の陳述がなされた後、予定していた証人尋問及び当事者尋問が実施され、最終弁論のための第3回口頭弁論期日が指定された。ところが、第3回口頭弁論期日においてYは、本件売買以降も地代等をXが支払い続けている旨の主張を撤回し、本件売買以降の地代等は、Yが支払っている旨を主張した。

・・・・・・・・・・・・・・・・・・・・・・・・・・・ 設問 ・・・・・・・・・・・・・・・・・・・・・・・・・・・
第3回口頭弁論期日におけるYの主張の変更は許されるか。
・・・

解説

【1】― 問題の所在

　主張の撤回は原則として自由だが、裁判上の自白に関しては撤回が制限され、一定の要件の下でのみ撤回は許容される。そこで本問では、Xの主張事実を認めるYの陳述が裁判上の自白となるか否か、なるとして、撤回はいかなる要件の下で認められるか、が問題となる。なお撤回自体が時機に後れた攻撃防御方法として却下の対象となる余地もあり、この点も問題となり得るが、本項目の主たる対象ではないので、本解説では簡単に触れるに止める。

【2】― 裁判上の自白の意義

　裁判上の自白は、当事者がその訴訟の口頭弁論または弁論準備手続においてする、相手方の陳述と一致する自己に不利な事実の陳述をいう、というのが伝統的な定義である。

上記の定義を満たす陳述がなされると、裁判所は、当該陳述通りの事実認定をしなければならず(審判排除効)、かかる陳述をした当事者は、その撤回を制限される（不可撤回効）、という効果が生ずる（ただし、間接事実、補助事実の自白については後述の通り、議論がある）。これらの効果は争点に絞った充実した審理を可能にするという効用を持つ。審判排除効と不可撤回効によって、自白の対象となった事実に関しては、証拠調べの必要が消滅し、それに備えた証拠方法の収集保全の必要も大きく低下するため、当事者も裁判所も争点に力を注ぐことができるようになるからである。

【3】— 裁判上の自白の法的性質

　伝統的な通説は、裁判上の自白を、単なる事実認識の表明である、と理解する。これに対して、近時の有力説は、裁判上の自白を相手方の主張する自己に不利益な事実を争わない旨の意思表示または自白対象事実を争点から排除する意思表示と捉える。したがって、有力説においては裁判上の自白の定義自体も、【2】で述べたものとは若干異なるものになるのが通例であり、例えば、相手方の主張する自己に不利益な事実を争わない旨の意思を表明する、弁論としての陳述といった表現が用いられる（新堂・新民訴582頁）。

　以上のように、意思的な要素を強調する説が有力化した背景には一定の実践的な意図がある。具体的には、①相手方の陳述が事実であるかどうかはともかく重要ではない論点なので争わない、という趣旨の陳述も積極的に裁判上の自白に取り込み、争点の圧縮を促進する、②相手方の陳述を争わない旨の意思が十分に確認できない場合には裁判上の自白の成立を否定する、③そのような意思が十分に確認できるような環境を整えた上で自白をさせる、といった議論を導くことが意図されている。例えば、後述する先行自白否定論などは、②の狙いを反映したものである。

【4】— 裁判上の自白の効果

（1）　審判排除効・不可撤回効の根拠

先述した通り、裁判上の自白には審判排除効と不可撤回効が認められるが、これらの効果はいかなる根拠に基づくのであろうか。

　まず、審判排除効が生じる根拠は、弁論主義に求めるのが通説である。したがって、更にさかのぼれば、弁論主義の根拠論に行き着く。それ自体議論があるところだが、通説的には、私的自治の尊重ということになろう。

　次に、不可撤回効が生じる根拠は、禁反言に求めるのが通説であるが、相手方の信頼保護を根拠とする説明も多い。もっとも、いずれにおいても、審判排除効がある以上、相手方は自白された事実を証明するために必要な証拠方法を散逸させてしまう可能性があり、その際に、自白の撤回により相手方に改めて証明の負担を課すことは信義に反する、ということに重きが置かれていることに変わりはなく、内容的に大きな違いはない。

（2）　裁判上の自白の撤回

　裁判上の自白には不可撤回効があるといっても、撤回はおよそ不可能というわけではなく、一定の要件が充足されれば許される。

　第1に、相手方の同意がある場合に撤回は許される。不可撤回効は、相手方の信頼保護を主たる根拠とするものだから、相手方の同意があれば、かかる効果を維持する必要は消滅するのである。

　第2に、裁判上の自白が相手方または第三者の刑事上罰すべき行為によってなされた場合、当該自白の効力は認められないとするのが判例である（大判昭和15年9月21日民集19巻1644頁等）。したがって、撤回にも特段の制約はないということになる。

　それ以外に、裁判上の自白の撤回がいかなる要件の下で許されるか、という点については様々な議論があるけれども、自白が錯誤に基づいており、かつ、自白が真実でないこと（自白の反真実性）の証明があれば、撤回を認める、というのが伝統的な通説であり、判例でもある（大判大正4年9月29日民録21輯1520頁等）。

　自白の反真実性要件は、自白を信頼し、証拠方法の収集・保管に意を払っていなかったかもしれない相手方の信頼保護という観点から説明できる。もっとも、錯誤により自白をした場合に、証明責任の転換までするのは自白者に酷であるから、証明度の軽減で十分であるとする見解

（注釈民訴(7)171頁［太田勝造］）や、自白者の帰責性、相手方の証拠散逸の有無等を勘案して証明度を調整する、自白者に主張・証拠提出義務を課す等の規律を適宜使い分けるべきであるとする見解（伊東俊明「民事訴訟における自白の撤回の規律について」横浜国際経済法学11巻3号（2003年）19頁以下）もある。

　錯誤要件は、誤解により自白をした場合には禁反言による責任を問い得ないという観点から説明できる。ただし、これについては、2点留意すべき点がある。第1は、何についての錯誤が必要であるか、という点である。伝統的には、真実性の錯誤が想定されていたが、近時は、真実かどうかはともかく、法的には些末な点であるという理由で相手方の陳述を認めたけれども、その後、法的に重要な論点であることが明らかになった、という重要性の錯誤も含めるべきである、とも主張される（高橋・重点講義(上)501頁）。重要性の錯誤の場合も撤回を認めることとしないと、委縮効果により、争点の圧縮が十分に進まないという懸念が背景にあると考えられる。

　第2は、不注意により錯誤に陥った場合にまで撤回を許すか、という点である。不注意により自白をした場合にまで撤回を許すのは審理の遅延・混乱の元であるという点を重視するのであれば、過失ないし重過失なく錯誤に陥ったことを撤回要件とすることになる一方で、真実発見を重視するのであれば、不注意により錯誤に陥った場合であっても、撤回を許すという方向に傾こう。なお、判例は、反真実の証明がなされれば錯誤は推定されるとするとともに（大判大正10年11月2日民録27輯1872頁等）、無過失であることは必要ないとする（最判昭和41年12月6日集民85号569頁等）。真実発見を重視する傾向にあるといえそうである。

【5】― 裁判上の自白の成立要件

　通説によれば、裁判上の自白の成立要件は、①自己に不利な陳述であること（不利益要件）、②相手方の陳述と一致する陳述であること（陳述の一致）、③口頭弁論または弁論準備手続での陳述であること、④事実の陳述であることの4つである。以下、順に概観する。

第2章　審判の対象と資料　　*91*

（1） 不利益要件

　実際上この要件は、原被告の一致した陳述のうち、自己にとって不利益な陳述をした側の当事者のみが、不可撤回効を受ける、という形で機能する。そこで、不利益要件を自白の成立要件ではなく撤回要件に位置付ける説もあり（勅使川原和彦「『弁論主義の第2テーゼ』と『裁判上の自白』小考」石川明=三木浩一編『民事手続法の現代的機能』〔信山社・2014〕41頁以下）、その方が事柄の実質には合っているようにも見えるが、ここでは自白の成立要件という通説的な位置づけを前提とする。

　不利益要件については、そもそも何故このような要件が課されるのかが余り説明されないが、一般的には、一方当事者Aにとって不利益な陳述は、他方当事者Bに利益をもたらしているはずであるから、これをAが撤回するのは禁反言であり、かつ、Bの信頼を損なうということが想定されているものと思われる。

　このような観点から見ると、Bにとっての利益とは何か、が問題になるが、第1に、Bが本来負うはずの証明責任を免除されることが考えられ、第2に、証明責任の所在如何に関わらず、A敗訴の基礎となり得る事実について、本証ないし反証の負担を免除されることが考えられる。前者を重視すると、不利益要件を満たす自白とは、Bが証明責任を負う事実の陳述のことを指す、ということになり、後者を重視すると、Bが証明責任を負う事実の陳述だけでなく、Aが証明責任を負う事実を否定する陳述も含まれるということになろう。前者の不利益要件理解を証明責任説、後者の不利益要件理解を敗訴可能性説と呼ぶ。

　両説では、例えば、貸金返還請求訴訟で、被告が、借りた覚えがない以上、弁済もしていないと主張し、原告も弁済は確かにしてもらっていないと述べた場合、被告の弁済をしていないという陳述が自白になるか、という点で帰結が異なってくる。弁済は被告が証明責任を負う事実であるから、証明責任説では不利益要件を満たさないが、敗訴可能性説では、不利益要件を満たすことになるのである。

　両説のいずれが妥当かは措き、関連する点を2つほど指摘する。第1は、撤回要件をどう構成するかがこの論点にかかわるという点である。

反真実の証明があれば撤回を認めるという立場では、敗訴可能性説を採用することの意味はかなりの程度失われるからである。例えば、被告が、弁済の事実を否定する陳述を撤回するためには、弁済があることを証明しなければならないといっても、これは自白がなされる前と同じ状況であって、撤回を制限したことになっていない。なお、判例の立場は、証明責任説と親和的であると見られるが（最判昭和54年7月31日集民127号315頁等）、明確ではない。もっとも、先述した通り、判例は、反真実の証明があれば錯誤が推定されるという形で反真実性要件を重視しているので、これと証明責任説との相性は悪くないということはいえそうである。

第2は、そもそも不利益要件を不要とする説も有力であるという点である（松本博之『民事自白法』〔弘文堂・1994〕26頁以下）。論拠としては、ある陳述がいずれの当事者にとって不利益かどうかは決定し得ないこと、不利益要件を課さなくとも、審判排除効の根拠である弁論主義の考え方と、そこから派生する自己責任の原則および訴訟経済には反しないことが挙げられる。不利益性が決定し得ないというのは以下の例に現れている。貸金返還請求訴訟において、①原告が一部弁済を自認し、②被告もそれを認めたところ、③原告が、したがって時効期間は更新された、と主張したとする（民新152条1項）。この場合、一部弁済の陳述は②の時点までは原告にとって不利益であるのに対して、③の時点では被告にとって不利益となっており、不利益要件を意味のある要件とすることはできない、というのである。

不利益要件不要説は、自白の成立を広く認めすぎ、当事者に酷であるように見えるかもしれない。しかし、上記の例で、被告が自らの主張を撤回したいと思うのは、③の時点であると思われるが、証明責任説でも敗訴可能性説でも、この時点で不利益要件の充足を否定するのは困難であり、当事者に対する酷な結果を回避するという点において不利益要件不要説に対する優位性を主張するには限界がある。そこで、不利益要件を要求する立場においても、自白の成立の範囲を適切なものとするために、不利益性の認識を要求する可能性も示唆されることになる（福永有利「裁判上の自白」民商91巻5号806頁）。自白の意思的要素を重視し、不利

第2章　審判の対象と資料　93

益性を認識した上での陳述であるからこそ、撤回の制限を正当化し得ると考えるのである。これによると、③で初めて被告に不利益性が認識されることになるから、そこで被告がなお一部弁済の陳述を維持することで、不利益要件を充足したことになり、③の時点で速やかに撤回するのであれば、自白は成立していなかったと評価されることになる。

（2） 陳述の一致

両当事者の陳述の一致が裁判上の自白の要件である。伝統的な通説によれば、両当事者の陳述の一致があればよく、その先後は問わない。一方が不利益な陳述をしたところ、相手方がそれを援用したという場合には、援用の時点で前者の陳述が裁判上の自白となる。いわゆる先行自白である。

もっとも、このような伝統的な見解に対しては、裁判上の自白の意思的要素を重視する立場からの批判がある（高橋・重点講義(上)481頁以下）。先行自白の場合、争わないという意思が明確であるとはいえないし、実質的にも、自ら不利益な陳述をする場合には、その不利益性を十分に認識しないままに陳述をする場合が多く、それにもかかわらず、相手方の援用によって再考の機会もないまま裁判上の自白が成立するとすれば、思いもよらない不利益を受けることになるというのである。そこで、批判説の論者は、相手方の援用があった時点で撤回の機会を与え、撤回しない場合に初めて裁判上の自白が成立する、と論じる。相手方の援用の時点で撤回がされるのであれば相手方の不利益も問題にならないことに鑑みても、先行自白否定説には相応の理由がありそうである。

（3） 口頭弁論または弁論準備手続での陳述

裁判外で陳述が一致したのみでは、裁判上の自白ではない。口頭弁論または弁論準備手続での陳述の一致が必要である。もっとも、口頭弁論または弁論準備手続で陳述が一致すればよいか、という点についてはなお議論があり、争点証拠整理手続終了までは両当事者の陳述が弁論準備手続または準備的口頭弁論で一致しても裁判上の自白は成立しないという有力説がある（宇野聡「裁判上の自白の不可撤回性について」鈴木・古稀457頁以下）。裁判上の自白を争点排除の意思表示と位置付けた上で、争点お

よび証拠は、争点証拠整理手続終結時に定まっていれば十分であること、要証事実が確定して初めて特定の事実が有する法的意味を十分に認識し得る場合が多いことを根拠とする。

確かに、争点証拠整理手続での陳述に裁判上の自白の効果を結びつけると柔軟を旨とする争点証拠整理手続が過度に硬直的になるおそれがある。このことを考えれば、争点証拠整理手続における陳述の一致を当然に自白と認めるのは相当でない。他方で、争点がかなり固まった争点証拠整理手続の終盤での撤回に全く要件を課す必要がないというのも躊躇され、難しい線引き問題となる。自由闊達な議論を担保するために争点証拠整理手続序盤においては自白としての拘束力を排除する規律（ノン・コミットメントルール）を確立すべきであるとの主張が実務家からはしばしばなされるが、このような規律の下で争点証拠整理を行うということが裁判所と両当事者の共通了解となっている限りにおいて、自白の成立を否定するという角度から議論をすることも考えられよう（畑瑞穂「裁判上の自白の撤回に関する覚書」松本・古稀371頁以下も参照）。

（4）　事実の陳述

主要事実について原被告の陳述が一致した場合に裁判上の自白が成立し得るという点には争いはない。他方で、間接事実や補助事実について原被告の陳述が一致した場合、裁判上の自白は成立し得るか、し得るとしてどこまで裁判上の自白としての効果が認められるかについては議論がある。以下、間接事実に限定して説明する（高田裕成「間接事実の自白」松本・古稀345頁以下も参照）。

まず、審判排除効については、一方の極には、これを否定する見解がある（兼子・体系248頁）。疑いを抱く間接事実に基づいて心証を形成するように裁判所に要求するのは無理な注文であると論じる。伝統的な通説であり、判例もこの立場である（最判昭和31年5月25日民集10巻5号577頁等）。これに対して、他方の極には、間接事実についての原被告の一致した陳述にも審判排除効は認められるという見解がある（山本・基本問題166頁）。間接事実についても審判排除効を認め、争点の圧縮を図ること、当事者の支配領域を拡大することを狙いとする見解である。

以上の議論から、自由心証主義の要請と争点の圧縮・当事者支配の要請の間の調整が問題になっているということがわかる。そこで中庸を行き、間接事実につき原被告の陳述が一致した場合、これを打ち消すに足る別の間接事実が認められない限り、陳述の一致がある間接事実（たとえそれに疑いをもっていたとしても）から主要事実を推論することは無理な注文とはいえない、という見解も主張される（新堂・新民訴585頁以下）。陳述の一致がある間接事実と両立しない間接事実につき確信が得られるまでは、裁判所は、陳述の一致のある間接事実を判決の基礎にしなければならない、と考える見解であり、限定的な審判排除効を狙うものといえよう。

　次に、不可撤回効については、（限定的なものも含め）審判排除効を肯定する立場を採用する場合には、当然、これを肯定する方向に傾く。他方、審判排除効を否定する立場を採用する場合には、不可撤回効も否定するのが自然であり、判例はこの立場であるが（最判昭和41年9月22日民集20巻7号1392頁）、不可撤回効に限り肯定する説もある（三ヶ月章『判例民事訴訟法』〔弘文堂・1974〕246頁以下）。審判排除効がないとしても、いったん相手方の主張を認めた以上、撤回は禁反言の要請に反する、という理由である。もっとも、審判排除効を認めない場合、相手方の信頼もそう強いものとはならないことに鑑みれば、不可撤回効の必要性が低下することは否定できないであろう。

　以下、2点補足する。第1は、言葉の整理である。審判排除効、不可撤回効のいずれかを一定の限度で認める場合に間接事実は裁判上の自白の対象になると表現し、審判排除効と不可撤回効の双方を否定する場合に間接事実は裁判上の自白の対象にならないと表現するのがわかりやすいと思われる。第2は、間接事実も裁判上の自白の対象となるという立場を採用する場合、不利益要件をどう考えるかが問題となるという点である。敗訴可能性説や不利益要件不要説を前提とするのであれば、これはそう大きな問題ではないが、証明責任説だと間接事実には証明責任は観念し得ないこととの関係の説明に工夫を要することとなるからである。当該間接事実により推認される主要事実の証明責任の所在を基準とすることが考えられよう（山本克己「間接事実についての自白」法教283号77頁）。

【6】― 設問の検討

（1） 裁判上の自白

以上を前提に、設問におけるＹの主張が裁判上の自白として撤回を制限されるか否かを考えてみよう。本件でまず問題となるのは、地代等をＸが負担していたという事実は主要事実か間接事実かである。ＸＹが本件売買につき通謀して真意ではない意思表示をしたことが主要事実であり、本件売買以降もＸが地代等を負担していたという事実は、かかる主要事実を推認させる間接事実であると考えるのが通常であろうと思われるが、そうすると、間接事実は裁判上の自白の対象となるか、なるとしてどこまでの効果を認めるか、について態度決定をする必要に迫られる。

間接事実は裁判上の自白の対象にならないという立場を採用するのであれば、これ以上自白について論じる必要はない。他方、間接事実の自白は裁判上の自白の対象となるという立場に立つのであれば、(不可撤回効のみ否定するという特殊な議論を採用しない限り) 成立要件について論じ (特に不利益要件の充足は丁寧に論じる必要がある)、その充足が肯定できる場合は、更に撤回要件を論じることになろう。もっとも、撤回要件について問題文中に結論を出すに足る情報は与えられていないので、これこれの要件が充足されれば、撤回要件を満たすという程度の記述ができれば十分である。

（2） 時機に後れた攻撃防御方法

自白の撤回も攻撃防御方法に含まれると解されるので、本件では、時機に後れた攻撃防御方法として却下することの可否も問題となり得る (157条１項)。却下のための要件は、①Ｙによる自白の撤回が時機に後れていること、②それがＹの故意または重過失に基づくこと、③それにより訴訟の完結を遅延させることである (これらの要件が充足された場合、却下しなければならないか、という点についても議論があるが、立ち入らない)。以下、これらについて要点のみを記す。

①の時機に後れたとは、従来の弁論の過程からみて、それより以前に提出が期待される事情があったことを意味する (兼子・体系232頁)。争点

証拠整理手続がなされた場合は、特段の事情がない限り、争点証拠整理手続の終了前に提出が期待される事情があったといえるであろう（伊藤・民訴293頁以下）。

　②の故意とは、より以前に提出しなければ時機を失することを知りながら提出しなかった場合を、重過失とは、真面目に弁論する気であれば、当然そのことを知ることができた場合を指す（条解民訴941頁）。これは、本人訴訟か否かも含めた個別の事案毎の判断となるが、174条、167条に基づく相手方の求めがあったにもかかわらず、弁論準備手続の終了前に提出し得なかった理由を十分に説明し得ないことが重過失を推定させる余地はあろう（伊藤・民訴294頁）。なお、説明不十分は①要件の認定においても意味を持ち得る。

　③の訴訟の完結の遅延の有無は、時機に後れて提出された攻撃防御方法を取り上げた場合の訴訟完結時点（時点Ａ）と、これが適時に提出されていた場合の訴訟完結時点とを比較して判断するのではなく、時点Ａとこれを取り上げなかった場合の訴訟の完結時点とを比較して判断すると解するのが通説である（注釈民訴(3)284頁［山本克己］）。本件では、自白の撤回を認めなければ直ちに口頭弁論を終結できる状況である一方で、自白の撤回を認めるならば、改めて証拠調べが必要になることが予想される以上、この要件の充足は認められよう。

〔7〕── 権利自白

　ケースでは、Ｙは、本件建物は元々Ａの所有であったことも認めているが、これは裁判上の自白ではない。Ａが所有者である旨の陳述は事実の陳述ではなく、訴訟物たる権利関係の前提となる法律関係（先決的法律関係）の陳述として、法律上の陳述に該当するからである。もっとも、法律上の陳述であっても、相手方の主張を認めるものであれば、審判排除効と不可撤回効を認めることも考えられないではない。そこで、先決的法律関係についての相手方の主張を認める陳述を権利自白と呼び、これに裁判上の自白と同様の規律を妥当させることの当否が論じられることになる。議論は多岐に分かれるが、設問で問われていることではない

ので、以下要点のみを述べる。

この問題を考える際には、当事者は法的評価を誤る可能性があり、権利自白を安易に認めることは自白をした当事者の利益を害するおそれがある一方、権利自白を肯定することは、審理の効率化に資し、相手方を不意打ちの危険から解放するという効用もあるという点に留意する必要がある。後者の観点からは権利自白の成立をおよそ認めないというのは適切ではないけれども、前者の観点からは成立要件を合理的な範囲に限定することが要請されることになろう。成立要件の限定の仕方には様々な可能性があるが、自白の対象たる法律関係の内容を理解した上で、それを争わない意思が明らかである場合にのみ自白の成立を認める（新堂・新民訴590頁）、とすることが考えられる。

発展問題

XがYに対して、所有権に基づく建物収去土地明渡請求訴訟を提起したところ、事件は弁論準備手続に付された。裁判所は、XYとの間で、①本件土地は、Xの父Aが所有していたこと、②Aの死亡によりXが単独相続したこと、③Yと生前のAとの間で、本件土地はYが無償で使用収益した後返還する旨の合意が成立していたこと、④Yは、かかる合意に基づいて本件土地の引渡しを受けたこと、については争いがなく、争点は、⑤YA間で定めた使用収益の目的に従った使用収益が終了したか否かであることを確認し（終了していれば、Xは本件土地の返還を求め得る）、弁論準備手続を終了した。その後、開かれた口頭弁論期日において、弁論準備手続の結果陳述を経て、証人尋問が実施されたが、その直後の弁論において、Yは、③の主張を撤回し、YA間で成立したのはAがYに対して本件土地を使用収益させ、YがAに対して毎年100万円の地代を支払う旨の合意であり、借地借家法3条が適用される旨を改めて主張した。Yの主張の変更は認められるか。

[発展問題のヒント]

不利益要件が問題となる。なお、事案は、最判昭和35年2月12日民集14巻2号223頁を参考にしたものである。本書[第2版]にはこれに即したケースを素材とした宇野聡先生による要領のよい解説があるので、そちらもご参照頂きたい。

◎◎◎ **参 考 文 献** ◎◎◎

本文中に挙げたもの。

（菱田　雄郷）

9 釈明権

　民事訴訟においては、本案の審理に妥当する弁論主義により、事実を裁判所の前に提示することは当事者の権能であり、また責務でもある。しかし、実務では、裁判所が当事者に対して積極的に働きかけて、判決をするのに、より適切な事実を提出させている。このような権能を釈明権と呼ぶ。では、裁判所が釈明権の行使をするにあたり、どのような制約があるのだろうか。

ケース 1

　Aは、半年ほど前にインターネットの掲示板で知り合ったBから「簡単に儲けが出る新しいe−ビジネスを始めようと思っているが、事業資金がないので投資してくれないか」と持ちかけられ、100万円を渡した。当初の3か月間は、毎月5万円がAの預金口座に振り込まれていたが、その後の振込はされなかった。そこで原告Aは、Bを相手取り、Bの詐欺に基づきこの投資契約を取り消したと主張して、投資金100万円の返還請求訴訟を提起した。これに対し、Bは、詐欺の事実はなく、4回目以降の配当ができなかったのは、事業が不振に陥ってしまったためであると反論した。

　裁判所は、投資契約が締結されたというAの主張に疑問をもっており、したがって、投資契約の際の詐欺も認定できず、このままでは請求は棄却すべきであるが、この契約が単なる100万円の消費貸借契約にあたるとすれば、全額とは言えないまでも（月5万円の配当は利息制限法違反の利息にあたる可能性が大であるから）、一部認容判決をしうると考えていた。

設問

　このとき、裁判所は、Aが訴えの変更をするべく、釈明権を行使すべきか。

ケース2

　Cは、親友であるDの委託を受けて、DがE銀行より借りた1,000万円の債務の保証人となった。弁済期が来てもDが返済をしなかったため、E銀行はCに返済を請求し、Cは利息を含めた1,100万円を支払った。

　しばらく経ってから、Cは、Dを被告として、求償権に基づき1,100万円の支払を求めて訴えを提起した。Dは、Cの請求原因事実をすべて否認して争ったが、有効な防御方法を提出することはなかった。審理の結果、Dが求償金を弁済した有力な証拠は存在しないこと、さらに、CがE銀行に保証債務を返済した日付から、CがDに対して主張する求償債権は消滅時効にかかることが裁判所に判明した。しかし、依然、Dから消滅時効の抗弁は提出されていない。

……………………………設問……………………………

　このとき、裁判所は、Dに消滅時効の抗弁を提出させるために、Dに対し、釈明権を行使することができるか。

……………………………………………………………………

ケース3

　F、GおよびHは甲土地の共有者であった。Fは、Gが無断で乙建物を建築したとして、Gを被告として建物収去土地明渡訴訟を提起した。GはHより賃借しており不法占有ではないと争った。これに対して、裁判所は、不法占有の事実を認定するとともに、Fの権利濫用を基礎づける事実も存在する心証を得た。

……………………………設問……………………………

　このとき、裁判所は、Fの権利濫用を理由にFの請求を棄却しようと考えているが、釈明をする必要があるか。

……………………………………………………………………

> 解説

【1】── 釈明権の意義

釈明権とは、民事訴訟法149条1項に規定される裁判所の権限である。平成8年立法の民事訴訟法では表題に「釈明権等」と規定されており、講学上も同様に呼ばれてきているが、厳密に言えば「求釈明権」と呼ばれるべきものである。「裁判長は、口頭弁論の期日又は期日外において、訴訟関係を明瞭にするため、事実上及び法律上の事項に関し、当事者に対して問いを発し、又は立証を促すことができる」（1項）。つまり、裁判所（裁判長〔1項〕および陪席裁判官〔2項〕）は、当事者の釈明を得るために、発問し、立証を促す権限を有するのであって、裁判所自らが釈明するわけではない。ただし、本稿では、民事訴訟法の用語に従う（なお、当事者の求問権〔3項〕および期日外釈明の方法〔4項、民訴規63条〕については、紙幅の都合上、割愛する）。

なお、149条1項は、大正の改正以前は、裁判所の義務を設定する規定であった。このことから、通説・実務は、釈明権の行使が裁判所の権限であると同時に裁判所の義務でもあることを認めている。

【2】── 釈明権と処分権主義・弁論主義

（1） 釈明権は、裁判所・裁判官の訴訟指揮権に属するものであるが、弁論指揮権（148条）が職権進行主義の対象となる手続の形式的側面に関するのに対して、本案前および本案の実質的な審理に関わる。とりわけ民事訴訟において妥当する処分権主義や弁論主義（両者を併せて当事者主義とも呼ぶ）との関係が問題となる。

処分権主義は、裁判所の判決でいかなる救済を、いかなる訴訟上の請求によって求めるか、また、その訴訟を判決によらないで完結させるか、を決定する権限を当事者に委ねている。弁論主義は、いかなる事実主張をし、また、いかなる証拠を提出するかの決定を当事者の権限かつ責任に委ねた。このとき、法情報の不足など何らかの原因で、その事案に合った請求を立てることができなかったり、適切な事実の主張や証拠の提

出ができなかった当事者は、敗訴を含めた訴訟上の不利益を甘受しなければならない。一般に、裁判所の釈明権ないし釈明義務は、このような場合に、裁判所のもつ後見的機能により、当事者主義のもつ短所を補完・補充し、審理の充実と効率が図られると捉えられている。

なお、弁護士を訴訟代理人とする訴訟とともに当事者本人が訴訟代理人を付けずにする、いわゆる本人訴訟を認めるわが国では、裁判所の後見的機能が必要となる場面が、本人訴訟において顕著である。しかし、弁護士訴訟においても、昭和30年代以降、判例は、裁判所の後見的介入を幅広く認めている（注釈民訴(3)121頁［松本博之］参照）。弁護士訴訟であれば、弁護士からの法情報の不足・瑕疵により敗訴した当事者は、弁護過誤訴訟を提起して損害を塡補することが可能ではあるが、むしろ、現在の訴訟において、法情報の不足・瑕疵が解消されるほうが、より好ましい。本稿においては、本人訴訟と弁護士訴訟とを、とくに分けて考えることはしない。

（2） このような一般の理解については、2つの点で留意しなければならない。第1に、当事者主義の裏返しにある自己責任を問いうる前提には、完全な法情報が当事者に提供されている必要がある。釈明権の行使を必要とする場面では、むしろ法情報が不足しているのが通常であり、法情報が不足したままで当事者敗訴の不利益を甘受させるのは、手続過程による判決の正統化の観点から問題である。裁判所の手持ち情報を当事者に開示し、裁判所と当事者とのコミュニケーションを図る手段として釈明を捉える説の原点はここにある（法的観点指摘義務を認めることによって当事者の不意打ちを防止することを強調する説（山本和彦『民事訴訟審理構造論』〔信山社・1995〕17頁以下）や、裁判手続の透明性を高めることを重視する見解（『基本法コンメンタール民事訴訟法2〔第3版追補版〕』〔日本評論社・2012〕77頁［山本克己］参照）を参照のこと）。

第2に、釈明権の対象は、処分権主義が妥当する訴訟上の請求や弁論主義の妥当する主要事実に限られているわけではない。149条は、弁論主義の及ばないとされる間接事実や職権調査事項にも適用がされ、職権探知主義が妥当する人事訴訟における主要事実についても適用される

（人訴１条・19条）。つまり、149条は、広義の民事裁判における裁判所の調査権能のうち、民事訴訟という当事者主義が妥当する領域に適用されるものと言うことができる。それゆえ、裁判所の調査権能である釈明を中心に据え、当事者主義がその制約原理としてどのように働くのかを考察するほうが素直である。処分権主義や弁論主義を補完・補充するために釈明権があるという説明も、裁判所という公権力が釈明権を行使するにあたり、処分権主義と弁論主義による制約をどのように受けるかという観点から論じられるべきであろう。

> ＊　裁判所が一切の法律上の争訟を裁判するために認められる権能であって、司法権に内在するものと考えられる（憲76条１項、裁３条１項）。本案につき当事者主義を貫く民事訴訟法にあっても、訴訟要件については、当事者の主張の如何にかかわらず、裁判所が問題とすることができ（職権調査事項）、あるいは本案に関する事項でも職権証拠調べが例外的に認められている（186条・207条１項・218条１項・233条。なお14条参照）。この「職権」は、法と事実に基づいた判断をしなければならない民事裁判において必要な主張・証拠レベルでの調査機能に由来するものと考えられよう。

【3】― 釈明が問題となる状況

（1）　消極的釈明

釈明が問題となる状況を考えてみよう。まず、当事者が特定の申立てや事実の主張を提出してはいるが、いったいそれがどういう法的根拠であるのか、その事実主張が民事法上のどの法律要件に該当するのか、不明瞭な場合がある。裁判所は、当事者の申立てや主張を聞くには聞いたが、どのように理解し、整理したらよいかが理解できない。また、当事者の申立てや事実主張が矛盾したり、手続的な瑕疵がある場合もある。このような申立てや事実主張に対して、裁判所が不明瞭さや矛盾・瑕疵などを指摘し、それを是正するために、当事者に釈明を求める場合がある。これを、消極的釈明と呼ぶ。

消極的釈明がされないと、不明瞭な、あるいは矛盾・瑕疵を含んだ申立てあるいは事実主張をした当事者は、敗訴等の不利益を受けることになる。これを自己責任の一言で済ますことはできない。当事者とすれば

何らかの意図があって当該申立てや事実主張をしたのであり、また、その意図が十分に裁判所に対して理解されたと考え、誤解しているからである。これは、当該当事者と裁判所との間のコミュニケーションの問題とも言える。裁判所が「わかった」と聞いておきながら、判決で「当事者の主張は何を意味するのかがわからないので棄却する」と言ったのでは、明らかな不意打ちになる。論理的に言えば、裁判所は、処分権主義および弁論主義の範囲内で、事案を解明するために必要な釈明をしなければならない。当事者の視点に立てば、弁論権という手続的権能が十分に保障される必要があり、その裏返しとして、裁判所が求釈明の義務を負うということになろう。

　このようにして消極的釈明は、裁判所が釈明権を行使しなかったという事実が釈明義務違反として問題となる。控訴審は事実審でもあり、第１審において釈明義務違反があったとしても、控訴審において当事者が明瞭な申立てまたは事実主張をすれば問題はない。むしろ、問題は、上告審で当該釈明義務違反が審理不尽として破棄事由（上告事由）となるかどうかである。現行法は、旧民事訴訟法と異なり、判決に影響を及ぼすことが明らかな法令の違反があることが高等裁判所への上告の上告理由であり、最高裁判所への上告では上告理由を構成しないが（312条参照）、上告受理制度の下で破棄事由として扱われる可能性もある（最判平成17年７月14日判時1911号102頁参照）。したがって、旧法下と同様、破棄事由となるかどうかは重要な問題であるが、本稿では割愛する。

（2）　積極的釈明

　これに対して、当事者の申立てや事実主張が事案との関係で不当または不適当である場合や、当事者が適切な申立てや主張をしない場合に、裁判所がその旨を指摘し、前者の場合はその申立てや事実主張の撤回を、後者の場合はより適切な申立てや主張とするように促す釈明がある。これを積極的釈明と呼ぶ。

　このような積極的釈明を消極的釈明と区別する理解があり（中野貞一郎『過失の推認（増補版）』〔弘文堂・1987〕215頁以下参照）、実務上も浸透している。積極的釈明は、消極的釈明とは異なり、当事者の意図する（と解

釈しうる）ところとは異なる訴訟行為を積極的に促すためにされるものであり、裁判所が釈明を求められた当事者の肩を持ったと評価することもできる。したがって、この理解を前提とする実務および多数説は、消極的釈明については釈明義務違反を当然に肯定するが、積極的釈明については、個別的事情を考慮しつつ、釈明義務違反の有無を判断するしかないとする傾向がある。

　しかし、積極的釈明の取扱いを個別事情によって判断することは、結果的に「釈明してもよいし、釈明しなくてもよい」というグレーゾーンを生じるのではなかろうか。理論的に言えば、釈明が禁じられる領域と釈明義務に拘束される領域との間にグレーゾーンが存在することになり、そのグレーゾーンにおいては、裁判所が釈明権の行使につき裁量的判断をすることができると考えられよう。たしかに、釈明権の行使について抽象的なルールを見出すことは非常に困難であるが、理論上、釈明義務が存在しない場合には、むしろ釈明権の行使は禁じられていると見るべきであろう。換言すれば、裁判所が釈明権による事案の解明が必要であると判断した場合には、同時に釈明義務が認められる。反対に、釈明権による事案解明の必要性がないと裁判所が判断した場合には、釈明権行使は許されず、裁判所に裁量の余地はないと考えるのが妥当である。

　これはまた、消極的釈明と積極的釈明との区別が可能であるかという問題でもある。たとえば、［ケース1］では、投資契約の立証は不十分であるが、消費貸借契約として構成するなら十分に主張・立証ができる場合である。これは、訴えの変更を促す釈明と呼ばれ、訴訟物あるいは請求原因の変更を示唆するものとして、積極的釈明の典型例の1つと言われる。しかし、原告A主張の投資契約の内容が定かでないため消極的釈明として釈明がされた場合でも、原告が訴えの変更に至るきっかけを得る可能性もある。「『訴えの変更を示唆する釈明』といわれるものの実態も、現実の事例に即して眺めれば、一般の『不明瞭を正す釈明』との径庭は、必ずしも明確でなく、また、意外に小さいように思われる」との指摘もあり（中野・前掲書251頁以下。詳しくは、注釈民訴(3)118頁以下［松本博之］参照）、この区別を理論的に説明することは困難であろう。

106　**9 釈明権**

（3）　裁判所の釈明義務と中立性

　問題は、なぜ裁判所に求釈明の権能が与えられたか、裏を返せば求釈明の義務が課されたかによるのではないだろうか。先に述べたとおり、釈明権は、広義においては民事裁判における裁判所の調査権能の一種であり、裁判所が事案の解明に必要であると判断した場合に求釈明という形で調査権能を発揮するものである。したがって、本来、弁論主義とは関係がないものとして位置づけることができる。ただ、本案に関して当事者主義、つまり処分権主義や弁論主義を採る民事訴訟においては、申立てや主張・立証につき両当事者が権限と責任を負うため、裁判所が事案解明の必要性を認めても、処分権主義や弁論主義の範囲内でしか介入することができない。むしろ前面に押し出されるのは、両当事者が等しく申立てをなし、主張・証拠を提起しうるという環境であり、その環境を支えるものとして裁判所の中立性・中立義務を考えることができる。

　　（ア）　［ケース1］の解答　　　［ケース1］は、「投資金」100万円の返還を求めている原告Aの法的構成が脆弱であり、訴訟物として立ち得ない（つまり請求棄却に至る）と裁判所が判断しているが、もし原告Aが訴訟物を消費貸借契約として構成するなら請求認容となる可能性がある事案である。訴訟物を消費貸借契約に基づくものと変更することによってした請求認容判決に至る可能性が主張事実・証拠および弁論の全趣旨から判断できる場合であり、事案解明の必要性は肯定できよう。ところが、裁判所の中立性の視点から言えば、一見、釈明権を行使することは、原告Aに有利で、かつ被告Bに不利益であり、中立義務に違反するかのように思われる。

　しかし、紛争の実質は、現実にAからBにわたった100万円の返還についてであること、また、審理に現れた事実・証拠などから消費貸借契約の成立がうかがわれることからすると、Aに対して釈明を求めたとしても中立義務に違反するものとは言えない。たしかに、旧訴訟物理論を採る判例の立場からは、紛争を後の貸金返還請求訴訟で解決することは可能であるが、裁判所が社会的・経済的に同一の紛争に2度の手間をかけることは好ましくなく、現実の紛争から見てAの利益とBの不利益と

第2章　審判の対象と資料　　*107*

のアンバランスはさほど大きくはないからである。ただし、この判断は、主張・証拠および弁論の全趣旨から訴えの変更の拠り所（手がかり）が現れている場合にのみ可能である。もしそのような拠り所（手がかり）が当事者（原告A）から仄めかしされてもいない場合には、反対に裁判官の中立義務によって、釈明することは許されないとすべきであろう。

　　(イ)　**［ケース2］の解答**　　ところが、［ケース2］の場合には、中立性の議論がより先鋭化する。争いになっているのは、DがCに対して求償に応じて1,100万円を支払ったかどうかであって、法律構成としては求償債務の弁済があったかどうかである。しかし、裁判所の視点からは見れば、Dには消滅時効の抗弁という別の抗弁を主張してもよい事実関係であるにもかかわらず、Dから当該抗弁は提出されていない。これは、Dの有する法律知識が不十分であることに起因すると考えることもできる。しかし、もし消滅時効の抗弁を（遠回しにでも）促す釈明をした場合、ほぼ確実にDは当該抗弁を提出し、Cの請求は棄却されてしまうことが予想される。このように、Dに対して直接勝訴につながる切符を与えてしまうような釈明は、裁判所の中立性を害するのではないか。

　判例は、消滅時効の抗弁を促す釈明について消極的である（最判昭和31年12月28日民集10巻12号1639頁参照）。時効の援用（民145条）は、たとえ消滅時効期間が経過している事実が明らかとなったとしても、時効の利益に浴する者の意思に基づいて裁判所に提出されない限り、裁判の基礎とならない。消滅時効制度の理解において、時効期間の経過で当該債務が消滅するものではないとするならば、援用の意思を有しない当事者に消滅時効の抗弁を促すこと自体が裁判所の中立性を害すると考えられるのであろう（なお、新しい抗弁や抗弁権を釈明する場合にもこの傾向は存在する）。

　反対に、法律情報の不備により自らが負う債務について消滅時効が成立していることさえ気づいていない場合にも、当該抗弁を促す釈明が許されないのであろうか。あるいは、当該債権は時効完成により確定的に消滅しており、援用は訴訟で時効を主張することができないと考えるときも、同様である。時効の成立を裁判所において争うことについて当事者の自由意思による判断があるためには、その判断に際して必要な法律

108　**9** 釈明権

情報を求釈明という手段によって与えることこそ、裁判所の中立性を維持するのではないかという反論も可能である。しかし、そのような法律情報は、各当事者が自らの訴訟代理人（弁護士）から得るべきであるとする再反論もまた可能である。

　具体的に見れば、Ｄは、弁済の抗弁を争っているのであり、黙示的に、あるいは仄めかすようにして消滅時効の成立を争う姿勢を示してはいない事例である。したがって、裁判所は、消滅時効の拠り所（手がかり）を得ることはできず、裁判所の中立を害しないため、求釈明を行ってはならないとすべき事例と思われる（注釈民訴(3)159頁以下［松本博之］参照）。

（4）「法律上の事項に関し」── 一般条項についての釈明

　149条は「法律上の事項に関し」求釈明を認めている。「汝（当事者）は事実を語れ。我（裁判所）は法を語らん」という法諺に譬えられる弁論主義を学ぶ際、法の解釈・適用は裁判所の専権であるということが言われる。しかし、法適用については、適用されるべき事実を当事者が提出する権限および責任を負わされているところからすれば、裁判所が訴訟に顕れた法律構成以外の法的見解が妥当であると考えた場合には、その法的見解のもとで両当事者は事実主張を交える機会を保障されなければならないはずである。したがって、新たな法的見解を当事者に対して釈明せずにした判決については、釈明義務違反ありとしなければならない。判例も、基本的にこのような釈明義務を認めている（最判昭和42年11月16日民集21巻9号2430頁、最判昭和62年2月12日民集41巻1号67頁など）。

　(ウ)　[ケース3]の解答　　ところで、[ケース3]のような一般条項（権利濫用や公序良俗違反などの抗弁）の適用についても、口頭弁論に直接抗弁としては顕れていないが、主張する事実や証拠などから一般条項の抗弁を基礎づける事実が明らかとなっている場合がある。このとき、裁判所は、一般条項に違反すると見る可能性があることを釈明しない限り、判決の根拠とすることはできない。ただし、裁判所が釈明をしても両当事者から一般条項の抗弁が提出されないこともありうる。このときに弁論主義の適用があるか否かについては争いがあるが、多数説は、そのような場合でも、裁判所が一般条項に基づいた判断をすることを認めてい

る。

（5） 立証を促す釈明

これまで論じてきたのは申立ておよび事実主張に関する釈明であるが、立証については、瑕疵ある証拠申出や、不注意または誤解によって全く証拠申請がされていない場合などについて、判例は釈明義務を認める傾向がある（注釈民訴(3)146頁～150頁［松本博之］参照）。新たな証拠の申出を求釈明することについては、積極的釈明の議論にも類似した見解の対立がある。十分な主張立証を尽くした後に裁判所の心証を満たすために当事者に新たな証拠申請を求めることは、裁判所が求めている証拠を提出すれば（逆転）勝訴につながるものであり、反対当事者にとっては原則として不公平である。換言すれば、裁判所が敷いたレールに従えば一方当事者が勝訴に導かれることとなる。したがって、裁判所の中立義務に反することになるので、原則として消極に解したい（注釈民訴(3)150頁以下［松本博之］参照）。

【4】— おわりに

釈明権行使の方法は、「当事者に対し問いを発し、又は立証を促す」ことである。質問の内容は当事者に理解できるものでなければならない。一般的・抽象的なものであってはならず、問題となる事項を具体的に指摘して行う必要がある。場合によっては、裁判所が採ろうとする法的見解や一定程度の心証を明らかにして行う必要もあろうが、誘導尋問のように「消滅時効を援用しますか」などのような質問は、もちろん、許されない。

発 展 問 題

1．Ｘは、Ｙに対して、売買契約に基づいて売買代金請求訴訟を提起した。Ｙは、売買契約の成立を争うのみで、同時履行の抗弁権を行使しなかった。しかし、口頭においてＹは、反対債権（目的物引渡請求権）が履行されていない事実を主張した。裁判所は、Ｙに同時履行の抗弁権を促すべく、釈明を求めることができるか。

2．Ｘは、Ｙ（自動車製造会社）に対し、損害賠償請求訴訟を提起した。Ｘの主張によれば、Ｙ製造の自動車を運転していたＸが、自動車の前輪が脱落したことに

起因する事故によって損害を被ったとのことである。Ｘは、その原因は設計上のミスであると主張するが、何ら具体的な根拠によるものではない。しかし、設計上のミスについて判断するための資料（設計図等）は、すべてＹ側が保管している。裁判所としては、審理の促進と実効性を考えて、Ｘにではなく、Ｙに対して設計上のミスについて釈明を求めることはできるか。仮に肯定するとして、どのような釈明をすべきか。

[発展問題のヒント]

　1．については、時効の抗弁についての求釈明と基本的に同じ問題がある。「反対債権（目的物引渡請求権）が履行されていない事実」がＸの主張により明らかとなった場合や、反対債権の履行の有無についての主張が全くない場合を比較しつつ考えてほしい。

　2．については、たとえば文書提出命令を発すれば十分であると思われるかも知れない。しかし、証拠の偏在があるような訴訟（医療過誤訴訟、製造物責任訴訟等）について、証明責任を負わない相手方当事者の事案解明義務により、相手方当事者がこの義務を果たさないときに証明責任を負う当事者の主張を真実と擬制する議論がある。春日偉知郎『民事証拠法の研究』〔有斐閣・1991〕233頁以下、同『民事証拠法論──民事裁判における事案解明』〔商事法務・2009〕9頁以下・27頁以下。なお、松本博之「証明責任を負わない当事者の具体的事実陳述＝証拠提出義務について」曹時49巻7号1611頁以下、高橋・重点(上)572頁以下・575頁以下参照。

◇◇◇ **参 考 文 献** ◇◇◇

　中野貞一郎「弁論主義の動向と釈明権」同『過失の推認（増補版）』〔弘文堂・1987〕215頁以下、山本和彦『民事訴訟審理構造論』〔信山社・1995〕17頁以下、竹下守夫＝伊藤眞編『注釈民事訴訟法(3)』〔有斐閣・1993〕107頁以下〔松本博之〕。

（坂田　宏）

10 主張・証明責任 ──要件事実入門

　民事訴訟は、当事者が訴訟物として特定した権利（または法律関係）の存否を裁判官が判断して判決主文に宣明することにより、民事紛争に法的解決を与える手続である。判断資料（裁判資料）をどのようにして収集すべきかは手続法たる民事訴訟法が定めるが、収集された資料からどのようにして裁判官が権利の存否を判断すべきかを定めるのは、実体法たる民法（および商法）である。実体法のその仕組みは、当事者に対しては、敗訴を免れるにはどのような事実の確定を要するか（主張責任・証明責任）を各当事者に認識させて、その主張立証活動を終始リードする構造物として存在する。「民事訴訟のバックボーン」（倉田卓次訳『ローゼンベルク証明責任論全訂版』（判例タイムズ社・1987）73頁参照）を構成する実体法の仕組み──要件事実論──がどのようなものであるか、次のケースに従って明らかにすることにしよう。

ケース

　XがYに対し、建物収去土地明渡しおよび土地所有権移転登記手続を求めて訴えを提起した（本件訴訟）。X・Yは、本件に関する事情をそれぞれ次のように説明している。

　Yの説明によれば、店舗用地を物色していたところ、適当な場所に甲土地が更地として売りに出されていることを発見し、甲土地の登記簿上Aに所有権の登記があることを確認し、甲土地上の看板に記載されていたAの連絡先に電話した。電話では、Aを名乗る者が応答し、甲土地は自分（A）が所有していること、売買契約の交渉には代理人としてBを当たらせることを、Yに告げた。Yは、Aの委任状を持参したBと売買契約交渉に入り、数か月後、諸条件に合意して、Aの代理人としてのB

と甲土地の売買契約を締結し、甲土地の引渡しを受け、所有権移転登記を経由し、甲土地上に店舗建物（乙建物）を建築して、営業を開始した。

　Xの説明によれば、甲土地は、もともとAの所有地であったところ、Aの単独相続人CからXが買い受けたものである。Xは、Yに対し、甲土地上で店舗営業を継続したいのであれば甲土地を更地評価額で買い取るように求めたが、Yに拒絶されたため、その交渉を断念し、本件訴訟を提起するものである。

・・・・・・・・・・・・・・・・・・・・ 設問 ・・・・・・・・・・・・・・・・・・・・

　本件訴訟の訴訟物を明らかにし、これをめぐるX・Yの攻撃防御方法を整理せよ。

・・・

解説

【1】─ 要件事実論総論

（1）　権利判断の規範体系

　およそ実体法規は、法律要件と法律効果の組合せを規定し、法律要件該当事実（「要件事実」）の存在が確定されるのでなければ適用されず（「法規不適用原則」）、適用される場合には所定の法律効果を発生させる。法律効果には、権利の発生・障害（発生を妨げること）・消滅・阻止（行使を妨げること）等があり、これらの分類に応じて、法律要件も、権利根拠要件・障害要件・消滅要件・阻止要件等に分類される。

　したがって、訴訟物たる権利の存否は、紛争事件の社会的事実の中にいずれの分類に該当する要件事実が存在するかを確定しさえすれば、あとは、これによって生じたと認められる限りの法律効果を組み合わせることによって、おのずから論理的に認識されることになる。

　たとえば、売買代金請求事件の訴訟物たる売買代金債権は、売買契約締結を要件事実として根拠づけられる一方（民555条）、買主の意思無能力を要件事実として障害され（民3条の2）、弁済を要件事実として消滅し（民473条）、履行期の合意を要件事実として阻止される（民135条1項）。それら要件事実のうち、存在すると確定されたものに基づく法律効果だ

第3章　審理の過程　　*113*

けを組み合わせることにより、売買代金債権の存否が論理的に認識され、代金請求を認容すべきか棄却すべきかの結論が導かれる。

　裁判官は、まず、実体法規の措辞・文理構造によって、法律要件と法律効果の組合せに関する立法者の決定を認識し、次に、収集された裁判資料を読み解くことによって、法律要件分類ごとに要件事実の存在を確定し、さいごに、確定された要件事実に基づいて生じたと認められる法律効果を組み合わせることによって論理的に、訴訟物たる権利の存否について結論を得る。権利の存否は、もっぱらそのように判断されるのでなければならない。裁判官は、実体法規の措辞・文理構造を通じて、立法者からそのように命ぜられているのである（法律要件分類説）。このことを称して、実体法は「権利判断の規範体系」であると言う（兼子一『実体法と訴訟法』〔有斐閣・1957〕52頁）。実体法規の表現の不十分・不適切を解釈によって補充・修正することは、立法と法の解釈・適用との間に一般的かつ当然に認められる関係の一環であって、もとより妨げられない（修正法律要件分類説。民法588条に関する最判昭和43年2月16日民集22巻2号217頁など）。

（2）　主張責任

　民事訴訟は「弁論主義」によって支配され、当事者が主張しない要件事実は、これを確定して裁判の基礎とすることができない（弁論主義の第1命題）。

　したがって、権利根拠要件事実を当事者が主張しない場合には、権利の存在を主張する側の当事者が敗訴し、他方、（権利根拠要件事実の存在が確定されるのに対して）権利障害要件事実または権利消滅要件事実を当事者が主張しない場合には、権利の不存在を主張する側の当事者が敗訴する。すなわち、訴訟物たる権利の要件事実の主張が欠如するときは、権利の存在を主張する側とこれを争う側とのいずれか一方の訴訟当事者に、敗訴の危険が存することになる。この危険、訴訟物たる権利の要件事実の主張の欠如による当事者一方の敗訴の危険のことを、「主張責任」と呼ぶ（倉田卓次訳『ローゼンベルク証明責任論全訂版』54頁）。

　一定の要件事実の主張責任をいずれの当事者が負担するかは、立法者

が決定した実体法上の法律要件分類に従って、定まる。同一の要件事実の主張責任が当事者双方にあるとか、いずれの当事者にもないとかいうことは、あり得ない。一定の要件事実の主張責任の分配が訴訟ごとに変化したり、訴訟の進行につれて転換されたりするということも、決してあり得ない。

弁論主義上重要なのは、裁判官から見て、ある要件事実の主張が当事者の少なくともいずれか一方によってなされているかどうかであって、その主張がいずれの当事者によってなされたかではない（主張共通の原則）。たとえば、権利の存在を争う側の当事者が権利根拠要件事実を主張したのであっても、権利の存在を主張する側の当事者が権利障害要件事実や権利消滅要件事実を主張したのであっても、それら要件事実が主張されたというには十分である。

（3）　証明責任

弁論主義に従って一定の要件事実の存在が主張されても、それが要証事実として争われる限り、証明されなくては、結局これを認定して確定することができない（不要証事実〔民訴179〕の存在は、主張さえあれば、証明なくして確定される）。ここに、主張された要件事実の存在が証明されるに至らないことによる当事者一方の敗訴の危険、という概念が成立する。この危険を「証明責任」と呼ぶ（倉田卓次訳『ローゼンベルク証明責任論全訂版』37頁）。証明責任もまた、立法者があらかじめ一般的に決定した実体法上の法律要件分類に従い、各要件事実について、権利の存在を主張する側とこれを争う側とのいずれか一方の当事者が、必ず負担する。

法規不適用原則上重要なのは、裁判官から見て、ある要件事実の存在を裁判資料によって確定できるかどうかに尽きる。弁論主義は、訴訟資料のみならず証拠資料の獲得も当事者の提出に係るのでなければならないとする（弁論主義の第3命題＝職権証拠調べの禁止）にとどまり、裁判官による証拠資料の評価を拘束するものではない（証拠共通の原則、自由心証主義）。したがって、証明責任は、証拠提出がいずれの当事者によってなされたかを問うものではない。あくまで、裁判官が（弁論主義の制約を受けつつ）一定の要件事実の存在を確定できるかどうかを問題とし、その

確定ができなければ法律要件分類に従って当事者の一方が敗訴する、その敗訴の危険のことを指すのである。

（4）　当事者の攻撃防御方法

　弁論主義から主張責任の概念が導かれ、法規不適用原則から証明責任の概念が導かれ、それぞれの根拠は異別であるが、一定の要件事実の主張責任と証明責任は、いずれも、立法者による法律要件分類の決定に従って（（1）参照）権利の存在を主張する側とこれを争う側とのいずれか一方の当事者に分配され、すなわち分配基準は共通である（このため、主張責任と証明責任は、一括して、主張証明責任と呼ばれることも多い）。

　当事者としては、したがって、原告であれ被告であれ、自己の主張を実体法上理由づける（敗訴しない）ためには、自己に主張証明責任のある要件事実が何かを、立法者の与えた実体法規の措辞・文理構造によって認識し、そのような事実をこそ主張し、要証事実として争われれば立証に努める、ということが、訴訟活動の根幹をなすことになる。

　原告が被告を相手に一定の権利の存在を主張して訴えを提起する場合には、訴訟物たる権利を特定するとともに、権利根拠要件事実をもれなく「（請求を理由づけるための）請求原因事実」として主張するのでなければ、およそ請求認容判決を期待することはできない。これに対し、被告としては、請求原因事実を自白したり否認したりしつつ、敗訴したくないのであれば、請求原因事実の存在がすべて認められる事態に備えて、権利障害要件事実や権利消滅要件事実を「抗弁」として主張し、請求を迎撃する必要がある。さらに、原告としては、被告の主張する抗弁事実を自白したり否認したりしつつ、敗訴したくないのであれば、抗弁事実がすべて認められる場合に備えて、権利障害要件事実の主張に対しては権利障害障害要件事実、権利消滅要件事実の主張に対しては権利消滅障害要件事実を、それぞれ「再抗弁」として主張し、被告の「抗弁」を迎撃し、もって請求の理由を維持する必要がある。

　民事訴訟において裁判官が訴訟物たる権利の存否をどのように判断すべきか、各当事者がそれぞれ自己の勝訴を目指してどのような主張を尽くすべきか（「要件事実論」）は、民法の条文を正確に解釈することによっ

てのみ認識されるのであって、民事訴訟法のどこにも書かれてはいない。言い換えると、要件事実論は、民法解釈そのものであって、民事訴訟法は、訴訟資料・証拠資料の収集方法を定めているにすぎない。要件事実論は民事訴訟法の問題だと思ったら、それはすでに完全なミステイクである。

【2】— 物上請求の請求原因事実

（1）　本件の訴訟物は、XのYに対する所有権妨害排除請求権としての土地明渡請求権および登記回復請求権である（請求の趣旨は、建物収去土地明渡請求および真正の登記名義回復のための所有権移転登記手続請求となる）。

この権利の存在は、原告Xに甲土地のもと所有、被告Yに甲土地の現占有および登記名義保持の各事実が存在することによって理由づけられる。物の「所有」は事実ではないが、所有権の承継取得をその原初まで遡って主張する（争われれば立証する）ことは私人のよく負担するところとは言えないから、あたかも1個の事実のように主張し、相手方の自白（権利自白）によって一応確定することが許される、と考えられている。「もと所有」というのは、過去の一定時点における所有の事実を指し、その主張の法的趣旨は、所有権喪失原因となる特段の事情のない限り現在も所有がある、という点に存する（司法研修所編『新問題研究要件事実』〔法曹会・2011〕59頁以下参照）。

他方、被告については、物上請求権の民法理論に従い、原告の所有権に対する現在の妨害者であることが示されなければならないから、現在の占有、現在の登記名義保持が、請求原因事実を構成することになる。なお、原告に所有権がある以上、原則として（特段の事情のない限り）被告の占有・登記名義保持は不法であると推論される（原告の所有権の存在によって占有の推定力〔民188条〕および登記の推定力は破られる）から、被告の占有・登記名義保持の不法原因事実を別個に主張する必要は全くない。

（2）　Yに対する土地明渡請求は、XがY以外の者との甲土地の共有者の1人に過ぎないとしても、Xが単独ですることができるが、Yに対する所有権移転登記手続請求を理由づけるためには、Xが甲土地の単独

第3章　審理の過程　*117*

所有者であることが必要である。**設問**の場合には、Ｘは、甲土地のＡも
と単独所有、Ａ死亡によるＣの単独相続（民882条・896条）、ＣＸ間の売
買契約締結（民176条）によって、ＣＸ間の売買契約締結時におけるＸの
甲土地もと所有（もと単独所有）を根拠づけることができる。

【3】━ 物権変動の要件事実論

（1）　原告の請求が請求原因事実の限りでは理由づけられるとしても、
請求原因事実と「両立して異なる事実」を要件事実として生ずる法律効
果により、請求の理由づけを奪うことができるならば、被告においてそ
の要件事実を主張することが、抗弁となる。

　設問において、Ｘが甲土地を第三者Ｄに売却した、という事実がもし
存するならば、Ｙは、ＸＤ間の甲土地売買契約締結の事実を抗弁として
主張することができる。民法176条により、その売買契約締結の事実だ
けでＸは所有権を喪失したことになるからである（「所有権喪失の抗弁」。
最判昭和55年2月7日民集34巻2号123頁。買主がＤでなくＹであっても同様である
ことに留意せよ）。

　設問では、Ｙは、Ａの代理人Ｂから甲土地を買い受けて、所有権移転
登記を経由したものであると説明している。これは、Ｘの請求に対して
は、もと所有者Ａから甲土地の所有権を承継取得して（この陳述がＡもと
所有の権利自白となる）対抗要件まで備えたのだから、民法177条の適用に
より、Ｙの所有権取得が確定し、Ｘは反射的に所有権を喪失した、した
がってＸの請求は理由を失っている、という趣旨の抗弁（「対抗要件具備
による所有権喪失の抗弁」）となりうる。

　（2）　もっとも、この主張が抗弁として有意味であるためには、自称
Ａの代理人たるＢと締結した甲土地売買契約の効果がＡに帰属したこと
が、必要である。したがって、Ｙは、Ｂが本人Ａの名を顕して甲土地売
買契約をＹと締結したことにつき、甲土地売却についてのＢのＡ代理権
発生原因事実（民99条）、Ｂの代理による甲土地売却に対するＡの追認
（民113条・116条）またはＢの代理が表見代理となるための要件事実（民
109条・110条・112条）のいずれかを加えて主張する必要がある。有権代理、

追認、表見代理の3つの構成は、相互に矛盾関係になく（追認・表見代理の効果発生は代理行為が無権代理行為であったことを要件としない）、いずれによってもBによる甲土地売却の効果をAに帰属させることができるから、各個いずれもが順位関係にない独立対等の抗弁事由となる、ということには留意しておくべきであろう（裁判所は、いずれの構成による抗弁を認めてもよく、当事者による順位づけに拘束されない。既判力を生ずべき結論は変わらないからである。司法研修所監修『4訂民事訴訟第一審手続の解説』〔法曹会・2001〕25頁参照）。

（3）　**設問**の事案において、もし、Yの長年月継続占有という事実が存するのであれば、Yによる甲土地の時効取得も、Yの抗弁事由として考慮される余地が生ずる。これも、前述の各抗弁と独立対等の抗弁であり、それらに対して予備的な主張となるべき関係にあるのではない。

Yの時効取得を考慮するときは、民法理論上、Yの取得時効完成時と、CX間の売買契約締結時と、いずれの時点が先であったかによって場合を分ける必要がある。判例通説によれば、XがCから甲土地を買い受けた以後にYの時効が完成した場合には、XYは物権変動の当事者関係にあるものとして、Yは登記なくして甲土地の所有権取得をXに対抗することができ、これに対し、その先後関係が逆である場合には、XYは物権変動の第三者対抗関係にあるものとして、Yは登記なくしては甲土地の所有権取得をXに対抗することができないからである。

Xもと所有の主張に対して、Yは、時効完成の事実と時効援用の意思表示の事実を主張することにより、Xと当事者関係にある時効取得者として、所有権喪失の抗弁とすることができる。

これに対し、Yが民法177条所定の範囲の第三者に該当すること（**設問**ではYの取得時効完成がXの所有権取得に先立つこと、および、Yが時効援用の意思表示をしたこと）が訴訟上顕れるときには、XY間の関係は、当事者関係から第三者対抗要件に転換される。この場合には、X主張の物権変動（**設問**ではCからXへの所有権移転）に対し、Yにおいて、自己が民法177条所定の範囲の第三者に該当することおよびその第三者たる資格に基づいて原告主張の物権変動の対抗力を争う旨の権利主張を要件事実として、

抗弁を主張することができる（「対抗要件の抗弁」。訴訟上の権利主張を要件事実に含む抗弁を、「権利抗弁」と言う。司法研修所編『増補民事訴訟における要件事実第1巻』〔法曹会・1998〕247頁以下、司法研修所編『新問題研究要件事実』73頁以下参照）。対抗要件具備による所有権喪失の抗弁を主張することも、もとより妨げない。

　なお、判例は、時効取得のための占有開始時を任意に選択することを許さず、客観的な占有開始時を時効起算点として固定すべきことを要求するから、Yの時効の成否およびこれによるXとの関係の種別は、Yが甲土地の引渡しを受けた時点を起算点として、識別されなければならない。

【4】— 暫定真実規定と法律上の事実推定規定

　（1）　Yの時効取得そのものの要件事実は何か。民法162条1項または2項に要件として挙げられたうち、占有者の所有の意思（自主占有）、占有者の善意・平穏・公然は、民法186条1項により、占有者でありさえすればそのまま推定される事実であると定められている。同規定は、民法162条所定の要件中、占有はそもそも原則として自主占有であり善意平穏公然であると推定され、時効取得を争う側に、反対事実すなわち占有者の所有意思欠如（ただしこれは規範的要件である。【5】参照）や悪意強暴隠秘の事実の主張証明責任がある、と定めているのである（「暫定真実」による主張証明責任の転換。加藤新太郎・細野敦『要件事実の考え方と実務（第2版）』〔民事法研究会・2006〕13頁参照）。したがって、時効取得の成立要件事実は、物の占有の20年間の継続（時効完成）および時効援用の意思表示、これに尽きるのである（占有者の無過失は推定外であるから、民法162条2項の適用を求めるときは、占有開始時の無過失要件に該当する具体的事実をも主張する必要がある）。

　（2）　民法186条2項は、占有の両時継続推定を定めている。これは、同条1項とは異なり、「法律上の事実推定」の規定である。これによって、Yは、20年間（または10年間）一時の間断もなく甲土地の占有を継続した、という本来の要件事実を真正面から主張するのももとより妨げな

いが、20年以上（または10年以上）を隔てた2個の時点の甲土地占有の事実を主張することによって、本来の要件事実の主張に代替させることができる。すなわち、本来の要件事実の主張証明責任を負担する当事者に、比較的立証容易な他の事実をもって本来の要件事実に代替させることを許し、もって本来の要件事実の立証困難からの救済を与えようとするものである（「法律上の事実推定」による立証負担の軽減。加藤新太郎・細野敦『要件事実の考え方と実務〔第2版〕』11頁参照）。

【5】─ 規範的要件の要件事実

（**1**）　Yが民法162条2項の短期時効取得を主張しようとすれば、占有開始時の無過失が要件となる。無過失それ自体は、事実として存在するものではなく、一定の事実を前提としてこれに対して投げかけられる（注意義務違反なしという）規範的評価である。言い換えると、無過失要件は、事実要件ではなく、規範的要件である。規範的評価は法の適用にほかならず、裁判官の専権事項である。したがって、Yの主張証明命題たる要件事実は、無過失そのものではなく、無過失と評価されるべき具体的事実（評価根拠要件事実）でなりればならない。また、無過失要件を充足させようとしてYがそのように無過失評価根拠要件事実を抗弁として主張するのに対して、相手方Xの側も、無過失評価障害要件事実を再抗弁として主張することができるし、さらにこれに対してYは、無過失評価障害障害要件事実を再々抗弁として主張することができる（論理的にはこれが無限に展開しうる）。結局は、裁判官において、当事者が主張した具体的事実を総合して、これに規範的評価を与え、規範的要件の充足の有無を判断するのである。

　規範的要件に対するこの理解は、弁論主義の下での当事者のための手続保障の観点から、近時の学説・裁判実務に浸透した考え方である。規範的評価自体を要件事実と解したのでは、具体的事実は間接事実に位置づけられ、訴訟資料（当事者の主張）に顕れなくとも裁判所が証拠資料から独自に認定することが許される結果、当事者に不意打ちとなるおそれがある、と考えられるからである（司法研修所編『増補民事訴訟法における要

件事実第1巻』30頁以下参照)。

（2）　判例通説によれば、民法162条の自主占有要件も、占有権原の性質上明らかでない限り、諸々の占有事情にてらして所有権行使の外形（目的物の事実上の全面的かつ排他的な支配）が存すると認められるかどうか、という規範的評価の問題である（最判昭和58年3月24日民集37巻2号131頁、辻伸行『所有の意思と取得時効』〔有斐閣・2003〕51頁以下参照。民法186条1項の適用については【4】（1）参照）。

　さらに、過失、所有意思のほかにも、背信的悪意（民177条・178条・467条）、背信行為（民612条。賃貸借解除権障害事由としての、背信行為と認めるに足りない特段の事情）、正当理由（民110条）、正当事由（借地借家6条・28条）などとして、実体法規が規範的要件を定めることは少なくない。したがって、実体法の適用に際しては、各法規の定める要件が事実要件か規範的要件かを識別し、規範的要件であれば、主張証明命題たる要件事実（主要事実）はその規範的評価を根拠づけたり障害したりする具体的事実である、ということに留意し、もって弁論主義の適用に誤りなきを期するのでなければならない。

発 展 問 題

　Aは、Bに1,000万円を貸し渡した。約定の返済期日が経過したので、Aは、Bに対し、貸金返還債務の履行として1,000万円の支払を求める訴えを提起した。これに対し、Bは、Aに商品を売却した代金1,000万円が未払であるとして、Aに対し、代金債務の履行として1,000万円の支払を求める反訴を提起し、さらにその後、Aの本訴請求に対しても、1,000万円の代金債権（反訴請求債権）をもって相殺する、と主張した。Aの貸金返還請求の請求原因事実は何か、Bの反訴請求に対するAの抗弁としてはどのような主張が考えられるか、また、Aの本訴請求に対するBの相殺の抗弁の要件事実は何か、検討せよ。

［発展問題のヒント］

　1．売買代金支払請求を理由づけるには、売買契約締結の事実を主張すれば十分であり、そこには期限の合意も期限到来の事実も含まれない、と解するのが通説である。これに対し、貸金返還請求は消費貸借契約に基づく請求であるが、貸借という概念が一定期間の継続を要素とする以上、消費貸借・使用貸借・賃貸借等の貸借型契約は、期間の合意（返還時期の合意）を不可欠の要素とするはずである、との考え方が、伝統的に存在する（我妻栄『債権各論中巻一』〔岩波書店・1957〕353

頁）。これによれば、消費貸借契約は、金銭返還合意、返還時期合意および金銭交付の事実によって成立し、このいずれを欠いても成立しない。貸金返還請求は、これに返還時期の到来の事実を加えて理由づけられることになる。当事者が特にした返還時期の合意を民法591条の規定によって補充される当事者意思に置き換えてもよい（意思推定。司法研修所編『増補民事訴訟における要件事実第Ⅰ巻』276頁以下、司法研修所編『新問題研究要件事実』46頁〔そこに「事実上推定」とあるのは不適切であることに注意〕）。

　これに対し、最近は、契約の類型的異質性から導かれる「貸借型理論」を否定する考え方も抬頭してきた。この考え方によるならば、消費貸借契約においても、金銭返還合意および金銭交付による契約成立並びに返還催告および相当期間経過による契約終了に基づいて貸金返還請求が理由づけられる（民591条）のに対し、返還時期合意は、契約の要素でなく常素または偶素（すなわち附款）として、その存在が抗弁事由に位置づけられるべきものとなろう（返還時期到来は再抗弁事由となる。売買代金請求などにおけると同じ）。ところが、「貸借型理論」に立たない考え方を説明して、返還時期合意のある場合とない場合との原則例外関係なき区別を所与とし、返還時期合意のある場合には返還時期合意とその時期到来とが請求原因事実に含まれるものと記述する文献がある（司法研修所編『新問題研究要件事実』38頁以下）。請求を理由づけるべき必要最小限の原則的事実から出発して特別な事実を階層的交互的に積み重ねていく要件事実論の基本構造には、そぐわないのではあるまいか。

　また、貸借目的物の返還を請求するには、論理的に、目的物が相手方に引き渡されたことが必要であるが、この引渡しの法的意味は、貸借契約が諾成契約と要物契約とのいずれに当たるのかによって、異なってくる（民587条・587条の２第Ⅰ項・593条・601条参照）。

　これらの観点を踏まえて、Ａの貸金返還請求の要件事実がどのような考え方に基づいてどのように記述されるべきか、考察されたい。

　2. 双務契約たる売買契約に基づく双方債務の間には、履行上の牽連関係として同時履行関係が存在する。民法533条は、一方当事者が同時履行の抗弁権を行使することによって自己の債務の履行を拒絶することができる旨を定めている。買主Ａは、同時履行抗弁権を行使して、すなわち売主Ｂの債務の履行提供があるまでは自己の債務の履行を拒絶するとの権利主張を抗弁として（権利抗弁）、Ｂの請求を阻止することができる。民法上の通説は、これを同時履行抗弁権の行使効であるとし、同時履行抗弁権の存在効——双務契約を債権発生原因事実とするために同時履行抗弁権の存在が法的に必然認識されることによって当然に（権利行使の主張なしに）認められる効果——と区別する。「相手方の同時履行抗弁権の付着する債権を自働債権とする相殺の意思表示は無効である」との相殺障害命題は、同時履行抗弁権の存在効を根拠とする解釈の帰結である（我妻栄『債権各論上巻』〔岩波書店・1954〕97頁、同『新訂債権総論』〔岩波書店・1964〕341頁）。ならば、Ａの請求（例えば貸金返還請求）に対してＢがＡとの売買契約に基づく代金債権を自働債権とする相殺を主張するには、単に民法505条所定の一般的相殺適状の存在を主張するだけでは足りない

第3章　審理の過程　　*123*

であろう。どのような事実の主張を加えて B はその相殺の効果を発生させることができるか、考察されたい。いわゆる「要件事実のせり上がり」の一例である（司法研修所編『増補民事訴訟における要件事実第 I 巻』63頁参照）。

◇◇◇ **参 考 文 献** ◇◇◇

本文掲記のほか、伊藤滋夫『要件事実の基礎』〔有斐閣・2000〕、伊藤滋夫『要件事実・事実認定入門〔補訂版〕』〔有斐閣・2005〕、吉川愼一「要件事実論序説」司法研修序論集110号〔法曹会・2003〕129頁以下、東孝行『要件事実論序説』〔信山社・2006〕、中野貞一郎「要件事実の主張責任と証明責任」法教282号34頁以下、伊藤滋夫・難波孝一編『民事要件事実講座 I』〔青林書院・2005〕、加藤新太郎「要件事実論の再生」ジュリ1288号50頁以下、特集「要件事実論の新しい展望」ジュリ1290号 6 頁以下、伊藤眞・加藤新太郎・山本和彦『民事訴訟法の論争』〔有斐閣・2007〕105頁以下、伊藤滋夫『要件事実講義』〔商事法務・2008〕など。

（下村 眞美）

11) 自由心証・証明度

　訴訟の勝敗は事実認定で決まるとも言われるが、その基礎となる裁判官の心証形成について、法はどのような規律を置いているだろうか。また、証明責任は訴訟のバックボーンとされるが、証明責任に基づく判決にはどのような問題があり、どのような理論的・実務的対応がなされるべきだろうか。次の事例に即して考えてみよう。

ケース

　Aは、P会社に勤務する28歳の男性である。休日に1人で自動車を運転して高速道路を走行していたところ、午前2時頃に、時速100キロメートルを超えるスピードで分離帯に衝突する事故を起こしてしまった。Aは病院に運ばれたが、直後に死亡した。

　本件事故の4か月前に、Aは、職場にセールスに来たQ保険会社の販売員に勧められて傷害保険に加入していた。この契約に適用される約款には、被保険者が自動車運行中に急激かつ偶然な外来の事故により傷害を負う場合を保険事故とすること、Q社は被保険者の自殺行為による傷害については保険金を支払わないこと、保険事故を理由として死亡した場合に3,000万円の死亡保険金を支払うことが記載されていた。

　Aは未婚であり、Aの母BがAの唯一の相続人であった。BがQ社に対して保険金の支払を求めたところ、担当者は、Aに自殺の疑いがあることを理由として支払を拒絶した。そこで、Bは、Q社を被告として、3,000万円の死亡保険金支払請求訴訟を提起した。

　この訴訟の口頭弁論において、Bは、本件事故は偶然な（Aの故意によらない）事故であると主張し、Aは事故の数日前にもBと電話で明るく話していたこと、勤務態度にも変化はなく、友人らも悩みを聞いていないこと、Aは1人で旅行に出ることも多いが、今回は大きなプロジェクトが終わった直後で疲労が重なっていたため不注意で運転を誤ったと思

第3章　審理の過程　*125*

われること、Ｐ社には事故の翌日に出勤予定である旨連絡してあったことを主張・立証した。Ｑ社は、Ａが事故の１週間前に消費者金融から100万円の借金をしたが弁済しておらず、また、事故時の所持金は数千円であったこと、事故現場にはブレーキ痕がなかったこと、ＡはＱ社と契約する直前に他の２社と傷害保険契約を結んでおり、これをＱ社に告知していなかったこと、保険料は本件契約分（３万円）を含めて毎月６万円にのぼっていたが、Ａの賃金は月25万円程度であることを主張・立証した。

設問

裁判所が、本件事故はＡの故意によらない事故であると認定するには、どのような問題があるか。ＢおよびＱ社は、どのような証明活動をしなければならないだろうか。

解説

〔１〕── 自由心証主義

（１）　意義

［ケース］では、Ａの事故の偶然性、すなわちＡの故意によらない不慮の事故であったか否かが争われている（以下では、損害保険の保険事故の要件たる事故の偶然性〔保険法２条６号〕と区別するために偶発性という〔山下友信ほか『保険法（第３版補訂版）』〔有斐閣・2015〕351頁参照）。このように、（法律関係ではなく）事実の存否が争われている場合、裁判所は、口頭弁論の全趣旨および証拠調べの結果に基づいて、自由に心証を形成し、事実を認定する。この原則を自由心証主義という（247条）。その基礎には口頭弁論の全趣旨が含まれることから、口頭弁論に適法に現れたすべての情報に基づいて、裁判所がきめ細かな事実認定をすることが可能となる。

自由心証主義の反対概念は、法定証拠主義である。法律で、一定人数の証人がある事実の存在について同一の証言をするならば、裁判所は当該事実の存在を真実と認めなければならない、といったルール（証拠資料から事実を推認する際のルール）を明定する場合がこれにあたる。このよ

うな制度は、争われている事実が比較的単純で、かつ、裁判官の中立公正性が信頼できない場合には、公正な裁判のために有意義である。

しかし、現代の複雑な社会・経済活動に関する事実を認定するには、法定証拠主義は質・量ともに限界があり、かつ硬直的である。裁判官の事実認定における公正性と能力を信頼して、細かな間接事実（[ケース]のAが借金をしていた事実等）の認定を積み重ね、これらを総合的に考量して主要事実（偶発性）の存否を判断させる自由を認めることが、きめ細かな事実認定を可能とし、真実発見や当事者に対する説得力の強化に資すると考えられる。

（2）　限界

言うまでもなく、自由心証主義は、裁判所の事実認定における「恣意」という意味での「自由」を許すものではない。次のような制約が課される。第一に、裁判の対象たる権利関係の判断の基礎となる事実についての証拠調べは、民事訴訟法（180条〜242条）にしたがってなされなければならない。これを、「厳格な証明」という。たとえば、[ケース] で、裁判官がAの同僚Cに電話をかけ、「Aは長期にわたるプロジェクトのために過労気味であったうえに上司に叱責され続け、落ち込んでいた」旨を聞いたとする。この情報をいきなり事実認定の基礎とすることは、弁論の全趣旨でも証拠調べの結果でもないから、違法である。形式的にこれが違法であることは自明であるが、理論的な問題点は、これが実質的に職権探知にあたり、弁論主義の第3テーゼに反すること、とりわけ、相手方当事者BのCに対する反対尋問権が侵害されている点にある。証拠調べにおける当事者の基本的な手続保障がないがしろにされていると言えよう（なお、職権探知主義の下でも、Cの発言について両当事者に反論の機会を与えることが原理的に排除されるわけではない。職権探知主義を採ることと、当事者の反論権の保障は、相反しないからである。最近の立法は、このような反論権を明文で保障するものが多い〔たとえば、人訴20条、家事63条〕）。

他方、弁論準備手続にCが関係人として出席し、上記の内容を述べた場合はどうか。この場合も、証拠調べの結果として扱うことができないのは同様であるが、釈明処分によって得られた資料としては適法であり、

弁論の全趣旨に含まれる（151条1項2号・170条5項）。Cの陳述を参考にして争点整理をしたり、Cの証人尋問を促す契機としたり、和解勧試の際に考慮するといった形で使うことは可能である。

第二に、明文規定はないが自由心証主義に内在する制約として、心証が合理的な経験則・論理則に基づいて形成されるべきことが挙げられる。経験則とは、経験に基づいて形成された知識の体系であり、証拠資料を評価して事実を推認したり間接事実から主要・間接事実を推認したりする場合に用いる準則である。

経験則は、通常人が日常的に用いる常識に属するものから、専門分野に関する専門的経験則まで多様だが、客観性・通用性を有する点で、事実そのものとは異なる。専門的経験則については、裁判所および当事者は共通認識を持っていないから、鑑定、釈明処分としての鑑定（151条1項5号）または専門委員による説明によって獲得する。ただし、経験則の内容の適正性を判断するために、当事者に弁論の機会を与えることが必要であろう（なお、裁判所が独自に経験則を探知する場合には、私知にあたる危険性がある）。

事実認定の際に裁判所が経験則の採否や適用を誤った場合には、法令違反（247条違反）を理由として上告受理申立てができると解される（318条1項・4項）。上告審は、法律審として、事実審が認定した事実関係を前提として法律判断をなすにとどまるが、その拘束力は事実認定が適法であった場合に限られるので（321条1項）、経験則違背が認められる場合には、事件を事実審に差し戻して事実認定のやり直しを命ずることができる。

（3）　証明責任

裁判所が自由心証によっては事実の存否のいずれとも判断できない場合であっても（このような状態を真偽不明〔ラテン語でノン・リケット〕という）、裁判拒絶は禁止されているので、当該事実を存在か不存在のいずれかとみなして事実認定をし、法適用をしなければならない。この作業により、原告・被告のいずれかが、当該事実に関する主張により求めていた法令適用の効果を得られず、不利益を被る。このリスクを「証明責

任」という。自由心証の尽きたところで証明責任が働くといわれる。

証明責任の原被告間での分配は、あらかじめ実体法の条文構造により定められている（法律要件分類説。ただし、後述のように、解釈による分配の変更があり得ることを前提としている）。たとえば、買主の売主に対する目的物引渡請求訴訟で、売買代金の表示が真意と異なっており誤記であったことの証明責任は、錯誤による意思表示の取消しという法律効果（民法新95条1項1号、旧95条本文）を主張する売主（この例では被告）が負う。買主は、売主の重大な過失によって錯誤に陥ったことを主張し証明して、意思表示の取消しを争うことができる（民法新95条3項1号、旧95条ただし書）。

ただし、条文上は証明責任の所在が明らかでない場合や、条文構造上一応明らかだが条文の趣旨や法政策的観点から見て適当でない場合も少なくない。このような場合には、解釈によって分配が変更され得る。たとえば、改正前民法415条第2文の「責めに帰すべき事由」の不存在の証明責任は債務者にあると考えるべきとされ（最判昭和34年9月17日民集13巻11号1412頁参照）、改正後は415条1項ただし書として明文化された。その趣旨は、債権者が債務者の領域内で生じている帰責事由を証明することは極めて困難であり、また、債務者は履行義務を負っているのだから、信義則上、証明責任を負うべきとの考慮に基づく。

それでは、［ケース］で争点となっていたAの事故の偶発性については、BとQ社のいずれが証明責任を負うのだろうか。本件保険契約によれば、保険事故であることが保険金支払事由であり、偶発性は保険事故の性質の1つと規定されているから、保険金請求権を主張するBがその成立要件たる偶発性につき証明責任を負うとするのが1つの考え方である。保険金の不正請求を排除するという政策的な目的にも整合すると言えよう。判例（最判平成13年4月20日民集55巻3号682頁。下級審判決であるが、後掲の平成18年・19年判決後に平成13年判決にしたがうものとして、大阪高判平成21年9月17日金商1334号34頁）は、傷害保険に関して、この請求者説を採用した。この説に従えば、裁判所が事故の偶発性に確信を得られない場合には——たとえ自殺目的であったことについて確信がなくとも——、偶発性を認めることはできず、Bの請求を棄却しなければならない。

これに対して、Bは偶発性の証明責任を負わず、保険者たるQ社が支払拒絶事由の存在（自殺目的の事故であったこと）につき証明責任を負うとする考え方もある（保険者説）。この考え方は、請求者説に対し、同説に立つと、事故が自殺によらないことにつきBが証明責任を負うため、支払拒絶事由の記載は確認規定に過ぎない扱いとなること、また、自動車事故は証明困難な場合も多く、そのような場合に常に請求者に証明責任を課するのは衡平を失すること等の理由を挙げて批判する。判例も、火災保険（最判平成16年12月13日民集58巻9号2419頁）、車両保険（最判平成18年6月1日民集60巻5号1887頁、最判平成19年4月17日民集61巻3号1026頁）においては、保険者説を採用している。

　どちらの説が妥当かを考える前提として、以下では、まず、証明のためにはどの程度の「確信」が必要なのかを見てみよう（後述【2】）。また、［ケース］のように証明困難な場合、どちらの当事者に証明責任を負わせても問題があるので、証明責任による事実認定の問題点を克服する方法についても考えてみよう（後述【3】）。

【2】― 証明の程度

（1）　証明度

　裁判所が、ある事実の存否を判断するために必要な確からしさの確信の程度を「証明度」という。たとえば、自然科学における証明は、反証を許さないレベルでの確からしさが必要であり、要求される証明度は100％となる。しかし、社会経済活動において、一般の人が事実の存否を判断する際には、そこまでの確からしさを前提としているわけではない。民事訴訟においても、そのような一般人の納得が得られるレベルで事実認定をして良いと考えられる。また、仮に100％の証明度を要求すると、証明責任を負う当事者はほぼ常に証明に失敗するであろうから、実体法が予定する権利の実現が事実上不可能となる。もっとも、証明度をあまりに低く設定すると、法的安定性が損なわれると同時に、濫訴のおそれもあるとされる。

　そこで、通説・判例は、判決の基礎となる事実の認定に関しては、当

該事実の存在につき高度の蓋然性を証明することが必要であり、通常人が疑いを差し挟まない程度に真実性の確信を持ちうることを要し、かつ、それで足りるとする（医療事故における因果関係の認定についてこのような判断をした、ルンバール事件〔最判昭和50年10月24日民集29巻9号1417頁〕参照）。数的に表すならば、7〜8割程度の証明度を原則とするといわれる。ただし、証明の対象、証明の法的意義、証明の難易（証拠方法の存否、アクセスの容易さ等）を考慮して、証明度を変更すべき場合があることも、認められている（証明度の引下げにつき、高橋・重点(下)42頁注(19)参照）。

　このような考え方に対して、次のような批判がなされてきた。まず、証明度という事実認定の要について、裁判官の"確信"という主観的な基準で判断することの問題性である。自由心証を許した上で主観的確信を基準とするならば、事実認定過程全体が裁判官の内心というブラックボックス内でなされることになる。したがって、裁判官が外部に明示的に心証開示をしない限り、当事者が必要十分な証明活動をすることができないと批判される。第二に、証明度の柔軟性を認め、それが裁判所の裁量によるとするならば、当事者は事前に予測できないから、訴訟における証明活動のみならず訴訟外での証拠保存等においても、明確な基準を欠くと批判される。第三に、証明度を、高度な蓋然性として高く設定することの問題性が指摘される（伊藤眞「証明、証明度および証明責任」法教254号83頁以下参照）。証明度を高く設定することは、一見すると証明活動のハードルを上げ真実性を保障するような印象を与えるが、心証が証明度に達しない場合には、たとえ当該事実が50％を超える確率で存在していたとしても真偽不明として不存在とみなされるのだから、その限りで、誤った事実認定をするおそれは否定できない。そこで、証明責任を負う当事者に常に高度の蓋然性を要求するのではなく、相手方当事者の証明活動の結果を上回る確からしさが証明されれば足りるとする考え方が提唱されている。このような、証明度を相対化する考え方を、優越的蓋然性説という。

　当事者の証明活動を考えてみると、高度の蓋然性説の下では、証明責任を負わない当事者は心証が証明度に達して初めて反証活動を行い、証

明度よりも心証を引き下げて真偽不明に持ち込めば足りる。反証の負担
は、証明責任を負う当事者の本証よりも軽いと言われるゆえんである。
他方、優越的蓋然性説の下では、絶対的な証明度の達成ではなく相対的
な蓋然性が重要となるので、両当事者が早期に証拠方法を提出し、証拠
調べが充実することが期待できる。その方が真実発見に資するし、両当
事者の衡平の観点からも望ましいと考えることも可能であろう。

　なお、判例・実務は高度の蓋然性説を維持しているが、実際には、証
明の難度や実体法の趣旨に鑑みて証明度を緩和している例が見られる。
たとえば、最判平成12年 7 月18日判時1724号29頁は、因果関係につき高
度な蓋然性の証明が必要と判示しており、従来の判例を踏襲している。
しかし、事案の処理としては、相当程度の蓋然性の証明で足りるとした
原判決を維持した裁判例である（加藤新太郎「証明度(2)」ジュリ増刊・判例か
ら学ぶ民事事実認定16頁参照）。

（2） 解明度

　ところで、高度の蓋然性説によれば、この説の適用範囲は、審判の対
象たる実体的権利義務の判断の基礎となる事実認定とされている。時間
をかけて証明活動を行わせ、慎重な事実認定をする必要があるからであ
る。これに対して、手続上の判断（たとえば、管轄原因の存否、文書提出義務
の存否等）や民事保全命令の前提となる事実（民保13条）については、よ
り迅速・簡易な判断が要求される。そこで、後者を「疎明」と呼んで
「証明」と区別している。高度の蓋然性説においては、両者の違いは証
明度の差にある。疎明のためには、証明のように高度の蓋然性は不要で
あり、「一応確からしい程度の確実性」が認められれば足りるとされる。

　これに対して、証明度の差ではなく、証明活動がどれだけ尽くされた
か、事実認定の結果がどれだけ確実かの差であるとする有力な学説があ
る。これを解明度という。この説によれば、疎明においては証拠方法が
制限されている（188条）ために解明度が低く、さらなる証拠調べによっ
て現時点の判断が覆る可能性があるが、証明度は変わらないと説明する
ことになる。

【3】─ 証明責任による事実認定の問題点と対応

（1） 証明責任による事実認定の問題点

　証明責任による事実認定は、一定の蓋然性が認められる場合でも証明度に達しない限り不存在とみなすという悉無律による判断だから、証明困難な事実については、証明責任を負う当事者は常に不利益を被ることになる。この困難性が、証拠方法の偏在にあるならば、文書提出義務や検証受忍義務の拡張により対処する可能性があるが、［ケース］のように証拠方法がそもそも存在しない場合には、そのような対処も効を奏しない。そこで、証明責任の負担を軽減し、リスクの分配をより衡平なものとするために、次のような対応が検討されてきた。

（2） 推定

　推定は、一般に、ある事実 α の証明方法として、これを直接証明するのみならず、より証明が容易な事実 β からの推認という方法をも認め、α の証明責任を負う当事者の負担を軽減することを目的とする法技術である。推定則が実定法に定められている場合を法律上の推定、事実上、一定の推定則が働く場合を事実上の推定ないし推認と呼ぶ。

　法律上の推定則がある場合（民186条2項等）、いったん β の証明がなされれば当然に α が証明されたことになり、証明責任は相手方当事者に転換される。この場合、相手方当事者は、法律上の推定則自体を否定することはできないから、β の存在を前提としながら α の存在を否定する方法で反論せざるを得ない。すなわち、α の不存在自体について裁判所に高い蓋然性をもって確信させる（本証が要求される）ことになり、結果として証明責任が転換されることになる。

　これに対して、事実上の推定則を用いる場合は、相手方当事者の反対証明の方法としては、α の証明を直接否定する、β の証明を否定する、推定則の適用を否定する、といった方法があり、いずれかが成功すれば、先になされた推定は覆ることになる。証明責任の所在については特段の変更はない。

　ところで、実際には、直接証拠によって主要事実を証明できる場合は

少なく、間接証拠から経験則を用いて主要事実を推認する作業を行うことが一般的である。たとえば、［ケース］で、BがAの死亡前の言動や旅行後の出社予定などの間接事実を証明し、これに基づいて裁判所が「本件事故は偶発的に起きた」と認定する場合には、その背後に、「人は自分を傷つけないものであり、人が自殺をする前にはその兆候があり、自殺をしようとする人は将来の予定を立てたりはしない」という推定則（経験則）があり、その適用によって、偶発性が推定されたと説明することになる。この場合、被告Q社は、Bの提出する個々の間接事実について反証活動を行い、真偽不明に追い込むこともできるし、これらの間接事実と両立するが推定則の適用を妨げる間接事実として、たとえば、Aが収入に比して不相応な保険料を払って複数の保険に加入していたこと、仕事で疲れていたが誰にも言わない性格であったこと等を主張・立証して上記の推定を妨げることもできる。

　前述のように、事実上の推定では、証明責任が転換されるわけではないので、Q社としては、これらの反論によって裁判所の心証を真偽不明に持ち込めば足りる。ただし、推定則が強力であれば、実質的には、本証に近い程度の反証活動が必要となる。これを、間接反証と呼ぶことがあるが、推定則が強いために反証活動が事実上高度になるだけと考えるべきであろう（賀集唱「間接反証」ジュリ争点〔第3版〕210頁）。

（3）　一応の推定

　事実上の推定に類似する概念として、とくに過失や因果関係の認定において判例上用いられる「一応の推定」という考え方がある（中野貞一郎「過失の『一応の推定』について」同『過失の推認』〔弘文堂・1978〕1頁）。たとえば、不法行為における過失を証明するためには、本来、過失を構成する不注意な行為を具体的に特定し、証明することが必要である。しかし、過失にあたる行為が具体的に特定できない場合であっても、すぐに証明責任によって過失なしとするのではなく、証明責任を負う者が間接事実の主張・立証をした場合には一定の強い推定則を媒介として概括的に過失の存在を認め、相手方当事者にその不存在について証明責任を負わせるような法技術を指す。もっとも、典型例とされる過失という要件

は、客観的な「事実」ではない。裁判所が過失があると判断するのは、高度な「法的評価」の結果である。当事者が証明活動としてなすことは、裁判所の評価の基礎となるべき具体的な事実の主張・証明である。もちろん、これらの事実がどのような包摂・法適用により過失や因果関係の適用を受けるかについては、当事者は法的主張をすることができるし、とりわけ法解釈・判例の適用に争いがある場合などには裁判所と両当事者の間で法的議論をすることが望ましい。しかし、それは「証明」ではない。

　具体例で考えてみよう。［ケース］における偶発性は、主要事実といえよう。ここで、証明責任の分配について請求者説を採用するならば、Bが本件事故の偶発性を直接証明することは極めて困難となる。Aが自殺の意思を持っていなかったという消極的な証明をすることは、Aの内面についての直接的な証拠がない本件においては不可能に近いからである。そこで、証明責任の分配基準を変更せず、しかしBのこのような負担を軽減するために、一応の推定を用いることも考えられる。すなわち、Bが［ケース］掲記のような事実を主張・立証することで、裁判所は一応偶発的な事故であることを認め、Q社にはその反証を許すことになる。この場合、具体的にどのような心情で事故が発生したかは不明のままであり、その点では証明度が引き下げられているということになる。

　このような推定を媒介する経験則は、事実の推定則とするのが多数説である。しかし、経験則の内容が一般的な事実の経緯として高い蓋然性を有するわけではない場合にもその適用が認められている例もあり（最判昭和43年12月24日民集22巻13号3428頁）、事実の推定則としてのみ説明することは適当ではないという批判もある（太田勝造『裁判における証明論の基礎』〔弘文堂・1982〕215頁。逆に、蓋然性の高い経験則に基づく推認は、一般的な事実認定作業そのものと言える）。批判説によれば、このような推定の背景には、［ケース］でBに証明責任を負わせると（不存在の証明が必要であるから）負担が非常に重くなり、実体法が予定した保険金請求権の実現が困難となること、Q社は業務上事故の偶発性に関する資料を有しており、Bに比較して証明の負担が小さいこと、約款では被保険者の故意は保険

者免責事由とされており、契約当事者間の衡平性の観点からは被保険者が証明責任を負うべきこと（竹濱修「批判」リマークス2002(下)106頁）等の実体法上・訴訟法上の考慮から、政策的に、一定の経験則を適用してBの証明困難の救済を図る判断がなされたと説明することになる。理論的には、事実認定に潜在するこのような価値判断を析出した上で、その当否や他の証明負担軽減方法との衡量などを検討するべきと考えられよう（高橋・重点講義(上)560頁以下）。

（4）　裁判所による損害額の認定

ところで、民事訴訟法248条は、損害の発生は認められるが、その額の立証が極めて困難な場合、裁判所が相当な損害額を認定することができるとする（一定の場合には義務とした最判平成20年6月10日判時2042号5頁参照）。その法的性質については、証明度軽減説、裁量（法的）評価説、折衷説などが主張されており、また、その適用範囲についても議論は帰一していない（たとえば、火事による滅失動産の損害額につき立法担当者は適用範囲外としていたが、学説上は、証明度軽減説によれば過去の事実の概括的な証明として、裁量（法的）評価説によれば損害額の法的評価として、適用を肯定する考え方が有力である。東京地判平成11年8月31日判時1687号39頁参照）。

さらに、政策的には、損害発生や損害賠償以外の請求への本条の拡張の適否も議論されている（ジュリ増刊・研究会新民事訴訟法323頁以下、三木浩一「損害賠償額の算定」ジュリ増刊・判例から学ぶ民事事実認定257頁）。[ケース]における偶発性のように、証拠方法が乏しく証明が困難な場合を念頭に置いた拡張解釈を検討する余地もあると考えられるが、その際には、同条の法的性質、他の証明負担軽減方法の有無、当事者の弁論の機会の保障、裁判所の認定の甘さのおそれの規律等を考慮することが求められよう。

発 展 問 題

1．証明責任による敗訴の危険を回避するために、どのような方法があるか。
2．職権探知主義の訴訟手続において、証明責任による敗訴の危険は存在するか。
[発展問題のヒント]

1. については、文書提出義務や当事者照会など証拠収集・情報収集方法の拡充について教科書の記述を、証明負担の軽減につき水元宏典「証明負担の軽減」争点190頁等を参照。また、証明責任を負わない当事者の訴訟上の義務について、伊方原発訴訟判決（最判平成4年10月29日民集46巻7号1174頁）、山本克己「事案解明義務」法教311号86頁を参照し、その根拠と範囲を考えてみよう。

2. については、証明責任が訴訟の審理途中で働くのか、判決段階で働くのかを検討し、職権探知主義の訴訟で当事者が証明活動を行わない場合、どのような裁判をするのが実体法に即し、訴訟上公平であるか、検討してみよう。また、主張責任が働くか否かについてもあわせて考えてみよう。新堂・新民訴604頁、本書項目「弁論主義」も参照。

◦◦◦ 参 考 文 献 ◦◦◦

本文に掲げたもののほか，中西正「自由心証主義」ジュリ争点172頁，高田裕成「過失の一応の推定」ジュリ増刊・判例から学ぶ民事事実認定61頁を参照。

（山田　文）

12 ）文書提出命令

　文書提出命令制度は、申し立てた当事者が持っていない文書を証拠とするものである。なぜそのような制度が必要なのかは民事訴訟手続の基本構造にも関わる。そのことを念頭に置きつつ、どのようなときに文書提出命令は認められるのか、命令違背はどのような効果をもたらすのか、事例を素材に検討を加えよう。

ケース

　郊外に土地を有していたＡは、年金受給のために口座を開設したＢ銀行の行員Ｃからアパート経営を勧められた。Ａの土地周辺は賃貸用物件の需要が高く、一定の収益が期待できると説かれた。そして、Ｃは地元のディベロッパーＤ社の社員ＥをＡに紹介した。Ｅは、Ｄ社が設計、施工、借り手の募集、管理、改修を一貫して手掛ける上に、長期一括借上げにより、オーナーはアパート経営のノウハウがなくても安定収入が約束され、借入に対する月々の返済額を上回ることは確実であると説明した。老後の生活資金に不安を抱いていたＡは、Ｅが示す収益見通しにつきなお疑問を抱いていたが、同席していたＣにより、

「Ｅさんが勧めているのは、サブリースと言って、ＡさんはＤ社に建物を貸し、Ｄ社はその建物の借り手を探してくれるという契約です。Ａさんは自分で借り手を探す必要はなく、毎月、一定額が賃借人のＤ社から入ってくるのです。豊富なノウハウを持つＤ社とサブリース事業契約を結ぶのであれば収益は間違いなく見込めます。だからこそ、Ｂ銀行はＤ社と業務提携しているのです。もちろん、Ｂ銀行は建築資金全額を融資できますよ。」

とダメ押しされた。これにより不安が払しょくされたＡは、Ｄ社とサブリース事業契約を結び、保有していた土地上にアパートを建築するためＢ銀行から金２億円を借り入れて、その全額をＤ社にアパート建築代金

として支払った。

　ところが、建ったアパートは当初から空室が目立ち、間もなく、周辺にも同様のアパートが林立するに至った。そして、事業開始からわずか２年後、Ｄ社はＡに対して賃料を周辺の賃料相場に合わせて50％減額するよう求めてきた。Ａがこれを拒んだところ、Ｄ社はサブリース事業契約を約定に基づいて解約し、借り手も皆退去した。結果、賃料収入が一切得られず、Ａは利払いもままならない事態となった。そこでＡはＢ銀行に対し、消費貸借契約締結にあたりサブリース事業の収益の見込みが存しないことを説明する信義則上の義務の違反があったとして、Ｂ銀行に対して不法行為に基づく損害賠償請求を行った。その訴訟において、ＡはＢ銀行が所持する以下の文書につき、文書提出命令の申立てをした。
① Ｂ銀行が、サブリース事業の収益が期待できないことを知りながら、収益の見込みを誤信させる説明をＣに行わせたことを明らかにするため、本件貸付に際して作成された貸出稟議書。
②　業務提携したＤ社のサブリース事業契約の勧誘をＢ銀行が営業の重点と位置付け、かつ、勧誘の主体的役割を担ったことを明らかにするため、Ｂ銀行本部から各営業店長に宛てて発出された営業方針に関する社内通達文書。

・・・・・・・・・・・・・・・・**設問**・・・・・・・・・・・・・・・・

　１．①の貸出稟議書、②の社内通達文書につき、それぞれ文書提出命令は認められるか。
　２．文書提出命令にＢ銀行が従わない場合、どのような効果が認められるか。

・・・

解説

〔1〕— はじめに

　サブリースとは、もともと転貸借を意味する語であったが、転貸による収益を目的とする事業形態を示す語として近時用いられる。実定実体法は転貸借について一定の規定を置いている（民613条、借地借家34条）。

第３章　審理の過程　　*139*

事業の仕組みとして転貸に着目するのは、不動産の所有者と実際の借り手との間に、賃借人を介在させることで、所有者は自分にはない不動産活用のノウハウと安定した収益とを賃借人から得ることが期待でき、他方、賃借人は自らの才覚で不動産の借り手を募集し、その管理を行うことで転借人から得られる賃料からの利ザヤを得ることができるからである。これは不動産自体について一定の収益が期待できることを前提とし、その収益の最大化を目指す、いわばプロ同士の事業共同の仕組みであり、都心の賃貸ビルにおける利用が従来から存していた。

　しかし近時では、賃貸需要の乏しい郊外の個人の不動産にサブリースの仕組みを取り入れる事例が増えており、かつ、その場合、賃借人が建築の請負から行うものが散見される。この場合、ディベロッパーは建築請負による収益を主眼とし、建物を建てさせる口実にサブリースを勧めたに過ぎず、建てた後、簡単に契約を解消したり、契約内容の大幅な見直しを迫ったりするということが起こりうる。ここに借り手を探す金融機関が加功しうるということも、かつてバブル期に融資一体型変額保険における不適切な勧誘が横行した例（第2版まではそちらを［ケース］としていた）から推測される。このような個人のオーナーが搾取されやすい構造を近時のサブリースが有するのに対し、特段の対処を意図する実定実体法は存しない（変額保険には金融商品取引法および金融商品販売法の規制があることと対比せよ）。もちろん、［ケース］でもD社に責任追及することがまず考えられるが、D社が破綻している場合に備え、勧誘したB銀行にも責任追及することを考える必要がある。

　そして、近時では、消費貸借契約の締結に際して信義則上負っている説明義務違反という構成で金融機関の責任を認める余地がある。建築資金融資の際の金融機関の説明義務が問題となった最判平成18年6月12日判時1941号94頁は、消費貸借契約締結に当たり、返済計画の具体的な実現可能性は借受人において検討すべきであるとの一般論から出発しながら、返済計画が実現可能であると説明したとか、銀行員がディベロッパーとともに投資プランを提案したとか、自己資金調達のための土地売却を実現させると確言したといった、いくつかの特殊事情の積み重ねによ

り特段の事情を認定して説明義務違反を認めうるとした。

　しかし、同最判は救済法理として不十分な部分もある。そもそも、特段の事情として何を主張立証すれば金融機関のどのような説明義務が基礎づけられるのか、明らかにされていない。また、論旨から特段の事情の立証責任はもっぱら借り受けた側にあると解さざるを得ない。このため、この判例法理の下で保護を受けるためには、契約締結過程に生じた事情をすべて記録保管する責務を借り受けた側が果たし、有利そうな事情をすべて主張しておかなければならない。こういう状況で、借り受けた側の情報収集能力を補完する制度として文書提出命令制度の活用に注目が集まるのである。

【2】― 文書提出命令制度の概要

　設問の検討に入る前に、文書提出命令に関する民事訴訟法の規律を、平成8年の現行法制定の際になされた改正に触れつつ、概観しておこう。

（1）　文書提出義務の拡大

　平成8年改正前、旧民訴法312条は、1号の引用文書、2号の権利文書、3号前段の利益文書、同号後段の法律関係文書（現在の民訴法220条1号から3号までにそのまま対応）までのいずれかに該当するかぎりで文書提出義務を認めていた。しかし、旧法下においても、証拠の偏在による実質的不平等の是正や真実発見、審理の充実を図る必要などから、文書提出命令を広く認める傾向にあった。診療録の開示義務が一般的に否定されていた当時の法状況の下で、薬害被害者たる患者が製薬会社を被告として損害賠償を請求する訴訟において、薬害との因果関係を立証するために診療録の文書提出命令の申立てが認められたのが、その一例である（福岡高決昭和52年7月13日高民集30巻3号175頁）。このような傾向は多数学説の支持を得て、文書提出義務を証人義務と一致させる形で一般義務化すべきであるとの認識が広まり、平成8年改正の立案過程でも、証言拒絶事由に該当する記載のある文書を除き、すべての文書について文書提出義務を認めるべきであるとする立法提案がなされた。これに対し、経済界から企業の内部文書、具体的には稟議書の開示への強い懸念が表明さ

れたため、結果、改正法はこれに一定の配慮をした。すなわち、民訴法
220条1号から3号までの従前の規定に4号を加え、同号柱書で「次に
掲げるもののいずれにも該当しないとき」文書提出義務が存する旨を規
定したが、他方で、その提出義務を除外する事由として、同号イ、ロ
（現在のハ）の各証言拒絶事由記載文書に加えて、同号ハ（現在のニ）「専
ら文書の所持人の利用に供するための文書」（以下、これを「自己使用文書」
という）が規定された。立法担当者は、1号から3号までについて従来
の解釈を変更するものではなく、専ら団体の内部における事務処理上の
便宜のために作成された稟議書が4号ハ（現在のニ）の自己使用文書に
当たると説明していた。

　以上が、平成8年の改正の柱の1つであった、民訴法220条における
文書提出義務の範囲の拡大についての説明である。

（2）　他の改正事項

　他にも重要な改正がある。まず、4号文書の文書提出命令申立ての加
重要件として、証拠の申出を文書提出命令によってする必要があること
とされた（221条2項）。また、文書の特定のための手続が創設された
（222条）。さらに、文書提出義務の存否について判断する手続も整備され
た。従前同様、文書提出命令の申立てについては決定による判断がなさ
れ（223条1項1文）、その決定に即時抗告による不服申立てが認められる
が（同条4項、〔現在の7項〕）、他方で、部分提出の余地が新たに認められ
（同条1項2文）、かつ、いわゆるイン・カメラ手続（【4】で後述）が新た
に導入された（同条3項〔現在の6項〕）。そして、提出命令に従わない場
合の効果について、文書に関する挙証者の主張のみならず、立証事項に
ついての真実擬制を可能とする規定が新たに置かれた（224条3項。【5】
（2）で後述）。

【3】— 社内文書に関する自己使用文書性をめぐる判例法理

　設問1への一応の回答を試みるべく、【2】（1）でも触れた立法過程
の論点、すなわち、社内文書の自己使用文書性の存否について判例の立
場を明らかにする。

（1）　最高裁平成11年11月12日決定と学説の反応

　文書提出命令に関する最高裁のリーディングケースは、貸出稟議書に関する最決平成11年11月12日民集53巻 8 号1787頁である。銀行の貸出稟議書とは、「支店長等の決裁限度を超える規模、内容の融資案件について、本部の決裁を求めるために作成されるものであって、通常は、融資の相手方、融資金額、資金使途、担保・保証、返済方法といった融資の内容に加え、銀行にとっての収益の見込み、融資の相手方の信用状況、融資の相手方に対する評価、融資についての担当者の意見などが記載され、それを受けて審査を行った本部の担当者、次長、部長など所定の決裁権者が当該貸出しを認めるか否かについて表明した意見が記載される文書である」と、同決定判旨にて説明されている。

　この最高裁決定が自己使用文書該当性に関する一般的な判断枠組みを提供し続けている。その判断枠組みとは、「ある文書が、(1)その作成目的、記載内容、これを現在の所持者が所持するに至るまでの経緯、その他の事情から判断して、専ら内部の者の利用に供する目的で作成され、外部の者に開示することが予定されていない文書であって、(2)開示されると個人のプライバシーが侵害されたり個人ないし団体の自由な意思形成が阻害されたりするなど、開示によって所持者の側に看過し難い不利益が生ずるおそれがあると認められる場合には、(3)特段の事情がない限り」（(1)(2)(3)は筆者）自己使用文書性が肯定されるというものである。

　この平成11年最決の一般論に対して、学説の評価はおおむね肯定的であった。ともすれば、(1)要件のみで自己使用文書性を肯定する傾向が当時の下級審の一部に存していたのに対し、同最決の枠組みは(2)要件を加えることで、自己使用文書の範囲を限定するから、平成 8 年改正による文書提出義務の拡大の方向に沿い、さらに(3)特段の事情により利益衡量を行う余地が認められ、このことも利益衡量に好意的な多数学説の意向に沿うかに見えたからである。もっとも、同最決が具体的当てはめの結果、貸出稟議書の提出義務を否定した点には批判が少なくなかった。融資の内容や条件、融資先の信用状況や評価、意見等を記載内容とする貸出稟議書について、(1)(2)要件は定型的に満たされるものと判旨は評価す

第 3 章　審理の過程　　*143*

るのに対し、開示が常に不利益であるとは限らず、具体的紛争や記載内容との関係で細かく評価すべきであると考えられたからである。また、同最決が特段の事情の考慮要素に触れずに貸出稟議書の自己使用文書性を認めた点も、利益衡量の要素を示していないとして批判されていた。

（2）　その後の判例の展開と学説の対立状況

　最決平成12年12月14日民集54巻9号2709頁にて、信用組合の会員代表訴訟という、企業内部の監視・監督機能が期待される訴訟類型における貸出稟議書の自己使用文書性の判断においても、(1)(2)要件は定型的に満たされ、(3)の判断事項も、申立人が所持人と同一視できる立場にあるか否かのみが示され、他の具体的要素の勘案はなされないまま提出義務は否定された。これら2つの最高裁決定により、貸出稟議書につき判例法理の枠組みで利益衡量がなされる余地はないかに見えた。他方で、最決平成13年12月7日民集55巻7号1411頁では、金融機関が破綻した事例で(3)要件を初めて認定して貸出稟議書の提出義務を肯定したが、当時の学説の多くはこれをごく例外的な事例であると解していた。このため、貸出稟議書は定型的に文書提出義務が否定され、団体の意思決定に関係する他の社内文書も、意思形成過程への影響を考慮して同様に否定されるという見通しがいったん定着していた。

　しかし、最決平成18年2月17日民集60巻2号496頁が議論の流れを変えた。同最決は、平成11年最決の一般論を踏襲しながら、銀行の本部から各営業店長宛に発出されたいわゆる社内通達文書で、その内容が一般的な業務遂行上の指針を示し、あるいは客観的な業務結果報告を記載したものにつき、(2)要件を欠くとして文書提出義務を肯定した。社内通達文書は銀行内部の意思が形成される過程で作成される文書ではなく、その開示により直ちに銀行の自由な意思形成が阻害される性質のものではないと判示された。さらに、最決平成19年11月30日民集61巻8号3186頁では、資産査定を行う前提となる債務者区分を行うために銀行が作成した自己査定文書につき、監督官庁による査定結果の正確性についての事後的検証に備える目的があると認定し、かつ資産査定が法令によって義務付けられていることから、(1)要件を欠くとした。

以上からは、金融機関の貸出稟議書のみが定型的に(1)(2)要件を満たすとされており、他の文書との比較で突出した保護が与えられていることが分かる。これに対しては様々な批判がある。貸出稟議書は内閣総理大臣が実施する検査（銀行法25条１項）において検査官に閲覧に供することが予定されているから(1)要件を満たさないとか、日記の開示による個人のプライバシー侵害に比するほどの重大な不利益は貸出稟議書の開示によっては認められないから(2)要件を満たさないと説かれる。他方で、団体の業務執行の適正を確保するために文書の作成・保管を促進する必要から、なお貸出稟議書の秘匿を正当化する見解も説かれている。さらに、社内通達文書の開示にも貸出稟議書と同様の不利益があるとして、社内通達文書の開示を認めた判例に対する批判もある。

【４】─ 文書提出義務の判断過程におけるイン・カメラ手続の利用

　【３】にて**設問１**への回答の道筋は示せたが、文書が貸出稟議書なのか否かによって義務の存否を分ける判例法理に従うかぎり、文書提出命令の対象となっている文書がいずれに属するのか裁判所は判断する必要に迫られる。民訴法221条１項所定の事項を示すのは申立当事者の責任であり、そのうち文書の表示および趣旨については特定のための手続が設けられているから（222条）、申立てから裁判所が適切に判断できることもあるだろうが、申立当事者は文書の現物を見ずに申し立てるのだから、有益な判断資料を提供しえないという事態も少なくない。教室説例的であるが、社内通達文書的性格を持つ文書を社内では「稟議書」と呼び、表題を付しているということも考えられないではない。

（１）　イン・カメラ手続の効用

　このような場面で利用が期待されるのが、民訴法223条６項が定める手続、いわゆるイン・カメラ手続である。すなわち、民訴法220条４号に定める証言拒絶事由記載文書ないし自己使用文書に該当するか否かを判断させるために、裁判所は所持者に対して文書の呈示をさせることができ、必要があれば一時保管もできるが（民訴規141条）、この文書の開示

第３章　審理の過程　**145**

を何人も求めることはできない。このイン・カメラ手続で裁判所は文書を閲読し、文書の性質が貸出稟議書にあたると判断すれば文書提出命令の申立てを却下し、貸出稟議書ではなく、かつ証言拒絶事由の記載もなければ文書の提出を命ずることとなる。2つの性質の記載が1つの文書内に存するときは、貸出稟議書の部分を除いて提出させることもできる（223条1項2文）。イン・カメラ手続を経て申立てが却下される場合、当該文書が相手方当事者の目に触れないままであることから、所持者の正当な秘密保持の利益を保護することができ、かつ、文書提出義務の存否を判断するための最良の資料を裁判所に提出する手続として合理性が認められる。「稟議書」が貸出稟議書に当たるのか否かも、これにより判明するはずである。

（2）　イン・カメラ手続の問題点

しかし、問題がいくつかある。1つは、申し立てられた文書は4号文書だけれども、記載内容が申立人の証明しようとした事項と無関係で証拠調べの必要がないという場合である。［ケース］に即して言えば、申し立てられた文書は社内通達文書だが、その記載内容がD社のサブリース事業契約の勧誘と無関係であるとか、B銀行における社員の行動指針を示さないなどの場合である。イン・カメラ手続は証拠調べの必要を判断するための利用が条文上認められていないから、裁判所は、文書提出命令を命じなければならないはずである。しかし、証拠調べの必要なしとして申立てを却下した決定に不服申立てはできないとされており（最決平成12年3月10日民集54巻3号1073頁）、無駄な命令を省くべく、イン・カメラ手続で判明した証拠調べの必要の欠如を理由に申立てを却下できるとする有力学説もある（注釈民訴4巻610頁［三木浩一］）。また、文書提出命令によって提出された文書の中から申立当事者が自己の判断で提出すべき文書を選択して、改めて文書の提出を行うという実務慣行があり（伊藤・民訴法420頁参照）、これによれば、証拠調べの必要を欠く文書を証拠調べの対象から外すということはできる。

もう1つの問題は、申し立てられた文書は4号除外事由に該当するけれども、決定的な証拠価値を有している場合である。［ケース］に即し

て言えば、申し立てられた文書は貸出稟議書ではあるが、そこに、Aの土地の賃貸需要は小さく、また、D社との契約に中途解約を認める条項があるため、アパート経営での安定的収益は見込めないが、融資実行は抵当権が付されるAの不動産全体の価値にのみ着目したのだと勧誘したCが記しており、B銀行の説明義務違反が基礎づけられるという例が考えられる。当該文書が使えないとなると説明義務違反は導かれないとすれば、提出義務のない文書によって心証を形成できない以上、記載内容を無視してA敗訴判決を言い渡すべきである。しかし、それは真実に反する判断を裁判官に強いることになるのである。これに対して、一方では、受訴裁判所以外の裁判官がイン・カメラ手続を担当する方途を用意すべきであり、技術的問題に過ぎないと説かれることもある（三木浩一・後掲書534頁以下）。実際、文書提出命令の申立てに対する決定の抗告審がイン・カメラ手続を実施する場合は、こうした問題が起きないのである。他方では、一方当事者に公開されず手続保障が明らかに欠ける手続で判断することの問題の露呈であり、イン・カメラ手続の実施自体、慎重に行うべきであるとの批判もある（奥博司「文書提出命令⑤―イン・カメラ手続」三宅省三ほか・新民事訴訟法大系(3)（1997年）214頁以下）。このイン・カメラ手続そのものに批判的立場からは、抗告審でイン・カメラ手続を実施してもなお問題を抱えると評価されることになろう。

　なお、イン・カメラ手続に入ると裁判所が指揮しても、所持者が裁判所に文書を見せない場合の対処を民訴法は明確に用意していない点も問題として指摘される。その場合、文書提出義務の存否につき真偽不明の状態となり、申立ては却下されるというのが、民訴220条の文言からの帰結である。しかしそれでは、裁判所に見せない方が得することになる。そこで、制裁的に文書提出命令を出してよいと説かれることがあるが、その制裁の実効性は、最終的に文書提出命令に従わない場合どうなるかという、**設問2**と関係する。

【5】― 文書提出命令不服従の効果

　設問2への回答を試みよう。文書の所持者が第三者である場合は、20

万円以下の過料に処される（225条1項）。所持者が当事者である場合は、訴訟本体の帰趨を左右しかねない別の効果が認められる。**設問2**が問うのは、当事者たるB銀行の不服従の効果である。以下、検討を加えたい。

（1）　原則的な効果

まず、当該文書の記載に関する申立人の主張を真実と認めることができる（224条1項）。文書を滅失させた場合にも同様の取扱いがなされる（同条2項）。この文書の記載に関する申立人の主張とは、文書の記載内容であるとして申立てにおいて示されたものであり、主に文書の趣旨（221条1項2号）に該当する。証明すべき事実（同項4号）を指すわけではないことは、民訴法224条3項との対比から現在通説化している。［ケース］に即して言えば、②の社内通達文書の記載内容としてAが申立て中に示した内容が真実と擬制される。仮に、Aが何かの折に当該文書を見る機会があったなら（前掲平成18年2月17日最決はそういう事案であった）、その内容を記せばB銀行が提出を拒んだままでも、提出されたのと同様の証拠評価を認めることが期待できる。他方で、銀行の説明義務を生ぜしめる特段の事情そのものを真実擬制することは、文書が提出された以上に申立人に有利な取扱いとなるから不合理であり、通常は認められない。特段の事情そのものが要証事実と言えるかという問題もある上に、仮にそうだとしても、224条1項の限りでは否定するのが通説である。

しかし、文書を有しない申立人が文書の記載を具体的に記すのは通常は困難であり、4号文書のように申立人との関係が希薄な文書であればますますそうである。となると、文書の記載内容は概括的にしか示されないから、それが真実と擬制されたとしても心証に与える影響は実際に文書が提出されたときより小さいという蓋然性が生じる。他方で、申立人が自分に有利になりそうなことを何でも記載内容として盛り込んで文書提出命令を申し立てても、それが真実でないとの確信を裁判所が得たなら真実擬制しないことが224条1項の「できる」の語尾に含意されている。このため、同条1項、2項だけでは依然として提出命令に従わない当事者に有利な取扱いとなりうる。が、このままではかえって不服従を助長させかねない。

（2） 平成8年改正により加わった効果

　平成8年改正により加わった民訴223条3項は、同条1項、2項の場
合でも、申立人が文書の記載に関して具体的な主張をすることが著しく
困難であり、かつ、その文書で証明しようとした要証事実を他の証拠で
証明することが著しく困難である場合には、裁判所は要証事実そのもの
を真実とみなすことができるとした。旧法下の下級審裁判例にもこの考
え方を示すものがあり（東京高判昭和54年10月18日判時942号17頁）、証明妨害
理論を基礎に学説からの支持を受けて新たに規定されたものである。条
文の文言は要件を制限的に規定しており、そのことへの懐疑も示されて
いるが、同条1項、2項が原則的な不服従の効果であり、多くの事例は
それで対処できるという理解を前提としており、同条3項が補充的にの
み適用されるべきことを表明したに過ぎない。これらの原則規定で対処
できない場合でもさらに絞り込む趣旨ではないものと解される。問題は、
ここでもその効果であり、議論がある。要証事実につき証明責任の転換
を認めたとする見解、証明度の軽減を認めたとする見解、真実擬制を認
めたとする見解が説かれ、同条1項との整合の観点から最後の見解が通
説的であるが、不服従当事者への制裁の実効性確保の観点から前二者も
有力に説かれており（前者につき、研究会新民事訴訟法309頁［竹下守夫発言］。
後者につき、伊藤・民訴法436頁）、通説もこれらの理解をある程度織り込ん
でいる（注釈民訴4巻674頁以下［名津井吉裕］）。もっとも、同条3項の語尾
も「できる」であり、不真実であるとの確信を裁判所が得たなら効果を
発生させないとの含意があることは、同条1項と同様である（高橋・重
点講義(下)210頁以下）。

　さて、この3項の効果を［ケース］に即して考えてみよう。②は証明
すべき事実として、B銀行がD社のサブリース事業契約の勧誘の主体的
役割を担ったことを挙げており、この事実が存することを前提として裁
判所は判断してよいということになる。もっとも、B銀行側が勧誘はむ
しろD社が独自に行い、B銀行は顧客を紹介したに過ぎないことを別の
証拠で示せば、この3項の効果は生じない。

　ところで、貸出稟議書の提出が期待できないことから、Aが①で証明

すべき事実とされた収益見込みを誤信させる説明をCに行わせたことを社内通達文書によって証明すべき事実に追加するということが考えられる。あるいは3項の効果を狙って、端的に説明義務を生ぜしめる特段の事情があったことそれ自体を証明すべき事実として掲げるということもありうるだろう。このようなときでも、3項の効果を認めてよいだろうか。考え方は2極ある。一方で、文書が実際に提出された以上の利益を挙証者に認めるべきではないという観点からは効果を否定すべきとなろう。証明すべき事実に関して当該文書との関連性が乏しい場合、当該文書の証拠調べの必要性の欠缺が事後的に明らかになった場合と同視でき、その場合、不提出の制裁発動そのものを否定するということが考えられないではない（【4】3段落目参照）。しかし他方で、不提出の動機づけを可能な限り減ずることが審理の充実につながるとの観点からは、証明すべき事実と当該文書との関係が直ちには肯定できなくても、3項の効果を認めるという処理も考えられる。所持者は不利益を回避したければ文書を提出すればよいのであり、提出義務を一般化した民訴法の下で、提出義務ある文書の秘匿の利益を認めるべきではない。以上が3項の効果に関する立場の両極だが、両者の中間にあるべき方向を見出すのが、3項の文言にも、特段の事情を頻発する判例法理の状況からも望ましく、やはりその際のカギは証拠の偏在の程度であろう。その程度次第で、当該文書との関連性が必ずしも明らかでない事実、さらには、特段の事情ないし信義則違反といった抽象性の極めて高い要件の存否そのものを擬制する余地も残すべきであろう。

【6】—おわりに

それぞれの設問にきちんと応答するために、考えるべき事項はほかにもある。紙幅の都合でいずれも詳言できないが、自己使用文書性が否定されても、他の除外事由、とりわけ「職業の秘密」（220条4号ハ・197条1項3号）の該当性を検討することが必要である（発展問題1．へ）。また、**設問2**に答えるためには、証拠の偏在状況のほか、事案の難易も具体的に判断しなければならない。ほかにも、証拠調べの必要性や文書提出命

令申立ての特定性もそれぞれの設問の重要な前提である。そもそも、融資の目的となった事業に関する契約の責任を融資銀行が引き受けるべきか否かにつき、安定的な判断枠組みは形成されていないため、何を主張すべきかさえ実は不分明である。

この最後の点は、いったん文書提出命令への期待を醸成させたけれども、かえって文書提出命令に寄り掛かることの問題点を浮かび上がらせる。すなわち、文書提出命令に期待して主張立証責任の厳密な分配を判例が放棄しかねないのである。そもそも、出発点たる平成11年最決の(3)特段の事情は(1)(2)要件と異なる当事者に立証負担をもたらす語ではない。すべて申立人が立証負担を負うのである。しかも、その特段の事情が指し示すものが不明瞭であることは、自己使用文書性に関する判例法理について指摘されるし、同種事情が実体法に関わる判例法理にもある。かような見通しの悪い状況で文書提出命令の活用がもたらすものは、和解的解決の推進であり、イン・カメラ手続を受訴裁判所が行いうるとされるのも、イン・カメラで得た心証を用いて和解する効用に主眼があるのかもしれない。それは手放しで推奨されるべきことではなかろう。

発 展 問 題

1. 金融機関が所持する文書で判例上、職業の秘密に該当するとして文書提出義務を免れたものを挙げ、その判断枠組みを示しなさい。

2. 文書提出命令の申立てについての決定に対して、証拠調べの必要性のみを理由とする即時抗告を通説判例は否定するが、これに反対する有力な見解がある。その理由を挙げなさい。

3. 文書の特定のための手続については立法の不備を指摘されることがある。それはどういうことか。

[発展問題のヒント]

1. については、前掲平成19年11月30日最決による差戻後の最決平成20年11月25日民集62巻10号2507頁、東京高決平成22年2月26日金法1901号121頁参照。

2. については、【3】で示唆した自己使用文書該当性につき利益衡量を認める学説が有力であることと関係がある。伊藤・民訴法431頁註394、435頁註397、新堂・新民訴400頁参照。

3. については、三木浩一「文書提出命令の発令手続における文書の特定」石川明先生古稀祝賀『現代社会における民事手続法の展開』〔商事法務・2002〕(下)109頁

（同『民事訴訟における手続運営の理論』〔有斐閣・2013〕571頁以下所収）、高橋・重点㊦144頁、伊藤・民訴法421頁、アルマ・民訴258頁参照。

◦◦◦ **参 考 文 献** ◦◦◦

上記のほか、中島雅弘「文書提出義務の一般義務化と除外文書」福永有利先生古稀記念『企業紛争と民事手続法理論』（商事法務・2005）409頁、杉山悦子「文書提出命令に関する判例理論の展開と展望」ジュリ1317号93頁、山本和彦「文書提出義務をめぐる最近の判例について」曹時58巻 8 号 1 頁、山本和彦・須藤典明・片山英二・伊藤尚編『文書提出命令の理論と実務』（民事法研究会・2010）、長谷部由起子「内部文書の提出義務」新堂古稀㊦299頁、同「証言拒絶権と文書提出義務」伊藤古稀461頁、町村泰貴「文書提出命令の評価と展望―拡張と限界」新堂幸司監修・実務民事訴訟講座［第 3 期］第 4 巻（日本評論社・2012）267頁、伊藤眞「イン・カメラ手続の光と影」新堂古稀㊦191頁、同「文書提出義務をめぐる判例法理の形成と展開」判タ1277号13頁、三木浩一「文書提出命令における『自己利用文書』概念の現在と将来」小島武司先生古稀祝賀『民事司法の法理と政策』（商事法務・2008）㊤833頁（三木・前掲書595頁以下所収）、垣内秀介「自己使用文書に対する文書提出義務免除の根拠」前掲小島古稀243頁、春日偉知郎「ドイツ民事訴訟における文書の提出義務」松本古稀413頁

（北村　賢哲）

13) 基準時後の形成権の行使

　既判力は、基準時である前訴の事実審の最終口頭弁論の終結当時における、訴訟物である権利関係の存否の判断に生じ、後訴で当事者がこの判断を争うために基準時前に存在した事由を提出（主張・立証）することはできず、提出しても、裁判所は採り上げてはくれない。しかし、基準時前に発生していた形成権を基準時後に行使して生じた実体的な権利変動を後訴で提出できるかどうかについては従来から争われており、見解の一致を見ない。そこで、以下では、事例を素材にしてこの問題を検討したい。

ケース

　Aは、Bとその所有する土地を購入するとの売買契約を締結した。それは、Bが自分の所有するこの土地は大規模なリゾート開発の対象となることがすでに決まっており、すぐに値段が上がると述べたからであった。

　しかし、Aはすぐに売買代金を支払うことができなかったために、Bから売買代金請求訴訟を提起され、その支払を命じる判決は確定した。

　ところが、Aはその後このリゾート開発の話は全くの嘘であり、この土地は将来性のない原野であることを知った。そこでBに騙されたことに気づいたAは、詐欺により自らの買受けの意思表示を取り消す（民96条）という書面をBに送った。しかし、Aは、先の確定判決がBへの売買代金の支払を命じたことから、この確定判決に基づきBが自分の財産に対して強制執行を行うことが予測されるので、これを阻止するために、取消しにより売買代金請求権は消滅したことを理由として「Bからの強制執行は許さない」という判決を求めて請求異議の訴え（民執35条）を提起した。

第4章　判決および訴訟の終了　*153*

・・・・・・・・・・・・・・・・・・・ 設問 ・・・・・・・・・・・・・・・・・・・

　Aは、Bに対するこの請求異議の訴えにおいて、取消しによる売買代金請求権の消滅を理由として強制執行の不許を宣言する判決を求めることができるか。

・・・

　解説

　AはBからの強制執行に対抗するためには、請求異議の訴え（民執35条）を提起してその異議を認容する判決を得ることにより、Bへの支払を命じる先の確定判決の執行力を排除しなければならない。

【1】— 既判力の遮断効

　強制執行は、債務名義を基本とし、その記載に準拠して実施される（民執22条）。債務名義は、強制執行によって実現されるべき給付請求権の存在と内容を明らかにし、それを基本として強制執行をすることを法律が認めた一定の格式を有する文書である。本件のケースにおける売買代金の支払を命じる確定判決も債務名義となる（民執22条1号）。債務名義は、これに基づいて実施される強制執行の実体的基礎を確保し、債務名義に表示された請求権が当初から不成立あるいは事後に消滅して執行当時存在しなくても、当該債務名義の執行力は当然には消滅・変更をみることなく、強制執行は手続法上有効かつ適法に実施される。これは迅速かつ適正な執行を同時に確保するという債務名義の制度的論理に基づく。そして、もしも強制執行が実体法上の権利状態と一致しない場合には、この論理により、このような不適合は債務者のイニシアティヴにより開始される裁判上の手続において主張させ、その結果として得た反対名義の執行機関への提出をまって強制執行の停止・取消しが導かれる。本件ケースでAが提起した請求異議の訴えは、このように債務者が債務名義に表示された請求権の存在または内容についての異議を主張し、その債務名義の執行力の排除を求める訴えである。もっとも、本件ケースのように債務名義が確定判決である場合には、この確定判決についての異議の事由は前訴の口頭弁論終結後に生じたものに限定される（民執35

条2項)。これは前訴の基準時において売買代金請求権が存在することが既判力によってすでに確定されており、後訴である請求異議の訴えにおいて既判力ある判断を争うためには、基準時よりも前に存在した事由に基づく主張や抗弁を提出することはできず、裁判所もそのような事由が提出されてもそれを審理せずに排除しなければならないからである。これを既判力の遮断効という。

　この遮断効は、通説によれば、当事者がその事由をすでに前訴の基準時前に主張して排斥された場合に限らず、前訴で主張しなかった場合にも及び、主張しなかったことに過失があったか否かを問わない（三ヶ月・民訴36頁、伊藤・民訴法530頁、中野・論点Ⅰ248頁など）。これは、既判力が判決された権利関係の安定を図る制度的効力であり、その遮断効は画一的・形式的に発生すべきであることを理由とする。

　これに対して、近年になり、既判力の根拠を手続保障に求める立場から、前訴での主張に期待可能性がない場合には例外として遮断効を認めるべきではないとの見解が有力となった（新堂・新民訴691頁、条解民訴552頁［竹下守夫］、高橋・重点(上)608頁）。この見解では、前訴において当事者権が保障されていた（抽象的手続保障）だけでなく、前訴の手続過程の具体的経過を考慮した具体的手続保障が充足されていた場合に遮断効が認められることになる。したがって、債務者に告げずにその友人がした第三者弁済のように、前訴において当事者がその存在すら知らず、また知らなかったことが無理もないような事由については遮断効は及ばず、後訴で主張することができる（高橋・重点(上)609頁）。もっとも、この期待可能性の内容については必ずしも明確ではなく、また通説の側からは、遮断効を排除するためには再審の訴えを提起すべきであり、もしも後訴において新事実および新証拠の提出を許せば、それが頻発して裁判所の負担は過重となり、また実際に最も問題となる後遺症や後発損害については、解釈上基準時後に生じた事実と取り扱うことができるとの批判がなされている（鈴木正裕「既判力の遮断効（失権効）について」判タ674号4頁以下、伊藤・民訴法530頁、中野・論点Ⅰ249頁）。

【2】— 形成権の遮断

　既判力は、基準時前に存在していた事由を後訴で提出することを遮断するが、基準時前に発生していた形成権を基準時後に行使して生じた実体的な権利変動（債務の消滅など）を後訴で提出することができるかについては以前から争われている。

　たしかに、請求異議の訴えにおいて、前訴基準時前に存在していた債務消滅原因（弁済・免除・更改・混同など）の提出は遮断されることから、基準時前の形成権の行使により前訴判決において確定された請求権はすでに消滅しているとの主張は遮断される。しかし、形成権が基準時前に存在するだけでは請求権は未だ消滅していないことから、形成権行使の意思表示が相手方に到達してその効力を生じた時期が基準時よりも後であれば、その効果の主張は既判力により遮断されないはずである。実際にも大審院はこのような立場を採っていた（大判明治42年 5 月28日民録15輯528頁、大民連判明治43年11月26日民録16輯764頁など）。

（1）　通説・判例の立場

　しかし、学説は従来から相殺権を例外として大審院判例に反対しており、基準時後の形成権行使の効果の主張は既判力により妨げられるとしていた（兼子一『強制執行法（増補）』〔酒井書店・1951〕99頁など）。そして、最高裁判所も取消権について大審院判例とは異なり基準時後の行使を遮断するに至り（最判昭和36年12月12日民集15巻11号2778頁、最判昭和55年10月23日民集34巻 5 号747頁）、現在では後述のように白地手形補充権についても遮断効肯定説に立つ。また通説も、相殺権と建物買取請求権を除いて遮断効を一般に肯定する立場を維持している（兼子・体系340頁以下、三ヶ月・民訴36頁以下、新堂・新民訴691頁以下など）。

　通説および判例は、このように前訴基準時前にすでに発生していた形成権につき、基準時後のその行使による効果の主張を相殺権などを除き原則として遮断するが、その理由として、形成原因が訴えの目的である請求権じたいに付着する瑕疵であること、また取消権については取消しよりもより重大な瑕疵である無効事由の遮断との権衡がとれないことを

挙げる。すなわち、既判力は取消原因のような訴えの目的である請求権じたいに付着する瑕疵をすべて洗い去る効力をもち、また取消権はその効果を特定人の意思によらせることにより、一定の事実に基づいて画一的に無効・消滅の効果を生じさせる当然無効よりもその効力は弱く、より重大な瑕疵である無効事由が遮断されることとの釣り合いがとれないことを理由とする（兼子『強制執行法〔増補〕』99頁など）。

（2） 反対説の立場

　これに対して、通説・判例の論拠を批判し、基準時後の形成権行使の効果の主張は既判力により妨げられないとする有力な見解がある（中野貞一郎「形成権の行使と請求異議の訴」『強制執行・破産の研究』〔有斐閣・1971〕36頁以下）。この見解によれば、既判力は口頭弁論終結当時に請求権が存在していたことを確定するだけで、将来にわたって取消権の行使などにより消滅する可能性がないということまで確定するわけではなく、実際にも債権者がした取消しや解除の効果を債務者が請求異議の訴えの事由とすることは許されており、請求権について既判力が生じたことにより請求権じたいが強化されることは考えられない。また、通説は当然無効との権衡を指摘するが、特定の場合にある法律行為を無効とするか取り消しうるものとするかは立法政策の問題であり、たとえば、詐欺・強迫による行為が取り消しうるにとどまるのも、それが特定人の保護を目的とする以上、その者の意思に結果をかからせるのを妥当とするからであって、必ずしも法がそれを軽い瑕疵とみて保護を薄くしたわけではない。さらに、通説ではいくつかの形成権について民法が定めている消滅時効期間が事実上奪われてしまうこととなり、形成権者の利益が不当に侵害され、実体法と訴訟法との規整の間にくい違いを発生させることになる。

　もっとも、この見解においても形成権行使の効果は常に後訴で主張できるわけではなく、既判力の基準時とは別に、実体法上の理由あるいは信義則により後訴での主張が排除される場合がある。たとえば、もし取消事由があり、そして取消権を行使するつもりがあれば、取消権者はその間に行使して主張するのがふつうであり、主張がないままで訴訟を追行してきたのは追認の意思と推測するのが客観的に合理的と認められる

事情があれば、判決の確定をもって判決債務への更改による法定追認（民新125条3号）を認めるべきとする（中野・論点I258頁以下）。

（3） 近年の動向

このように、形成権については通説および判例は遮断効を一般的に肯定する立場を採り、有力説はこれを否定する。そのような中で、近年になり、とくに既判力の遮断効を全般的に検討し直した上で、形成権の遮断についていくつかの新しい見解が現れている。

まず始めに、形成権の遮断は伝統的な既判力の時的限界論では解決することはできず、抽象的手続保障が満たされる場合で、かつその者の実体法上の地位との関係で前訴で提出しておくべき責任が認められるかどうかの問題とする実体関係的提出責任説がある（上田徹一郎『判決効の範囲』〔有斐閣・1985〕224頁以下、同『民事訴訟法（第7版）』〔法学書院・2011〕490頁以下）。この説によれば、この提出責任は、訴訟経済の要求や執行妨害の防止要求などを含む広義の法的安定要求と、全体として紛争解決の結果をできる限り実体的権利関係に近づけるべきであるとする実体関係的手続保障要求という2つの要因により決せられる。たとえば、取消権では、それが前訴の対象である法律行為じたいの瑕疵に関し、前訴で行使・主張すべきであるという法的安定要求と、取消権者は除斥期間（民新126条）内で失効前であれば取り消しうる実体法上の地位にあり、基準時後の行使結果の後訴での主張を認めるべきであるとする実体関係的手続保障要求により決せられる。一般に形成権は前者の要求が後者の要求よりも強い場合には遮断効が肯定され、反対の場合には否定されるが、この取消権については常にどちらかの要求が優越するということのない緊張関係にあるとする。

この説は、たしかに遮断効を当事者の提出責任という観点から総合的に把握する途を開いたが、その実体関係的手続保障は訴訟の具体的展開とは切り離された実体法的考慮の尊重を内容とし、訴訟の具体的展開過程に応じて当事者の争う地位を具体的に確保していくといった視点は確保されておらず、また取消権ではこの提出責任はその遮断効の有無を決定する基準とはなりえないとの批判がある（新堂・争点効(下)272頁）。

次に、形成権の遮断は当事者に形成権の行使を要求する行為規範が存在するかどうかという実体的な価値評価の問題とする形成権行使責任説がある（河野正憲『当事者行為の法的構造』〔弘文堂・1988〕138頁以下）。この説は、既判力の遮断効を訴訟手続上当事者に要求された攻撃防御行為の懈怠による自己責任効ととらえており、形成権の遮断については、民法には解除や取消権行使の催告権（民新20条・民新547条）や追認による取消権の消滅（民新122条・民新125条）などの規定があり、このような明文の規定がなくてもこれらの場合と同視できる事情があれば、形成権者に対して形成権行使責任を負わせてもよいとする。つまり、取消権や解除権では実定法上形成権者の相手方の不利な地位を是正する方法が定められており、これらの形成権はできる限り早期に行使すべきことが要請されていることから、相手方が既存の法律関係に基づいて訴えを提起したときは、これは相手方の形成権行使要求行為の先行であり、しかも形成権者には防御的機能を果たす形成権を行使すべきか否かを考慮する十分な機会が保障されているから形成権行使責任が発生すると説く。

この説は形成権の遮断効を形成権行使を要求する行為規範が存在するかどうかで判断し、相殺権を除いて遮断効を肯定するが、建物買取請求権や白地手形補充権など実体法上形成権の早期行使を示した規定が存在しない場合に、その遮断効を認めるとする論拠には必ずしも十分な説得力があるとは思われない。

さらに、形成権について一般に遮断効を肯定する通説の立場にあっても、上記【1】で述べた遮断効についての有力説によれば、前訴において形成権行使の効果を主張することが期待できない特別な事情があれば、後訴においてその提出は遮断されないことになる（条解民訴旧版637頁［竹下守夫]）。しかし、すでに述べたようにこの期待可能性の判断については問題があろう。

【3】── 各種の形成権

通説および判例も従来から例外として遮断されない形成権の存在を認めており、また上述した近年の新たな動向などもあって、形成権の遮断

については各種の形成権ごとに精細な検討が進められている。そこで以下では、各種の形成権ごとに学説および判例の状況について述べて行く。

（1）　取消権

設問は、詐欺による取消しにより売買代金請求権の消滅を請求異議の訴えで主張できるかを問う。すでに述べたように、通説および判例は基準時後の取消権行使の効果の主張を既判力により遮断する。これは、口頭弁論終結時までに提出しうるすべての抗弁事由（＝異議事由）は本来その時期までに提出すべきであるという考えに基づく。したがって、詐欺にあったことに気づいたのが基準時の後であっても、またその時期までに気づかなかったことに過失がなかったとしても遮断される。もっとも、遮断効についての有力説によれば、本件ケースの場合が前訴において請求権の消滅を主張することが期待できない特別な事情であれば遮断されない。

これに対して、形成権の遮断効を原則として否定する反対説に従えば、Aは実体法が認めた取消権という権利じたいを実際上切り捨てられることはなく、その利益が不当に侵害されることはない。たしかに反対説の論拠にある民法上の消滅時効期間を権利行使が当然に保障されている期間とまで強く捉えるべきではないとの批判もあるが（高橋・重点(上)615頁）、反対説の論拠には説得力があり、既判力の遮断効じたいを期待可能性により調整する有力説よりもその範囲を画一的・形式的に決めることができる。また、民法旧95条による錯誤無効が、従来からその主張は表意者の側からのみ認められるべきであるとされていたことから（最判昭和40年9月10日民集19巻6号1512頁）、民法新95条1項により取消に改められたことは、通説による当然無効との権衡論が重要な論拠にならないことを示したといえるであろう。もっとも、取消権の行使が執行妨害に利用する意図であるなど不当な策動であれば信義則などにより既判力とは別に対処し、その際には前訴勝訴者が信義則違反を主張立証することになるが、このことは取消権の遮断が弁済等の主張の遮断とは異なり、実体法上の認められた形成権という権利を事実上奪うことになるから、当事者間の負担のバランスを失することにもならないと思われる（反対、高橋・重点

(上)616頁以下)。

（2）　解除権

解除権については、従来から取消権と同様に考えられており、通説および下級審判例は遮断効を肯定する（三ヶ月・民訴36頁、新堂・新民訴692頁など、大阪高判昭和52年3月30日判時873号42頁）。遮断効についての有力説は、取消権の場合と同様に、前訴において提出しておくことを期待できない特別な事情があれば遮断されないとする。もっとも、この説は前訴基準時前に解除原因は存在していたが解除権は未だ成立していなかった場合（相当の期間を定めて催告し、催告期間内に債務者が履行しない場合に始めて解除権が成立する場合）に解除権行使の事実は遮断されないとするが、これは期待可能性が欠けているからではなく、既判力論の外の信義則による処理である（高橋・重点(上)617頁以下、条解民訴旧版637頁［竹下守夫]）。

なお、実体関係的提出責任説によると、原告である債権者が解除権者であれば原則として遮断効は否定され、被告である債務者が解除権者であれば原則として遮断効は肯定されることになる（上田『判決効の範囲』269頁以下）。

また、形成権の遮断効を否定する反対説では解除権行使の事実は既判力により遮断されないが、信義則等による処理はある（中野・論点 I 259頁）。さらに、学説の中には解除の場合には基準時において契約上の権利関係が存在することが前提であり、既判力によって確定された権利関係と解除の意思表示による法律効果とは矛盾・抵触しないことから解除の主張は遮断されないとする見解もある（伊藤・民訴法533頁以下）。

（3）　相殺権

相殺権については、従来から通説および判例は一貫して遮断効を否定する（条解民訴554頁［竹下守夫]、新堂・新民訴692頁、高橋・重点(上)623頁、伊藤・民訴法535頁など、最判昭和40年4月2日民集19巻3号539頁）。その理由として、相殺は訴求債権に付着する瑕疵ではなく、訴求債権とは別個の債権を防御方法として主張し、併せて審判の対象とするものであるから、相殺権の行使については他の形成権以上に被告の決断の自由を尊重すべきことが挙げられている。

これに対して、近年になり遮断効肯定説が主張されている。この見解
は、原告は前訴勝訴判決により強制執行をすることができる地位を与え
られており、これが後訴における相殺権行使の主張により保護されない
ことは不当であり、しかも被告は反対債権を失うことなく別訴で訴求で
きることから、原告の意思に反してまで被告を優遇することはないとす
る（坂原正夫『民事訴訟法における既判力の研究』〔慶應義塾大学法学研究会・
1993〕8頁以下）。しかし、相殺は自分の債権を犠牲にするという性質を
もち、その行使については権利者の自由を尊重すべきであるし、相殺権
を遮断して双方から強制執行を掛け合うという事態は訴訟経済に反する
ことから、遮断効は否定すべきである（高橋・重点(上)623頁）。

（4）　建物買取請求権

建物収去土地明渡請求訴訟において原告勝訴の判決が確定し、その基
準時後に被告が建物買取請求権（借地借家13条）を行使して、それを後訴
で主張することができるかについては、判例および通説はこれを認めて
遮断効を否定する（条解民訴555頁［竹下守夫］、中野・論点Ⅰ264頁など、最判
平成7年12月15日民集49巻10号3051頁）。建物買取請求権は建物収去土地明渡
請求権に付着した瑕疵ではなく、別個独立した権利であり、行使を認め
ることで借地人さらには建物の保護にもなるし、被告が原告主張の借地
権不存在または消滅を争うときに予備的抗弁として建物買取請求権の行
使を要求することは負担になることを理由とする。

これに対して、建物買取請求権は地主と借地人の力のバランスを対等
化し交渉力の強化を図るために与えられたものであり、実際に訴訟で借
地人が抗弁として主張しなかったことによりもはや貫徹する必要がなく
なったことから遮断効を肯定する見解があり（高橋・重点(上)626頁以下）、
また形成権行使責任説は、この請求権は取消権と同様に防御機能をもち、
前訴においてこの請求権の行使について決断を促されているから、そこ
で行使責任を課されても特に無理をしいるものではないとする。

（5）　白地手形補充権

通説および判例によれば、白地手形の所持人が手形金請求訴訟を提起
し、請求棄却の判決が確定した後に、この白地を補充して後訴において

手形上の権利の存在を主張することは既判力により遮断される（新堂・新民訴692頁、高橋・重点(上)621頁など、最判昭和57年3月30日民集36巻3号501頁）。原告は前訴において白地を補充しておけば良かったのであり、いわば一挙手一投足の労をとらなかったことを非難されても仕方がないからである。しかし、反対説（条解民訴521頁［竹下守夫］、中野・論点Ⅰ265頁、伊藤・民訴法537頁など）が述べるように、この問題は基準時後の形成権行使の問題とは性質が異なる。つまり、前訴確定判決の既判力は白地手形ゆえに手形金請求権がないという判断に生じているが、これは白地が事後に補充されることを予測しているのであり、白地の補充は前訴判決の判断を動かす新事実ではなく、原告が白地を補充したうえで再び手形金請求訴訟を提起することは前訴確定判決の既判力に抵触することはない。

発展問題

　Bは1点の絵画を代金500万円と定めてAに売却し、その際にAには2年以内であればBに70万円を支払ってこの売買契約を解除できるとの権利が留保された。半年後にBはAを被告として売買代金支払請求の訴えを提起し、勝訴の確定判決を得た。そこでAは70万円支払って売買契約を解除したうえで、請求異議の訴えを提起して強制執行を阻止したい。これは可能か。

[発展問題のヒント]

　通説および下級審判例によれば解除権については遮断効が肯定されることになり、請求異議の訴えで解除権行使の主張をすることは既判力により遮断される。遮断効についての有力説では、約定の趣旨が前訴において提出しておくことを期待できない特別な事情であるかが問題となる（高橋・重点(上)620頁）。反対説は、売買から2年を経過する前であれば実体法上解除は有効であり、Bの代金債務は消滅するはずであるから、解除権行使の主張が遮断されると、せっかく約定した解除権の2年の留保期間を既判力が事実上短縮してしまうことになり、遮断効の肯定は不当であるとする（中野・論点Ⅰ263頁）。なお、その他本文中に掲げた文献についても参照すること。

◎◎◎ 参 考 文 献 ◎◎◎

本文中に掲げたもののほか、池田辰夫『新世代の民事裁判』〔信山社・1996〕171頁、山本・基本問題195頁を参照。

（内山　衛次）

14)) 既判力の客観的範囲・一部請求・相殺

　確定判決に生じる主要な効力である既判力の対象は、判決主文で示された訴訟物（訴訟上の請求）の存否に対する判断に限られるのが原則である。ここでは、114条１項および２項の解釈論を説明した上で、応用的論点である一部請求訴訟における既判力の作用を検討する。最後に、以上の論点を組み合わせて、一部請求訴訟において相殺の抗弁が提出されたときの既判力の及び方について説明する。

ケース

　Ａは、住宅の建設・販売を業とするＢから、「住宅を建設するための建築資材を仕入れたい」という申出を受けたので、交渉の上、代金800万円で資材を納品する売買契約を締結した。ところが、Ａが資材を納品し、代金の支払期日が経過してもＢは支払をしないことから、争いが生じている。

設問

　１．Ａが売買代金800万円の支払を請求する訴訟を提起したところ、Ｂは、Ａが資材の性能に関して虚偽の情報を提供してＢを欺いたと主張し、詐欺による取消権を行使した。裁判所はこれを認めてＡの訴えを全部棄却した。ところで、Ｂは、Ａが提供した資材では耐震基準を満たせないために別な業者から資材を新たに購入せざるをえなくなったと主張して、この判決の確定後、Ａを相手にして右の新たな資材の代金相当額について損害賠償請求の訴えを提起した。この場合、この訴訟でＡは、前訴の判決理由で認定された欺罔行為につきその不存在を主張して争うことはできるか。

　２．Ａが売買代金800万円の支払を請求する訴訟を提起したところ、

Bは、第1次的に詐欺による取消しの抗弁を主張し、予備的に、BがA
に対して有すると主張する800万円の損害賠償請求権による相殺の抗弁
を主張した。この場合における2つの抗弁の審理順序について説明しな
さい。また、予備的相殺の抗弁を①全額認めてAの請求を棄却する判決
が確定した場合、②400万円の限度で認めてAの請求を一部棄却する判
決が確定した場合、③Bの反対債権が不成立と判断してAの請求を認容
する判決が確定した場合における既判力の範囲を説明しなさい。

　3．Aが、売買代金800万円のうち600万円に限定して支払を請求する
訴訟を提起したところ、Bは、詐欺による取消しの抗弁を主張し、裁判
所はこれを認めて請求棄却判決を言い渡した。この判決が確定した後に、
AがBに対して残代金の支払を求める訴えを提起した場合、裁判所はこ
の後訴をどのように扱うべきか説明しなさい。また、前訴判決が請求を
全部認容する判決であったときはどうか。

　4．Aが、売買代金800万円のうち600万円に限定して支払を請求する
訴訟を提起したところ、Bは、BがAに対して有すると主張する600万
円の損害賠償請求権による相殺の抗弁を主張した。この場合の審理方法
を説明しなさい。また、裁判所が、この相殺の抗弁を①400万円の限度
で認める場合、②100万円の限度で認める場合のそれぞれについて、判
決が確定したときの既判力の範囲を説明しなさい。

●●●

解説

〔1〕― 既判力の客観的範囲に関するルール

（1）「既判力の客観的範囲」とは？

　判決が確定すると（116条1項参照）、既判力が生じる。既判力は判決に
よって示された裁判所の判断の通用性または拘束力を意味するが、裁判
所が示した判断のうち、何が既判力の対象となるのだろうか。このこと
を問題とするのが、「既判力の客観的範囲」というテーマであり、ここ
で「客観的」というのは、既判力の及ぶ物的対象・客体のことである。
　判決には、訴状に記載される「請求の趣旨」および「請求の原因」で

第4章　判決および訴訟の終了　*165*

特定された（133条2項1号、民訴規53条1項参照）訴訟物の存否に関する裁判所の判断が示されているが、この判断は、訴訟物（訴訟上の請求）の当否という結論およびその理由付けによって構成される。民事判決書の形式（253条）からこのことを眺めてみると、訴状の請求の趣旨で示された訴訟物の存否についての結論が「主文」（判決主文）に表示され、それに至る理由付けが「理由」（判決理由）に表示される。では、この2つのうちどちらが、既判力によっていわば保護を受ける対象なのであろうか。

（2） 既判力の対象となる判断

　民事訴訟法114条1項の条文では、「主文に包含するものに限り、既判力を有する」という判決書の形式から見た表現が用いられている。これは、「主文における訴訟物の存否に対する最終判断だけが既判力の対象となる」という意味であり、その反対解釈として、「既判力は、判決理由中の判断には生じない」というルールが導き出される。なお、判決主文の記載からは、何がその訴訟の訴訟物であるかがはっきりしないことが多い。特に請求棄却判決では、主文からは不存在と判断された訴訟物はまったくわからない。したがって、既判力の対象となった訴訟物を特定するために、判決理由中の判断を参照する必要がありうる（伊藤・民訴法537頁）。しかし、このことは、判決主文の既判力が及ぶ範囲を特定、確定するために判決理由を参照していることを意味するだけであり、判決理由を主文から独立した既判力の対象と解しているのではない。

（3） 既判力の作用

　訴訟物の存否が既判力の対象となるので、判決が確定した後にその判決が扱ったのと同じ訴訟物について第2の訴えが提起されたならば、第1の訴訟における確定判決の効力である既判力が、第2の訴えに対して作用することになる。すなわち、訴訟物である権利義務関係の有無がいったん判決によって示され、それが確定したならば、それは当事者および裁判所にとって最終判断であり、再度むし返すことは許されないのである。もっとも、「むし返すことが許されない」というのが、理論上どのような意味なのかということは議論がある。たとえば、［ケース］に掲げたAのBに対する売買代金支払請求の訴えで、詐欺による取消しが

認められてAが敗訴したとする。この判決確定後に、改めて同じ訴えをAがBに対して起こした場合、1つの考え方として、訴訟物が同じだから既判力によりこの訴えは不適法になるという理由で訴えを却下するという理解がありうる（三ケ月・全集300頁、松本=上野・民訴617頁以下など）。しかし、通説は、この考え方をとらず、第2の訴訟の本案について裁判所は審理をするが、既判力が作用することで、敗訴者は前の判決の判断に反する主張をすることができず（消極的作用）、裁判所は前の確定判決を前提にして本案判決（通常は請求棄却）をする（積極的作用）と考えている（新堂・新民訴708頁、高橋・重点(上)593頁以下、伊藤・民訴法525頁ほか）。

（4）　先決関係・矛盾関係と既判力の作用

　では、判決確定後に、その判決が対象としたのとは異なる訴訟物を主張する第2の訴えが提起された場合、既判力は作用するのだろうか。原則論からすれば、既判力の対象とならない訴訟上の請求が第2の訴えで立てられたのだから、前の判決の既判力が効力を及ぼすことはない。しかし、通説は、以下の2つの類型について例外的に訴訟物が異なる第2の訴えに対する既判力の作用を求める。

　（ア：先決関係） XはYを相手にしたある不動産の所有権確認の訴えに勝訴した。この判決確定後に、XはYを相手に所有権に基づく同じ不動産の引渡しの訴えを起こした。

　第2の訴えの訴訟物は第1の訴えのそれとはちがうから、既判力の問題にはならないはずである。しかし、第1の訴えの訴訟物が第2の訴えの訴訟物を発生させる法規を適用するための論理的前提となっていることから、第1判決の既判力ある判断を前提にして第2訴訟の審判が行われるという形で、既判力が作用する。

　（イ：矛盾関係） XはYを相手にしたある不動産の所有権確認の訴えに勝訴した。この判決確定後に、YはXを相手に同じ不動産の所有権確認の訴えを起こした。

　この場合は、権利を主張する主体が異なるために、両訴の訴訟物が同一でないことになるから、既判力の問題にはならないはずである。しかし、1つの不動産に完全な所有権が複数両立することはないという民法

上のルールを介在させて、実体法上両立し得ない第2の訴えの訴訟物の主張に対して第1訴訟の判決主文の既判力を及ぼすのである。既判力の作用としては、同じ訴訟物を敗訴当事者が再び主張した場合と同じことになる（なお、矛盾関係や先決関係の具体例は学者の間でも必ずしも一致していない。たとえば中野ほか・講義455頁と伊藤・民訴法526頁、松本＝上野・民訴619頁以下、条解民訴549頁［竹下守夫］以下を比較せよ）。

　ところで、このような判決主文で判断を受けた権利義務関係と第2の訴訟の訴訟物たる権利義務関係との間に認められる実体法的な先決関係や矛盾関係の概念を広めに解釈することができれば、訴訟物が異なるが第1の訴訟と実質的に関連性を有する第2の訴訟に対して既判力を及ぼして、紛争の統一的解決を図ることが可能となる（松本＝上野・民訴621頁）。しかし、日本の大多数の学説は、第1の訴えと第2の訴えの訴訟上の請求相互間の実体法的な論理的関連性のみに基づいて判決主文の既判力を第2の訴えに拡張することには批判的であり、第1の訴えの手続の経緯、当事者の争い方などを考慮に入れた争点効ないし相手方の紛争決着期待を保護する信義則に基づいて、訴訟物が異なる第2の訴えに対して既判力が拡張するのと同様な結果を導き出そうとする（詳しくは本書**16**を参照）。

（5）　判決理由中の判断と既判力──設問1の検討

　「訴訟物の存否に関する判断だけが既判力の対象となる」というルールからは、「前後2つの訴えの訴訟物がまったく異なる場合（かつ先決関係・矛盾関係にない場合）には、既判力が作用することはない」とのルールが導き出される。これを端的に表現すると、「判決理由中の判断が訴訟物に関する判断とは別個独立した既判力の対象になることはない」のである。たとえば、**設問1**で考えてみると、2つの訴えの訴訟物はどのような訴訟物論によっても別個であり、売買代金支払請求権の存否が損害賠償請求権の先決関係に立つことはない。また、AがBに対して売買代金の支払を求めることができないとする第1の訴えに対する判決主文の判断と、BがAに対して損害賠償を請求するという第2の訴えは論理的に矛盾しない。たしかに、第2の訴えと第1の訴えの争点は共通する

が、この争点に対する裁判所の判断は第1判決の判決理由を構成するにすぎず、これには既判力は生じない（既判力の対象ではない）から、Aがこれと矛盾する主張を第2の訴訟ですることは既判力によって妨げられることはない。

　では、どうしてこのようなルールが確立したのだろうか。いくつかの理由がこのルールの合理性を支える。まず、1つの考え方としては、既判力が裁判所の公権的な判断に付与された強制力であることから、広い範囲に効力を及ぼすべきではなく、当事者が意識的に審判対象とした訴訟物についてのみこれを認めれば、当面の当事者間での紛争の解決のためには必要十分である（紛争の相対的解決）という説明がある（中野貞一郎ほか編『民事訴訟法講義（第3版）』〔有斐閣・1995〕491頁、497頁）。また、この原則論が当事者にとって不都合であれば、当事者は先決的法律関係について中間確認の訴え（145条）を利用して、判決理由中で判断される事項を既判力の対象に格上げする途も残されている。さらに、仮に、判決理由で判断されるべき事項に既判力が当然に生じるという制度を作ると、当事者は、主張の不備や判断ミスを犯せば二度と挽回できないという重大な不利益を負う。そうなると、当事者は慎重に争うことになるし、裁判所も判断ミスを修正する機会がなくなるから、設問1の訴訟では売買契約の効力を左右する原因すべてを徹底して審理する必要が生じ、迅速な解決が望めない。

　第2の説明として、裁判所が実体法の審理順序にとらわれない柔軟な対応ができるように判決理由の既判力を否定したといわれることがあるが（新堂・新民訴698頁、高橋・重点(上)630頁）、この点は【2】(2)で説明する。

【2】— 相殺の抗弁

（1）　民事訴訟法114条2項の存在意義——設問2の検討

　以上のような既判力の客観的範囲のルールに対する法律上の例外を定めているのが、114条2項である。この規定の意味を理解するには、もし、この規定が存在しないとしたら、どのような不合理な事態が生じるのかということを考えてみるとよい。

114条2項によれば、被告から相殺の抗弁が主張され、その成否が裁判上判断された場合、判決理由で判断を受けた「自働債権の（基準時における）不存在」の判断に既判力が生じる。つまり、**設問2**では、判決確定後に、被告Bが自働債権として主張した損害賠償請求権について改めて給付訴訟をすることはできない。このルールが適用されるべき場面を場合分けすると、①相殺に供した自働債権が不成立であるとされた場合と、②相殺が有効に認められた場合の2つが問題となる。そして、被告が、判決確定後に、その判決の既判力が及ばないことに基づいてあらためて自働債権について独立して給付訴訟を提起でき、それが認容されるようなことがあれば、①では、原告が被告から得たはずの前訴の訴求債権相当額の利益を奪うことになる。また、②では、被告は原告から相殺によって債権を回収したはずなのに再度同じ債務の履行を要求できてしまうという不当な結果をもたらす。いずれにしても、相殺の抗弁を主張しそれに関して十分な審理判断を受けた被告に対しては、その債権の二重行使を容認するだけの正当な理由は見出すことができないのである。

（2）　相殺の抗弁の審理方法──設問2前段の検討

以上のような強力かつ例外的な判決効の対象となる判断は、相殺の要件について充実した審理が行われた場合にだけその内容上の正当性を肯定でき、したがって既判力によって強行することができる。このことを考慮すると、相殺の抗弁によって請求棄却判決を行うときには、原告Aの被告Bに対する訴求債権（受働債権）が成立していること（詐欺による取消しの抗弁の成否）をまず確認する必要がある。この点の審理は時間がかかるが、だからといって、BのAに対する自働債権（損害賠償請求権）があることは確実だからという理由で、AのBに対する受働債権（売買代金支払請求権）の存否を確認しないで相殺による請求棄却判決をすることは許されない。このような審理を許してしまうと、実は受働債権が認められず相殺の要件が備わっていなかった場合にまで、114条2項の既判力によって、被告Bは原告Aに対して有するはずの損害賠償請求権を訴求することを妨げられるという不利益を負わなければならなくなるからである。

では、ＡのＢに対する売買代金請求訴訟でＢから予備的に弁済の抗弁
が提出されたとする。裁判所は、この抗弁の審理は簡単に決着がつくと
判断して、売買契約の成否は留保し、いずれにしても弁済が成立してい
るので請求は棄却されるとの判決をしてもいいだろうか。売買契約の効
力や弁済の事実は既判力の対象ではない。したがって、この点の判断が
誤っていると考える当事者は、別な請求を立てて争うことができる。こ
の点で、既判力の対象である相殺とは異なる。したがって、理論的には、
請求原因の成否に手をつけないで抗弁の審理を遂げただけで請求棄却判
決をすることが許される。これは、判決理由に既判力がないことによっ
て実体法の論理的順序にとらわれない柔軟かつ迅速な訴訟運営ができる
ことの一例であるといわれており、このことから、判決理由に既判力を
否定するルールには合理性があることがわかる。

（3）　既判力の対象となる判断

　相殺の抗弁の成否について生じる既判力の対象は、114条2項の文言
によれば、判決理由における被告の反対債権の「成立または不成立」の
判断である。しかし、この既判力の基準時は判決主文の既判力と同じく
事実審の口頭弁論終結時であるから、その段階では相殺の意思表示によ
り相殺適状にさかのぼって訴求債権も反対債権もすでに消滅して不存在
であるはずである。したがって、厳密に言えば、相殺の抗弁の成否につ
いて生じる既判力の対象は、基準時における「反対債権の不存在」の判
断であり、相殺の抗弁が認められたかどうかは関係がない（新堂・新民訴
699頁、高橋・重点(上)637頁以下、伊藤・民訴法541頁ほか参照。なお、松本=上野・
民訴628頁は、相殺の抗弁を認めて請求を棄却した判決の本質的な判決理由は基準時
における訴求債権の不存在であり反対債権がもはや存在しないことではないから、
この場合に反対債権の不存在について既判力を及ぼすには114条2項を類推しなけれ
ばならないと解するのが正しいと論じる）。

（4）　既判力の範囲──設問2後段の検討

　次に、既判力が生じる範囲であるが、114条2項の文言によれば、相
殺をもって対抗した額に限られる。設問2では、800万円の訴求債権に
対して800万円の反対債権が対抗されて審理判断を受けたときは、800万

円の不存在が確定される（①・③のケース）。また、800万円の反対債権が対抗されて400万の限度でのみその成立が認められたときは（②のケース）、認定額でなく主張額の800万円の不存在が確定される（高橋・重点(上)640頁、アルマ・民訴347頁）。そのように解さないと、反対債権の二重行使を禁止する立法趣旨が損なわれるからである。

　例を変えて、反対債権が850万円主張され、その成立が認められたときは800万円の限度で既判力が生じる（残額50万円はなお請求できる）。850万円の反対債権全額が不成立と判断された場合は、通説によれば、文言どおり800万円の限度でのみ既判力が生じるとされるが（大判昭和10年8月24日民集14巻1582頁、伊藤・民訴法541頁）、後述【3】(2)(イ)で説明する平成10年最高裁判例の趣旨を考慮すると、対抗額を超える部分（50万円）についても信義則上（新堂・新民訴700頁、高橋・重点(上)640頁は発生原因事実についての争点効を認める。松本＝上野・民訴629頁は既判力とする）主張できないと解することになろう。

【3】── 一部請求と既判力

（1）　一部請求論の射程

　一部請求訴訟における既判力という論点に立ち入る前に、そもそも、数量的に可分な債権のうちその一部分だけを請求することは適法なのかという問題を考えてみる。この問題は主として金銭債権で問題となりうるので、ここでは金銭債権を念頭に置いて説明をする。

　当事者が客観的に請求可能な額のうち一部額に限定してその支払を請求する訴えを提起することがあり、これを一部請求という。金銭債権の一部請求訴訟を原告が選択する動機は多様であるが、請求額にスライドして決まる訴訟費用の節減、請求の当否に対する裁判所の判断を探るなどのほか、損害賠償請求訴訟では一部の損害費目のみを請求して迅速な救済を得ようと考えることもある。一般に、このような訴え提起自体は適法であると解されており、たとえば、1円ずつ分割して訴えるような権利濫用があれば不適法と判断されるにとどまる。

　しかし、一部額に限定した訴えの適法性を肯定しただけでは、問題は

解決しない。さらに考えなければならないのは、一部請求をした原告が
その手続で請求額を拡張することなく、一部額に限定したままで勝訴ま
たは敗訴の判決を得た後に、その判決が確定したにもかかわらず、前訴
で請求をしなかった残額部分を改めて請求することができるのか、とい
う問題である。この問題、つまり、一部請求についての確定判決の効果
が残額請求の訴えに及ぶことがあるのか、及ぶとすればどのような形で
及ぶのかということが、一部請求論の中心的な論点である。

　形式から見ると、原告は請求する金額を限定することによって、前後
で別の訴訟上の請求を立てている形をとるために、訴訟物＝既判力の対
象が2つの訴えで異なるように見える。しかし、実質的に観察すると、
一部請求・残額請求ともに同じ債権を訴訟上主張しており、また、当事
者の争い方次第では債権全額の成否が審理・判断の対象となりうる。こ
の実質・形式両面の食い違いをどのように調和的に扱うのが妥当かとい
う難問がここでの論点であり、一方では、分割請求による救済を求める
原告の意思をどこまで尊重できるかという問題があり、他方では、実質
的に同じ債権の審理に何度も付き合わなければならない相手方および裁
判所（さらにいえば、その背後の納税者、潜在的利用者）の不利益にどのよう
にして配慮するかという問題が生じる。

（2）　残額請求の可否：判例の状況

　一部請求についての議論状況は複雑であり、ここでは学説判例の状況
をすべて紹介することはできない。そこで、判例の状況に絞って紹介を
行う（理論状況については、高橋・重点(上)97頁以下、畑瑞穂・ジュリ争点120頁を
参照）。

　　　(ア)　**明示的一部請求と黙示的一部請求**　　判例は、まず明示的一部請
求かどうかによって、その後の残額請求の可能性が異なるという前提に
立つ。すなわち、一部額に限定した請求であることを全く示さない場合
（黙示的一部請求）は、残額請求は認められない（最判昭和32年6月7日民集
11巻6号948頁。この判決の読み方については、山本弘・百選Ⅱ〔新法対応補正版〕
332頁参照）。しかし、一部額に限定した請求であることを明示した場合
（明示的一部請求）は、一部額に訴訟物が限定されるので、残額請求に対

して既判力による遮断の効果が及ぶことはない（最判昭和37年8月10日民集16巻8号1720頁）。

　(イ)　**明示的一部請求を棄却する判決確定後の処理——設問3前段の検討**
明示的一部請求訴訟では、一部額が訴訟物となるから、請求棄却判決の既判力も一部額に限定され、残額請求が妨げられることはないというのが論理的な帰結である。しかし、たとえば、請求原因自体が争われた場合は、一部請求訴訟といっても、債権そのものの成否が審理されることになる。また、債務が一部額を超えて消滅しているとの抗弁が提出されこれを原告が争う場合は、原告の請求をそのまま認容できるかどうか、つまり、一部額を超えて債権がどの程度まで存在しているのかが争点となる（この点については【4】(1)参照）。そして、審理の結果、残額は一切存在しないかまたは一部額の上限に及ばないと判断されて全部または一部棄却判決がされたにもかかわらず、なおも残額請求ができるというのは当事者間の公平を欠く。そこで、判例は、請求棄却という判断によって紛争は債権全体について解決済みであり、もはや残額請求をされることはないという信頼が相手方に生じたことに基づいて信義則により残額請求を遮断する（最判平成10年6月12日民集52巻4号1147頁）。これは、信義則によってこの問題を規律する先行学説に強い影響を受けたものであろうと推測されるが、上記の判例は、個別事件の具体的事情を考慮して信義則の適用の可能性を考えるのではなく、棄却判決を受けた原告が残額請求を試みること自体が原則的に信義則に反すると解する点に大きな特徴がある（越山和広・法教385号144頁以下参照）。設問3前段では、詐欺による取消しの抗弁が争点となった結果、Aの主張する債権全体の成否が審理対象となり、抗弁が認められて請求が全部棄却されたのだから、判例によれば、Aの残額請求の後訴は信義則により排斥される（判例によれば訴えは却下となる）。

　(ウ)　**明示的一部請求を認容する判決確定後の処理——設問3後段の検討**
　判例では、一部額と残額とでは別個の訴訟物を構成することになるから、残額請求は遮断されない（前掲の最判昭和37年8月10日はこの例と解されている）。また、この場合、信義則違反という問題は通常生じないはずで

ある。なぜならば、一部請求を全部認容する判決は、とりあえず一部額の存在が肯定できれば行うことができるのであり、債権全体の額を確定する必要はないからである。

　なお、一部請求の訴えがあっても、残部請求について裁判上の請求による時効の完成猶予の効果（民新147条1項1号）は得られない（最判昭和45年7月24日民集24巻7号1177頁）。しかし、一部請求の訴えが係属している間は残部請求について裁判上の催告（民新147条1項かっこ書参照）が継続しているので（最判平成25年6月6日民集67巻5号1208頁）、一部請求訴訟の係属中に請求を拡張するか、一部請求を認容する判決の確定後6か月以内に残部請求の訴えを提起すれば、残部請求についても時効の完成が猶予される。

【4】── 一部請求と相殺・既判力

　明示的一部請求訴訟で、被告から相殺の抗弁が提出された場合、どのように扱うことになるのだろうか。判例およびそれを支持する見解によって説明する。

（1）　相殺の抗弁の審理方法──設問4前段の検討

　設問4で考えると、判例（最判平成6年11月22日民集48巻7号1355頁）は、「まず、当該債権の総額を確定し、その額から自働債権の額を控除した残存額を算定した上、原告の請求に係る一部請求の額が残存額の範囲内であるときはそのまま認容し、残存額を超えるときはその残存額の限度でこれを認容すべきである」とする（過失相殺でも同様の処理方法となる。最判昭和48年4月5日民集27巻3号419頁）。したがって、一部請求であってもそれを超えた債権総額を確定することになり、それがAの主張どおり800万円であったとすると、次に自働（反対）債権の額を算定しその金額を800万円から控除する。その残額が一部請求額の600万円に達しなければ、その限度で原告の請求は一部認容される。他方、自働債権を控除した残額が一部請求額を上回るならば、全部認容判決をすることになる。このような処理方法を外側説という。

　一部請求の場合に一部額が訴訟物になるとすれば、一部額に対しての

み相殺の抗弁を対抗させるのが論理的である（内側説）。しかし、判例および多数説は、少なくとも請求額の限度で債権が現存すると期待して一部請求をするのが原告の意思であるとして、外側説がこれと最も整合的であると解している。

（2）　既判力の範囲──設問4後段の検討

では、114条2項の既判力の範囲はどうなるのだろうか。前掲平成6年最判は、「（明示の）一部請求の額を超える範囲の自働債権の存否については既判力を生じない」としている。これを前提とする見解（水上敏・平成6年最判解民584頁、裁判所職員総合研修所監修『民事訴訟法講義案（三訂版）』〔司法協会・2016〕283頁、藤田広美『解析民事訴訟（第2版）』〔東京大学出版会・2013〕396頁以下の図表）は、一部請求では一部額のみが既判力の対象となるのであって、残額部分は審理の対象となっても既判力の対象にはならないという観点から、**設問4** ①では、当初から不存在である200万円部分（600万円マイナス400万円）と600万の一部請求を一部棄却に導いた200万円の部分が既判力の対象となるとする。他方、②では、もともと存在していなかった部分のうち400万円部分（相殺によって対抗したが棄却を導くことができなかった部分）が既判力の対象となるが、100万円分は既判力の対象とならない請求総額の外側を縮小させるだけだから、少なくともその部分には114条2項の既判力も及ばないとする。

【図】

債 権 全 額　800万円	
一部請求額　600万円	残額200万円

相殺対抗額　600万円

① 400万円認めた場合

600万円		200万円
200万円	200万円	200万円

　　　　　不存在について既判力が生じる　既判力は生じない

② 100万円認めた場合

600万円		200万円
400万円		100万円	100万円

　　　　　不存在について既判力が生じる　既判力は生じない

※相殺に供した債権　実線＝認められた部分
　　　　　　　　　　点線＝もともとなかった部分

発 展 問 題

1.【4】(2)の説明にはまったく問題がありえないかどうかを検討しなさい。

[発展問題のヒント]

1.【4】(2)の説明は、訴求債権について既判力が生じる範囲と反対債権について既判力が生じる範囲を対応させる。しかし、相殺の抗弁によって一部請求が全部または一部棄却されたときは残額請求がもはやできないとすれば、反対債権全額についても二重行使が禁止されると解することはできないか（設問4①）。また、外側説によって審理された以上、相殺の抗弁によって一部請求を全部または一部棄却に導けなかった場合でも、反対債権全額について再度主張できないと解してもおかしくないようにも思われる（設問4②）。さらに、反対債権自体が不成立であるとして一部請求が認容されたときの114条2項の既判力の範囲も、設問4①と同じく400万円となるのだろうか。さしあたり、以上の指摘の当否を検討してほしい。より高度な議論については、山本弘「明示一部請求に対する相殺の抗弁と民訴法114条2項の既判力」井上治典先生追悼論文集『民事紛争と手続理論の現在』〔法律文化社・2008〕

第4章　判決および訴訟の終了　*177*

439頁以下および高橋・重点(上)120頁以下、八田卓也・百選〔第 5 版〕236頁を参照。

◎ ◎ ◎ **参 考 文 献** ◎ ◎ ◎

本文中に掲げたもの。

（越山　和広）

15)) 既判力の主観的範囲

既判力は誰に及ぶのか。通常の民事訴訟が弁論主義や処分権主義など
の当事者主義に基づいて審理されることからすると、訴訟当事者にのみ及
ぶことを原則とするのであるが、それ以外の第三者に既判力が及ぶ場合が
ある（115条1項2～4号）。ここでは、口頭弁論終結後の承継人に既判力が
及ぶ場合（同条項3号）を中心にその意味を考えてみる。また、既判力と
は異なる判決効として反射効が議論されているが、その意義やこれを認め
ることの是非を検討する。

ケース

　Xは、その所有する土地をYに賃貸した。Yはこの土地の上に建物を
たてて、その保存登記をしたうえで、そこに住んでいた。しかしYは、
月々支払うことになっていた土地の賃料の支払を怠るようになった。X
はYに対して、再三にわたり賃料の支払を要求したところ、Yも初めの
うちは遅れがちに賃料の支払に応じていたのであるが、とうとうその支
払がなされなくなったので、Xは、Yにこの土地から出ていってもらっ
て、もとの更地だった状態に戻してほしいと考えるようになった。その
ためXとYとの間で交渉が行われたが、なかなからちがあかず、話し合
いがつかなかった。そこでXは、正式な法的手段をとってYとの賃貸借
契約を解除しようと決意して、Yに内容証明郵便を送り、催告をした上
で、解除の意思表示をした。それでもYは建物を引き払ってこの土地を
更地にしてXに戻すことをしなかったので、Xは、Yを相手に、建物収
去土地明渡を求める訴えを提起した。Xの請求は認容され、Yに対して
建物収去土地明渡を命ずる判決が確定した。ところが、この訴訟の口頭
弁論終結後に、Yは本件土地の上の建物をZに売却して、この土地から
出ていき、現在はZがこの建物に居住していることが判明した。

第4章　判決および訴訟の終了　　*179*

······················ 設問 ······················
　XがYに対して得た、Xの請求を認容する確定判決の既判力は、Zにも及ぶか。ZがXとYの間で訴訟が行われていることを知っていた場合と、知らなかった場合とで区別すべきか。
··

解説

　既判力は当事者に及ぶという相対効が原則である。弁論主義、処分権主義といった当事者主義の審理原則により行われた訴訟である以上、第三者に対して、その関与なしに判決の効力を及ぼすべきではないからである。既判力は法的安定を根拠とするものであるが、当事者の手続保障がその正当化根拠とされていることの表れでもある。しかしそうすると本件のように口頭弁論終結後に係争建物が譲渡され、土地の占有者に変更があった場合、被告に対して給付判決を得ても、建物譲受人に対してその効力は及ばない。しかたなく譲受人を相手にあらためて（所有権に基づく）同一内容の訴えを提起したとしても、その訴訟の口頭弁論終結後に同じことが繰り返されないとも限らない。それでは時間と費用、労力をかけて獲得した判決の意義が大幅に減殺されてしまう。口頭弁論終結後に相続や会社の合併といった一般承継が生じた場合には、承継人に既判力を及ぼすことは理論的な説明が比較的容易かもしれないが、本件のような特定承継では、承継人への既判力拡張は、当然のことといえず立法的な解決が必要である。そこで大正15年の民事訴訟法の改正により、115条1項3号の規定が新設され、口頭弁論終結後に特定承継がなされた場合にも、承継人に既判力が拡張されることになった（口頭弁論終結前であれば、訴訟承継主義をとる日本においては、原則的として訴訟承継の問題になる）。これは政策的理由に基づく1つの立法的な決断であった。しかしこの口頭弁論終結後の承継人という概念は、どの範囲の者を指すのか必ずしも明らかではない。そこでこの概念に関するいくつかの考え方を学ぶ必要がある。

【1】― 依存関係説か適格承継説か紛争の主体たる　地位の承継説か

（1）　口頭弁論終結後の特定承継といってもさまざまな態様が考えられる。単純な例としては、原告あるいは被告から、口頭弁論終結後に訴訟物たる権利義務を承継した者がまず挙げられる。この権利義務の承継に際しては、すでにそれをめぐる訴訟追行が行われていれば、その結果である訴訟上の効果もこれに付着して承継人に及ぶと考えられる。これと同じように、本件のように単に係争物の譲渡を受けた特定承継人についても、前主との実体法上の関係を基準にして、訴訟追行の結果を含めてその権利義務を伝来的に取得した者として承継人であるとする見解が存在する。これは前主の地位への依存関係と捉えることから依存関係説（ないしは従属関係説）と呼ばれる（伊藤・民訴法553頁、上田徹一郎『判決効の範囲』〔有斐閣・1985〕32頁、笠井正俊「口頭弁論終結後の承継人に対して判決効が作用する場面について」松本・古稀564頁など。なお松本＝上野・民訴651頁は実体適格の承継を基準とする）。これによれば、本件では、Ｙから本件建物を譲り受けたＺは、Ｙとの実体法上の依存関係に基づき、Ｙの収去義務を争うことができなくなると説明される。しかしこの依存関係説は、後に見るように、附従性の意味で反射効の議論でも用いられ、その内容は一義的に明確であるというわけではない。また実体法上の依存関係がなにゆえ手続法上の効力と結びつくのか、形式的当事者概念や既判力本質論における訴訟法説との関係などより立ち入った説明が必要であるように思われる。そこで、口頭弁論終結後の承継人とは、口頭弁論終結後に当事者適格を承継した者と捉える見解が有力である。すなわち、建物収去土地明渡請求における被告適格は、係争土地上の建物を所有することによって土地を占有する者が有する。したがってその建物の所有権が口頭弁論終結後に第三者に移転した場合、新たに土地の占有者となった者に被告適格が移転する。このように被告適格（あるいは原告適格）の承継がある場合に、口頭弁論終結後の承継人にあたり、この者に既判力が拡張されるのであると説明することから、適格承継説と呼ばれる（山木戸克己「訴

訟物たる実体法上の関係の承継」法セ30号44頁、小山昇『判決効の研究』〔信山社・1990〕168頁）。これは、口頭弁論終結後の承継人という訴訟法上の概念を訴訟法的に説明したものである。もっとも当事者適格は、訴訟物との関係で決まるとされていることから、適格承継説を次のような場面でも使うことができるかの疑問が生じる。すなわち、Ｚが口頭弁論終結後に本件建物を譲り受けたのではなく、Ｙから賃借したという場合である。現に占有しているのはＺであるから、Ｚが明渡訴訟についての被告適格を持つことは問題ないが、Ｚは建物の所有者ではないので、建物収去請求の被告適格を承継したとは言い難い。しかしこの場合でも、ＸＹ間に生じた既判力をＺに及ぼして、ＺがＹの収去義務を争うことを封じる必要がある。そこで、当事者適格の承継という訴訟物に限定される狭い概念ではなく、紛争の主体たる地位の承継を基準にして、口頭弁論終結後の承継人とするとの見解が主張されている（新堂・民訴701頁、最判昭和41年3月22日民集20巻3号484頁も参照）。もっとも、この概念も必ずしも明確であるとはいえないように思われる。さらに適格承継説は、前主から占有の移転を受けた者が、土地の明渡訴訟における被告適格を承継することをもって口頭弁論終結後の承継人とするのであって、訴訟物の同一を前提にして、前主の被告たる地位が、そのまま承継人に移転する場合のみを想定していたわけではないことに注意する必要がある（小山・前掲175頁）。この適格承継説に対しては、当事者適格の概念が、訴訟追行を前提とするものであることからすると、訴訟承継の場合にはふさわしいとしても、遮断効の根拠となる口頭弁論終結後の承継人の基準概念としては適切ではないとの批判がある（伊藤・民訴法557頁）。立法による政策的な決断の理論的な根拠をどのように説明するのか、どの理論も今のところはっきりとした決め手を欠いている状況である（私見については、本間靖規「口頭弁論終結後の承継人に関する覚書」上野・古稀389頁参照）。

　（2）　Ｚが本件建物を譲り受けたときに、ＸＹ間に訴訟が係属していたことを知らなかった場合でも、既判力の拡張を受けるのか。Ｚが訴訟の存在を知らなかったときには、思わぬ不利益を受けることになるので、Ｚを保護する必要があるとも考えられるが、既判力の拡張が、これを受

ける第三者の主観によって左右されることは好ましくなく、また3号は、
Yとの間で確定（給付）判決を得たXの安定的権利確保のための立法的決
断であったことを考えると、Zがたとえ訴訟の存在を知らなかったとい
う場合でも、Zに対する既判力の拡張は動かないものとすべきであろう。
そのように考えるのが一般である（伊藤・民訴法557頁、高橋・重点(上)690頁、698頁）。

〔2〕― 物権的請求権と債権的請求権で違いがあるか

　本件でXの提起した訴えの請求原因が所有権に基づくものであったか、
賃貸借関係の終了に基づくものであったかによって、Zに対する既判力
の拡張が左右されるとの議論がある。後者であれば、訴訟物は債権的請
求権であるので、契約の当事者ではないZには既判力は拡張されないと
するものである（兼子・体系345頁、中田淳一「既判力（執行力）の主観的範囲」中
田淳一・三ケ月章編『民事訴訟法演習(旧版)I』〔有斐閣・1963〕20頁）。これを
受けてか、請求原因が債権関係に基づくものであっても、背後に所有権
等の物権を担う取戻（ないし返還）請求権であるか、単に債権関係のみし
か存在しないことを前提とする交付請求権であるかによって、第三者へ
の既判力拡張を区別すべきであるとの見解も見られたところであった
（三ケ月・研究(1)285頁）。しかし、後者であるとしても、Yから占有の移転
を受けたZが、Y敗訴の後、Xに対しあらためてYの義務の存在を争う
ことができるというのは、妥当な議論とはいえないように思われる。学
説もこの区別を問題とせずに、既判力拡張を論じるものが多い（伊藤・
民訴法559頁、高橋・重点(上)691頁参照）。判例も訴訟物の法的性質による区別
を意識していない（大判昭和5年4月24日民集9巻415頁、最判昭和26年4月13
日民集5巻5号242頁）。また、物権的請求権であっても、承継人（新たな占
有者や登記を取得した者）に対する請求権が新たに生じるものといえるこ
とを考えると既判力の拡張が当然のこととはいえない（山本克己・百選
〔第5版〕185頁参照）。この場合にも既判力の拡張を認めることには政策的
判断が入り込む。そして多数説はこれを肯定している（要件事実の観点か
ら訴訟物たる権利義務の承継以外のところで既判力の拡張を認めることについて消
極的な見解が存する。丹野達・民事法拾遺〔酒井書店・2014〕207頁。また山本弘

「弁論終結後の承継人に対する既判力の拡張に関する覚書」伊藤・古稀683頁は、Yに対する物権的請求権を訴訟物とする前訴判決の既判力を異別の物権的請求となるZに対する後訴に拡張することは、前訴訴訟物を後訴訴訟物の先決的法律関係と擬制することになって実体法の書き換えに当たると批判する。しかし115条1項3号は、もともと訴訟物が異なる場面において既判力の拡張を認めて勝訴当事者の既判力の利益保持を図ることを趣旨とする訴訟政策的規定であり、既判力の作用と密接に関わる問題であるが、これと要件事実との整合性を要求することの意義が問われるところ、その点は必ずしも明確にされてはいないように思われる）。

【3】— 形式説と実質説——既判力拡張の意味

　本件でZにXY間の訴訟の既判力が拡張されることの意味が問題である。そしてこれが問題となるのは、ZにYに由来しない固有の抗弁が存する場合である。以下では、本件事案から離れて、形式説と実質説の違いが浮き彫りになる例を挙げてみよう。XがYを相手に、虚偽表示に基づく真正な登記名義の回復のための移転登記手続を求める訴えを提起したところ、その口頭弁論終結後にYからZが目的不動産を譲り受け、移転登記をすませた。適格承継説で説明すると、移転登記手続請求の被告適格は、現に登記名義を有する者であるから、本件不動産の登記がYからZに移転することによって、Zに被告適格が承継されたことになる。そうするとXの請求を認容する判決の効力は、Zに拡張されると帰結されることになる。ところが、Zが善意でYから目的不動産を譲り受けた場合、Zは民法94条2項の第三者として保護されるはずである。それにもかかわらず、ZにXの請求を認容する判決の既判力が拡張されるのは、妥当ではないのではないかが問題となる。これと類似の事案で、最高裁は、Zへの既判力の拡張を否定した（最判昭和48年6月21日民集27巻6号712頁。事案は、ZからXに対して提起された、所有権確認ならびに移転登記請求である）。判旨を見てみよう。「Xは、本件土地につきY名義でなされた前記所有権取得登記が、通謀虚偽表示によるもので無効であることを、善意の第三者であるZに対抗することはできないものであるから、Zは本件土地を取得するに至ったものであるというべきである。このことはXと

訴外Ｙとの間の前記確定判決の存在によって左右されない」。この判旨によれば、Ｘが前訴で得た請求認容判決の既判力が、Ｚに及ぶかは、Ｚが善意の第三者にあたるかどうかにかかることになる（もっとも判旨を厳密に読めば、Ｘは虚偽表示による無効を善意の第三者であるＺに対抗することはできないから、Ｚが所有権を取得したことについては、ＸＹ間の訴訟の確定判決の存在によって左右されない、といっただけであって、これを後述の実質説と読めるかは明らかではないとの指摘もある。中野・論点Ⅰ219頁）。このように善意の第三者や善意取得など承継人に固有の抗弁が成立する場合には、既判力が拡張されることはないとする見解を実質説と呼ぶ（上田・前掲32頁）。これに対しては、既判力の拡張が、Ｚの主観（善意か否か）に左右されることは、既判力制度の不安定を招くことになるのではないかの疑問が生じる。加えて、ＸＹ間の既判力がＺに拡張されることの意味は、Ｙが既判力によって遮断される事由をＺも持ち出すことができなくなるにとどまり、Ｚに固有の抗弁（民法94条２項の善意の第三者にあたる等）まで遮断されるわけではない（ただし、Ｙが既判力によって遮断される主張の範囲は必ずしも明確ではない。争点についての蒸し返しを許さないことを遮断効の範囲をとして捉えるか、そこからはずれるものとして争点効ないしは信義則の問題が残るのみと捉えるか〔既判力の積極的作用と消極的作用の関係〕、これがＺに対する既判力の拡張の範囲と係わりを持つことになるかなどは、本稿によっても重要な問題であるが、この問題に立ち入る余裕がない。これについては、越山和広・実務民訴講座［第３期］③301頁、長谷部由起子「口頭弁論終結後の承継人の訴訟上の地位」上野・古稀371頁、鶴田滋「既判力の失権効と要件事実——口頭弁論終結後の承継人への既判力拡張・補論」上野古稀353頁などを参照してほしい）。Ｚはこれを主張、証明して、Ｘに対抗することは妨げられない。したがってＺに対する既判力の拡張は、Ｚに固有の抗弁を主張する機会が保障される限り、Ｚに不当に不利益を及ぼすものではないとの見解を形式説と呼ぶ（嚆矢は、山木戸・前掲論文46頁、小山・前掲173頁）。これもまた115条１項３号の立法的決断の範囲を画する基準の議論であり、いずれも理論的には成り立つものである。しかし、既判力が及ぶか否かを、Ｚの固有の抗弁の主張立証に係らせるのは、既判力の安定性を害することになり、また既判力の職権調

査性に反するともいえることを考えると、形式説が妥当なのではなかろうか（高橋・重点㊤701頁、この場合、上野泰男「既判力の主観的範囲に関する一考察」関大法学論集41巻3号395頁に倣って、承継人に対する請求権が前主のそれと同一のものと擬制すると説明することになる）。そしてこれを妥当とする見解に立てば、【2】の議論も解消すると思われる。

【4】─ 反射効とはどのようなものか

　反射効とはどのようなものか。これと既判力の拡張とはどのような関係にあるのか。事例を挙げて考えてみよう。XがYに対し、金銭を貸し付け、これについてZが連帯保証人になったとする。Yが履行期に支払を怠ったとして、XはYに対し、貸金返還を求める訴えを提起したところ、Yは弁済の抗弁を主張した。審理の結果、Yの抗弁が認められてXの請求を棄却する判決が確定したとする。Yから支払を受けることができなくなったXは、Zに保証債務の支払を求める訴えを提起した。Zとしては、XY間の訴訟でYが勝訴した以上、連帯保証人が支払を迫られる理由はないとして、前訴判決を援用してXの請求を退けたいと考えるが、さて、XY間の判決の効力は、XZ間の訴訟にどのように及ぶのであろうか。

　既判力の本質論を思い出してほしい。実体法説は、既判力の内容どおりに実体法関係が変更を受けるというものであった。これによれば、XY間でXの請求を棄却する判決が確定すると、Yの主たる債務がその時点で存在しなくなるという効果を持つ。これが保証債務の附従性（民448条）により、Zの保証債務の不存在へとつながり、Zはこの前訴判決を援用することによって、Zに対するXの請求を棄却へと導くことができる。判決の既判力によって、はじめて当事者間の実体法関係が実在するに至るとする権利実在説でも、同じ論理でZはXの請求を退けることができることになる（ただし実体法説や権利実在説に立つとしても既判力の相対効に変わりはないから、単に説明がより容易になるにすぎないことに注意を要する）。そこで権利実在説を前提にして、保証人による前訴判決の援用を認める見解がある（兼子・体系352頁。これによれば、一般に当事者間で自由に処分でき

る権利関係について、確定判決があったときは、その既判力の標準時に、当事者間の契約で判決通りに処分したのと同様に見て、第三者が当事者間の関係を判定すべき場合は、既判力で確定されたところに従って取り扱わなければならないとする）。

このような考え方によると、保証人に及ぶ効果は既判力そのもののように思われるが、主債務者に対する前訴と連帯保証人に対する後訴では、訴訟物が異なるし、保証人の援用は、実体法の条文を根拠として認められるものであることから、これを既判力と区別して反射効と呼んだのである。そうすると既判力が職権調査事項であるのに対して、反射効は保証人による援用を必要とするものであるという違いも説明できる。また、保証債務の附従性が、片面的であることから、保証人に不利な前訴の請求を認容する判決の効果は、保証人には及ばない（債権者がこれを援用することは認めない）との帰結にもつながる。このように実体法説ないし権利実在説によれば、反射効は説明しやすいものであった。

　既判力本質論における通説である訴訟法説ではどうであろうか。訴訟法説は、既判力は実体法関係とは無関係に後訴裁判所への拘束力であるとする。これによって矛盾のない裁判を確保することを目的とすると説明する。これによれば、前訴で主たる債務者Ｙが勝訴したからといって、主たる債務の不存在という実体法上の効果は生じない。既判力が実体法と何ら関係のないものであれば、前訴と後訴で訴訟物が異なり、かつ保証人は、前述の事例のような口頭弁論終結後の承継人にあたるともいえないことから、保証人に対する判決の効力は認められないのではないかと思われる。現に、訴訟法説を前提として、反射効を否定する見解が主張されている（三ケ月・全集35頁、伊藤・民訴法582頁）。しかし、もし反射効を否定すれば、ＸＺ間の訴訟では、Ｚが敗訴することになりかねず、そうなるとＺはＹに対して求償を求める訴えを提起することが予想される。そこでもしＹが敗訴することにでもなれば、ＸＹ間の訴訟でＹが勝訴した意味がなくなってしまうことから、落ち着きの悪い結果を招くことになる。これを断ち切るためには、やはりＺの前訴判決の援用を認める必要がある。そこで訴訟法説を前提としながらも、既判力とは区別された効果（反射効）を認める見解が主張されている。ここでは保証債務

の附従性（ないしは依存関係）という実体法関係だけではこの効果を認めることは困難であることから、既判力の第三者に対する拡張規定（115条1項）の背後にある考え方すなわち、①権利関係安定への強い要求、②手続保障をするだけの実質的利益の欠缺、③代替的手続保障などを類推して、保証人に前訴判決の効果を及ぼすことができるかを検討しこれを肯定する議論を展開する（高橋・重点(上)755頁、提龍弥・ジュリ争点243頁、野村秀敏・実務民訴講座〔第3期〕363頁参照。保証事例では特に①、③が重要）。もっともこの根拠を持ち出すと既判力拡張と反射効の区別が難しくなる。反射効は既判力拡張に他ならないとの見解が主張されるゆえんである（鈴木正裕「判決の反射的効果」判タ261号2頁、竹下守夫「判決の反射的効果についての覚書」一橋論叢95巻1号30頁、本間靖規「反射効について——根拠論を中心に」松本・古稀611頁参照）。難しい問題であるが、反射効の事例に民訴115条1項の直接適用ができず、援用が必要であると考える限り、反射効の存在意義はあることになる。なお、依存関係の片面性を保証人の手続保障に反映させるとすると、債権者の請求を棄却する判決の反射効は保証人に及ぶが、これを認容する判決の反射効は、保証人に及ばないと解することになる。しかし訴訟法説を前提とする限り、債権者の連帯保証人に対する請求を認容する判決が確定した後、債権者の債務者に対する請求を棄却する判決が確定しても、保証人はこれを請求異議事由とすることは難しくなる（最判昭和51年10月21日民集30巻9号903頁参照）。

発展問題

1．本件事例で、ZがYから本件建物を譲り受けたのは、ＸＹ間の訴訟の口頭弁論終結前であったが、その移転登記は口頭弁論終結後であった場合、Zは口頭弁論終結後の承継人にあたるか。

2．Zは、Yが出て行った後、Yと何らの契約関係なく、Yの建物を占有するにいたった者である場合、ＸＹ間の判決の既判力はZに及ぶか。利益衡量的には、既判力の拡張を認めるべきようにも思われるが、YとZの間に何らの承継関係もないことから解釈論として、115条1項3号の適用が可能かを考えてみよ。

3．ＸのＹ会社に対する強制執行を回避する目的で、Yの営業設備等を承継して同種の事業を営むZ会社が設立され、これに法人格否認の法理が適用される場合、ＸのＹに対する損害賠償請求を認容する確定判決の既判力はZに及ぶか。

4. ①債権者と連帯債務者の一人の間の訴訟で連帯債務者が勝訴した判決の効力は他の連帯債務者に及ぶか、また②賃貸人の賃借人に対する判決の効果は転借人に及ぶか。③債権者の持分会社（合名会社）に対する判決の効果は社員に及ぶか。

[発展問題のヒント]

1. については、対抗問題ではないが、対抗要件を承継人の基準として使うべきかが問われる。高橋・重点(上)699頁、上原敏夫・ジュリ争点231頁、越山和広「物権・物権的請求権を訴訟物とする訴訟と既判力標準時後の承継の成立時期」法学研究」（慶應）83巻1号305頁参照。

2. については、積極説として、村松俊夫「訴訟と執行からみた占有の承継」法学新法68巻7号463頁があるが、学説はおおむね消極である。

3. について、最判昭和53年9月14日判時906号88頁は、この問題を消極的に解しているが、学説は、積極に解するものが多い。依存関係説を使うことができないか、その是非などを考えてみよ。

4. ①については、最判昭和53年3月23日判時886号35頁参照。②については、最判昭和31年7月20日民集10巻8号965頁参照。反射効を肯定する学説も効力の拡張を否定するこれらの判例におおむね賛成する。その理由を考えてみよ。③については、会社法581条の解釈が問題となる。提・ジュリ争点242頁、松本=上野659頁、松本博之『既判力理論の再検討』〔信山社・2006〕293頁参照。

◇◇◇ **参 考 文 献** ◇◇◇

本文中に掲げたものの他、コンメⅡ481頁以下、伊藤眞=加藤新太郎=山本和彦『民事訴訟法の論争』〔有斐閣・2007〕74頁、加波眞一・徳田古稀385頁、永井博史「口頭弁論終結後の継承人についての素描──承継人に対する「確定判決の効力」の及び方」伊藤眞=上野㤗男=加藤哲夫編『民事手続における法と実践（栂善夫先生・遠藤賢治先生古稀祝賀）』〔成文堂・2014〕613頁、池田恵・同志社法学66巻5号129頁などが有益である。

（本間　靖規）

16 争点効・信義則

　民事訴訟は、調停や仲裁などの紛争解決手続が紛争当事者の合意に基づくものであるのに対し、紛争当事者の合意に基づかない強制的な紛争解決制度であり、紛争解決の終局性を確保するために、確定判決には、給付、確認、形成という訴えの類型を問わず、既判力なる効力が付与されている。

　しかし、既判力は、手続内在的制約や政策的判断などから、その範囲は限界づけられている。本講においては、政策的判断から、いわば抽象的なレベルで1回の訴訟での紛争解決機能拡大の要請と審理の便宜等の要請との最適な調整の結果として判決主文中の判断に限定された既判力の客観的範囲につき、いわば現実の具体的な訴訟経過によって調整する必要はないか、必要があるとして、いかなる理論構成によるべきかを探ってみよう。

ケース

　Yらの先代Aは、訴外Bから期限を定めずに、金3,500万円を借り受けるに際して、A所有の土地（以下、「本件土地」という）につきBのために代物弁済予約および抵当権設定契約をなし、停止条件付所有権移転請求権保全の仮登記および抵当権設定登記を経由した。その後、Bは、Aが事業不振により金500万円を弁済しただけで利息さえ支払えない状況に陥ったため、Aが元利金を返済すれば、本件土地をAに返還する意思のもとに、本件代物弁済予約の完結権を行使し、本件土地についてBのために上記仮登記に基づく本登記を経由した。しかしながら、Aは、2年4か月余りを経過しても元利金を返済することができなかったため、Bとの間において、AのBに対する本件借受金債務の弁済に代えて、本件土地の所有権を確定的にBに移転させることに合意し、Bにその旨を記載した確認書を差し入れた。

Xは、本件土地をBから買い受け、自己名義に所有権移転登記を経由したうえで、本件土地上に建物を所有し本件土地を占有しているYらに対して、土地所有権に基づき建物収去土地明渡しを求めて本訴を提起した。

　ところで、本訴に先立ち、Aは、Xを相手取り、Bから上記金員を弁済期の定めなく借り受け、Bのために本件土地を売渡担保に供したものであるが、ABおよびX間で協議をし、本件土地の所有名義をXに移し、XがAのためBにAの残債務金3,000万円を代払いし、AにおいてXからの下請工事代金のうちから適宜弁済する旨の債権者の交代による債務の更改をなし、その後、AはXに対し金3,000万円の弁済を提供しており、また、同額以上のXに対する下請工事代金債権を有しているとして、本件土地所有権に基づき所有権移転登記手続をなすことを求めて前訴を提起した。しかしながら、A主張に係る請求原因事実は認められないとして請求を棄却する判決が下され、Aは控訴、上告したものの、結局、いずれも棄却され、前訴判決は確定していた。

・・・・・・・・・・・・・・・・・・・・・・・・・・ 設問 ・・・・・・・・・・・・・・・・・・・・・・・・・・

　1．本訴において、Yらは、前訴においてAが請求原因事実として主張したものの、裁判所により審理の結果、そのような事実は認められないとして排斥された事実を再度主張して、Xの本訴請求を争うことは前訴判決の既判力に触れないか？

　2．前訴判決の既判力に触れないとしても、Yらが前訴においてAが請求原因事実として主張した事実と同一の事実を再度主張することは許されないのではないか？

　なお、前訴において、Aが第1審判決に対し、控訴したものの、控訴を取り下げ、第1審判決が確定していた場合はどうか？

　3．本訴において、Yらが、前訴ではAによって主張されなかった、「AB間の本件代物弁済契約またはその予約は、Aの窮状に乗じてなされた著しい暴利行為であって、公序良俗に反し無効である」との主張をし、Xの本訴における請求を争うことは許されるか？

・・

解 説

【1】― 設問1について

（1） 相続人と既判力の主観的範囲

　既判力の客観的範囲を検討する前に、そもそも、前訴判決の既判力が、前訴の当事者でなかったYらにも及ぶものかについて確認しておく必要がある。前訴の当事者でなかったYらに前訴判決の既判力（判決効）が及ばないのであれば、既判力（判決効）の客観的範囲について論じてみても意味がないからである。

　民事訴訟における確定判決の効力は、訴訟当事者間に及ぶのが原則であるが、当事者のほか、利益帰属主体や請求の目的物の所持者とともに、口頭弁論終結後の承継人についても、確定判決の既判力が拡張されるものと定められている（115条1項）。Aの相続人たるYらは、前訴判決の口頭弁論終結後のAの一般承継人であり、前訴判決の既判力（判決効）を拡張される第三者にあたる（115条1項3号。なお、A死亡による相続開始が、前訴の口頭弁論終結前であれば、訴訟手続の中断・受継（124条）の問題となる）。

（2） 既判力の客観的範囲と判決主文中判断限定の理由

　既判力の客観的範囲については、判決主文中の判断に限定される（114条1項）ものとされ、判決主文中の判断が訴訟物たる権利関係についての裁判所の判断であることから、「訴訟物＝判決主文中の判断＝既判力の客観的範囲」という図式が伝統的に維持されてきた。

　このように、既判力の客観的範囲が、判決主文中の判断に限定されたのは、当事者が意識的に紛争の対象として審判を求めた訴訟物たる権利関係の存否の判断に既判力を認めることが、当事者の意図に沿うとともに、当面の紛争を解決するのに十分であるからであった。しかも、既判力の客観的範囲を判決主文中の判断に限定することにより、当事者は前提問題についてはある程度自由に処分（些細な点については自白）することができ、また裁判所も実体法における論理的順序に従うことなく結論に到達しやすい理由により判決を下すことが可能となるのであり、既判力

16 争点効・信義則

を判決主文中の判断に限定したことには相当の合理性があったといえる（既判力の客観的範囲を判決主文中の判断に限定した制度的建前のもとでは、裁判所は、たとえば、貸金返還請求訴訟において、被告が原告から金員を借り受けたことはなく、仮に借り受けたとしても弁済したと主張した場合には、実体法の論理に必ずしも従うことなく、金銭消費貸借契約の成否につき審理しないまま、弁済の事実を認定して請求を棄却することができる。もちろん、判決理由中の判断には、既判力が生じることはないので、被告は、原告から金員を借り受けておらず、非債弁済であったとして不当利得返還請求の訴えを提起することは許されるので、紛争解決に役立たないようにも思われるが、原告の被告に対する貸金返還請求権の存否という当面の紛争解決には資する。これに対して、貸金返還請求訴訟において、被告が、弁済の抗弁を提出したにもかかわらず、弁済の事実は認められないとして、原告の請求を認容する判決が下され確定した後に、被告が非債弁済の事実を再び主張して不当利得返還請求の訴えを提起することは、貸金返還請求権の存在を認めた前訴判決の既判力に矛盾抵触する請求をすることになるから許されない）。

（3） 既判力の客観的範囲論による帰結（設問1の解答への道筋）

　伝統的な既判力の客観的範囲論を本ケースにあてはめると、前訴におけるAのXに対する土地所有権に基づく所有権移転登記手続請求と本訴におけるXのYらに対する土地所有権に基づく建物収去土地明渡請求とでは、明らかに給付内容が異なり、訴訟物としても異なることはいうまでもなく、所有権移転登記手続を求める前訴における請求棄却判決の既判力が、建物収去土地明渡しを求める本訴に作用することはないということになる。言い換えれば、AのXに対する所有権移転登記手続を求める前訴において、仮に本件土地がXの所有に属するとの判断のもと、Aの請求を棄却する判決が下されたとしても、既判力が生じるのはあくまでAのXに対する所有権移転登記手続請求権の存否に関してだけであり、本件土地の所有権がXに属するとの判決理由中の判断には、何らの拘束力も生じることはないのである。

　それゆえ、Aの相続人たるYらが、XのYらに対する建物収去土地明渡しを求める本訴において、前訴でAが請求原因事実として主張したのと同一の事実を再度主張して、Xの請求を争うことは何ら前訴判決の既

判力に触れないということになる（既判力の時的限界による遮断効は、前訴の訴訟物と後訴の訴訟物が同一である場合、前訴の訴訟物と後訴の訴訟物が矛盾対立関係にある場合、前訴の訴訟物が後訴の訴訟物の先決的法律関係をなす場合にだけ問題となるのであり、それ以外の場合には、後訴において、当事者が、前訴の基準時前に存在した事由を持ち出して、相手方の請求や主張を争うことは既判力との関係では何ら差し支えない）。裁判所としても、本訴において、Ｙらの主張を認め、本件土地がＡの所有に属していたものであり、それをＹらが相続により承継取得したことを前提に、Ｘの請求を棄却することは既判力との関係では何ら問題がないということになる。

【2】─ 設問2について

（1）　既判力の客観的範囲の限界

　前訴と本訴とで訴訟物が異なるために、ＹらがＸの建物収去土地明渡請求を争うことはＡのＸに対する所有権移転登記手続請求を棄却する前訴判決の既判力に抵触しない。しかしながら、その結果として、ＡのＸに対する所有権移転登記手続請求の前訴においては、Ｘに所有権ありとして、Ａの請求が棄却され、ＸのＡの相続人たるＹらに対する建物収去土地明渡請求の本訴においては、Ａに所有権があり、Ｙらが相続により所有権を承継取得したとして、Ｘの請求が棄却されるという事態が生じ得ることになる（反対に、ＡのＸに対する所有権移転登記手続請求の前訴においては、Ａに所有権ありとして、Ａの請求が認容され、ＸのＡ［の相続人たるＹら］に対する建物収去土地明渡請求の後訴においては、Ｘに所有権ありとして、Ｘの請求が認容されることもあり得る）。

　このような不都合な事態が生じ得ることに対しては、先決的法律関係の確認につき、中間確認の訴えの制度（145条）が用意されており、訴訟当事者は、中間確認の訴えによることにより対処することが民事訴訟法の建前であると説明できる。また、訴訟当事者は、所有権移転登記手続請求の訴えや、建物収去土地明渡請求の訴えに先立ち、あるいは、それらの訴えと併合（請求の客観的単純併合）して、土地所有権確認の訴えを提起することもできる（既判力は、前訴と後訴における訴訟物たる権利関係が同

一の場合のほか、前訴と後訴における訴訟物が矛盾反対要求の関係にある場合とともに、前訴の訴訟物たる権利関係が後訴請求の先決的法律関係である場合、たとえばXのYらに対する土地所有権確認の訴えにおけるX勝訴の前訴判決は、当該所有権に基づく土地明渡しを求める後訴においても作用し、先決的法律関係である所有権の帰属に関して通用力を持つ）。

しかしながら、現実には、所有権確認を求める中間確認の訴え（145条）が提起されることは多くはなく、また土地所有権確認の訴えが常に提起されるわけでもない。これは、当事者が移転登記手続や土地明渡しを欲している場合には、強制執行による権利の実現を見据えて、給付の訴えの形を取る必要がある（民執22条1号参照）ことから、たとえ勝訴しても執行力のある判決を得ることができない所有権確認の訴えではなく、直截的に所有権移転登記手続請求の訴えや建物収去土地明渡請求の訴えが提起されることが少なくないからである。

（2）　学説・判例による判決効の客観的範囲拡張の試み

　㋐　学説上の試み　　このような実態を踏まえ、また本ケースのように、前訴の帰趨を決するような争点に関する判断については、判決理由中の判断であっても何らかの拘束力を認める必要がないかが問われることになる。このような問題関心を出発点として、学説上、さまざまな判決効の客観的範囲拡張理論が主張されてきた。

これらの試みの中には、既判力の客観的範囲を画する判決主文中の判断が法的観点から下された判断である以上、実体法の規律からみて判決主文に示された法的判断を覆滅するような後訴における請求や主張は既判力に抵触し許されないとして、既判力の客観的範囲を拡大しようとする見解がある（柏木邦良「訴訟物概念の機能」新堂・講座(2)181頁以下。また、上村明広「判批」判評90号24頁以下）。しかし、実体法上の規律から既判力の客観的範囲を決定しようとの試みは、既判力の客観的範囲を判決主文中の判断に限定した趣旨を損ないかねない危険性を孕んでいる。

そこで、判決効の客観的範囲を拡張しようとする見解の多くは、従来既判力の領域では没交渉とされていた個々の事件における手続過程の具体的経過（手続事実群）を何らかの形で判決効の客観的範囲決定の一要素

として取り込むべくさまざまな理論構成を行ってきた。

　争点効理論は、まさにこのような試みのもとに提唱されたもので、民訴法114条１項のもとでは認められない判決理由中の判断に拘束力を認めるにあたり、すでに民事訴訟法においても判決効以外の領域でその妥当性が承認されていた信義則を正当化根拠として用いたのである（なお、平成８年改正前の旧法には、現行法２条のような信義則に関する規定は存在せず、民法１条２項が根拠とされた）。すなわち、争点につき相手方と実際に争い、当該争点につき裁判所が実質的に判断した以上、当該争点につき再抗争することは当事者間の公平ないし信義則に反するというのである（新堂幸司『訴訟物と争点効(上)』〔有斐閣・1988〕145頁以下、および183頁以下。なお、竹下守夫「判決理由中の判断と信義則」山木戸克己教授還暦記念『実体法と手続法の交錯(下)』〔有斐閣・1978〕85頁以下も参照）。具体的にいかなる場合に争点効が生じるかについては、争点効理論の提唱者である新堂教授が定式化した争点効適用要件に従えば、係争利益をほぼ同じくする前訴後訴両請求の当否の判断過程で主要な争点となった事項について、当事者が前訴において主張立証を尽くし、裁判所も当該争点について実質的に判断を下した場合には、判決理由中の判断であっても争点効が認められることになる。争点効理論は、既判力の客観的範囲を判決主文に限定した趣旨を損なわない限度で、関連紛争の統一的解決を目指したものであったこともあり、多くの支持を得るに至っている（なお、争点効理論の問題点については、倉田卓次「いわゆる争点効の理論について」判タ184号81頁以下、三ヶ月章『民事訴訟法研究第７巻』〔有斐閣・1978〕85頁以下など参照）。

　また、訴訟物は固定的なものではなく、反訴、訴えの変更としての性格を兼ね備える抗弁、再抗弁の提出により変動するものであり、また先決的法律関係の確認も副次的請求として主たる紛争としての給付請求と複合的な訴訟物を構成すると解し、既判力の客観的範囲を拡張しようとする見解（加藤雅信「実体法学からみた訴訟物論争」新堂編・特別講義民事訴訟法〔有斐閣・1988〕121頁以下参照）、訴訟の勝敗に重要な意味を持ついわゆる先決的関係につき両当事者が真剣に争った場合には、選択的、予備的に争う場合を除き、黙示の訴えの意思表示ありと扱って、先決的関係につ

きなされた判決理由中の判断に既判力を認めるべきであるとする見解（坂原正夫『民事訴訟法における既判力の研究』〔慶応通信・1993〕121頁以下）なども、前訴手続過程の具体的経過を既判力の客観的範囲決定の一要素として取り込もうとする見解といえる。

　(イ)　**判例理論の展開**　　学説上の試みに対して、最高裁は、既判力の客観的範囲に関する伝統的な図式に固執する姿勢を見せつつも、信義則による後訴遮断という判例理論の素地を形成しつつあった。すなわち、最高裁は、判決理由中の判断に「既判力あるいはこれに類似する効力（いわゆる争点効）」は認められないとして、下級審では肯定・否定相二分していた判決理由中の判断に拘束力（争点効）を認めることに対して消極的な態度を採ることを明らかにする（最判昭44年 6 月24日判時569号48頁、最判昭和48年10月 4 日判時725号33頁。また、最判昭和56年 7 月 3 日判時1014号69頁）一方で、既判力の根拠として、権利関係の安定、訴訟経済とともに、信義則を挙げる判決を下すなどしていた（最判昭和49年 4 月26日民集28巻 3 号503頁）。

　そして、ついに、最高裁は、先代A所有地につき自作農創設特別措置法による買収処分がなされ、Yの先代Bに売渡処分が行われたが、Bとの間で買戻契約が成立したとして、Bの死亡後、相続人Yに対して、農地法所定の許可申請手続および同許可を条件とする所有権移転登記手続を求める前訴を提起し敗訴したXが、Yを相手方として、買収処分の無効を主張して抹消登記手続に代わる所有権移転登記手続および耕作物収去土地明渡を求めて後訴を提起した事案において、後訴請求が実質的に前訴のむし返しであり、前訴で後訴請求をすることに支障はなく、後訴提起時すでに問題となっている実体法上の処分行為後約20年も経過しており、Yおよびその承継人の地位を不当に長く不安定な状態におくことになることを理由に後訴を信義則に反するとして却下したのである（最判昭51年 9 月30日民集30巻 8 号799頁）。最高裁昭和51年判決については、きわめて特殊なケースに対する救済的判決であると評されるなど、その射程範囲はきわめて限られたものであるとの評価がむしろ一般的であった（三ヶ月章「判批」百選〔第 2 版〕237頁。また、水谷暢「判批」判タ345号86頁以下、

第 4 章　判決および訴訟の終了　**197**

坂原・前掲書235頁以下参照）が、最高裁自身（最判昭和52年３月24日裁判集民事120号299頁）はもちろんのこと下級審裁判所においても信義則により後訴請求・後訴主張を遮断する判決が相次いで下され、今日では信義則よる後訴遮断は判例法理として定着したといえる。

　ところで、最高裁は、前訴で訴訟物とされなかった後訴請求を遮断するにあたり、争点効理論同様、その根拠を信義則に求めたものの、前訴では定立されなかった訴訟物（請求）レベルでの遮断であったこともあり、争点効理論のように遮断の根拠を結果責任に求めることはできなかった。最高裁およびこれに倣う下級審裁判例が信義則に反するとして後訴を遮断すべきかを判断する際に考慮すべきものとして挙げたファクターは、①前訴における請求あるいは主張と後訴におけるそれとが実質上同一であること、②後訴で提出されている請求あるいは主張を前訴で提出し得たこと、③勝訴当事者が前訴判決により紛争が解決済みであるとの信頼を抱いており、法的安定の要求を保護する必要があること、④前訴判決の正当性を確保するほどに前訴において充実した審理が行われていること、⑤前訴において当事者が争う誘因を有していたことなどである（④は判断の正当性を担保するためのものであり、⑤は手続保障の観点を提示するものであるが、④⑤のファクターを③のファクターのなかで実質的に考慮しているものと解される裁判例も少なくない。判例の分析については、原強「判例における信義則による判決効の拡張化現象(1)（２・完）」札幌学院法学６巻１号１頁以下、８巻１号31頁以下参照）。

（３）　あるべき判決効の客観的範囲拡張の理論構成（設問２〔本文〕の解答への道筋）

　伝統的な既判力理論に従い、実質的には前訴のむし返しであろうと、前訴において請求や主張ができたとしても、訴訟物さえ異なれば、後訴は前訴判決の既判力に抵触することはないとの建前のもとでは、後訴請求を遮断する場合の信義則としては、勝訴当事者に前訴判決により後訴請求を含む一切の紛争が解決済みであるとの信頼を抱かせた以上、前訴の実質上のむし返したる後訴請求を求めることは勝訴当事者の信頼を損なうことになるため許されないというものであると考えられる。しかし、

具体的に如何なる場合に、勝訴当事者に前訴判決により後訴請求を含む一切の紛争が解決済みであるとの信頼を生ぜしめることになるかの基準を提示することは必ずしも容易ではない。そもそも、前訴判決により後訴請求を含む一切の紛争が解決済みであるとの勝訴当事者による信頼は、前訴における具体的な訴訟経過におけるさまざまな要因が複合的に絡み合って生ぜしめられるものであるといえる。

このような請求レベルでの遮断に伴う問題点を認識してか、むしろ争点効理論によって提示された前述の争点効適用要件に従い、信義則による主張レベルでの遮断により前訴のむし返しを排斥する判決が下されるようになっている（東京地判昭和63年12月20日判時1324号75頁、東京地判平成2年4月16日判時1368号74頁、仙台地判平成2年7月27日判時1373号101頁など参照）。そもそも、実質的には前訴のむし返しともいうべき後訴を排斥するには、必ずしも請求レベルで遮断しなくても、主張レベルでの遮断で十分である場合が少なくない（竹下守夫「争点効・判決理由中の判断の拘束力をめぐる判例の評価」民商93巻臨時増刊号(1)283頁以下参照）。それゆえ、主張レベルによる遮断で十分な場合には、争点効的処理あるいは信義則による主張レベルでの遮断にとどめ、主張レベルによる遮断では前訴判決により後訴請求を含む一切の紛争が解決済みであるとの勝訴当事者の信頼を保護できない場合には、信義則による請求レベルでの遮断を行うことが適切であるように思われる。

ところで、争点効理論（あるいは信義則による主張レベルでの遮断論）によれば、当事者が主張立証を尽くしたかなどの前訴手続過程の具体的経過が重要な判断要素になってくることはいうまでもないが、前訴において当事者が主張立証を尽くす誘因として、前訴における係争利益が少なくとも後訴のそれとほぼ同様またはそれ以上のものでなければならないものと思われる。本ケースにおいては、前訴は所有権移転登記手続請求、本訴は建物収去土地明渡請求であり、いずれも同一土地の所有権を巡る争いであって、係争利益はほぼ同一であるといえるものと解される。ただ、A（およびAの相続人であるYら）は、所有権移転登記手続請求の前訴で敗訴しても、現状に変動を来されない立場にあったのに対し、建物収

去土地明渡請求の本訴で敗訴することになれば、みずから占有する土地建物を明け渡すべき立場に立たされるものであり、係争利益がほぼ同一であると単純に言い切れるか若干の躊躇を感じる（名古屋高判昭和54年11月28日判時954号42頁は、A［およびYら］が敗訴した場合における前訴と本訴における立場の違いを重視し、信義則による後訴遮断を否定した）。しかしながら、一般に、そのような立場の違いから、土地所有権の帰属を基礎づけるために争う誘因が異なるものとは思われず、後述するように、争点を如何なるレベルにおいて捉えるかという問題はあるが、少なくとも、前訴において上告してまで争い、主張立証を尽くしたともいえる争点、すなわち前訴でAが請求原因事実として主張したのと同一の事実をYらが再度主張することを許す必要はないように思われる。

（4）　前訴手続過程の具体的経過と1審限りの判断（設問2〔なお書き〕の解答への道筋）

　前訴において、Aが1審判決に対し、控訴したものの、控訴を取り下げ、1審判決が確定していた場合、当事者が主張立証を尽くしたといえるかどうかが問題となる。実際、争点効理論を肯定した下級審裁判例は、そのすべてが少なくとも控訴審まで争われた事案である（原強「第三者による判決理由中の判断の援用(1)」上智法学論集30巻1号161頁以下）。しかしながら、控訴の取下げは、控訴提起後、控訴審の終局判決が下されるまで可能であり、控訴の提起後、口頭弁論を1回も経ることなく取り下げられた場合ならまだしも、口頭弁論を経た後に、取り下げられたような場合には、当事者が主張立証を尽くしたと評価できる場合も少なくないであろう。控訴が取り下げられた事案については、控訴の取下げが相手方の同意なく（292条2項は民訴261条2項を準用していない）、一方的に行えることを考えても、控訴が取り下げられたことだけから直ちに主張立証が尽くされなかったとして、勝訴当事者の前訴判決により後訴請求を含む一切の紛争、あるいは、前訴において主要な争点として争われた争点について解決済みであるとの信頼は保護に値しないとは言い切れないであろう（なお、既判力拡張説によれば、当事者が十分に主張立証を尽くしたかなどの前訴手続過程の具体的経過に係わりなく、実体法の規律からみて前訴の判決主文に示

された法的判断を覆滅させるような本訴における主張、すなわち所有権はAに属しており、それをYらが相続により承継取得したとの主張は、前訴判決の既判力に抵触し許されないということになり、控訴審まで争ったかなどはそもそも考慮要素とはならないものと思われる）。

【3】— 設問3について

　争点効理論（あるいは信義則による主張レベルでの遮断論）により、Yらが前訴でAが請求原因事実として主張したのと同一の事実を本訴において再度主張することは許されないとしても、前訴では主張されなかった、「AB間の本件売渡担保契約はAの窮状につけ込んでなされたもので公序良俗に反し無効である」との主張を本訴において行い、Xの請求を争うことまで許されないと解すべきであろうか。すなわち、前訴の訴訟物とは異なる本訴における請求を争うべく、前訴で主張されなかった主張が本訴において行われる場合にも、手続的機会を実際に利用し、主張立証を尽くしたことを理由に、結果責任に基づく遮断を導くことができるかである。

　たしかに、遮断される争点レベルにつき、所有権の帰属を基礎づける個々の事由と捉えるのではなく、所有権の帰属と捉えれば、結果責任に基づく遮断を導くこともできなくはない。Aとしては、前訴において、所有権の帰属を基礎づけるべく、「AB間の本件売渡担保契約はAの窮状につけ込んでなされたもので公序良俗に反し無効である」旨の主張もしておくべきであり、主張しなかった以上は遮断されてもやむを得ないといえなくもない。

　しかし、争点レベルを抽象化すればするほど、主張立証を尽くしたことの結果責任ではなく、主張しておくべきであったという規範責任が前面に出ることになり、結果的に請求レベルでの遮断というに等しくなる（高橋・重点(上)673頁参照）。請求レベルでの遮断は、訴訟物さえ異なれば前訴判決の既判力は及ばず、前訴とは訴訟物を異にする後訴請求を基礎づけるためであれば、前訴において主張することができた主張であっても、当然には遮断されないとの建前に正面から衝突することになりかねない。

第4章　判決および訴訟の終了　*201*

それゆえ、前訴で主張しなかった主張についてまで遮断するためには、相手方当事者に前訴において所有権の帰属に関する紛争が解決済みであるとの信頼を抱かせるような事情があり、所有権の帰属を基礎づける事由として新たな主張を行うことが信義則に反するかという視点によって判断すべきであると考えることになろう（新堂幸司「判決の遮断効と信義則」三ケ月章先生古稀祝賀『民事手続法学の革新(中)』〔有斐閣・1991〕512頁以下および同「正当な決着期待争点」中野貞一郎先生古稀祝賀『判例民事訴訟法の理論(下)』〔有斐閣・1995〕1頁以下は、訴訟において「主要な争点」として認識されたものと、相手方当事者が最終決着がついたと期待する争点（「決着期待争点」）とが一致しない場合、他方当事者の態度を含めた手続経過ないし紛争過程の諸々の状況（手続事実群）から相手方の期待を保護することが公平であるといえる争点（「正当な決着期待争点」）を探索した上で、当該「正当な決着期待争点」を遮断効の対象に据えるべきであるという）。

発展問題

　Ｘは、本件建物の敷地である本件土地所有権に基づき、本件建物を所有し本件土地を占有しているＹの先代Ａに対して、建物収去土地明渡しを求める前訴を提起した。これに対し、Ａは、本件土地につき賃借権を有している旨の主張を行い、Ｘの請求を争った。結局、裁判所は、Ａの主張を認め、Ｘ敗訴の判決を下したが、Ｘは控訴することなく、判決は確定した。

　その後、Ｘは、本件建物は、亡夫Ｂが建築所有していたところ、Ｂが死亡し、相続により承継取得したと主張して、Ａの相続人であるＹに対して、本件建物所有権に基づき本件建物の明渡しを求める後訴を提起した。そこで、Ｙは、Ｘの後訴請求は前訴判決の既判力、争点効または訴訟上の信義則に反し許されないとの主張を行った。Ｙの主張は認められるだろうか。

［発展問題のヒント］

１．前訴の訴訟物と後訴の訴訟物が同一である場合、前訴の訴訟物と後訴の訴訟物が矛盾反対要求の関係にある場合、前訴の訴訟物が後訴の訴訟物の先決的法律関係である場合でない限り、前訴判決の既判力は後訴請求には作用しない。

２．争点効あるいは信義則による主張レベルでの遮断は、当事者が主張立証を尽くしたことから結果責任を導くものであるところ、前訴において、建物所有権については争われていない。

３．信義則による請求レベルでの遮断は、相手方当事者の前訴判決により紛争の一切が解決されたとの信頼を保護する必要があるといえる事案において適用されるものである。その際、建物所有権がＡに属することを前提とする前訴を提起しておき

ながら、後訴では一転して建物所有権が自己に帰属することを前提とする X の矛盾挙動的な態度、X が後訴において勝訴すれば、建物をみずから収去でき、本件建物の明渡しを求める後訴が建物収去土地明渡しを求める前訴の目的を実現する手段として提起されていると考えられること、前訴が I 審限りのものであったことなどをいかに評価すべきかについても検討する必要があろう。

◎◎◎ **参 考 文 献** ◎◎◎

本文中に掲げたもの。

（原　強）

17)) 和　解

　当事者は、民事訴訟の対象となっている紛争を、合意によって解決することができる。そうした合意は、どのような形で訴訟手続に反映され、どのような効果が与えられるのだろうか。

ケース

　Xは、甲土地の所有権に基づき、甲土地上に乙建物を所有するYに対して、建物収去土地明渡しを求める訴えを提起した。これに対して、Yは、Xの甲土地所有権を争うと同時に、甲土地について賃借権に基づく占有権原があると主張した。

　①　担当裁判官は、甲土地についてYのための使用貸借契約が存在していることを確認する内容の和解を打診した。Yが使用貸借契約の内容について質問したところ、裁判官は、「借主が亡くなった時点で終了するのが原則ですが、判例の中には、必ずしもそうでないケースもあります」。と説明した。そこでYは、少なくとも自分が生きている限りは甲土地を使うことができるし、うまく行けば息子の代まで使えるかもしれない、と考えて、和解案を受け入れることにし、次のような和解が成立した。

　「(ｱ)X及びYは、甲土地がXの所有であること、乙建物がYの所有であることを相互に確認する。(ｲ)XとYとは、甲土地につき、Xを貸主、Yを借主とし、乙建物の所有を目的とする期限の定めのない使用貸借契約が存在することを相互に確認する」。

　ところが、帰宅後、Yがこの和解について知人のAに話したところ、「その内容だと、建物を建て替えることもできないし、Xが土地を他の人に譲ったら、立ち退かなければならなくなるかもしれない」と聞かされ、Yとしては、それでは話が違う、と考えている。

　②　上記の訴訟において、①とは異なり、「(ｱ)X及びYは、甲土地が

204　**17** 和　解

Ｘの所有であること、乙建物がＹの所有であることを相互に確認する。
(イ)Ｙは、〇年〇月〇日限り乙建物を収去し、甲土地をＸに明け渡す」と
の内容の和解が、ＸとＹの間で成立した。ところがその後、Ｙはこの和
解を履行しないばかりか、乙建物をＺに賃貸し、現在は、Ｚが乙建物に
居住している。そこで、Ｘは、Ｚに対して建物からの退去を求める訴訟
を提起することにした。

・・・・・・・・・・・・・・・・・・・・・・・・・・ 設問 ・・・・・・・・・・・・・・・・・・・・・・・・・・

　［ケース］①において、Ｙとしては、どのような主張をすることが考
えられるか。また、どのような手続によってその主張をすればよいか。
　［ケース］②の訴訟において、ＸはＺに対してどのような主張をする
ことができるか。また、ＺはＸに対して、どのような主張ができるか。

・・

　解説

【1】── 裁判外の和解と裁判上の和解

　(1)　ＸとＹとの間に紛争が生じた場合、両者は、裁判に訴えること
なく、合意によってその解決内容を取り決めて、争いをやめることがで
きる。これが民法上の和解契約である（民695条）。また、いったん訴訟
が開始された場合であっても、一定の手続を踏んで和解を行うことによ
り、訴訟を終了させることができる（訴訟上の和解）。この訴訟上の和解
と訴え提起前の和解（民訴275条）をあわせて、裁判上の和解と呼ぶ。こ
れに対比して、一般の民法上の和解契約を裁判外の和解と呼ぶこともあ
る。

　裁判外の和解は、あくまで民法上の契約であるから、民法上の意思表
示の無効・取消事由がある場合には、その効力を争うことができるはず
である。［ケース］①におけるＸとＹとの間の和解が、仮に裁判外の和
解であったとすれば、Ｙとしては、和解契約の錯誤による取消し（民95
条）を主張することが考えられるであろう。和解契約の錯誤については、
和解がもともと争いのある不確実な権利関係を前提とする契約であるこ
とから、争いの対象となっていた事項それ自体について錯誤があっても

第4章　判決および訴訟の終了　　**205**

取消しを主張できない、といった特殊性があるが（和解契約と錯誤の問題については、来栖三郎『契約法』〔有斐閣・1974〕725頁以下に詳しい）、いずれにしても、問題は、民法の解釈によって処理されることになる。

（2） これに対して、本問のように訴訟上の和解が問題となる場合には、どうであろうか。一般に、訴訟上の和解が調って調書に記載された場合には（民訴規67条1項1号）、訴訟は当然に終了すると解されているほか（和解の訴訟終了効）、その調書の記載は、確定判決と同一の効力を有する（267条）とされる。この規定を字義どおりに理解すれば、訴訟上の和解にも、確定判決と同様に、既判力、執行力といった効力が生じることになりそうである。そうだとすれば、いったん成立した訴訟上の和解の効力を争うことは既判力によって原則として遮断され、ただ、再審事由に該当するような事情がある場合に限って効力を争うことができることになろう（その手続としては、再審の訴えに準じる訴えによることになろう。兼子・体系310頁）。

しかし、訴訟上の和解の効力として、そうした既判力が認められるのかどうかについては、争いがある。既判力を肯定する見解（兼子・体系309～310頁、小山昇『民事訴訟法〔5訂版〕』〔青林書院・1989〕444～446頁など）は、前述のように民訴法267条が「確定判決と同一の効力」と定めていること、実質的にも訴訟上の和解の調書への記載は和解によって形成された法律関係を判決によって確定することと同視できることなどを理由とする。これに対して、既判力を否定する見解（岩松三郎『民事裁判の研究』〔弘文堂・1969〕101頁、三ヶ月・全集443～444頁、松本＝上野・民訴567頁、新堂・新民訴372～373頁など）は、既判力を認めることは当事者の自治的解決という和解の本質に調和しないこと、仮に既判力を認めるとしても、和解条項中のどの部分に既判力を認めるかが明確でないこと、逆に、既判力を認めないとしても和解契約には確定効があるため、実際上不都合は生じないことなどを理由とする。さらに、両者の折衷的な見解として、訴訟上の和解に既判力が生じることを肯定しつつ、その基礎となる実体法上の和解に瑕疵がある場合には、当該和解の効力を争うことができる（いわゆる制限的既判力）、とする見解がある（注釈民訴(4)486～488頁〔山本和

彦]、伊藤・民訴法487〜489頁など)。この見解は、和解の基礎が当事者の意思にある以上、意思表示に瑕疵がある場合にまで和解の効力を争えないとすることには問題があるが、和解が有効であることを前提とする限り、既判力を認めることは、効力の主観的範囲などの点で和解契約の確定効にはない利点を有することなどを根拠とする。裁判例においては、訴訟上の和解に既判力があると判示するものがみられるが(最判昭和33年3月5日民集12巻3号381頁。なお、近時の下級審裁判例として、東京地判平成15年1月21日判時1828号59頁がある)、同時に訴訟上の和解についての錯誤無効等の主張も認められており(最判昭和33年6月14日民集12巻9号1492頁)、結果として第三の制限的既判力説と同様の規律が採用されているといえる。

(3) こうした議論の背景には、訴訟上の和解が裁判外の和解との対比においてどのような特殊性を有するか、また、そうした特殊性を有する制度を、裁判外の和解とは別個に設けた理由は何か、といった点についての理解の相違が存在しているといえる(こうした視角については、高田裕成「訴訟上の和解の効力論への一視点」井上治典先生追悼『民事紛争と手続理論の現在』〔法律文化社・2008〕260頁以下が示唆に富む)。そこで、以下では、そうした背景を念頭に置きながら、従来の議論を分析することにしよう。

【2】― 訴訟上の和解制度の特質と効力

(1) 民訴法は、訴訟上の和解について特段の定義規定を置いていないが、第1に、訴訟上の和解が、両当事者の一致した意思によって行われ、その点では、裁判外の和解と何ら変わりがないこと、しかし、第2に、訴訟手続中に、裁判所の関与の下で行われるものであり、その点で裁判外の和解とは異なることについては、異論がない。したがって、もし訴訟上の和解に裁判外の和解とは異なる特別な効力が生じるとすれば、それは、第2に述べた特殊性に由来するものであることになる。そうした特別な効力として想定し得るものとしては、すでに述べたように、訴訟終了効、執行力、そして既判力があげられる。もっとも、これらの効力がどのような意味で訴訟上の和解固有のものであり得るのかについては、そもそも裁判外の和解の効力をどのように理解するかに依存してお

り、必ずしも自明ではない。

（**2**）　まず、訴訟終了効についてみると、一般的な理解によれば、訴
訟手続中に裁判外で和解が成立したとしても、それによって当然に訴訟
が終了する、とは考えられていない。訴訟手続を終了させるためには、
訴訟上の和解をするか、あるいは訴えの取下げによるべきものと解され
ている。したがって、もしこれらの措置が取られない場合には、裁判所
は、和解契約の内容を反映した本案判決をすべきだということになる
（たとえば、松本=上野・民訴561頁）。しかし、こうした理解に対しては、和
解によって紛争は消滅し、当該訴訟は訴えの利益を欠くに至るから、訴
訟手続は当然に終了する（フランス法の立場である。谷口安平「比較法的に見
た訴訟上の和解」『民事手続法論集第3巻』〔信山社・2000〕86頁）、あるいは、訴
えを却下すべきことになる（石川明『訴訟上の和解の研究』〔慶應義塾大学法学
研究会・1966〕12〜13頁）、との理解が対立する。もし後者の見解に従えば、
本案判決をすることなく訴訟手続を終了させる、という点においては、
裁判外の和解であれ訴訟上の和解であれ差がない、ということになろう。

　これに対して、多数説である前者の見解に従えば、なぜ訴訟上の和解
の場合に限って本案判決によらずに訴訟が終了するのか、という問題が
生じる。この問題に対する応答としては、2つの方向が考えられる。第
1は、訴訟上の和解調書は、既判力を含めて、その効力の点で本案の確
定判決に代替するものであるから（いわゆる判決代用物としての和解）、とい
う説明である（兼子・体系306〜307頁、山木戸克己「和解」同・民事訴訟法論集
422頁）。この説明は、和解の調書への記載を、実体法上の和解契約によ
って形成された法律関係を判決によって確認する作業を簡略化したもの
とみる理解を前提としている（兼子・体系307頁）。もっとも、厳密にいえ
ば、訴訟上の和解が単に本案判決と同視されるというだけでは、本案判
決の場合には通常認められている上訴が、和解の場合には当然に排除さ
れることの説明にはならない（なお、河野正憲「訴訟上の和解とその効力をめ
ぐる紛争」同『当事者行為の法的構造』〔弘文堂・1988〕262頁は、和解に上訴の余
地がないことを既判力否定説の根拠として援用する）。この点については、訴訟
上の和解には、上訴権放棄の意思表示が含まれている、といった説明が

208　**17** 和　解

必要になろう。第2は、より端的に、訴訟上の和解には、本案判決によらずに訴訟を終了させる旨の両当事者の意思表示が含まれているから、という理解である（松本=上野・民訴560頁）。このうちいずれの理解をとるかは、他の効力、とりわけ既判力をめぐる議論と密接に関連している。

（3）　以上に対して、執行力および既判力については、それが裁判外の和解に当然に伴う効力ではないことに異論はなく、したがって、仮にそうした効力が認められるとすれば、それは訴訟上の和解固有の効力と理解されることになる。そのうち、執行力については、民訴267条にいう確定判決と同一の効力の中に含まれることに異論がないが、既判力については争いがあることは、すでに述べた通りである。この問題については、後に【3】以下において改めて検討する。

（4）　なお、訴訟上の和解制度の特質に関する伝統的な議論として、訴訟上の和解の法的性質をめぐる議論がある（各説の内容の概観として、松本=上野・民訴560〜562頁参照）。そこではとりわけ、訴訟上の和解の効力が、その前提として想定し得る実体法上の和解契約の瑕疵によって影響を受けることを認めるかどうか、具体的には、実体法上の和解契約に瑕疵がある場合に訴訟上の和解の内容を争う可能性を認めるかどうか、認めるとすれば、その場合には、訴訟終了効も失われるのか、といった点が争われる。しかし、実際には、法的性質論としていずれが適当であるかについて内在的な基準を見出すことは困難であり、これらの問題については、専らその帰結の当否に着目することによって優劣を決するほかはないといえる。そこで、ここでは、法的性質論自体にはこれ以上立ち入らず、これらの具体的な問題に即して検討を進めることにしよう（法的性質論の意義については、高田・前掲論文のほか、垣内秀介「訴訟上の和解の意義」ジュリ争点248頁参照）。

【3】── 既判力をめぐる議論

（1）　先に【2】（2）で述べたことから示唆されるように、訴訟上の和解に既判力を認める見解は、一面では、訴訟上の和解独自の訴訟終了効を正当化するための議論という性格を有している（この点につき、高

田・前掲論文268頁参照）。しかし、訴訟終了効を正当化するために既判力が不可欠であるかどうかについては、すでに疑問が呈されている。訴えの取下げとその同意（261条）に見られるように、当事者双方が既判力のない形での訴訟終了に同意しているのであれば、そうした処理をすることにも特に不都合はないと考えられるからである（高田・前掲論文268頁）。加えて、訴訟上の和解の形成過程には和解勧試（89条）という形で裁判所が深く関与しているのが実態であるとしても（藤原弘道「訴訟上の和解の既判力と和解の効力を争う方法」後藤勇=藤田耕三編『訴訟上の和解の理論と実務』〔西神田編集室・1987〕487～488頁は、この点を強調して既判力肯定説に共感を示す）、そうした関与が既判力肯定に結びつくとは必ずしもいえないように思われる。むしろ、自ら和解を積極的に勧めている裁判官が、中立的な第三者として当該和解の有効性を十分にチェックし得るのかどうかについては、疑問の余地もあろう。

　（2）　もっとも、このように考えたとしても、訴訟上の和解に既判力を認める余地が、完全に排除されるわけではない。訴訟上の和解によって解決するという意思の中に、既判力のない形で訴訟を終了する意思を見出すということは、訴訟上の和解には既判力がないという制度的前提のもとで初めて可能になるものであり、実際には、当事者の一方または双方が、和解という形ではあるが、むしろ既判力のある解決を望むということも考えられるからである。そのように考えると、既判力を伴わない訴えの取下げとの対比において、既判力を伴う訴訟上の和解という制度を設けておくことが、当事者の意思決定に際しての選択肢を豊富にすることにつながる、という発想が生じ得ることになる（注釈民訴(4)486頁〔山本和彦〕参照）。このように、既判力のある解決を当事者に与えられた選択肢の一つとして把握することは、そうした解決を選択するかどうかはあくまでも当事者自身の意思に委ねられている、との理解を前提とする。したがって、ここでは、仮に既判力を肯定するとしても、訴訟上の和解を判決の代用物とみる伝統的な既判力肯定説とは異なり、和解をする際の当事者の意思に瑕疵がある場合には、もはやそうした選択の基礎を欠くことになるから、和解の効力を争う余地を認めるべきだというこ

とになりそうである（ただし、高田・前掲論文274頁、282頁注40も参照）。【1】
（2）で紹介したいわゆる制限的既判力説は、そうした見解として位置づ
けることが可能である。そこで、【4】においては、こうした見解のも
つ意義について、検討することにしよう。

【4】― 制限的既判力説の意義

（1）　制限的既判力説に対しては、従来から次の2点が問題点として
指摘されてきた。

　第1は、訴訟上の和解が実体上有効である場合にのみ既判力が生じる、
というのは、既判力の概念と矛盾する、という点である。「有効正当の
問題を度外視して貫徹することを要求するのが正に既判力の本旨」であ
るのに（三ヶ月・全集444頁）、「内容が有効正当であれば既判力があるとい
うようなことはナンセンス」だ（兼子・体系309頁）とされるのである。

　第2は、裁判外の和解であっても、契約の効力としての確定効はある
のだから（なお、民法696条の趣旨に関する起草者の理解については鈴木祿彌編・
新版注釈民法(17)253頁［篠原弘志］を参照）、あえて制限的既判力なるものを
認める実益はない、という点である（高橋・重点(上)788頁、松本=上野・民訴
567頁）。

（2）　これらの批判に対しては、制限的既判力説の側から、一定の反
論がなされている。

　まず、第1の点については、①拘束力そのものと、拘束力がいかなる
原因によって覆されるかは別の問題であること（伊藤・民訴法488頁）、②
判決の無効という事態があり得るとすれば、和解の無効を観念すること
も可能であること（注釈民訴(4)487頁［山本和彦］）が主張される。

　これらの主張は、それ自体としては正当なものである。しかし、②に
ついては、判決の無効というものは、仮に認められるとしても例外的な
ものにすぎないことが指摘できる。すなわち、判決の場合、本来はその
内容に関する実体法上の瑕疵や成立過程における手続上の瑕疵は種々想
定することができ、実際、そうした瑕疵は上訴による判決の取消事由と
して認められているわけであるが、いったん判決が確定し、既判力を生

第4章　判決および訴訟の終了　　**211**

じれば、そうした事由によって判決の無効を主張することは、原則として認められない。その意味で、既判力には、判決に存在し得る瑕疵の主張を遮断するという効力が本来含まれている。にもかかわらず、この見解が、和解の場合には、基礎となる和解契約に実体法上の瑕疵がある限り常に当然無効となるというのであれば、そこでいう「既判力」は、そうした瑕疵を遮断する効力を含まないことになり、従来の既判力概念とは異なるものであるといわざるを得ない。言い換えれば、拘束力そのものと、拘束力がいかなる原因によって覆されるかは別の問題であるとしても（上記①）、既判力の概念は本来後者の問題についてもまた特定の含意を有するものと理解されてきたのであり、制限的既判力概念はそれに反する、という批判はなお成り立ち得る。

　もっとも、既判力肯定説の中には、「錯誤を生じた原因がその訴訟手続において争い得ない事情のものであるとき」（山木戸・前掲書422頁）といった形で、無効ないし取消しの主張を認めるとともに、その主張方法についても柔軟に解するものもあり（梅本吉彦『民事訴訟法（第4版）』〔信山社・2009〕1024頁）、その点では、制限的既判力説もまた、既判力概念自体は維持しつつ、再審事由の内容とその主張手続をより柔軟に理解したものにすぎないとの評価も可能である。そうだとすれば、そうした構成による限り、概念矛盾との批判は必ずしも当たらないことになろう。

　（3）　次に、第2の点については、和解に既判力を認めれば、民訴法115条が適用され、和解の効力を承継人などの第三者に拡張することができることが指摘される（注釈民訴(4)487頁［山本和彦］、伊藤・民訴法488頁）。

　この点に関しては、判決の場合においても既判力拡張の要件、効果について議論の多いところである。ケース②は、この点に関連する問題であり、以下、このケースに即して検討してみよう。

　まず、もしケース②において和解ではなく同旨のX勝訴判決がされていたとすれば、どうなるであろうか。Zは、建物収去土地明渡請求の目的物の占有を承継しただけであり、訴訟物たる義務それ自体を承継したわけではない。しかし、紛争の主体たる地位を承継した者として、承継人に該当し、既判力の拡張を受けることを認めるのが、多数説といえる

（新堂・新民訴702頁など。最判昭和26年4月13日民集5巻5号242頁［執行力に関する事例］、最判昭和41年3月22日民集20巻3号484頁［訴訟引受の事例］参照）。問題は、その効果である。Zが、XがYに対して前訴基準時において建物収去土地明渡請求権を有していたことを争えなくなることについては、異論がないと思われる。しかし、XがZ自身に対して退去請求権を有することが既判力によって確定されるわけではないし、たとえば、Zが、前訴基準事後にYがXと新たに土地賃貸借契約を締結したと主張することは、既判力によって妨げられない。これに対して、Xが甲土地の所有者であることを争うことができるかどうかについては、問題がある。Xの甲土地所有権自体は、前訴理由中の判断に過ぎず、既判力によって確定されるわけではないとすれば（大判昭和8年12月21日新聞3664号12頁。条解民訴535頁［竹下守夫］、松本＝上野・民訴626頁など）、争えると解する余地もある（丹野達「既判力の主観的範囲についての一考察」曹時47巻9号2046〜2047頁、園尾隆司編『注解民事訴訟法Ⅱ』〔青林書院・2000〕480〜481頁［稲葉一人］。ただし、後者は判決理由中の判断の拘束力の拡張を示唆する。同488〜489頁）。しかし、前訴判決の既判力によって確定された請求権の存在に正面から矛盾する主張であり、Zも争えなくなる、とするのが多数説であろう（中野・論点Ⅰ225〜226頁・228頁。この問題の詳細については、越山和広「口頭弁論終結後の承継人への既判力」香川法学22巻1号53頁・57〜58頁を参照。また、問題の背景につき、菱田雄郷「口頭弁論終結後の承継人に対する既判力の拡張」法律時報82巻11号111頁、山本克己・百選〔第4版〕188頁、最近の問題状況につき、山本弘「弁論終結後の承継人に対する既判力の拡張に関する覚書」伊藤・古稀683頁、笠井正俊「口頭弁論終結後の承継人に対して判決効が作用する場面について」松本・古稀557頁も参照）。

　以上は、X勝訴の判決を前提とした検討であるが、判決ではなく［ケース］②のような訴訟上の和解を想定する場合、訴訟物に限らず和解条項全体に既判力を認める立場に立てば（伊藤・民訴法488頁注76など）、和解条項㋐によって、Xの甲土地所有権も既判力によって確定されるから、承継人であるZも、基準事後の事由または固有の攻撃防御方法を主張しない限り、Xの所有権を争えないことになる。

それでは、訴訟上の和解ではなく、ＸＹ間で［ケース］②のような実体法上の和解契約がされた後に、ＸがＺに対して退去請求訴訟を提起した場合には、どうであろうか。

　この場合、Ｘとしては、上記和解契約が有効に成立したことを主張立証すれば、Ｚに対しても、ＸがＹに対して建物収去土地明渡請求権を有することを主張することが可能であろう。和解条項(イ)は、まさにそうした請求権の実体法上の発生原因とみることができるからである。これに対して、だからといって当然にＸがＺに対して退去請求権を有することになるわけではない点は、判決の場合と同様である。

　問題は、Ｘの甲土地所有権についてであるが、この点は、ＸＹ間においては、Ｘに所有権があることが確定されている（和解条項(ア)）。仮にこの条項が、専らＹがＸの所有権を裁判上または裁判外で争わない旨の債務を発生させるものにすぎないとすれば（この点については、注釈民訴(4)487頁［山本和彦］も参照）、それはＹが負担する債務にすぎず、契約当事者でないＺが同様の債務を負担する理由はないから、ＺはＸの所有権を争えることになろう。もっとも、民法696条から示唆されるように、和解契約は、単に債務の発生原因としてだけでなく、物権の取得原因としての機能をも果たすものである。したがって、Ｘとしては、和解契約を原因としてＹから所有権を取得した、との主張をすることが考えられる。しかしこれに対しても、Ｚとしては、たとえばＸが売買契約によってＹから所有権を取得したと主張する場合と同様に、前主たるＹの所有権を争うことによって、Ｘの所有権取得を争えることになろう。

　（**4**）　以上のように考えると、ケース②のような事例を想定する限り、訴訟上の和解に既判力を肯定する実益は、わずかではあるとしても、完全に否定することはできないように思われる。とすれば、次の問題は、そうした拘束力を承継人等の第三者に及ぼすことが、正当化できるかどうかだということになろう。

　この点については、すでに、判決の場合には前訴当事者の訴訟資料提出権限が保障されていたことに基づいて承継人等の手続保障を擬制し得るのに対して、和解ではそうした保障がないこと（越山和広・リマークス

29号123頁）、和解の場合には、権利義務が譲歩によってゆがめられていること（高橋・重点㊤789頁）などを理由として、疑問が呈されている（同旨の見解として、畑宏樹「訴訟上の和解の効力と係争物の承継人への拡張について」明治学院大学法学研究79号167～168頁）。しかし、判決の場合においても自白等の可能性はあり、攻撃防御が十分に尽くされるかどうかは専ら前訴当事者の訴訟追行に依存しているとすれば（越山・前掲香川法学69頁参照）、その点で判決と和解を峻別することができるかどうかについては、疑問の余地もあろう。とすれば、判決の場合におけるのと同様の政策判断を訴訟上の和解にも及ぼすことが、立法政策としておよそあり得ないとはいえないようにも思われる。

【5】― 瑕疵を主張する手続

（**1**）　訴訟上の和解について既判力を認めない立場に立つ場合にはもちろん、既判力を認める立場に立つ場合においても、前述の制限的既判力説による限り、錯誤無効等を主張して和解の内容を争う余地がある。そこで次に、どのような手続によってそうした瑕疵を主張すべきかが、問題となる。裁判例においては、旧訴訟における続行期日指定の申立て（大決昭和6年4月22日民集10巻380頁など）、和解無効確認の訴え（大判大正14年4月24日民集4巻195頁など）、また請求異議の訴え（大判昭和14年8月12日民集18巻903頁など）において和解無効を主張することがいずれも認められているが、学説は、当事者の便宜を重視して判例に賛成する見解（新堂・新民訴375～376頁など）、期日指定申立てによるべきだとする見解（松本=上野・民訴569頁）、別訴提起によるべきだとする見解（三ヶ月・全集445頁）、いずれかを原則としつつ一定の例外を認める見解などに分かれている（学説の概観として、高橋・重点㊤782頁以下参照）。

（**2**）　ここでの議論の対立点は、次のような点である。

　第1に、無効の主張方法は特定事件に関する限り1つしかあり得ないと考えるかどうか、という点がある。和解をめぐる紛争の多様性を重視すれば、複数の方法を用意しておく方が柔軟だということになるが（河野正憲「訴訟上の和解とその効力をめぐる紛争」同『当事者行為の法的構造』278～

282頁、新堂・前掲）、逆に、単一の方法を志向する根拠としては、無効主張者の自由な選択を認めることは、相手方当事者の利益に反する可能性があることが挙げられる（高橋・重点(上)784～785頁、注釈民訴(4)492頁［山本和彦]）。もっとも、この点に関しては、互いに手続や効果を異にする複数の方法が考えられる場合において、実際に行動を起こす者に第1次的な選択が委ねられること自体は、必ずしも不当ではない、との反論も考えられる。そのように考えれば、相手方当事者の利益が過度に害される場合についての対応は必要であるとしても、主張方法を一律に単一のものに絞る必要があるかどうかは疑わしい。逆にそれは、相手方当事者の利益を一方的に尊重することにならないか、という疑問も生じるところであろう。

（**3**）　第2に、具体的な主張方法のレベルでは、まず、旧訴訟における続行期日指定の申立てという方法をどのように評価するか、という点が問題となる。従来、この問題は法的性質論との関連で争われてきたが、すでに【**2**】（**4**）で述べたように、法的性質論としていずれが適当であるかについて内在的な基準が見出せない以上、法的性質論自体はこの問題に対して決定的な論拠を提供するものではなく、むしろ、この方法の有する得失に着目した検討が必要である。

　期日指定申立ての方法がとられる場合、申立てに応じて口頭弁論期日を指定したうえで、和解が有効と判断されれば訴訟終了宣言判決をし、和解が無効と判断されれば旧訴訟を続行することになる。後者の場合に旧訴訟の訴訟資料等をそのまま利用できる点、和解の有効性については、和解に関与した裁判所自身が判断するのが最も適当であることなどが利点である（条解民訴1482頁［竹下守夫＝上原敏夫]）。機能的には、再審の訴えに類似することになり、とりわけ旧訴訟の続行を目的として和解無効が主張される場合には、最も適当な方法であるといえるが、これに対しては、①和解の効力をめぐる争いについて三審級が保障されないこと（三ヶ月・全集445頁）、②このように簡易な再審訴訟の機能を有する特殊な期日指定申立ては、条文上の根拠を有するものではないこと、③和解に関与した裁判所が和解の有効性を判断することは、中立性の点で疑問があ

ること（注釈民訴(4)492〜494頁［山本和彦］）といった問題点も指摘される。しかし、このうち①や③の点は、通常の再審の訴えにおいても当てはまる点であるし、②についても、そうした特殊な期日指定の申立ては、訴えの取下げの効力や裁判の脱漏が問題となる場合にも例があり（こうした事例につき、垣内秀介・リマークス33号150頁参照）、あえてこの方法を否定する理由にはならないであろう。

（4）　以上のように、期日指定申立ての方法を認める余地があるとすると、さらに、第3の対立点として、そのような方法が認められる場合に、和解無効確認の訴えや請求異議の訴えといった別訴について、訴えの利益を認めることができるか、という点が問題となる（訴えの利益を否定するものとして、宮脇幸彦「訴訟上の和解」中田淳一＝三ヶ月章編『民事訴訟法演習Ⅰ』（旧版）〔有斐閣・1963〕235頁などがある。なお、中野貞一郎＝下村正明『民事執行法』〔青林書院・2016〕218頁は、期日指定申立てが現にされている場合に限って請求異議の訴えの利益を否定する）。

　現実の和解においては、和解が訴訟物以外の法律関係の設定や処分を含んでいたり、訴訟当事者以外の第三者を含むものである場合も多く、その場合には訴えの利益を認めることに問題がない。しかし、旧訴訟の訴訟物たる権利関係のみが専ら対象となっている場合には、別訴に訴えの利益を認めることは、たしかに困難であろう。理論的には、たとえば別訴の判決がその後の関係人の行動に影響を与えるという機能に着目することによって訴えの利益を基礎づけるという構成も考えられ（伊藤眞「確認訴訟の機能」判タ339号28頁参照）、そうした見地からは、この種の事例において裁判例が訴えの利益を柔軟に解していることは注目に値するといえるが、訴えの利益の一般論との関係で、なお検討が必要であろう。

【6】― 和解手続論

　訴訟上の和解に関しては、上記のような解釈論のほか、その手続、とりわけ裁判官による和解勧試のあり方をめぐる議論が存在する（文献として、山本和彦「決定内容における合意の問題」民訴雑誌43号127頁、草野芳郎「和解技術論と和解手続論」新堂古稀(上)491頁、垣内秀介「和解手続論」新堂幸司監修

『実務民事訴訟講座（第3期）第3巻』〔日本評論社・2013〕175頁などがある）。なお今後の展開が必要な分野であるが、そうした見地からは、本問のケースにおけるような裁判所の対応の適切性なども、検討の対象となり得るところである（ケース①の事例の基礎とした東京高判平成13年11月12日判時1769号74頁の評釈として、山下満・判タ1125号18頁、野口恵三・NBL735号100頁を参照）。

発 展 問 題

1．［ケース］②において、Xは、Zに対して、退去請求訴訟を経ることなく、強制執行を開始することができるか。できるとした場合、Zとしては、どのような対抗手段をとることができるか。

2．訴訟上の和解の当事者の一方が和解の内容を履行しない場合、相手方当事者は、債務不履行を理由として和解を解除することができるか。できるとした場合には、どのような手続によるべきか。

［発展問題のヒント］

1．については、訴訟上の和解の効力のうち、執行力が問題となる。具体的には、本件和解調書が、債務名義として執行力を与えられるために必要な給付請求権の表示を含むかどうか、含むとして、その執行力がZに及ぶかどうか、といった点が問題となろう。後者の点につき、民執法23条参照。また、Zの対抗手段に関しては、Zが自らは退去義務を負わないとの主張をする場合、どのような手続によるべきか、具体的には、執行文付与に対する異議の訴えによるのか、請求異議の訴えによるのか、といった点が問題となる。これらの訴えに関しては、中野=下村・前掲書などの民事執行法体系書を参照。

2．については、訴訟上の和解に既判力を認めた場合にそれが解除の主張を妨げ得るか、実体法上の和解契約の解除が、それを基礎とする訴訟上の和解の効力にどのように影響するか、などが問題となる。無効等の場合と解除の場合における利害状況の違いにも、注意が必要である。高橋・重点(上)792頁以下参照。

◇◇◇ **参 考 文 献** ◇◇◇

本文中に掲げたもの。

（垣内　秀介）

18) 通常共同訴訟 (同時審判申出共同訴訟・ 訴えの主観的予備的併合)

　1つの訴訟手続に複数の原告または被告が関与している訴訟形態を共同訴訟という。共同訴訟は、通常共同訴訟（39条）と必要的共同訴訟（40条）に大きく分けられる。本項目の［設問］は、通常共同訴訟の一種に位置づけられる同時審判申出共同訴訟（41条）について、以下の［ケース］を素材に、制度趣旨や訴えの主観的予備的併合との関係など、その基本的知識を問うものである。そのうえで、［発展問題］は、同時審判申出共同訴訟について審理のあり方を尋ねている。また、以上の前提として、通常共同訴訟における審理の規律原則も問題となる。

ケース

　Xは、熊本県熊本市に在住の60歳の男性であり、妻と2人暮らしである。子供はいない。X家は代々農業を営んでいたが、Xの代からは会社勤めとなり、週末等に所有する土地の一部で妻と畑仕事をすることを趣味としていた。Xは今年、無事に定年退職を迎え、いよいよ本格的に農作業に取り組むことになった。しかし、それでも所有する土地3,000坪のすべてを耕作することは、年齢等を考えても現実的ではなかった。そこで、Xは、今後の生活費のことや相続すべき子供がいないことなどを考慮し、その土地の一部（以下「本件土地」という）を売却しようと考えていた。しかし、買い手はいっこうに現れる気配がなかった。

　ところが、ちょうどそのころ、同市に本店を有し、総合小売業を営むY会社は、本件土地のあたりで、新たにショッピングモールを開設する運びとなり、付近の土地を必要としていた。同市で不動産業を営むZは、

第5章　多数当事者訴訟　*219*

Yの代理人と称して、平成24年4月17日に、本件土地を代金3,000万円で購入する売買契約をXと締結した。

　しかし、売買契約書が交わされ、Xは、Zに対して仲介手数料として96万円を支払ったものの、どういうわけか、本件土地について引渡しや移転登記、売買代金の支払等は一切されず、そのまま数か月が経過した。Xとしては、契約を解除する選択肢もあったが、売買代金の3,000万円は極めて魅力的であった。

　そこで、Xは、市内中心部にある法テラスを通じて、弁護士Aに相談し、Yに対してその支払を求めることとした。Aは、まずYと接触し、代金の支払を求めた。しかし、Yは、Zなどは知らないとして、その支払を拒絶した。続いて、AはZに対して、民法旧117条1項（民新117条1項）に基づく履行請求として代金相当額の支払を求めたが、Zは、本件土地の売買に関するYからの委任状なるものを示して、その支払を拒んだ。かくして、舞台は訴訟に移る。

・・・・・・・・・・・・・・・・・・・・ 設問 ・・・・・・・・・・・・・・・・・・・・

　1. Xは、Yに対して売買代金3,000万円の支払いを求める訴えと、Zに対して民法旧117条1項（民新117条1項）に基づき3,000万円の支払を求める訴えとを、単純併合の形態で提起した。

　　① 　各訴えについて、請求原因事実を整理しなさい。

　　② 　Xが同時審判の申出をしない場合、Xはどのような不利益を被る危険があるか。

　2. Xは、Yに対する訴えとZに対する訴えを単純併合ではなく、Yを主位被告、Zを予備的被告とする、いわゆる主観的予備的併合という併合形態で提起した。このような併合形態は適法か。

・・・

【解説】

　XはYとZを共同被告として訴えを提起している。すなわち、共同訴訟である。共同訴訟は通常共同訴訟と必要的共同訴訟に大別されるから、ある共同訴訟がそのいずれに分類されるべきかが問題となる。この問題は一般的には、必要的共同訴訟の適用範囲の問題として顕在化する（本

220　　**18** 通常共同訴訟

書項目**19**および**20**参照）。

　本項目が扱う同時審判申出共同訴訟は、後述のとおり、通常共同訴訟の一種と考えられている。そこで以下の解説では、まず通常共同訴訟について、共同訴訟人独立の原則など、基本的な知識を確認することから始めることとする。

〔1〕── 通常共同訴訟と共同訴訟人独立の原則

　通常共同訴訟は、もともと個別相対的に解決されうる数個の事件が、請求相互間に一定の関連性があるため（38条）、便宜上１つの手続に併合されているにすぎない場合である。このため、共同訴訟人の１人の訴訟行為、共同訴訟人の１人に対する相手方の訴訟行為（とりわけ自白、請求の放棄・認諾、訴えの取下げ、訴訟上の和解、上訴の提起など）、および、共同訴訟人の１人について生じた事項（訴訟手続の中断・中止、上訴期間の進行など）は、他の共同訴訟人に対して効力を及ぼさない（39条）。また、裁判所も、審理の状況から、弁論および裁判を分離し（152条１項・243条２項・３項）、いったん成立した共同訴訟を個別訴訟に戻すことができる。このように、通常共同訴訟では、裁判資料の共通や手続進行の統一は保障されない。これを共同訴訟人独立の原則という。

　もっとも、共同訴訟人独立の原則には重大な例外がある。共同訴訟人間の証拠共通の原則である。すなわち、裁判所は、自由心証主義（247条）に基づいて、共同訴訟人の１人が提出した証拠方法から得られた資料を、援用の有無にかかわらず、他の共同訴訟人についても証拠資料とすることができる。これに対して、共同訴訟人の１人による事実主張を他の共同訴訟人が積極的に援用しないときでも、裁判所が当該事実を他の共同訴訟人についての訴訟資料とすることができるか、という主張共通の許否については、相手方当事者の不意打ちのおそれなどから、否定的に解するのが多数説である（以上の詳細は、コンメ民訴I 389〜390頁以下、注解民訴(1)369頁以下［徳田和幸］、笠井正俊＝越山和広編『新・コンメンタール民事訴訟法（第２版）』（日本評論社・2013）173〜174頁以下〔堀野出〕、条解民訴207頁以下参照）。

このような通常共同訴訟に対して、合一確定の必要がある（すなわち裁判資料を共通のものとし、かつ手続進行も統一する必要がある）必要的共同訴訟では、共同訴訟人独立の原則は適用されず、弁論および裁判の分離もまた当然に禁止される（40条）。

設問1で検討する同時審判申出共同訴訟は、共同被告の一方に対する請求と他方に対する請求が、一方が成立すると他方は成立しないという意味で、実体法上の択一的関係にある場合において、原告からの同時審判の申出に基づいて成立する共同訴訟形態であり、その効果として、弁論および裁判の分離が禁止される（41条）。必要的共同訴訟であれば、弁論および裁判の分離が禁止されることはむしろ当然であるから、共同被告に対する各請求が実体法上の択一的関係にある場合であっても、その共同訴訟は通常共同訴訟であることが制度の前提とされている。すなわち、同時審判申出共同訴訟は、通常共同訴訟の一種であり、弁論および裁判の分離が禁止される以外の点では、共同訴訟人独立の原則が適用される（詳細は後述【3】(3)参照）。

ところで、本問において、XがYZを共同被告として訴えを提起した場合、理論上は、まず共同訴訟の要件（38条）が満たされているかが問題となる。後述【2】【3】のとおり、XのYに対する請求とZに対する請求は、実体法上の択一的関係にある。このような場合には、38条前段の「訴訟の目的である権利又は義務が……同一の事実上及び法律上の原因に基づくとき」に当たると解されるから（注釈民訴(2)29〜30頁［山本弘]）、その要件は満たされる。なお、Xは、両請求が実体法上の択一的関係にあることから、同時審判の申出をすることができるが、申出をしない場合、この共同訴訟は一般の通常共同訴訟と何ら変わりないことになる。

【2】― 要件事実入門

実体法上の請求権ごとに給付訴訟の訴訟物を特定し、当該請求権を発生させるために必要な最小限の事実によって給付訴訟の請求原因事実を整理する実務のもとでは、XのYに対する訴えの訴訟物は、XのYに対

する本件売買契約に基づく代金支払請求権となり、その請求原因事実は
こう整理される。①Xは、平成24年4月17日に、Zに対して、本件土地
を代金3,000万円で売った（代理行為）。②上記①の際、ZはYのために
することを示した（顕名）。③上記①の契約締結に先だって、YはZに代
理権を授与した（代理権）。

　同様に、XのZに対する訴えの訴訟物は、XのZに対する民法旧117
条（民新117条）に基づく履行請求権となり、その請求原因事実は上記①
および②の事実となる（ただし、Yの追認拒絶を請求原因事実に加える見解もあ
るが、立ち入らない）。他方で、Zは、抗弁事実として、上記③の事実を主
張しうることになる（なお、本問のような場合、Xは、Zに対して、民法旧117
条（民新117条）に基づく無権代理人の責任ではなく、端的にXZ間の売買契約の成
立に基づく契約当事者（買主）の責任を追及すべきである、という見解もあるが、
立ち入らない。代理に関する要件事実については、司法研修所編『増補民事訴訟に
おける要件事実　第一巻』〔法曹会・1986〕67〜71頁、105〜109頁参照。要件事実一
般については、本書項目**10**に譲る）。

【3】─ 同時審判申出共同訴訟

（1）　制度趣旨

　上記のとおり、YからZへの代理権授与の事実は、XのYに対する訴
えにおいてはXが主張・証明責任を負う請求原因事実であり、XのZに
対する訴えにおいてはZが主張・証明責任を負う抗弁事実である。この
ことから明らかなように、XのYに対する請求とZに対する請求は、実
体法上の択一的関係にあり、Xは、代理権授与が認められようとも認め
られまいとも、どちらか一方には勝訴できる地位にある（もちろん、請求
原因事実①②がそもそも認められない場合には、両請求は棄却にされるべきことに
なるが、これは当然のことである）。

　しかし、Yに対する訴えとZに対する訴えが単純併合の形態で提起さ
れると、この共同訴訟は一般の通常共同訴訟にすぎないから、裁判所は
口頭弁論を分離する裁量権を有することになる（152条1項）。仮に口頭
弁論が分離されると、統一的な審判は保障されないから、一方でYに対

第5章　多数当事者訴訟　*223*

する請求は代理権授与がないとの理由で棄却され、他方でZに対する請求は代理権授与があるとの理由で棄却されるという事態が生じうる。

しかし、このようなXの「両負け」の危険は、XのYに対する請求とZに対する請求が実体法上の択一的関係にあることから考えれば不合理である。したがって、両請求を1つの手続で審理判断するための訴訟法上の手当てが必要となる。同時審判申出共同訴訟は、この要請に応えた制度であり、民訴41条は、通常共同訴訟でありながら同時審判が保障（弁論および裁判の分離が禁止）されるという共同訴訟形態を認めている。同時審判が保障される結果、証拠共通の原則に従い矛盾のない事実認定が行われることで、原告は、不当な「両負け」の危険から逃れることが可能となる（制度趣旨や立法の経緯については、法務省民事局参事官室編『一問一答新民事訴訟法』〔商事法務・1996〕58頁以下、高田裕成「同時審判の申出がある共同訴訟」新民訴大系(1)172頁以下に詳しい）。

（2） 要件

同時審判申出共同訴訟が成立するためには、各被告が共同被告として併合審理されていることを前提に、原告が控訴審の口頭弁論終結時までに同時審判の申出をすることが必要となる（41条2項）。これが第1の要件である。第2の要件は、共同被告双方に対する請求が法律上併存し得ない関係にあることである（同1項）。すなわち、一方の請求における請求原因事実が他方の請求では抗弁事実になるなど、両請求が実体法上の択一的関係にある場合である。典型的には、本問の場合のほか、土地の工作物の瑕疵による占有者に対する損害賠償請求と所有者に対する損害賠償請求（民旧717条・民新717条）がある。この場合も、占有者が損害発生防止に必要な注意をしたことは、占有者に対する損害賠償請求との関係では、その責任の免責事由になるが、所有者に対する損害賠償請求との関係では、責任発生原因となる（要件事実的にいえば、占有者が損害発生防止に必要な注意をしたことは、占有者に対する請求においては抗弁事実となり、所有者に対する請求では、占有者存在の抗弁に対する再抗弁事実となる。大江忠『要件事実民法(4)（第3版）』〔第一法規・2005〕727〜730頁参照。なお、異説もあるが、立ち入らない）。

これに対して、たとえば、契約の相手方がAとBのいずれかであると
いうような場合には、Aに対する請求とBに対する請求は事実上併存し
得ないだけであって、Aが契約の相手方でないとの理由で責任を免れる
とBの責任が法律上当然に発生する（逆もまた同じ）という実体法上の択
一的関係があるわけではない（契約の相手方がABいずれかであっても、対A
契約の事実と対B契約の事実の双方とも真偽不明におちいることはあり得、その場
合、AB共に責任を免れることはやむを得ない）。したがって、原告がAB双
方に「両負け」することは、法律論として何ら不合理ではない。それゆ
え、両請求が事実上併存し得ないだけである場合には、原告は、「両負
け」防止のための制度である同時審判申出共同訴訟を利用できない（立
法趣旨として、前掲・一問一答58頁はこの立場を明示する。原告としては、「両負
け」を回避するため、A（またはB）を被告とし、B（またはA）に対して訴訟告
知をすることで参加的効力を及ぼすことも考えられるが、最判平成14年1月22日判
時1776号67頁は否定的である。詳細は、項目**23**参照）。もっとも、実務上の運
用レベルでは、事実上併存し得ない場合であっても原告が同時審判を求
めるときは、裁判所は、原告の意思を尊重し、特別の事情がない限り、
弁論の分離をしないことが要請されるという（伊藤・民訴法640頁、コンメ
民訴Ⅰ419頁など。なお、上北武男「同時審判の申出がある共同訴訟の適用範囲に関
する一試論」白川和雄先生古稀記念『民事紛争をめぐる法的諸問題』〔信山社・
1999〕613頁、622〜623頁によると、請求が事実上併存し得ない場合と法律上併存し
得ない場合の区別は必ずしも容易でないという）。

（3）　効果

　同時審判申出共同訴訟においては、弁論および裁判の分離が禁止され
るが（41条1項）、通常共同訴訟であることに変わりないから、その他の
点では、共同訴訟人独立の原則が適用される（伊藤・民訴法639頁、高橋・
重点(下)406頁、松本=上野・民訴745頁など多数。議論の詳細は、徳田和幸「同時審判
申出共同訴訟と共同訴訟人独立の原則」佐々木吉男先生追悼論集『民事紛争の解決
と手続』〔信山社・2000〕109頁、115頁以下参照。ただし、山本弘「多数当事者訴
訟」講座新民訴Ⅰ141頁、163〜164頁は民訴40条準用の余地を示唆し、また、高見進
「同時審判の申出がある共同訴訟の取扱い」新堂古稀(上)673頁、682頁以下は、同時審

判申出共同訴訟を通常共同訴訟と必要的共同訴訟の中間形態と位置づけ、共同訴訟人独立の原則の適用について制限的に微調整をする）。

　したがって、まず第1に、原告が共同被告の一方に対して訴えの取下げ・請求の放棄をすることや、共同被告の一方が請求の認諾をすることは何ら妨げられず、当該訴訟のみが終了する。原告と共同被告の一方がする訴訟上の和解も同様である。

　第2に、共同被告の一方の自白についても、その者に対する請求との関係でのみ効力が生じる。したがって、本問において、Yが代理権授与の事実を自白したとしても、有権代理の事実が確定されるのは、XY間の請求に関してのみであり、XZ間の請求に関しては、証拠調べの結果、代理権授与の事実を否定することは妨げられない。この結果、XはYとZの両方に勝訴しうることになるが、このようなXの「両勝ち」は、その「両負け」を防止しようとする同時審判申出共同訴訟の制度趣旨には反しない（ただし、高見・前掲論文684頁はこの帰結に反対）。なお、Yの自白ないし擬制自白により、XY間の訴訟が判決をするのに熟したとしても、Xが同時審判の申出を撤回しない限りは、同時判決が要請（一部判決が禁止）されるから、裁判所はYに対する請求についてのみ判決をすることが許されない（前掲・一問一答59頁）。

　第3に、共同被告の一方について中断・中止の事由が生じても、他の共同被告の訴訟手続は停止しないのが原則であるが、同時審判が要請される結果、他の共同被告に対する訴訟も事実上は停止せざるをえない。竿頭一歩進めて、民訴40条3項の準用が有力に説かれる所以である（山本・前掲論文167頁注54）。

　第4に、共同被告の一方の上訴または一方に対する上訴の提起も、当該当事者間の訴訟についてのみ確定遮断と移審の効果が生じる。したがって、本問で、代理権授与が認められないとして、XY請求が棄却、XZ請求が認容された場合に、Zだけが控訴し、Xが控訴しないときは、控訴審に移審するのはXZ請求のみとなり、XY請求はX敗訴で確定する。この結果、仮に控訴審で第1審とは逆に代理権授与が認められると、Zが勝訴し、Xは、YとZに「両負け」することになる。この危険を回

避するためには、Xは、未だZが控訴していなくとも、念のためにYに対して控訴しておくことを余儀なくされる。上訴期間は各別に進行するため、Xとしては、Zの控訴を待っていたのでは、Yに対する控訴期間が徒過するおそれがあるからである。もっとも、このようなXの「念のための控訴」は、かえってZの控訴を誘発し、また、結局Zが控訴しなかった場合にはXに無用な負担を残すことになる（高橋・重点(下)407～408頁）。なお、XとZが各別に控訴しても、弁論および裁判は併合されることになる（41条3項）。

【4】— 訴えの主観的予備的併合の適否

訴えの主観的予備的併合とは、本問を例にとれば、XがYに対して3,000万円の支払を求める無条件の請求（「主位請求」という）と、主位請求が認容されることを解除条件として、Zに対して3,000万円の支払を求める請求（「副位請求」とか「予備的請求」という）とを併合提起した形態である。その条件関係ゆえに、弁論および裁判の分離は禁止される。

このような被告側の主観的予備的併合の適否については、旧法下において見解が鋭く対立しており、適法説は、この併合形態によって原告が不当な「両負け」を防止できる点を重視していた。これに対して、最高裁は、原審が予備的被告の不利益を理由にこの併合形態を不適法としたのを承けて、「主観的予備的併合は不適法であって許されないとする原審の判断は正当であ〔る〕」と判示した（最判昭和43年3月8日民集22巻3号551頁）。ここにいう予備的被告の不利益とは、上の例でいえば、Zは応訴を強いられ、たとえその防御が功を奏して代理権授与の事実が認められたとしても、主位請求の認容によって予備的請求の解除条件が成就するため、Zは勝訴判決を取得できないというものである。その結果、Yの無資力などによりXの強制執行が不奏功に終わって、XがZに対して再訴を提起すると、この再訴は実質的には前訴のむし返しであるにもかかわらず、Zはこの再訴を既判力によって封じることができないこととなる（旧法下での議論については、注釈民訴(2)17頁以下［上田徹一郎］参照）。

同時審判申出共同訴訟は、平成8年の民訴改正（平成8年法109）によ

って新設された制度であるが、この制度は、主観的予備的併合の適否に関する旧法下での見解対立を解決する意図で立案されたものである。すなわち、同時審判申出共同訴訟においては、各請求が単純併合であること（代理権授与の事実が認められてＸＹ請求が認容されるときはＸＺ請求が棄却されること）によって、予備的被告の不利益という主観的予備的併合の難点は回避されつつ、同時審判の保障によって、主観的予備的併合が企図した原告の「両負け」防止は達成される。そこで、今日の有力な学説は、現行法の下では主観的予備的併合の適法性を主張する余地はなくなったと説いている（伊藤・民訴法640〜641頁など）。

　しかし、予備的被告の同意がある場合など、その不利益を考慮する必要がない事案もありうること、主観的予備的併合では一方当事者の上訴により当然に全訴訟が上訴審に移審すると解する余地があり（40条3項準用）、同時審判申出共同訴訟にはない利点が認められる（前述したＸの「念のための控訴」が不要となる）ことなどから、現行法の下でも主観的予備的併合の適法性を示唆する見解もまた有力である（高田・前掲論文192〜193頁、高橋・重点(下)408〜409頁、新堂・新民訴791頁、松本=上野・民訴744頁など。その背景、とりわけ現行法の多数当事者訴訟の全体的規律における法41条の歪さについては、山本弘「主観的予備的併合と同時審判申出共同訴訟」法教373号128頁、133頁以下参照。なお、原告側の主観的予備的併合については、東京地判平成22年12月28日金法1948号119頁がこれを適法とし、また、濵田陽子「原告側の主観的予備的併合と同時審判申出共同訴訟について」石川明=三木浩一編『民事手続法の現代的機能』（信山社・2014）195頁もその可能性を肯定する）。

発 展 問 題

　設問Ⅰにおいて、Ｘが同時審判の申出をしたとする。次の場合、ＹとＺに対する各訴えは、どのような経過をたどると考えられるか。①Ｙが請求を認諾した場合。②Ｙが代理権の授与を自白した場合。③Ｙが欠席を続けている場合。④弁護士に訴訟委任をせずに本人訴訟を続けていたＺが死亡した場合。⑤代理権授与が認められないとして、ＸのＹに対する請求を棄却、ＸのＺに対する請求を認容した第Ⅰ審判決に対して、Ｚだけが控訴し、Ｘは控訴しなかった場合。

［発展問題のヒント］
　本文［解説］【3】(3)を参照しつつ、①については、Ｙの請求認諾によって前提となる共同訴訟関係が消滅すること、②および③については、Ｘが「両勝ち」しうることに注意し、④については、民訴法40条3項の準用の余地、⑤については、主観的予備的併合との相違を踏まえて検討しなさい。

◎◎◎ **参 考 文 献** ◎◎◎

　本文中に掲げたもののほか、高田裕成「同時審判の申出がある共同訴訟」法教192号16頁、同「同時審判の申出がある共同訴訟」ジュリ争点（第3版）98頁、高見進「同時審判の申出がある共同訴訟」ジュリ1098号33頁、同「同時審判の申出のある共同訴訟」ジュリ争点76頁、山本和彦「訴えの主観的予備的併合と同時審判共同訴訟」法セミ541号34頁、同「演習（民事訴訟法）」法教236号134頁、鎌田薫ほか編『民事法Ⅰ』〔日本評論社・2005〕145頁以下［佐久間毅］、154頁以下［山本克己］、濵田陽子「同時審判の申出がある共同訴訟」井上追悼『民事紛争と手続理論の現在』〔法律文化社・2008〕396頁、瀬川信久ほか編『事例研究民事法』〔日本評論社・2008〕42頁以下［後藤裕］など。

（水元　宏典）

19) 固有必要的共同訴訟

　共同訴訟には、共同訴訟人独立の原則が妥当する通常共同訴訟（項目18参照）と、合一確定の必要性（40条1項）が働くために、共同訴訟人独立の原則が妥当しない必要的共同訴訟がある。この必要的共同訴訟には、訴訟共同の必要性（一定の者が原告または被告になっていないと当事者適格が欠けること）がある固有必要的共同訴訟と、その必要性がない類似必要的共同訴訟（項目20参照）とがある。この項目では、固有必要的共同訴訟のうち、原告側のそれについて検討を加えることにする。

ケース

　土地甲について、A村落の住民全員（50名）が共有の性質を有する入会権（以下、単に「入会権」という）を有するのか、それとも、A村落とは無関係のYの単独所有に属するのかについて、A村落の住民とYの間で争われている。そこで、A村落の住民は、Yを相手取って、土地甲についての入会権の確認を求める訴えを提起することを検討することにした。その結果、$X_1 \sim _{47}$の47名が訴え提起に賛成したが、$Z_1 \sim _3$の3名はこれに反対した。しかし、$X_1 \sim _{47}$は、Yを被告として、$X_1 \sim _{47}$と$Z_1 \sim _3$が土地甲について入会権を有することの確認を求める訴えを提起した。

設問

　この$X_1 \sim _{47}$の訴えは適法か。仮に適法でないとする場合、$X_1 \sim _{47}$はどのようにすれば適法な訴えを提起できるか。

解説

〔1〕── 入会権確認の訴えの固有必要的共同訴訟性

　判例（最判昭和41年11月25日民集20巻9号1921頁）によれば、第三者との関係で入会権の確認を求める訴えは、原告側の固有必要的共同訴訟である

とされる。昭和41年判決は、その理由として、入会権が「権利者である一定の部落民に総有的に帰属する」ことを挙げている。当事者適格についての判例の基調が管理処分権説（当事者適格は訴訟物である権利義務その他の法律関係についての実体法上の管理処分権の所在によって定まるという考え方）にあることを勘案すると、昭和41年判決の趣旨は、総有の目的物の処分については総有権者全員の同意が必要であるところ、総有権の確認の訴えの提起は目的物の処分と同視すべきであるので、訴えの提起は総有権者全員でしなければならない（全員でしないと原告適格が欠ける）、という点にあると考えられる。

この昭和41年判決の趣旨を、ケースに当てはめると、入会権者であると主張する者のうち、Z_1〜$_3$の 3 名が原告に加わっていないから、X_1〜$_{47}$の訴えは原告適格を欠いた不適法なものであることになる。

しかし、昭和41年判決に対しては、多くの批判が寄せられた。というのも、村落住民の大多数が訴え提起に賛成している場合であっても、少数の住民がこれに同調しないときには、村落住民には訴え提起の途が閉ざされることになるからである。このように、原告側固有必要的共同訴訟においては、原告適格者の各人に対して訴え提起についての拒否権が与えられることになる。なお、被告側固有必要的共同訴訟においては、原告が被告の選択を誤らなければ（被告適格者全員を被告にしていれば）、被告適格が欠けているという理由で訴えが不適法となることはないから、この拒否権問題が生じない。

学説においては、この原告側固有必要的共同訴訟における拒否権問題に対処するために、大きく分けて（ただし、厳密には両者の区別が難しい場合もある）、2 つの方向での試みがされてきた。1 つの方向は、原告側固有必要的共同訴訟が成立する範囲を制限していくことであり（たとえば、福永有利「共同所有関係と固有必要的共同訴訟」民訴雑誌21号 1 頁以下）、もう 1 つは、原告側固有必要的共同訴訟において、一部の原告適格者が訴え提起について同調しない場合であっても、訴えが不適法とならないための解釈論・立法論を打ち出すことである（たとえば、後述する平成11年判決と平成20年判決で採用された考え方を初めて提唱した、高橋宏志「必要的共同訴訟につ

いて」民訴雑誌23号36頁以下）。

〔2〕― 判例の展開

このような学説の批判を受けて、判例も、原告側固有必要的共同訴訟における拒否権問題を緩和ないし解消する方向を打ち出しつつある。

まず、最判平成6年5月31日民集48巻4号1065頁は、入会権者が入会地管理団体を設立して、入会地の管理をこれに委ねている場合の入会権確認の訴えについて、「当該入会団体は、構成員全員の総有に属する不動産につき、これを争う者を被告とする総有権確認請求訴訟を追行する原告適格を有する……」と判示した。これは、固有必要的共同訴訟が成立する場合について、迂回路を構築する解釈であると言うことができる（同判決については、拙稿「入会地管理団体の当事者能力・原告適格」法教305号104頁を参照）。ケースにおいても、A村落に入会地管理団体が設立されていれば、同団体が原告適格を有するとされる可能性がある。

次に、最判平成20年7月17日民集62巻7号1994頁は、「特定の土地が入会地であるのか第三者の所有地であるのかについて争いがあり、入会集団の一部の構成員が、当該第三者を被告として、訴訟によって当該土地が入会地であることの確認を求めたいと考えた場合において、訴えの提起に同調しない構成員がいるために構成員全員で訴えを提起することができないときは、上記一部の構成員は、訴えの提起に同調しない構成員も被告に加え、構成員全員が訴訟当事者となる形式で当該土地が入会地であること、すなわち、入会集団の構成員全員が当該土地について入会権を有することの確認を求める訴えを提起することが許され、構成員全員による訴えの提起ではないことを理由に当事者適格を否定されることはない……」と判示している。これは、原告側固有必要的共同訴訟において、拒否権問題を直接的に解消しようとする解釈であると言うことができる。この判示をケースに当てはめると、$X_1 \sim _{47}$ は、Yのほかに、$Z_1 \sim _3$ を被告としていれば、適法に訴えを提起できたことになる。

〔3〕— 判例の残した問題点

　この平成20年判決の判示は、昭和41年判決に対する批判を根本的に解消する画期的なものであるが、いくつもの未解決の問題を残している（ここで取り上げるもののほか、発展問題２．も参照）。

（1）　原告は少数派でもよいか

　まず、訴え提起に賛同する者が少数派である場合にも、平成20年判決の趣旨は妥当するのであろうか。同判決の事案においては、入会権者は（おそらく）67名であるところ、うち原告となった者が26名、被告とされた者が41名である。したがって、訴え提起に賛同する者が少数派であっても、平成20年判決の趣旨が妥当すると考えられる。しかし、67名中１名だけが原告となって、他の66名と単独所有を主張する第三者とを被告として訴えを提起した場合にも、同様の結論が認められるのであろうか。この点は、今後の判例の展開を待つしかない。

（2）　給付の訴えにも妥当するのか

　次に、平成20年判決の趣旨は、確認の訴えだけではなく、給付の訴えや形成の訴えにも及ぶのであろうか。平成20年判決に先立って、最判平成11年11月９日民集53巻８号1421頁は、共有地の共有者の一部（２名）が原告となって、他の共有者（１名）と隣接地の所有者とを被告として提起した、共有地とその隣接地の境界確定の訴え（判例上は、隣接する２筆の土地の間の公法上の境界ないし筆界の確定を求める、形式的形成訴訟であるとされる。隣接する土地の一方または双方が共有に属する場合に固有必要的共同訴訟となると解されている点を含めて、境界確定の訴えについては項目**30**を参照）が適法であると判示した。しかし、平成11年判決と20年判決以外には、同趣旨を判示した最高裁裁判例は知られていない。したがって、判例の射程はまだ明確とは言いがたい。

　確認の訴えや形成の訴えの場合には、訴訟当事者間で、一定の法律関係の確認や形成をすればよいので、本来の原告適格者の一部を被告にすることに大きな問題は生じないようにも思われる（ただし、（4）での検討を参照）。しかし、給付請求権の主体とされる者が原告適格者であり、給

第５章　多数当事者訴訟　　*233*

付義務の主体とされる者が被告適格者である給付の訴えに、平成20年判決の趣旨を及ぼすことができるかどうかは問題である。

たとえば、ケースにおいて、Yが土地甲の登記名義を有している場合に、$X_1 \sim _{47}$が所有権（入会権）に基づいて、Yと$Z_1 \sim _3$を被告として、その所有権移転登記手続を求めて訴えを提起するときを考えてみよう。

まず、Yに対する請求の趣旨は、①「Yは$X_1 \sim _{47}$に対して土地甲についての所有権移転登記手続をせよ」と、②「Yは$X_1 \sim _{47}$及び$Z_1 \sim _3$に対して土地甲についての所有権移転登記手続をせよ」の、いずれの判決を求めるものであるべきであろうか。$Z_1 \sim _3$を新たな名義人としない所有権移転登記を求めることは、実体法上許されないから、①のような判決を求めても請求が棄却されることになる。したがって、②のような判決を求めることになろう。しかし、②については、原告以外の者を受領者とする給付を被告に対して命ずることができるのかどうか、という根源的な疑問があるほか、②の請求を認容する判決に基づく登記の手続について問題が生じる。というのも、不動産登記法63条1項は、「申請を共同してしなければならない者の一方に登記手続をすべきことを命ずる確定判決による登記は、当該申請を共同してしなければならない者の他方が単独で申請することができる」と定めているため、$Z_1 \sim _3$が申請に協力しない限り、判決による登記ができないのではないか、という疑問があるからである。

次に、$Z_1 \sim _3$に対する請求の趣旨は、どうすべきであろうか。考えられるのは、③「$X_1 \sim _{47}$と$Z_1 \sim _3$との間で、$X_1 \sim _{47}$と$Z_1 \sim _3$が、Yに対して、土地甲について、所有権に基づく所有権移転登記請求権を有することを確認する」、あるいは、④「$Z_1 \sim _3$は$X_1 \sim _{47}$に対して土地甲についてYから$X_1 \sim _{47}$及び$Z_1 \sim _3$への所有権移転登記手続をせよ」という判決を求めることである。④のような判決ができれば、上述の不動産登記法63条1項に関する問題点を解消できる（$X_1 \sim _{47}$だけの申請による登記ができる）可能性があるが、$X_1 \sim _{47}$の$Z_1 \sim _3$に対するこのような登記請求権が実体法上認められるかどうかが問題である。これに対して、③のような判決を下すことには、実体法上問題はないものの、登記手続の役に立た

ず、実益に乏しい。

（3）　被告にされた原告適格者の訴訟上の地位はどうなるのか

被告にされた原告適格者（ケースにおいて、$X_1 \sim _{47}$がYと$Z_1 \sim _3$を被告として入会権確認の訴えを提起した場合の$Z_1 \sim _3$）の訴訟上の地位はどうなるのであろうか。この点について、平成20年判決は何も語っていないが、平成11年判決は、被告である隣地の所有者が原告らだけを相手取ってした上訴について、「民訴法47条４項を類推して、同法40条２項の準用により」、その上訴の効力は被告とされた共同所有者にも及び、この者は被上訴人となる」と判示している。

ケースを用いた上述の例で言うと、$X_1 \sim _{47}$とY、そして、$X_1 \sim _{47}$と$Z_1 \sim _3$は、それぞれ、原告と被告であるから対立する関係にあるが、Yと$Z_1 \sim _3$も、土地甲の帰属について利害が対立する関係にある。そこで、判例は、Yと$Z_1 \sim _3$の関係を単純な共同被告の関係に立つものとは見ずに、独立当事者参加がされた場合と同様に、〈$X_1 \sim _{47}$対Y〉と〈$X_1 \sim _{47}$対$Z_1 \sim _3$〉という対立軸に加えて、〈Y対$Z_1 \sim _3$〉という対立軸を加えた、三面訴訟関係（片面的独立当事者参加に類似した潜在的な三面訴訟関係）を認めているのである。このような法律構成においては、民訴法47条４項を類推適用して、同法40条を準用することが可能となり、$X_1 \sim _{47}$とYと$Z_1 \sim _3$の間で統一的な解決が確保されることになる。また、Yが、土地甲がYの単独所有に属することの確認を求めて反訴を提起しようとする場合、Yと$Z_1 \sim _3$が単なる共同被告であるとすると、$Z_1 \sim _3$を反訴被告とすることはできなくなりそうであるが、三面訴訟構成をとる場合には、$Z_1 \sim _3$を反訴被告とすることに問題はない。

（4）　既判力の主観的範囲はどうなるか

ケースにおいて、$X_1 \sim _{47}$が、Yと$Z_1 \sim _3$を被告として、「$X_1 \sim _{47}$とY及び$Z_1 \sim _3$との間で、土地甲について、$X_1 \sim _{47}$及び$Z_1 \sim _3$が共有の性質を有する入会権を有することを確認する」との判決を求めて訴えを提起した場合において、請求認容判決が下され、これが確定したとする。この場合に、$X_1 \sim _{47}$と$Z_1 \sim _3$が土地甲について入会権を有していることに既判力が生じることは当然である（114条１項）。問題は誰と誰の間で生ず

第５章　多数当事者訴訟　　*235*

るかである。

　民訴法115条1項1号は、既判力が「当事者」について生ずる旨を定めている。ここでの「当事者」が「対立当事者間」という意味であることに争いはない。この原則を上述の確定判決に当てはめると、既判力は、$X_1 \sim {}_{47}$とYとの間と、$X_1 \sim {}_{47}$と$Z_1 \sim {}_3$との間で生じ、$Z_1 \sim {}_3$とYとの間では生じないことになる。すると、Yが、後訴として、$X_1 \sim {}_{47}$と$Z_1 \sim {}_3$を被告として、土地甲がYの所有に属することの確認を求める訴えを提起した場合に、前訴確定判決の既判力は、Yと$X_1 \sim {}_{47}$との間だけで生じ、$Z_1 \sim {}_3$は既判力の作用を受けないことになる。この後訴が被告側の固有必要的共同訴訟かどうか、少なくとも判例上は明らかではないが、仮に固有必要的共同訴訟だとすると、民訴法40条の適用との関係で困難な問題が生ずる。

　この問題を避けるための方途の1つは、$Z_1 \sim {}_3$のYに対する「$Z_1 \sim {}_3$とYとの間で、土地甲について、$X_1 \sim {}_{47}$及び$Z_1 \sim {}_3$が共有の性質を有する入会権を有することを確認する」との判決を求める旨の請求を擬制することである（このように考えると、三面訴訟関係が顕在化することに注意が必要である）。このような請求の擬制を認めると、民訴法47条4項の類推適用により、同法40条が準用される結果、$X_1 \sim {}_{47}$のYに対する請求が認容される場合には、$Z_1 \sim {}_3$のYに対する請求（擬制された請求）も判決主文において認容されることになる。そして、$X_1 \sim {}_{47}$のYに対する請求と$Z_1 \sim {}_3$のYに対する請求の両方を認容する判決が確定すると、$X_1 \sim {}_{47}$および$Z_1 \sim {}_3$とYとの間で、$X_1 \sim {}_{47}$および$Z_1 \sim {}_3$が入会権を有することについて既判力が生ずるから、Yの後訴における民訴法40条の適用をめぐる困難な問題は生じない。

（5）　平成20年判決以降の判例の展開

　平成20年判決以降の固有必要的共同訴訟に関する重要な判示を含む最高裁の裁判例として、最判平成22年3月16日民集64巻2号498頁がある。この平成22年判決の事案は、次のとおりである。被相続人Aが死亡し、その子であるXとY_1とY_2の3名が共同相続したが、Xが、Y_2がAの遺言書を偽造したと主張して、Y_1とY_2を被告として、Y_2がAの相続人

の地位を有しない（民891条 5 号）ことの確認を求める訴えを提起した。第 1 審がXの請求を棄却したので、Xが控訴したところ、控訴審は、Y_2との関係では、原判決を取り消して、Xの請求を認容したが、Y_1との関係では、Xに控訴の利益がないとして、Xの控訴を却下した。これに対して、Y_1とY_2が上告したところ、最高裁は、本件訴訟が、共同訴訟人全員が当事者となり、かつ、その間で合一にのみ確定すべき固有必要的共同訴訟である（最判平成16年 7 月 6 日民集58巻 5 号1319頁）ことを前提にして、Xが上告または附帯上告をしていなくても、合一確定に必要な限度で、原判決のうちY_1に関する部分も破棄できるとして、原判決を破棄し、Y_1とY_2との関係でXの請求を認容した（自判）。

　以下では、平成22年判決の事案と判示内容に分析を加えることにする。Y_2がAの相続人の地位を有しないことを確認する判決が法的に不利に働くのは、Y_2に対してだけであって、Y_1にとって、Xにとってと同様、かかる判決は、少なくともY_2に代襲者がいない場合には（民887条 2 項）、法的には有利である（控訴審判決がY_1に控訴の利益がないとしたのはこのことに起因する）。したがって、XとY_1が共同原告となって、Y_2に対して、同様の訴えを起こすのが本来のあり方であるようにも思われる。

　しかし、相続人の地位の不存在確認の訴えの固有必要的共同訴訟性に関するリーディング・ケースである、上記の平成16年判決は、「共同相続人が、他の共同相続人に対し、その者が被相続人の遺産につき相続人の地位を有しないことの確認を求める訴えは、……遺産分割前の共有関係にある当該遺産につきその者が相続人の地位を有するか否かを既判力をもって確定することにより、遺産分割審判の手続等における上記の点に関する紛議の発生を防止し、共同相続人間の紛争解決に資することを目的とするものである。このような上記訴えの趣旨、目的にかんがみると、上記訴えは、共同相続人全員が当事者として関与し、その間で合一にのみ確定することを要するものというべきであり、いわゆる固有必要的共同訴訟と解するのが相当である。」と判示している。

　この判示は、共同訴訟人間での遺産確認の訴え（特定の財産が被相続人の遺産に属することの確認を求める訴え）が固有必要的共同訴訟である旨を

判示した、最判平成元年3月28日民集43巻3号167頁と、それぞれの確認の対象が遺産分割の前提問題であることを強調している点で類似している。そして、平成元年判決が、遺産確認の訴えにおいては、共同相続人の全員が当事者として関与することしか求めていない、換言すると、共同相続人の全員が原告または被告のいずれかとなっていれば足りる（原告側の固有必要的共同訴訟でも、被告側の固有必要的共同訴訟でもない、第3の範疇の固有必要的共同訴訟である）旨を判示していることを考えると、平成16年判決も、それを前提とする平成22年判決も、相続人の地位の不存在確認の訴えを原告側の固有必要的共同訴訟とは解していないものと推測される。したがって、平成22年判決の事案は、平成20年判決で提示された判例理論の射程の外にあると言うべきであろう。

　しかしながら、先に述べたように、平成22年判決の事案においては、Y_1 は Y_2 と法的な利益を共通にしておらず、Y_1 の法的な利益はむしろ X のそれと共通している。このことを考えると、平成20年判決も平成22年判決も、共同被告間に訴訟物に関する法的な利害の対立があるにもかかわらず、共同被告間で民事訴訟法40条の適用を認める点において類似している（このことは、平成20年判決以降は、原告側の固有必要的共同訴訟と、当事者適格者の全員が原告または被告のいずれかになっていることが求められる第3の範疇の固有必要的共同訴訟との、境界線が曖昧になっていることを意味する）。このこととの関係では、平成22年判決が、民事訴訟法40条と同法304条が定める不利益変更禁止の原則の関係についての先例として、最判昭和48年7月20日民集27巻7号863頁を挙げている点が興味深い。というのも、この昭和48年判決は、独立当事者参加によって生じた三面訴訟に関するものであるからである。つまり、平成22年判決は、Y_1 と Y_2 に利害対立があることを前提にして、当該事案が三面訴訟であることを肯定したという推測も成り立ち得るからである。

　もっとも、平成22年判決の自判部分の主文は「X と Y_1・Y_2 との間において、Y_2 が A の相続財産につき相続人の地位を有しないことを確認する」となっており（「X と Y_1 と Y_2 との間……」とはなっていない）、Y_1 と Y_2 の間の利害の対立は、主文において表現されてはいない。同判決が、

三面訴訟性を肯定しているとしても、そのことが請求の趣旨の捉え方に反映されてはいないことに注意が必要である。

発展問題

1. ケースにおいて、$X_1 \sim_{47}$ と $Z_1 \sim_3$ が原告となって、Y を被告とする入会権確認の訴えを提起したところ、第 I 審で請求棄却判決が下された。控訴するかどうかを相談したところ、$X_1 \sim_{47}$ は控訴提起に賛成したが、$Z_1 \sim_3$ はこれに反対した。そこで、$X_1 \sim_{47}$ が控訴人となって請求認容判決を求めて控訴を提起した。この控訴は適法か。また、適法である場合に、$Z_1 \sim_3$ は控訴審においてどのような地位に就くか。

2. ケースにおいて、$X_1 \sim_{47}$ が、Y と $Z_1 \sim_3$ を被告として、$X_1 \sim_{47}$ と $Z_1 \sim_3$ の入会権の確認を求めて訴えを提起したところ、第 I 審で請求認容判決が下された。この場合に、$Z_1 \sim_3$ は控訴を提起することができるか。また、第 I 審判決が請求棄却判決であった場合はどうか。

[発展問題のヒント]

1. は40条 I 項の適用に関する基本問題であるので、これについては、各種の教科書を参照されたい。なお、類似必要共同訴訟における一部の共同訴訟人がした上訴については、項目**20**を参照。

2. は不服の利益（控訴の利益）について問うものである（不服の利益については、項目**25**を参照）。まず、第 I 審判決は請求認容判決である場合について検討すると、不服の利益に関するいずれの学説においても、被告は請求認容判決について不服の利益を有するとされる。しかし、ここでの請求認容判決は被告 $Z_1 \sim_0$ に権利があることの確認を内容としているから、$Z_1 \sim_3$ に不服の利益があるかどうかが問題になる。逆に、第 I 審判決が請求棄却判決である場合には、請求棄却判決であるにもかかわらず、被告である $Z_1 \sim_3$ の権利を否定する内容となっている点をどう見るかが問題になる。なお、独立当事者参加がされた場合における上訴については、項目**21**を参照。

◦◦◦ 参 考 文 献 ◦◦◦

　平成20年判決の解説・評釈として次のものを参照。高橋譲・最高裁判所判例解説民事篇平成20年度404頁、同・ジュリ1399号145頁、鶴田滋・ジュリ臨時増刊1376号143頁〔平成20年度重要判例解説〕、八田卓也・私法判例リマークス39号106頁、河野正憲・判タ1333号42頁、山本弘・民事訴訟法判例百選〔第 4 版〕210頁。

　また、平成22年判決の解説・評釈として次のものを参照。田中一彦・ジュリ1422号119頁、鶴田忍・民商法雑誌143巻 2 号211頁、畑瑞穂・私法判例リマークス42号106頁、春日偉知郎・判タ1343号46頁、堀野出・ジュリ臨時増刊1420号167頁〔平成22年度重要判例解説〕。

（山本　克己）

20)) 類似必要的共同訴訟

　訴訟には、原告と被告が１人ずつという訴訟のほか、原告ないしは被告が複数の訴訟もある。そして、そのように少なくとも一方当事者が複数になる場合にもいくつかの種類があり、それぞれの訴訟のあり方についてそれにふさわしいルールがある。ここでは、類似必要的共同訴訟と呼ばれる訴訟のルールについて検討しよう。

ケース

　Ａ株式会社（Ａ社）は、ある定時株主総会（本件総会）において、一定の者らを取締役、監査役に選任する決議（本件決議）をしたが、Ａ社の株主であるＢは、その意思に反して、取締役に選任されなかった。

　Ｂは、「本件総会は、Ａ社が取締役会設置会社であるにもかかわらず取締役会の決議がないまま代表取締役が招集したもので、会社法298条４項に違反するものであった」と主張し、本件決議の手続が違法であったから本件決議は取り消されるべきであるとして、同法831条１項１号に基づいて、本件決議の日から３か月以内に、Ａ社を被告として、株主総会決議取消しの訴えを提起した。そうしたところ、Ｂの訴えとは別に、Ａ社の別の株主であるＣも、本件決議についてＢと同様の主張をして、同様の期間内に株主総会決議取消しの訴えを提起した。

設問

　１．Ｂの訴訟とＣの訴訟とで、別々の手続が進行するとしてよいか。別々に手続を進行させるべきでないとすると、その理由は何か。

　２．Ｂの訴訟手続とＣの訴訟手続とが併合され、訴訟手続が１つとなった場合、もしその後にＣが死亡したら、その訴訟手続はＣの死亡によってどのような影響を受けるか。

　３．Ｂの訴訟手続とＣの訴訟手続とが併合された上で、地方裁判所でいずれについても請求を棄却する旨の判決が言い渡されたところ、Ｃは

240　**20** 類似必要的共同訴訟

もう訴訟はあきらめようと思って控訴できる期間内に控訴しなかったが、Bはさらに上級審の審判を受けたいと思って控訴した。この場合、Cも、控訴審において控訴人となるか。

解説

　株主総会決議取消しの訴えは、「類似必要的共同訴訟」という訴訟類型の典型であるとされている。なぜそのような類型として問題にされるのであろうか。当事者が多くなると、原告1人で被告も1人という訴訟にはない複雑な事情が絡んでくるのである。ここでは、類似必要的共同訴訟という訴訟類型に関する法的問題の複雑さを理解してほしい。

【1】― 類似必要的共同訴訟の意義

（1）　通常共同訴訟と必要的共同訴訟

　まず、一般に、当事者の一方または両方が複数となる訴訟を共同訴訟というが、民事訴訟法上、どんな訴訟でも自由に共同訴訟にしてよいということにはなっていない。民事訴訟法38条は、「権利又は義務が数人について共通であるとき」等、共同訴訟が許される一定の場合というものを規定している。そのような共同訴訟のうちでそれ以上特別の規制のない共同訴訟は、「通常共同訴訟」と呼ばれる（本書項目**18**通常共同訴訟参照）。

　同条の要件を満たした共同訴訟の中でも、「訴訟の目的が共同訴訟人の全員について合一にのみ確定すべき場合」（40条1項）は、「必要的共同訴訟」と呼ばれる。詳しくは後述するが、従来、上の設例のような株主総会決議の取消しを求める訴訟の場合は、ある原告の訴訟ではその株主総会決議が取消しになり、別の原告の訴訟では同一の株主総会決議が取消しにならないというのは不都合であるとして、「合一にのみ確定すべき場合」に当たる、つまり必要的共同訴訟であると考えられている。

（2）　固有必要的共同訴訟と類似必要的共同訴訟

　必要的共同訴訟の中でも、さらに、関係者が全員当事者として揃っている必要がある場合、つまり全員揃って初めて当事者適格があるとされ

第5章　多数当事者訴訟　　*241*

る場合を固有必要的共同訴訟といい（本書項目**19**固有必要的共同訴訟参照）、当事者としては1人でもいい（当事者適格がある）が、複数の訴えが提起された場合には共同して訴訟手続を進めて矛盾のない判決をする必要がある場合を類似必要的共同訴訟という。株主総会決議取消しの訴えは、1人でも提起できるので、類似必要的共同訴訟に該当するということになる。類似必要的共同訴訟の例としては、株主総会決議取消しの訴えを含む会社の組織に関する訴え一般（会社838条・834条）、複数人による株主代表訴訟（同法847条）、複数人による人事に関する訴え（人訴5条・24条1項）、複数人の債権者による債権者代位訴訟（民423条）等がある。

　類似必要的共同訴訟ということになれば、株主総会決議取消しの訴えの場合でも、BとCは、訴えを提起する以上、共同してすべきだということになる。しかし、設例のように、Bが先に訴えを提起し、その後でCが同様の訴えを提起するような事態もありうる。そこで、会社法はそれに備えて、株主総会決議取消しの訴えのような会社の組織に関する訴え（会社834条17号参照）について、同一の請求を目的とする訴訟が数個同時に係属するときは、その弁論および裁判は、併合してしなければならないと規定し（同法837条）、共同訴訟とならない形で訴えが提起された場合にも、訴訟係属後に強制的に併合して共同訴訟の形にすべきであるとしているのである。さらに、民事訴訟法上は、すでに株主総会決議取消訴訟が係属していることを知った他の株主は、共同訴訟参加（52条）という制度によって、直接その訴訟に当事者（原告）として参加する方法を採ることもできるものとされている。

〔2〕─ 共同訴訟とすべき実質的理由

　前述したように、株主総会決議取消しの訴えは、複数の原告がいると合一確定が要請されるという類似必要的共同訴訟であると考えられているが、その場合に合一確定を要する、つまり訴訟手続を一本化しなければならないというのは、もう少し考えてみると実質的にはどのような理由によるのであろうか。

242　**20** 類似必要的共同訴訟

（1）　判決効拡張による従来の通説の説明

そもそも民事訴訟は私人間の紛争を解決するものであり、原則として判決の効力（とくに既判力）は手続保障が与えられた当事者間にしか及ばず（本書項目**15**既判力の主観的範囲参照）、別々の訴訟で実体法上矛盾する結論となることは訴訟法上は問題視されないのである。たとえば、XがYとの間で一定の物について所有権確認訴訟を行い判決でXの所有とされ、他方、それと併行して、XがZとの間で同一の物について所有権確認訴訟を行い判決でXの所有ではないとされても、そのこと自体は構わないとされているのである。

ところが、たとえば会社法838条は、株主総会決議取消しの訴えのような会社の組織に関する訴えについて、「請求を認容する確定判決は、第三者に対してもその効力を有する」と規定し、この訴えの認容判決の判決効は、会社と関わる第三者に広く拡張される（対世効がある）ことになる。そうであれば、通常の場合と異なるのではないかと考えられる。

このようにして、従来の通説では、一般に、判決効が第三者に拡張される場合は、勝敗を別々に定めると、その1人についての直接の既判力と他の者に対する判決から拡張される既判力とが矛盾衝突して収拾がつかない結果となるからとして、共同して訴えまたは訴えられた以上は、判決の合一確定が要求されることになる、と説明されてきた（兼子・体系385頁等）。それは、それと対照的に、とくに数人に対する所有権確認訴訟等は合一確定が要求される場合ではないとする説明としてなされてきたと言えよう。

（2）　従来の通説に対する異論

従来の通説のこうした説明に対しては、一定の疑問が指摘された。

人事訴訟（人訴24条1項）のように請求認容判決も棄却判決も判決効が拡張される場合（双面的な判決効拡張の場合）は別にして、株主総会決議取消しの訴えのように請求認容の場合にのみ判決効が拡張される場合（片面的な判決効拡張の場合）は、従来の通説による判決効の衝突の説明は妥当しないというのである。たとえば、2人がそれぞれ株主総会決議取消しの訴えを提起し、別々に訴訟手続を進めても、①一方について勝訴判

第5章　多数当事者訴訟　　*243*

決が確定した場合は、他方の訴訟でも原告の請求認容となるはずで、判決効の衝突は起こらないし、②原告勝訴と敗訴とが同時に確定した場合や、③敗訴判決後に他方の訴訟で勝訴判決となった場合も、会社関係の画一的処理の要請から対世効を優先して規律されるはずであるから、判決効の衝突は生じない、というのである。その上で、株主勝訴の場合にはその判決で全員が規律されるのであるから、手続の進行を別々にすることに合理性が乏しいのであり、判決効の衝突ではなくそういう実際的考慮が、判決効拡張がある場合を類似必要的共同訴訟とする根拠となる、とする（高橋・重点(下)357頁。片面的な判決効拡張の場合に判決効の衝突が起こらないことは、三ケ月ほか・新版民訴法演習(2)29頁［谷口安平］等が言及していた）。

（3） 通説的立場からの再反論の可能性

しかし、まず上記①の場合、他方の原告が棚ぼた式に請求認容の判決効を受けることになるのであれば、その請求は認容になるのではなく、むしろ、すでに勝訴判決を得た者が訴えを提起した場合と同じように、その訴えは訴えの利益を欠くことになるというべきであり、門前払いの訴訟判決となる結果、判決効の衝突が起こらないことになるのであろう。これは、結局、判決効が拡張する結論の方が早かったために、他方の訴訟が訴訟法の本来のルールにより本案判決に至らず、事実上判決効の衝突が起こらないにすぎない、と考えられる。もしすでに認容判決が確定していることが別の訴訟で看過されたような例外的場合には、判決効の衝突は考えられるところである。

上記②や③の場合は、解決策があると解釈する結果、判決効の衝突が避けられて紛糾しないことになるのであり、むしろ逆に、本来であれば判決効が衝突することになることを前提として、「合一確定となる審判が行われず判決効が衝突するような事態が現実に生じた場合には、対世効のある方を優先させるのが合理的である」という価値判断に基づいて、そのような１つの救済的な解決策が提案されている、というべきであるように思われる（たとえば再審制度も救済であり、前に確定した判決と抵触する判決が再審で取り消されるとする民訴338条１項10号があるから判決効の衝突はない、というべきではないであろう）。

そのように考えると、株主総会決議取消しの訴えのような片面的な判決効拡張の場合についても、上記①の場合は原則として事実上判決効の衝突はないものの、判決が出るまでは①のような事態になるかどうかは不明であり、②や③の場合となる可能性を考えれば（伊藤・民訴法648頁注40も同旨）、類似必要的共同訴訟の説明としては、従来の通説はなお維持できるように思われるのである（常に収拾がつかなくなるかのような表現は大仰ではあろうが）。

【3】— 必要的共同訴訟の手続の進行

必要的共同訴訟の場合、合一確定の判決が要請されるため、①手続の進行が統一されている必要があり、また、②判決で判断するための資料（訴訟資料）が統一されている必要がある。これらの必要は、固有必要的共同訴訟か類似必要的共同訴訟かを問わないものである。

設問2では、原告の1人であるCが死亡した場合が問題とされている。一般に、当事者が死亡した場合、訴訟手続は中断し、相続人等がその訴訟手続を受け継ぐことになる（124条1項1号）。ただし、訴訟代理人が付いていれば、中断せず（同条2項）、訴訟代理人は相続人等のために訴訟行為を行うことができることとされている（58条1項1号）。中断は、相続人等が急に当事者として訴訟活動することを要求されても困るので、訴訟活動のための準備期間として、訴訟手続が当然に止まることにしたもので、訴訟代理人が付いているのであれば、当事者が相続人等になっても訴訟活動の準備期間は不要であるとして、中断しないとされたものである。

したがって、それを設問2にそのまま当てはめると、Cに訴訟代理人が付いているか否かで分け、付いていない場合には、Cについては訴訟手続が中断することになる。しかし、Cについてだけ中断し、Bに影響がないとすれば、上記①の手続の進行の統一は保障されないことになってしまう。

そこで、同法40条3項は、「共同訴訟人の1人について訴訟手続の中断又は中止の原因があるときは、その中断又は中止は、全員についてそ

の効力を生ずる」と規定し、**設問2**のような場合は、Bについても訴訟手続が中断するものとして、手続の進行の統一を図ることにしているのである。Cの相続人等の利益を考えると、中断しないということで統一するわけにはいかないから、手続の進行が遅くなる方向で統一するという決断をしたものである。

なお、上記②として挙げた訴訟資料の統一の点については、民事訴訟法は、同条1項で「1人の訴訟行為は、全員の利益においてのみその効力を生ずる」と規定し、同条2項で、共同訴訟人の相手方の便宜のために、「共同訴訟人の1人に対する相手方の訴訟行為は、全員に対してその効力を生ずる」と規定している。

【4】── 類似必要的共同訴訟と上訴

設問3のように、類似必要的共同訴訟で共同訴訟人の一部の者だけが上訴した場合にどうなるのかについては、さまざまな議論がある。この問題は、必要的共同訴訟一般について論じられることもあるが、全員揃って初めて当事者適格が認められる固有必要的共同訴訟とそうでない類似必要的共同訴訟とは問題状況が異なるので、ここでは類似必要的共同訴訟のみを念頭に置くことにする(大渕真喜子・百選〔第5版〕212頁も、両者を区別して類似必要的共同訴訟についてのみ論じている)。

(1) 従来の通説

まず、上訴は、原判決よりも有利な判決を求めて再審理を要求するものであるから、民訴法40条1項の「利益」になる行為であるとして、上訴をしなかった人も上訴人となるとすることが考えられる。また、もし上訴しなかった人について原判決が確定してしまうと、上訴審で原判決と異なる結論となった場合に、合一確定とはならなくなってしまうので、訴訟進行の統一という点でも上訴した人に合わせる必要があると考えられる。従来の通説はそのように考えてきた(三ケ月・民訴264頁等)。

(2) かつての判例

かつての判例(最判昭和58年4月1日民集37巻3号201頁)も、類似必要的共同訴訟と解されるかつての住民訴訟について、原告の一部が控訴した

場合、控訴をしなかった者も控訴人となるとした。

　地方自治法242条の２第１項４号の住民訴訟は、平成14年改正法前は、住民が地方公共団体に「代位して」その職員や第三者に対して直接訴えを提起することができるという制度であった。最高裁は、この訴訟について、「その１人に対する判決が確定すると、右判決の効力は当該地方公共団体に及び（201条２項〔現行法では115条１項２号〕）、他の者もこれに反する主張をすることができなくなるという関係にあるのであるから」として、必要的共同訴訟となるとした。その上で、原告の一部の者による控訴は、「その余の第一審原告らに対しても効力を生じ（62条１項〔現行法では40条１項〕）、原審としては、第１審原告ら全員を判決の名宛人として１個の終局判決をすべきところであって、第１審判決に対する控訴をした本件上告人らのみを控訴人としてされた原判決は、違法であることが明らかである」とした。

　ただ、この判例には、原審の措置に違法はないとする木下裁判官の反対意見が付いており、その反対意見は、少なくとも住民が公益の代表者として行う住民訴訟については、①判決全体の確定が遮断され、②請求が上訴審に移審し、③上訴しなかった者はいわば脱退して上訴審判決の効力を受ける地位にあるにとどまるとすれば、合一確定の要請は充たせるし、当事者の意思に最も適合するとした。

　この判例より前に、すでにこの反対意見に沿う学説が主張されており、上訴しなかった者については「審級かぎりでの訴訟担当」と構成して「緩和された形式での選定当事者」とみておきたい、と説かれていたところであった（井上・多数当事者法理206頁）。

（３）　その後の判例

　その後、最高裁は、上訴しなかった者は上訴人にならないという方向で判例変更した。

　まず、最大判平成９年４月２日民集51巻４号1673頁は、上記のような住民訴訟においていったん上訴をしたがこれを取り下げたという共同訴訟人がいた事案であった。これについて、最高裁は、①公益の代表者となる意思を失った者に対し、その意思に反してまで上訴人の地位に就き

続けることを求めることは、相当でないこと、②住民訴訟においては、公益上の請求がされているのであり、元来提訴者各人が自己の個別的な利益を有しているものではないから、提訴後に共同訴訟人の数が減少しても、その審判の範囲、審理の態様、判決の効力等には何ら影響がないことを理由に、自ら上訴をしなかった共同訴訟人は、上訴人にはならないとし、上訴の取下げがなされた場合にも、その者に対する関係において原判決は確定しないもののその者は上訴人ではなくなる、とした。

また、最判平成12年7月7日民集54巻6号1767頁も、いわゆる株主代表訴訟（会社847条）について同旨の判断を示し、「自ら上訴をしなかった共同訴訟人を上訴人の地位に就かせる効力までが民訴法40条1項によって生ずると解するのは相当でなく、自ら上訴しなかった共同訴訟人たる株主は、上訴人にはならない」とした。

ただし、これらの判例では、脱退等の構成には触れられておらず、訴訟全体が上訴審へ移審することと上訴しなかった者が上訴人とならないこととの関係は、明らかではない。

さらにその後、複数の者が提起した養子縁組無効の訴えは類似必要的共同訴訟とされるところ、その訴訟において原告の1人が上告した場合には、他の原告による上告は二重上告で不適法却下となる、との判例が現れた（最決平成23年2月17日家月63巻9号57頁）。

そこで、この判例の場合には原告自身の個別の利益が問題になっているとして、「平成9年最判や平成12年最判で摘示されたような原告の個別の利益が問題にならない訴訟に限って非上訴人が上訴人とはならないとするのが判例法理と考えることになる」という指摘がなされている（佐瀬裕史・法教445号39頁。同旨、福本知行・法学教室判例セレクト2011［II］29頁、同・判時2139号174頁（判評638号28頁）、薗田史・法政研究（九大）80巻1号261頁等）。

（4） 現在の主な学説

この問題については、学説上さまざまな議論があるが、代表的なものとして、①合一確定のため訴訟全体が移審して審判対象となる以上は、理論的には従来の通説のように解さざるを得ない、とする議論（大渕真

喜子・百選〔第5版〕213頁）、②上訴しなかった者の地位には、上訴審の当事者と扱わないのが適当である部分（上訴審での訴訟費用、上訴の取下げ、中断・中止事由の関係）と上訴審の当事者と扱うのが適当である部分（上訴審係属の知らせ、上訴審への関与の許容、訴えの取下げ・請求の放棄・認諾・和解への関与）とがあるから、「一応は上訴人としておき、その後の処理を弾力化するという手法の方が適切」とする議論（高橋・重点(下)322頁）、③当事者の個別的利益が直接問題になるか否かを問わず、非上訴共同訴訟人は上訴人にならず限定的な任意的訴訟担当となる、とする議論（菱田雄郷「類似必要的共同訴訟と上訴」徳田・古稀465頁）、④上訴しなかった者の請求部分は上訴審に移審することなく消滅すると解してもとくに不都合はないから、訴え取下げと同様の効果しか認められないと解すべきである、とする議論（徳田和幸「必要的共同訴訟における非上訴者の地位」法学論叢156巻5＝6号86頁、とくに97頁以下。同「多数当事者訴訟と上訴」民事手続法学の新たな地平（青山善充先生古稀祝賀論文集）251頁、とくに259頁以下）等がある。

（5）　検　　討

　上記(4)①の難点は、現在の判例が説くところであろう。②については、類似必要的共同訴訟では、上訴しなかった者は、上訴審での訴訟追行をする意思がないことを表明したに等しいとみるべきで、上訴審での訴訟費用も負担しないとする以上、それほどの手続関与を認めることには疑問が感じられる。原判決が一部認容判決であった場合も、上訴しなかった者は、その選択をする際に合一確定の要請は承知していたというべきであるから、上訴しなかった者の「認容部分は維持したい」という既得的地位は重視されるべきでないであろう。④の議論の方向が基本的には支持されるべきであるように思われる。

　さらに、ここでは、設問の株主総会決議取消しの訴えについて考えておかなければならない。この訴えについては、一方では、前述のように片面的な判決効拡張の場合であるため、判例とは異なり、請求棄却となった者で上訴しなかった者は上訴人とならないばかりか、その者に関して請求は移審しないとしても判決効の衝突は起きず問題がないとの議論があるが（高橋宏志・リマークス2001年下119頁）、他方で、株主総会決議取

消訴訟のような場合は、住民訴訟の場合に訴訟物が県の職員に対する損害賠償請求権以外にないのとは異なり、「訴訟物たる地位または権利が共同訴訟人各自について考えられるとすれば、（非上訴者も上訴人の地位に就くという）固有必要的共同訴訟と同様の問題が生じる」という議論もある（伊藤眞・平成9年度重判解130頁。括弧内は和田）。

　株主総会決議取消しの訴えは、株主代表訴訟と同様にいわゆる共益権に基づくものであり、特定の株主総会決議の取消しを求める形成訴訟として原告適格が訴訟物に取り込まれているため、その原告適格として訴訟担当はとくに問題とならないという点に、株主代表訴訟との違いがあるにすぎないと考えることができる。また、株主総会決議取消訴訟では、本案として株主総会の決議についての手続上または内容上の瑕疵の存否が問題とされるのであって、ここでも共同訴訟人の数の減少によって審判の範囲、審理の態様に影響が生じるわけではないものと解される。そう考えると、この場合にも、平成9年判決や平成12年判決でなされた議論は一応は妥当するように思われる（これに対し、高橋・重点(下)319頁は、上訴しなかった者も一応は上訴人とするとの前述の立場を前提に、「判例の処理は、住民訴訟と株主代表訴訟とに当面は限定されると理解しておくべきであろう」とする）。ただ、請求棄却の場合は判決効が拡張されないので、その限りでの手当は考慮を要しよう（上訴しなかった者に限り判決効が拡張されるとするなど）。

　ところで、前述のように、平成9年判決・平成12年判決と平成23年決定との違いについて、原告の個別の利益が問題となっていないかどうかという観点による説明がなされている。また、「住民訴訟や株主代表訴訟と養子縁組無効の訴えとでは、当事者が求めている利益に相違があり、……、後者における上訴しなかった共同訴訟人の手続保障は、前者よりも厚いものである必要があると考える。したがって、……、上訴しなかった共同訴訟人も上訴人の地位に立つとしておいた方が妥当であると考える。」という指摘もある（春日偉知郎・判タ1375号49頁）。

　しかし、類似必要的共同訴訟では、判決効が第三者に拡張されることが前提となっているところ、いずれにしても公益性があるからこそ判決

効が第三者に拡張されることになっているのである。前述のように、株主総会決議取消しの訴えも、株主代表訴訟と同様に共益権に基づくものであり、養子縁組無効の訴えについてさえ、「共同訴訟人の数が減少しても、その審判の範囲、審理の態様、判決の効力には影響がないという点は、……当てはまるものであ」るとして、平成23年決定の事案で上告しなかった者は上告人とならないとの結論を導くこともできた、という指摘がなされているところである（村田典子・法学研究（慶大）85巻9号81頁。菱田・前掲484頁注35も、訴訟担当構成を前提に、住民訴訟、株主代表訴訟と株主総会決議無効確認等や人事訴訟とを基本的に区別しない）。

　また、原告の個別の利益があるというのであれば、その場合には処分権主義からはむしろ上訴人になりたくないという意思（上訴人となる意思のないこと）を尊重すべきで、手続保障を厚くするために40条1項で上訴人の地位に就かせるという必要はないであろう。ここでの問題は、「他の共同訴訟人の上訴によって、上訴していない者も自分が40条1項で上訴人となっていると考えていたのに、一定の場合に上訴人となっていないとされたのでは手続保障に欠ける」という、基準の不明確さと上訴不提起の真意の不明瞭さ（後者については、上田竹志・法学セミナー684号130頁も指摘する）にあり、平成23年決定の事案では、後から上告した者に上告人になりたくない意思がないこと（上告人となる意思のあること）は明白であって、平成9年判決や平成12年判決の事案とはその意味で大きく異なることにも注目すべきであるように思われる（平成23年決定は、上告人になりたくない人はいない事案であったため、いわば思考の節約から、平成9年判決や平成12年判決の判例法理の射程を厳密に検討する必要はないとして、40条1項を適用するという従来の法理のままで二重上告として簡易な決定手続で判断した、という説明も可能であるように思われる）。平成9年判決や平成12年判決の事案で原告の個別の利益が希薄であることは、上訴していない者に上訴人になりたくないという意思があること（上訴人となる意思のないこと）をうかがわせるにとどまる、ともいえようか。なお未解明の多い問題である。

発 展 問 題

1. 判決効が第三者に及ぶ場合に類似必要的共同訴訟となるとすると、その判決効には反射効を含めてもよいか。

2. 株式会社が取締役に対して取締役の責任を追及する訴え（会社847条）を提起した後、株主が会社側としてその訴訟に参加（同法849条）したところ、会社とその株主の方針が違ったため、会社が訴えを取り下げたいと思うようになった。この場合の訴え取下げは可能か。もし可能であるとすると、その後訴訟はどのようなものとなるか。

[発展問題のヒント]

1. については、高橋・重点(下)358頁を参照。

2. については、この場合の株主の参加として、明文上（会社849条1項）からも共同訴訟参加（民訴52条）と補助参加（同法42条）とが問題となりうることを前提に、さらにそれぞれ検討することを要する。前者であるとすると、共同訴訟参加後の類似必要的共同訴訟における訴え取下げとなるが、訴訟資料の扱いに問題の余地がある。後者であるとすると、さらに共同訴訟的補助参加についてどう考えるかという検討が必要となる。なお、前田庸『会社法入門（第12版）』〔有斐閣・2009〕443頁、高橋・重点(下)471頁、474頁注55、高田・後掲647頁、652頁注12、661頁、664頁注33、最判昭和63年2月25日民集42巻2号120頁等を参照。

◎◎◎ **参 考 文 献** ◎◎◎

本文中に掲げたもののほか、高橋利文「片面的対世効ある判決と共同訴訟人の一部の者の上訴」貞家最高裁判事退官記念論文集『民事法と裁判(下)』〔きんざい・1995〕178頁、高田裕成「いわゆる類似必要的共同訴訟関係における共同訴訟人の地位」新堂古稀(上)641頁を参照。

（和田　吉弘）

21 独立当事者参加

独立当事者参加は、第三者が既存の当事者（原告・被告）とは独立の立場で当事者として訴訟に参加するという独特の制度であり、解釈論上も多くの難問を抱えている。事例を素材に、そのうちいくつかを検討しよう。

ケース

　ＡＢＣの三者間で金員の貸し借りを巡って紛争を生じ、ＡがＢに対して貸金の支払を求める訴えを提起したところ、Ｃが、Ｂに金員を貸し付けたのは自分であると主張し、Ａに対しては自己の貸金債権の確認を、Ｂに対してはその支払を求めて、独立当事者参加の申出をした。

設問

　１．この訴訟において、ＡがＢに金員を渡したことを主張し、Ｂはこれを認めたが、Ｃは争っている場合、どのように扱われるか。

　２．この訴訟において、ＡＢ間で、別途争われていた商品の問題も含めて、「ＡはＢに対して債権を有しないことを確認する。ＢはＡの倉庫にある商品○○がＡの所有に属することを確認する」旨の合意が成立した場合、どのように扱われるか。

　３．この訴訟の第１審において、Ａの請求認容、Ｃの両請求棄却の判決が下されたのに対して、Ｃのみが控訴し（Ｂは控訴も附帯控訴もせず）、控訴審が貸金債権はＣに帰属すると判断する場合、どのような判決をすべきか。

解説

　民事訴訟は二当事者が対立する構造を基本としているが、社会には三者以上が関わる紛争を生じることも当然ながら多く、民事訴訟法はそれを反映しうる制度をいくつか用意している（本章で扱う多数当事者訴訟の諸制度）。独立当事者参加はその１つであるが、第三者が既存当事者と共

第５章　多数当事者訴訟　　*253*

同原告や共同被告となるわけではなく、典型的には原告・被告の双方に対して請求を立てて、独立の立場で当事者となり（議論があるが、「三面訴訟」と把握されることが多い）、参加後の審判の規律について必要的共同訴訟の規定が準用される（47条4項・40条1項～3項）点が特徴である。

【1】— 制度趣旨

独立当事者参加は、大正15年の民事訴訟法全面改正で設けられた制度であり、前段参加（詐害防止参加）についてはフランス法、後段参加（権利主張参加）についてはドイツ法の影響を受けているようであるが、ドイツやフランスの制度を直輸入しているわけではなく、立法趣旨にははっきりしない面が多いと言わざるを得ないようである（先行業績の引用も含めて、畑・後掲134頁以下参照）。そこで、そもそも制度趣旨をどう捉えるかということ自体が問題である。

（1）　まず、この制度は、民訴法40条の準用によって三者間で統一的な判決を下すものではあるが、紛争の統一的な解決自体を目的とすると捉えるべきではないであろう。すなわち、判決の効力が第三者に拡張されない場合を念頭に置けば、参加が第三者のイニシアティブに委ねられている以上、三者間の紛争の統一的な解決自体が重視されているとは言いにくいであろうし、判決の効力が第三者に拡張される場合を念頭に置けば、統一的な解決は判決効の拡張自体によって図られており、参加制度は他の目的を有することになると考えられるのである。

（2）　そこで、近時は、第三者が当事者間の訴訟によって不利益を被ることを避けるための制度という捉え方が有力である（高橋・重点(下)495頁以下等）。第三者の不利益についてさしあたり判決の効力に着目すれば、第三者に判決の効力が拡張されない場合は事実上の不利益、判決の効力が拡張される場合は法律上の不利益ということになろう。民訴法40条の準用について、合一確定それ自体よりも、第三者が他人間の訴訟追行を強い権限を持って牽制しうる（たとえば、【4】で触れるように、当事者間での自白の成立を参加人が妨げることができる）ことに意味を見いだすものと言えよう。

（3）　もっとも、訴訟物や訴訟資料の処分を当事者間に委ねる処分権主義・弁論主義を前提として、このような第三者の牽制権を果たして、また、どこまで認めるべきか、は問題である。処分権主義・弁論主義は実体法上の私的自治という重要な価値の反映であるとするのが一般的な捉え方であり、実体法上は権利義務関係を当事者間で処分しうるのが原則であるとすると、当事者間で行われている訴訟に第三者が介入することに対しては疑問が伴いうるのである。そこで、とりわけ判決効が及ばない場合については、第三者に強い牽制権を認めるのはそもそも立法の過誤ではないかという疑問も提起されているところである（山本弘「多数当事者訴訟」講座新民訴 I 141頁、149頁以下）が、解釈論上も、第三者の牽制権＝合一確定の射程をどこまで認めるべきかがさまざまな局面で問題となり、【5】【6】で見るように、近時はこれを限定的に捉える方向も有力である。

（4）　他方、第三者の利害に着目するとしても、「三者間での矛盾のない紛争の一挙的解決を求める利益」を保障した制度として捉えれば、第三者の牽制権＝合一確定の射程は広くなりうる（上野・後掲がこの方向を示す）が、そのような利益を保障することの実質的な妥当性がやはり問われることになろう。

【2】─ 参加の要件

　審判の規律について検討する前提として、独立当事者参加の要件について若干見ておこう。

（1）　まず、前段参加（「訴訟の結果によって権利が害されることを主張する第三者」による参加）については、古くは、判決効が及ぶ第三者に限定する説（判決効説）が有力であった（兼子・体系412頁）。前段参加が沿革的には債務者による詐害的な訴訟に一般債権者が参加することを想定していたことに沿うものであるが、判決効が及ぶ場合については他に共同訴訟参加や共同訴訟的補助参加があること等から、狭きに失するという批判がされている。

　そこで、現在では、判決効が及ぶ場合に限らず、広く詐害的な訴訟の

場合に参加を認める方向（詐害意思説）が、さまざまなニュアンスを示しつつも多数となっている（新堂・新民訴826頁以下等）。判決効が及ばない場合としては、たとえば、債権者が保証人を訴えた訴訟に主債務者が参加するような事例が念頭に置かれている。やや違った角度から、やはり判決効の及ぶ場合には限らないとしつつ、補助参加の場合よりも狭い利害関係を要求する説（菊井維大=村松俊夫『全訂民事訴訟法Ⅰ〔補訂版〕』〔日本評論社・1993〕438頁）もあるが、詐害意思説も利害関係のない者の参加を認める趣旨ではないとすれば、これら両説を相互に排斥するものと捉える必要はなく（中野ほか・講義573頁〔井上治典（松浦馨補訂）〕）、大きくは同方向の説という位置づけがされることもある（高橋・重点(下)502頁）。

　もっとも、近時は、判決効が及ばない場合における第三者の牽制権への疑問（【1】(3)参照）から、判決効説への復帰という方向も示されている（「〈シンポジウム〉新民事訴訟法における理念と実務」民訴雑誌48号103頁、188頁［山本和彦]）。

　また、現行法47条1項（「訴訟の当事者の双方又は一方を相手方として」）は、旧法下の判例（最判昭和42・9・27民集21巻7号1925頁）を改めて、原告・被告の一方に対してのみ参加人が請求を立てるいわゆる片面参加を許容している（発展問題2.参照）ところ、とりわけ前段参加については、さらに進んで、参加人が請求を立てず、原告の請求の棄却（ないし訴え却下）のみを求めて独立当事者参加をすることは可能か、という問題もある（最判平成26・7・10判時2237号42頁・判タ1407号62頁〔否定〕、高橋・重点(下)519頁以下参照）が、ここでは立ち入らない。

　(2)　他方、後段参加（「訴訟の目的の全部若しくは一部が自己の権利であることを主張する第三者」による参加）については、参加人の請求と本訴の請求が両立しない場合であると解されている。

　後段の要件についても、「請求が両立しない」とは厳密には何を意味するのか、たとえば、二重譲渡の事例で両譲受人が対抗要件具備行為を譲渡人に求める場合、両請求は実体法上両立可能であるため、この要件を満たさないのではないか、といった問題がある（最判平成6年9月27日判時1513号111頁、高橋・重点(下)505頁以下参照）が、ここでは立ち入らない。

（3） 従来あまり論じられていないが、以上のような参加要件の違い
が参加後の審判の規律に影響する可能性もあるように思われ、判決効が
及ぶ場合と及ばない場合の違いや「詐害」要件の意味等についてなお検
討する必要があろう。本項目では、冒頭のケースのような後段参加（権
利主張参加）の事例を念頭に置いて審理の規律を検討するが、以下で述
べるところが前段参加（詐害防止参加）にそのまま当てはまるとは限ら
ないことに留意する必要がある。

【3】― 必要的共同訴訟との違い

　さて、独立当事者参加訴訟の審判においては、必要的共同訴訟につい
ての民訴法40条の準用によって、訴訟資料等の面でも（47条4項・40条1
項2項）、手続進行の面でも（47条4項・40条3項）、統一が図られることに
なる。

　ただし、必要的共同訴訟における40条が共同訴訟人間での統一を図る
機能を果たすのに対して、独立当事者参加訴訟におけるその準用は、二
当事者間で他の当事者に不利な行為が行われるのを防ぐ機能を果たす
（【1】（2）参照）。「本来の必要的共同訴訟の場合のように、共同訴訟人間
の連合関係からくるのではなく、むしろ三者間の牽制関係から、何事も
二当事者間で他の一当事者を除外して解決してしまうことのできないこ
とに基づく」（兼子・体系418頁）等と表現される。必要的共同訴訟につい
ても、共同訴訟人間の牽制の観点から問題を捉えることも可能である
（髙田裕成「いわゆる類似必要的共同訴訟関係における共同訴訟人の地位」新堂古稀
（上）641頁）が、いずれにしても、共同訴訟人の相手方の行為は牽制されな
い点で独立当事者参加訴訟とは異なっているわけである。

　では、独立当事者参加訴訟における第三者の牽制権とは具体的にどの
ようなものであろうか。

【4】― 二当事者間の自白 （設問1）

　たとえば、冒頭のケースにおいて、AがBに金員を渡したことを主張
し、Bはこれを認めたが、Cは争っている場合（**設問1**）、40条1項の準

第5章　多数当事者訴訟　　*257*

用によりＢの自白は効力を生じない。ＣがＢに金員を渡したことを主張
し、Ｂはこれを認めたが、Ａは争っている場合も同様である。すなわち、
どちらの場合も、金員の授受については事実認定がされ、その結果が三
当事者間に共通の判決の基礎となるのである。「牽制」ということの具
体的な意味を示す一例である。

　もっとも、たとえば、原告と参加人が一致して主張している事実を被
告が認めれば自白が成立しうるし、あまり論じられていないが、原告の
主張事実を被告が認め、参加人が明示的に争っていない場合の扱いはや
や微妙な問題となる（井上・多数当事者法理286頁参照。実務的には求釈明で解
決することになろうか）。

【5】― 訴訟物を処分する行為 （設問２）

　訴訟上の和解や放棄・認諾といった訴訟物を処分する行為を、一当事
者を除外した形ですることはできるか。

　（1）　この場合も「二当事者間で他の一当事者を除外して解決してし
まう」ことになることからすれば、できないことになりそうである（兼
子・体系418頁は、被告の原告に対する認諾を例に挙げて、「参加人が頑張る限り効
力を生じない」とする）。

　（2）　しかしながら、近時は、他の当事者に不利にならない限りでこ
れを認めてよいのではないか、という方向が有力化している（井上・多
数当事者法理285頁、中野・論点Ⅰ172頁以下、高橋・重点(下)522頁以下）。第三者
の利害に着目する方向（【1】（2））からは素直な帰結とも言え、たとえ
ば、権利主張参加の事例で、原告が被告に対する請求を放棄する場合、
被告にとっても参加人にとっても有利でこそあれ、不利益を与えるもの
ではないから、その効力を認めてよい、とされる。和解についても、他
の当事者の不利益にならない内容であれば可能である、とされる。**設問
２**のような和解も、争いのある債権の帰属について参加人Ｚに不利益を
与えるものではないため、有効なものと認められることになりそうであ
る。

　（3）　さらに進んで、和解内容に拘わらず全面的に有効とする少数説

も有力化しつつある（三木・後掲66頁以下、新堂・新民訴837頁）。すなわち、二当事者間で訴訟上の和解ができないとしても、訴訟外での和解はできるはずであり、和解に加わっていない第三者の実体法上の地位を害することはできないが、和解をした当事者間では紛争解決基準になるはず（民696条）ではないか、とすると二当事者間の訴訟上の和解も認めざるをえないのではないか、というのである。訴訟外での和解への着目は従来からなされていた（中野・前掲）が、これをより推し進めて、第三者の「不利益」の意味をさらに問うものと言える。この方向からは、放棄・認諾も、やはり二当事者間でのみ効力を有するものとして、有効になしうることになる（三木・後掲75頁以下）。

　これに対しては、それでは判決をする場合も矛盾した判断でよいことにならないか、訴訟上の和解にはいわば裁判所のお墨付きを得るという意味があり、これを参加人が妨げることを認めるべきではないか、という批判があり（高橋・重点(下)519頁以下）、判決と訴訟上の和解で区別しうるか、訴訟上の和解と同様の効力（民調16条）を有する民事調停の成立を第三者が阻止しうるとは解されていないことをどう考えるか、訴訟外でできる和解が訴訟内でできないというのは実体法を変更していることにならないか、といった点が問題になろう（畑・後掲143頁以下、菱田・後掲699頁以下参照）。

　（4） これとは全く逆に、一当事者を除外した和解・放棄・認諾はやはり認められないという見解も近時あらためて有力に主張されている（上野・後掲）。このような和解・放棄・認諾を認めた場合、除外された当事者にはその効力は及ばないため、残存請求についてこれと矛盾しない判断が下される保障はないし、下されるとしても、全請求について判決が下される場合の方が除外された当事者により有利な効力を生じる、というのである。三者間での矛盾のない紛争の一挙的解決を求める利益を重視したものであるが、【1】（4）で述べたように、そのような利益を保障した制度と理解すること自体の妥当性が問われることになろう（高橋・重点(下)524頁以下参照）。

【6】─ 敗訴当事者の一方のみからの上訴 (設問3)

敗訴当事者の一方のみからの上訴の問題については、場合を分けて考える必要がある（以下につき、井上・多数当事者法理214頁以下、新堂・新民訴838頁、高橋・重点(下)534頁以下参照）。

（1） 設問3 と類似の事案について、最高裁判例がある（最判昭和48年7月20日民集27巻7号863頁）。単純化すれば、債権の二重譲渡の事案で、Xから債務者Yへの支払請求訴訟にZが独立当事者参加をしたところ、第1審は対抗問題においてZがXに優先すると判断して、Z全面勝訴（Xの請求棄却、Zの両請求認容）の判決を下した。これに対しXのみが控訴し、控訴審はXがZに優先すると判断したため、Yが控訴も附帯控訴もしていないのに、Z→Y請求を棄却に変更できるか、が利益変更禁止の原則との関係で問題になったが、最高裁は、「一審判決中参加人の被告に対する請求を認容した部分は、原告のみの控訴によつても確定を遮断され、かつ、控訴審においては、被告の控訴または附帯控訴の有無にかかわらず、合一確定のため必要な限度で一審判決中前記部分を参加人に不利に変更することができる」として、変更を認めている。

これによれば、設問3 でも、控訴審は、Cの両請求を認容に変更するのみならず、Bからの控訴・附帯控訴がなくとも、A→B請求を棄却に変更できることになろう。

昭和48年判決の表現は合一確定の要請に着目したものであるが、当事者の利害に着目する方向（【1】(2)）からも結論的には支持されているところである。設問3 に即して言えば、Cとしては、A→B請求が棄却に変更されなければ控訴の目的を達成しえず、その意味でA→B請求認容についても実質的に不服を有している（CがA→B請求を牽制することを認める制度である以上、このような不服が制度上是認されている）と考えられるためである。

（2） 昭和48年判決の事案で、Yのみが控訴して、控訴審がX優先と判断する場合はどうか。Z→Y請求を棄却に変更できるのは当然として、心証通りにX→Y請求を認容に変更できるか。合一確定の要請を強調す

ると、変更できることにもなりそうである。しかしながら、当事者の利害に着目する方向からすると、控訴したＹに不利益な変更をして、Ｘに棚ぼた的な利益を与える理由はないことになる（Ｘ→Ｙ請求はそもそも移審せずに確定するという考え方と、Ｘに附帯控訴の機会を与えるために移審はするという考え方がある）。他方、上記(1)と同様に、ＹがＺ→Ｘ請求を牽制することを認める制度である（議論の余地はあるが、一般的には、従前からの当事者も参加人の請求について牽制できると理解されている）ことからすると、Ｚ→Ｘ請求はＹの不服に基づいて棄却に変更すべきことになろう。

　設問3の事案で、Ｂのみが控訴し、控訴審が貸金債権はＣに帰属すると判断する場合も、控訴したＢはＣの請求が認容に変更されることに利益を有していない。その結果、Ｃが関わる請求についての判決を変更する余地はないことになり、Ｃの両請求はそもそも移審せずに確定し、Ｃは控訴審の当事者とはならない（二当事者対立構造に戻る）と解する余地もあるが、最判昭和50年３月13日民集29巻３号233頁は、やや複雑な参加承継の事案（単純化すれば、Ｘ→Ｙ請求棄却、Ｚ→Ｘ請求認容、Ｚ→Ｙ請求棄却の第１審判決に対してＺのみが控訴した場合）において、「一人の上訴により全当事者につき移審の効果が生ずる」と明言している（最判昭和45年12月24日判時618号34頁も参照）。

　(3)　なお、自らは上訴していないが上訴審の当事者になる敗訴者の地位は上訴人（40条１項の準用による）か、被上訴人（40条２項の準用による）か、両方を兼ねるか、という位置づけの問題があり、上訴審の審判範囲の問題と結びつけられることもあるが、近時は、上訴人か被上訴人かを決めてそこから演繹する、という議論の仕方をしない傾向が強い（位置づけとしては、自ら上訴した者とはやはり異なることから被上訴人とする見解や、「上訴審当事者」とすれば足りるとする見解が有力である）。判例上も、昭和50年判決は、上訴しなかった敗訴当事者は被上訴人になるとしつつ（最判昭和36年３月16日民集15巻３号524頁も参照）、この者に有利な変更の余地を認める昭和48年判決を引いており、上訴しなかった敗訴当事者の位置づけの問題と上訴審の審判範囲の問題は切り離されていると見ることができる。

発 展 問 題

1. 冒頭のケースにおいて、Aが訴えを取り下げたいと考えるに至った場合、誰の同意を要するか。

2. いわゆる片面参加における審判の規律は、両面参加の場合と全く同じか。

3. AがBに対して貸金の支払を求める訴えと、Cが、A・Bを被告として、Aに対しては自己の貸金債権の確認を、Bに対してはその支払を求める訴えが、別個に係属していたところ、裁判所がこれらの訴えの弁論を併合した。この場合、審判の規律はどうなるか。

[発展問題のヒント]

1. については、Cの同意の要否が問題となる。訴えが取り下げられるとCに不利な判決が出る余地もなくなることをどう考えればよいだろうか（三木・後掲76頁以下、上野・後掲486頁以下、高田・前掲661頁以下、高橋・重点(下)540頁以下参照）。

2. の片面参加については、旧法下では、判例はこれを否定していた（最判昭和42年9月27日民集21巻7号1925頁）のに対して、学説上は肯定説も有力であったが、両面参加と全く同じ審判規律が構想されていたわけでは必ずしもなかった（新堂・新民訴824頁以下参照）。現行法は、明文で片面参加を許容し（47条1項は、「訴訟の当事者の双方又は一方を相手方」とする参加を認めている）、審判規律についても両面参加と異なるものとする規定は置いていない（民訴47条3項参照）が、参加人と既存当事者の一方の間に争いがない場合にも両面参加と全く同じ規律が適当か、考えてみよう（菱田雄郷「判批」リマークス27号111頁、鶴田滋「片面的独立当事者参加の訴訟構造」徳田・古稀123頁参照）。

3. については、弁論の併合によって独立当事者参加訴訟と同様の形態となってもやはり通常共同訴訟に過ぎない、とするのがおそらく一般的な理解であるが、共同訴訟形態の成立過程の違いによって審判の規律が大きく異なることの是非について考えてみよう（谷口安平「多数当事者訴訟について考える」法教86号6頁参照）。

○○○ 参 考 文 献 ○○○

三木浩一「多数当事者紛争の審理ユニット」法学研究70巻10号37頁、上野泰男「独立当事者参加訴訟の審判規制」中野貞一郎先生古稀祝賀『判例民事訴訟法の理論(上)』〔有斐閣・1995〕477頁、畑瑞穂「多数当事者訴訟における合一確定の意義」福永有利先生古稀記念論文集『企業紛争と民事手続法理論』〔商事法務・2005〕125頁、菱田雄郷「独立当事者参加について」小島武司先生古稀祝賀『民事司法の法理と政策(上)』〔商事法務・2008〕689頁、八田卓也「独立当事者参加訴訟における民事訴訟法40条準用の立法論的合理性に関する覚書」伊藤・古稀483頁。

（畑　瑞穂）

22 ）補助参加の利益

補助参加が認められるためには、参加の利益が必要とされる。この点については、最近、最高裁判所の判例が多く出され、学説上の議論も盛んであるが、問題の性質上、具体的な事案との関係での検討が必要な分野である。そこで、具体的な設例に対応して、参加の利益について考えてみよう。

ケース

Aは、ある海沿いの岸壁に腰をかけて釣りをしていた。そこに、Bが運転する自動車が突っ込んできて、Aは跳ね飛ばされた。Aは救急車で救急病院に搬送され、手術を受けたが、翌日死亡した。他方、Bはそのまま車ごと海に転落し、水死した。

そこで、Aの遺族である妻Cは、Bの遺族である子Dを相手方に、不法行為に基づく損害賠償請求権として1億円の支払を求めて訴えを提起した（甲訴訟）。その訴訟手続において、Dは、Bの過失を認めたが、Aが死亡したことについては、Aの搬送されたE病院における手術に過誤があったためであり、適切な措置がとられていればAは救命されていたはずであるとして、Aの死亡に起因する損害については、賠償義務を争った。このような状況を知って、E病院を経営するE医療法人は、Aの手術について過誤はなく、Aが死亡したのはBの加害に基づくものであると主張して、原告Cを補助するため参加の申出をした。

他方、Bは生前、F社およびG社との間で生命保険契約を締結していた。そこで、Dは、F社を被告として、死亡保険金5,000万円の支払を求めて訴えを提起した（乙訴訟）。それに対し、F社は、Bの死亡は自殺であると主張し、保険契約者の自殺について保険会社は免責される旨の契約上の条項を援用して、保険金の支払義務を争った。このような状況を知って、将来同様に保険金の支払請求訴訟をDから起こされることを

第5章　多数当事者訴訟　　*263*

懸念するG社は、やはり事故が自殺による旨を主張して、被告F社を補助するため参加の申出をした。

・・・・・・・・・・・・・・・・・・・・・・・・ 設 問 ・・・・・・・・・・・・・・・・・・・・・・・・

1. 甲訴訟において、E医療法人の補助参加の申出について、被告Dが異議を述べた。裁判所はどのように判断すべきか。

2. 乙訴訟において、G社の補助参加の申出について、原告Dが異議を述べた。裁判所はどのように判断すべきか。

・・

解 説

【1】— 補助参加の利益の意義

　係属中の訴訟において第三者が一方当事者のために補助参加するについては、「訴訟の結果について利害関係を有する」者である必要がある（42条）。当事者が補助参加について異議を述べなければこの要件は問題にされないが、異議が述べられたときは、裁判所は、決定で、この要件を満たしているかどうかを判断し、補助参加の許否について裁判する（44条1項）。この要件を補助参加の利益（あるいは単に参加の利益）と呼ぶ。補助参加は、当事者以外の第三者が訴訟手続に関与して訴訟行為を展開するものであるので、無制限に参加を認めることは適当でなく、一定の利害関係を有する者に参加を制限する趣旨である。

　補助参加の利益は、事柄の性質上、具体的な事件との関係で決まり、一般的な形で定式化することが困難なものである。そのような意味で、この問題については特に具体的な事案に対する裁判所の判断を参照する意義が大きいと考えられる。しかも、近時、最高裁判所は相次いでこの点に関する重要な判断を示しており、それを受けた学説上の議論も盛んな分野である。

　そこで、本設問は、補助参加の利益が問題となりうる2つの場面を題材にして、近時の判例の意義や射程を検討してみる趣旨のものである。**設問1**は、共同不法行為者（不真正連帯債務者）間の求償関係が問題となりうるような場合の補助参加の利益について、**設問2**は、同様の請求を

将来受けるおそれがある第三者の補助参加の利益について、それぞれ検討する趣旨の問題である（高橋・重点(下)439頁以下の分類によれば、(1)が第1類型、(2)が第2類型となると思われる）。

【2】― 補助参加の利益に関する判例とその評価

　補助参加については、「訴訟の結果について利害関係を有する」ことが要件となる。したがって、そこでの判断は、①いかなる「利害関係」が問題となるか、②その利害関係の対象が「訴訟の結果」であるか、③訴訟の結果と利害関係の間にいかなる因果関係（影響）があるか、という事項に分説できることになる（高部眞規子・最判解民平成13年63頁以下の分析も参照）。その全体の判断枠組みは、訴えの利益のそれと類似性があると言えよう（山本和彦「補助参加の利益」ジュリ争点〔第3版〕103頁参照。この点で興味深いものとして、最決平成15年1月24日集民209号59頁は、産業廃棄物処理施設設置不許可処分取消訴訟において周辺住民が被告に補助参加の申立てをした例で、廃棄物処理法の規定は施設から有害物質が排出された場合に直接・重大な被害を受けることが想定される範囲の住民の生命・身体の安全等を個々人の個別的利益として保護する趣旨を含み、その点が疎明されれば補助参加の利益が認められるとするが、その理論構成は行政事件訴訟における原告適格〔広義の訴えの利益〕の判断枠組み、すなわちいわゆる法律上保護された利益説と類似するものである）。

（1）　判例の判断枠組み

　そこで、まず①「利害関係」の意義である。判例準則はこれを「専ら法律上の利害関係を有する場合に限られ、単に事実上の利害関係を有するにとどまる場合は補助参加は許されない」とし、「法律上の利害関係を有する場合とは、当該訴訟の判決が参加人の私法上又は公法上の法的地位又は法的利益に影響を及ぼすおそれがある場合をいう」とする（最決平成13年1月30日民集55巻1号30頁、最判平成14年1月22日判時1776号67頁参照）。そして、具体的には、取締役会の意思決定の違法を理由とする株主代表訴訟における会社の補助参加の利益について、取締役会の意思決定の違法を原因とする損害賠償請求が認められれば、その意思決定を前提として形成された会社の私法上・公法上の法的地位・法的利益に影響

し、会社は取締役の敗訴を防ぐことに法律上の利害関係を有するとする（前掲最決平成13年1月30日）一方、XからYに対する代金支払請求訴訟（前訴）で、Yから買受人はZである旨の主張があったので、XからZに訴訟告知がされた事案で、XのYに対する代金請求訴訟の結果によってZのXに対する売買代金支払義務の有無が決せられる関係にあるものではなく、前訴の判決はZの法的地位・法的利益に影響を及ぼすものではなく、Zは前訴の訴訟の結果につき法律上の利害関係を有していたとはいえないとされた（前掲最判平成14年1月22日）。しかし、後者の事案でも、Zが売買代金支払義務を免れるということ自体は紛れもなく法律上の利害関係ということができるように思われ、この点の判断はむしろ次の②ないし③の問題についての否定的評価を前提にしているようにも思われる（また、最判昭和39年1月23日集民71号271頁は、離婚した夫Xが妻Aの死亡後に検察官を相手に提起した離婚無効確認請求訴訟において、Aの生前事実上夫婦関係にあったZが検察官に補助参加の申出をした事案で、当該訴訟はZの身分関係に影響するものではなく、ZがAから財産の譲渡を受けていたとしても事実上の利益にすぎないとするが、これも財産上の権利は法律上の利益であり、問題はむしろ後述の因果関係にあった事案ではないかと思われる）。

　次に、②「訴訟の結果」の問題であるが、この点について、判決主文のものに限られるか、理由中の判断に係る利害関係も含まれるか、について議論がある（いわゆる訴訟物限定説と非限定説の争い）。下級審の裁判例において、明確に判決主文の判断結果についての法律上の利害関係が必要とするものとして、仙台高決昭和42年2月28日下民18巻1=2号191頁、名古屋高決昭和44年6月4日労民20巻3号498頁などがある。前者は、売買契約の合意解除を原因とする不動産の仮登記抹消登記手続請求訴訟について、売買代金債権の差押債権者は法律上の利害関係を有するとするが、主文から法理論的に推知される利害関係であれば間接的なものでもよいとし、判決理由において売買契約の解除による売買代金債権の消滅が認められれば差押債権者の利益が侵害されるとするもので、実際には判決主文とはかなり離れた局面の利益を認めている。後者は、従業員たる地位の確認請求等において解雇の無効原因としてユニオンショップ

協定による組合の除名処分の無効が争点となった場合に、組合が被告会社に補助参加した事例で、組合の除名処分は判決理由中の判断に過ぎず、仮に理由中で無効とされても、組合は原告を組合員として扱う義務は生じず、会社や組合員から損害賠償を受けることもないので、補助参加の利益はないとしたものである。他方、判決理由中で判断される事実や法律関係の存否について法律上の利害関係を有する場合も含まれると明示するものとして、東京高決昭和49年4月17日下民25巻1～4号309頁がある。いわゆるスモン訴訟に関するもので、参加的効力が理由中の判断にも及ぶことをその根拠とするが、因果関係の同一性は事実上の原因の同一性に過ぎないとして、結果としては参加の利益を否定している。その意味で、理由中の判断について無制限に参加の利益を及ぼす判断はしていないものと言えよう。

　以上のように、下級審ではこの点の争いがあるが（下級審裁判例の包括的な検討として、高部・前掲95頁以下注(10)参照）、近時の最高裁判所では、この点を独立の論点とはせず、法律上の利害関係の判断に吸収して考える傾向があるように見受けられる。前掲最決平成13年1月30日は、取締役会の意思決定の違法を原因とする損害賠償請求が認められることを対象としており、判決理由中の判断を顧慮しているようにも見受けられる（取締役会の決定の違法か、個人の取締役の違法かは、判決主文の判断ではないと考えられる。ただ、高部・前掲69頁以下は、債権的請求権の訴訟物は、債権の発生原因等により特定されるもので、その結果、発生原因等の判断について参加申出人が利益を有する場合は訴訟物限定説からも参加の利益を肯定することが可能と解される）。これに対し、最決平成13年2月22日判時1745号144頁は、労災法上の不支給処分取消訴訟において、当該労働者が所属する事業場が労働者から安全配慮義務違反等に基づく訴訟を提起された場合に業務起因性についての判断によって不利益を受けるおそれについて、そのような判断は判決理由中の判断であって、両請求は審判の内容・対象を異にするので、法律上の利害関係を有するとはいえないとした。ただ、最高裁判所は、主文の判断か、理由中の判断かという問題設定はしていないように見受けられる（高部・前掲88頁は、最決平成13年1月30日前掲は「『訴訟の結果』

の意義につき一般論としていずれの見解を採用するかを明らかにしたものではなく、補助参加の利益に関する法律上の利害関係の有無こそが重要であり、いかなる法的地位に影響があるか如何によって、補助参加が肯定される場合、否定される場合があり得ることを前提にしていると解される」と評されている）。

　最後に、③の訴訟結果と利害関係との間の因果関係について、判決が参加申出人に対して法的な効力を及ぼす必要がないことは一般に認められていると言えよう。大決昭和 8 年 9 月 9 日民集12巻2294頁はすでに、当該訴訟における判決の効力または内容について法律上利害関係の影響を被るべき地位にあることが参加の利益であり、判決の効果が直接及び、実体権に影響を生じることは必要でないとしていた。現在は、判決効が及ぶ場合の第三者は共同訴訟的補助参加となることは広く認められており（判例として、最判昭和63年 2 月25日民集42巻 2 号120頁など参照）、その意味で、通常の補助参加において及ぶ影響は事実上のもので足りる点に異論はない。

（2）　検討

　以上が判例であるが、まず①の点については、感情的利益や経済的利益を排除する点において通説もこれを支持する（たとえば、伊藤・民訴法657頁、高橋・前掲437頁など参照）。ただ、筆者はこのような定式にはやや疑問を有している（山本・前掲103頁参照）。経済的利益は一般には法的保護に値する利益であり（旧々法下のものであるが、大判大正11年 7 月17日民集 1 巻398頁は、一般的に債権者は法律上の利害関係を有するとするが、正当なものと解する）、また感情的利益も保護に値する場合がなくはない。その利益が法的な保護に値するものであれば、①の要件は肯定され、あとは③の侵害の蓋然性の問題として検討すれば足りるものと解される。たとえば、一般債権者が債務者に対する財産請求について参加の利益がないのは、債務者が敗訴しても十分な資力がある限り債権者に与える影響が小さいからであり、無資力の場合（債権者代位が可能である場合）には債権者の利益侵害（回収の不全）の蓋然性が認められ、参加の利益が認められることになる（高橋・前掲437〜438頁は、これを経済的利益が法的利益に「昇格する」とされるが、あえてそのように説明する必要もないように思われる。なお、同443頁注

(17)は、利益の法律上・事実上の区分は結局「結論を出した後の理由付け、あるいはラベル貼りのラベル（レッテル）という色彩が強い」とされるが、同感である）。

　次に、②の点については、近時の判例のように、この点を独立の要素として検討しない立場が相当なものと思われる。伊藤教授が説得的に論じられるように（伊藤・民訴法658頁、伊藤眞「補助参加の利益再考」民訴雑誌41号9頁以下参照）、訴訟結果と利害関係の因果関係が事実上のもので足りるならば（(1)参照）、訴訟結果のみを判決主文（訴訟物）の判断に限定することには余り意味はないと言えよう。判決理由中の判断であっても事実上重大な侵害を法的利益に与えることは十分にありうるし、判決主文の判断であっても法的利益に影響しない判断もいくらでもある。その意味で、判決全体を捉えてその影響の大小を端的に判断すれば足りよう。ただ、若干注意すべきは、参加の利益の判断は、参加的効力の判断とは異なり、判決が出る前の段階における事前の判断になるという点である。判決が出される前には（とりわけ訴訟の初期段階では）、どのような点が争点になるかを予測することは困難な場合もあり、そのような場合は実際上訴訟物（判決主文となりうる事項）を中心とした判断にならざるを得ないこともありえよう（そのような場合には、いったん参加申出が斥けられても、後に争点が明確になり、その点の判断が参加申出人の利害関係に影響を与えるならば、その時点で改めて参加を認める余地もあろう）。

　最後に、③の点については、事実上の影響で足りることは広く認められているところであり、正当であろう。結局、その判決を契機として潜在的な紛争の相手方が紛争解決に向けた行動を起こす可能性があり、その紛争解決手続の中で前訴判決が一定の影響を及ぼすと考えられる場合には、参加の利益が認められることになろう（山本・前掲103頁参照）。なお、紛争解決行動は訴訟に限る必要はなく、裁判外の請求等でも足りると解されよう（前掲最決平成13年1月30日が想定している影響［たとえば、行政庁により業務停止処分を受ける可能性等］も訴訟上のものには限られないと解される）。

第5章　多数当事者訴訟　*269*

【3】— 設例についての考え方

（1）　甲訴訟における補助参加申出

　甲訴訟においては、交通事故に基づくDに対する損害賠償請求訴訟について、被害者を治療したE医療法人の共同不法行為（医療過誤）が問題とされ、E医療法人がDのみに責任があることを主張するため、C側に補助参加の申出をしたという事案に関する。

　このような事案においては、まず交通事故の加害者と医療事故の加害者の実体法上の法律関係が問題となるが、判例はこれを共同不法行為の問題とするものと解される（最判平成13年3月13日民集55巻2号328頁など参照）。したがって、各自がその全額の賠償義務を負うことが推定されるが（民719条1項後段）、DもEも他の者の行為が加わって損害が拡大したこと、換言すれば自己の加害行為と因果関係のない損害部分を明らかにすれば、その部分の損害賠償義務を免れることができるものと解されている（内田貴『民法Ⅱ〔第2版〕』〔東大出版会・2007〕508頁など参照）。そうすると、本件では、仮にDの主張が認められれば、Dについては死亡損害の部分の賠償義務は否定され、傷害に係る逸失利益や慰謝料の範囲でのみ賠償が命じられるべきことになろう。

　さて、このような実体法の理解を前提にした場合、E医療法人にCのため補助参加する利益が認められるであろうか。Dの主張が排斥される場合としては、①Aの死亡についてBの行為が寄与している（したがって、Eの責任があったとしても共同責任となる）、②Eには過誤がなかったという認定が考えられる。このうち、①の認定がされ、死亡損害の部分にもDの責任が認められるとすれば、Eとしては仮に自己に医療過誤があると判断されて賠償した場合でも、Dに対して求償請求ができることになる。その意味で、補助参加の利益が肯定されることになろう。そのような判断をした例として、最判昭和51年3月30日判時814号112頁がある。これは、共同不法行為（自動車の交差点での衝突の反動による原告Xの傷害）に基づき不法行為者を共同被告として提起した損害賠償請求訴訟において、被告Y_1は相被告Y_2の原告Xに対する損害賠償責任が認められる結

果を得ることに利益を有し、補助参加の利益を認めたものである。その
理由として、Y_2とＸの間の訴訟の結果いかんによってY_1のＸに対する
損害賠償責任に消長を来すものではないが、Y_2の損害賠償責任が認め
られれば、Y_1はＸに対しY_2と各自損害を賠償すれば足りることになり、
自ら損害を賠償したときはY_2に対し求償し得ることになるから、Ｘの
Y_2に対する損害賠償責任が認められる結果を得ることに利益を有する
とされた。このような判断は本設例でも妥当しよう。

　ただ、最近このような考え方にやや疑問を呈させる判断が出されてい
る。前掲最判平成14年１月22日である。これは、いわゆる事実上の択一
的関係に該当する場合には、相手方に対する請求の成否によって参加人
の法的利益は影響を受けないとしたものである。考えてみれば、本問の
ような場合も、求償関係が生じるとしても、それは相手方と参加人の間
においてであり、典型的な場面（保証や追奪担保の場合）のように、参加
人と被参加人の間においてではない。参加人と被参加人の間では、Ｃが
（死亡損害の部分について）敗訴すれば、実際上Ｅに対して再度訴えを提起
してくるおそれがある、という問題であろう。その意味では、上記決定
は前掲最判昭和51年３月30日と矛盾する契機を孕んでいると評価されよ
う。ただ、筆者にはそこまで参加の利益を限定的に解する必然性は理解
できず、前述のように、その判決を契機としてＥに対して提訴がされ、
当該判決の理由中の判断がＥに不利益に働く余地があれば、広く参加の
利益を認めてよいと解される（前掲最判平成14年１月22日は、訴訟告知を受け
た際にいわば強制的に参加を求められる要件を述べたものと解することになろう
か）。

　他方、前記の②のような認定を求めて補助参加する利益があるかどう
かは疑問であろう。原告であるＣとしては、①の認定さえ得られればＤ
に対する全部勝訴判決を得ることができるのであり、②の認定は余分な
ものに止まるからである。その意味で、②の判断は、甲訴訟においては
傍論としかならない認定であり（①の事実を推認させる間接事実に過ぎない）、
その点は参加の利益を基礎付けるものではないと解されよう。

（2）　乙訴訟における補助参加申出

乙訴訟においては、保険契約者からの死亡保険金の支払請求訴訟にお
いて、被保険者を同じくする保険契約によって死亡保険金を請求される
おそれがある他の保険会社が被告側に補助参加の申立てをした事案に関
する。このような場合には、被告と同様の地位にあり、将来当該原告か
ら訴えられるおそれのある第三者が当該訴訟の判決理由中で自己に不利
な判断がされること等を防止するために補助参加する利益が認められる
かが問題となる。

　この点を正面から問題とする最高裁判所の判断は未だ存しないようで
ある。参考になる裁判例としてまず大審院段階のものとして、大決昭和
7年2月12日民集11巻119頁が、山林の入会権に基づく妨害排除請求訴
訟において、接続して同一の関係にある山林を所有する者が被告のため
補助参加の申出をした事案で、参加人の利益は単なる事実上の利害関係
にすぎないとして、参加を否定した。他方、前掲大決昭和8年9月9日
は、住民に対する分担金支払請求において、同じ立場にある他の住民か
らの被告のための補助参加申出の事案で、後日同一理由で分担金の支払
を求められるおそれがあることをもって法律上利害関係の影響を被るべ
き地位にあるとして参加の利益を認めた。このように、大審院の判断は
分かれていたように見える。

　下級審の裁判例では、まず先にみたスモン訴訟で、前掲東京高決昭和
49年4月17日は、参加の利益が認められる場合につき、①被参加人の敗
訴により被参加人から参加人が一定の請求を受ける蓋然性がある場合、
②被参加人の敗訴の判断に基づき参加人が責任を分担させられる蓋然性
がある場合と整理し、被参加人が相手方から訴えられているのと同じ事
実上・法律上の原因に基づき参加人が第三者から訴えられる立場にある
ということだけでは参加の利益は認められないとした。さらに、近時の
東京高決平成20年4月30日判時2005号16頁は、保険会社を被告とする死
亡保険金支払請求訴訟において被保険者を同じくする保険契約によって
死亡保険金を請求されるおそれがある他の保険会社が被告に補助参加の
申出をしたという本設問と同様の事案で、前掲最決平成13年1月30日の
定式を前提に、同一被保険者についての同種の保険契約関係に過ぎず、

272　　**22** 補助参加の利益

相互に損害を補填し合う関係にはなく、争点（偶然の外来の事故にあたるか）が決せられても、それで参加人の保険金支払義務について法律上影響を受けるものではなく、あくまで同一の争点についての判断として参考にされるという事実上の影響に過ぎないので、参加の利益は認められないとした（なお、前掲最判平成13年2月22日も、同一争点（業務起因性）に基づく請求の可能性が問題になっているが、その点は理由中の判断であり、請求等の相違を理由として参加の利益を認めなかったものであり、この判断を前提にすればやはり本問の場合も否定する方向になろうか）。

このように、下級審の裁判例はこのような場合の参加の利益に消極的な判断をしており、従来の通説も同様であるが、近時の学説は積極的な見解がむしろ多数を占めている（高橋・前掲440頁およびそこに引用の文献参照。伊藤・民訴法659頁も「不法行為にもとづく損害賠償請求訴訟における同一原因による責任を負担する可能性のある者」につき参加の利益があるとする）。確かにこのような場合に参加の利益を一般的な形で認めると、多数の者が参加して手続の進行に円滑を欠く事態が懸念されることにも尤もな部分がある（スモン訴訟のような場合には実際にそのような可能性が否定できなかったかもしれない）。しかし、事実関係における争点の同一性に限定すれるとすれば、同一事実について請求される可能性のある当事者は通常それほど多くないので、その点の懸念は一般的には余り大きなものではなかろう。集団訴訟においてこの点の懸念が実際に生じるとすれば、それはむしろ主観的追加的併合に対する制約が大きいため、原告（被害者側）が補助参加の方法によらざるを得ない場合に問題がありうるが、この点については別途追加的選定（30条3項）などの制度を設けている中で、過剰に重視すべき事項ではないように思われる。その意味で、高橋教授の指摘されるように（高橋・前掲440頁）、個々の事案の特性に応じた判断（「紛争の性格、事件の流れによる微調整」の問題）とはなるが、事実上の影響が実際に参加申出人の法的利益に及ぶ蓋然性があるとすれば、参加を否定すべきではなかろう。

発 展 問 題

1. XがYに対する金銭給付の訴えを提起したところ、Yは所在不明で、公示送達によって訴訟手続が進行している。そのような状況を知ったYの妻であるZは、自分がYに扶養されていることおよび夫婦間では協力扶助義務（民752条）があることを根拠として、Yのため補助参加の申出をした。この場合に、補助参加の利益は認められるか。

【参考文献：名古屋高決昭和43年9月30日高民21巻4号460頁】

2. XがY会社のタクシーに乗車中にZ会社のバスと衝突し、負傷した。XはY社に対し、債務不履行に基づく損害賠償請求訴訟を提起した。Z社は、この事故における過失はY社のみにあると考えているが、他方でXの主張する損害額（むち打ち症による労働力の低下）は過大なものではないかとも疑っている。この場合、Z社は、事故の責任についてはXの主張を支持し、損害額についてはY社の主張を支持するため、XおよびY社の双方のために補助参加することは可能か。

【参考文献：高橋・重点(下)455頁以下】

[発展問題のヒント]

1. 参考文献に挙げた裁判例がこのような事案を対象としている。かなり特殊な場合に参加の利益が問題とされたものであるが（高橋・前掲442頁は、これを転用型と名付ける）、裁判例がこれを肯定した背景、さらに近時の判例準則との関係を検討させる趣旨である。

2. いわゆる争点ごとの補助参加が問題となる場合を考えてみるものである。実際には、このような争点ごとに当事者の双方との関係で参加の利益が認められるという場合は多い（特に、井上治典『多数当事者訴訟の法理』〔弘文堂・1981〕99頁以下の論述は参考になる）。そのような参加の必要性、許容性について考えさせる趣旨である。

◎◎◎ 参 考 文 献 ◎◎◎

本文中に掲げたもの。

（山本　和彦）

23 補助参加人の権限と判決効・訴訟告知の効力

　訴訟結果に利害関係がある第三者が、当該訴訟に補助参加（42条）した場合に、訴訟上どのような地位を取得するのか、そして、参加した訴訟で終局判決が言い渡されて確定した場合に、補助参加人にどのような効力が及ぶのかを考える。また、訴訟当事者は、訴訟参加できる第三者に訴訟告知（53条）をすることができるが、訴訟告知がどのような効力を有するかもあわせて考察する。

ケース

　Ｚは、甲市内に自分が所有しかつ居住する家屋の周囲にコンクリートブロック塀を設けることにし、Ａ建設会社に工事を請け負わせて、塀は完成した。それから5年後、Ｚは、転勤のため転居する必要が生じ、その家屋をそっくりＹに賃貸して、乙市内に移り住んだ。それから数年後に、甲市で地震があり、甲市内は震度5を記録した。その地震により、Ｙの居住する家屋の周囲のブロック塀が倒壊し、その横をたまたま通りかかったＸがその下敷きになって重傷を負い、身体に重大な後遺症を負った。そこで、Ｘは、Ｙを相手に、ブロック塀は民法717条1項の土地の工作物に当たり、その設置または保存に瑕疵があったとして、甲地方裁判所に損害賠償を求める訴えを提起した。

　訴訟において、Ｙは、ブロック塀の設置または保存に瑕疵があったことを争うとともに、かりに瑕疵が認められるとしても自分は必要な注意義務を尽くしていたから損害賠償の責任を負わないと主張した。Ｘは、かりにＹが主張するとおり、Ｙが必要な注意義務を尽くしていたならば、

第5章　多数当事者訴訟　*275*

民法717条1項ただし書により、Yは損害賠償責任を免れ、むしろZが責任を負う可能性があることから、XY間の訴訟に利害関係のあるZに訴訟告知をした。これに対して、Zは、XY間の本件訴訟にX側に補助参加した。Zの補助参加後、本件訴訟の審理が進み、結局、裁判所は、ブロック塀の設置または保存に瑕疵があったことは認めたものの、Yは必要な注意義務を尽くしていたとして、Xの請求を棄却する判決を言い渡した。

•••••••••••••••••••••••••••• 設問 ••••••••••••••••••••••••••••

1．Xの請求を棄却する判決に対して、補助参加人のZは、自己の名において控訴を提起することができるか。もし控訴ができるなら、控訴期間はいつから進行するか。

2．Xの請求を棄却する判決がそのまま確定したとする。そのあとで、XがZを被告として民法717条1項ただし書に基づいて損害賠償請求の訴えを提起した場合、Zは、Yが必要な注意義務を尽くしていなかったから損害賠償責任はYが負うべきで、自分は負わないと争うことができるか。

3．かりにXの訴訟告知に対してZがX・Yのいずれの側にも補助参加をしなかったとする。XY間の訴訟が、Yが必要な注意義務を尽くしたことを理由にXの請求棄却判決で終結し、そのまま判決が確定したあとでXがZに対して損害賠償請求の訴えを提起した場合、ZはXに対して、Yが必要な注意義務を尽くしていなかったから損害賠償責任はYが負うべきで、自分は負わないと争うことができるか。

•••

　解説

【1】—補助参加人の訴訟上の地位

　補助参加とは、他人間の訴訟の結果について利害関係を有する第三者が、当事者の一方を勝訴させるために訴訟に参加し、訴訟を追行することが認められる制度である（42条）。これによって、訴訟結果に利害関係のある第三者に手続関与の機会が保障されるとともに、この第三者の

訴訟追行を通じて紛争の事実関係のより良い解明が期待できる。また、参加した第三者にも民訴法46条の定める判決効が及ぼされることによって、その者も含めた関連紛争の統一的な解決が可能になる。

　補助参加が許されるためには、参加を申し出た第三者が他人間の訴訟の結果について利害関係を有すること（補助参加の利益）が必要である（42条）。補助参加の利益は、当事者が補助参加の申出に異議を述べた場合にはじめて問題とされる要件である（44条1項）。補助参加の利益がいかなる場合に認められるかについては、42条の「訴訟の結果」が判決主文中の判断のみを意味するのか判決理由中の判断をも含むのか、「利害関係」とは何かなどをめぐり、判例・学説上議論のあるところである（この点については、項目**22**補助参加の利益参照）。設例の場合、Ｚの参加申出に対して当事者から異議があれば、Ｚに補助参加の利益があるかが問題となる。

　設例では、かりに訴訟物たるＸのＹに対する717条1項本文に基づく損害賠償請求について請求棄却判決が出されて確定すると、Ｘが、民法717条1項ただし書により、Ｚに対し、第2次的責任を負うとして損害賠償を請求してくることが十分予想される。したがって、ＸがＹに敗訴すると、Ｘから今度はＺに請求をする可能性が高いから、民訴法42条の「訴訟の結果」を判決主文中の判断に限定して捉える伝統的立場（訴訟物限定説）に立っても、ＺがＸの側に補助参加する利益は認められうる（一方、ＺがＹ側に補助参加する利益は認めにくい）。「訴訟の結果」を判決理由中の判断に広げる立場（訴訟物非限定説）に立てば、工作物の設置または保存の瑕疵がなかったとしてＹが勝訴すれば、ＺはＸからの請求を免れることができることから、ＺがＹ側へ補助参加する利益も十分肯定する余地がある（高橋・重点(下)440頁参照）。この点の検討は、この程度にとどめ、ここでは、参加申出に対する異議がなかったことにより、または補助参加の利益が認められたことにより、Ｚの補助参加が認められたとする。

　それでは、補助参加がなされたとして、補助参加人には、訴訟で、どのような法的地位や権限が与えられるのか。補助参加人は、自分の利益を守るために参加が認められているので、当事者の意思に反してでも自

分の名と計算において訴訟に関与する地位を有する（補助参加人の独立的性格）。そのため、補助参加人には、当事者とは別に期日の呼出しや訴訟書類の送達がされ、期日には、被参加人の勝訴のため、必要な一切の訴訟行為をすることができる（45条1項）。しかし、他方で、判決を求めて訴えを提起したのは当事者であって、補助参加人は、その訴訟の存在を前提に当事者に付随して訴訟を追行する者にすぎないため（補助参加人の従属的性格）、参加の時点ですでに当事者たる被参加人ができなくなった訴訟行為は参加人もできないし（45条1項ただし書）、被参加人の行為と抵触する行為も参加人には許されない（同2項）。

　このように、民事訴訟法上、補助参加人の地位については、一方で、独立性が、他方で従属性が認められているが、実際に参加人が各個の訴訟行為について何を被参加人に妨げられることなくなしうるかは、議論の余地がある。これは、実際に個々の訴訟行為において独立性と従属性の両者の調和をどのように図るかという問題であるが、同時に、参加人に立会権、弁論権、証拠提出権等の手続権をどの程度保障するかという問題でもある。

　従来の通説は、この点について消極的で、補助参加人の訴訟追行上の独立性は、従属性の枠内でしか認められないとしてきた（兼子・体系402頁ほか）。通説によれば、参加人は、参加の時点で被参加人がすでにできない訴訟行為や、被参加人の行為と抵触する行為のほか、訴訟自体を処分・変更する行為（訴えの取下げ・変更、請求の放棄・認諾）や、被参加人に不利な行為（裁判上の自白等）も行うことができないとされる。

　しかし、このような通説に対しては、これでは、補助参加制度を実効的な紛争解決制度として機能させることができるか疑わしいとの理由から、補助参加人の従属性を解放し、その独立性を高めようとする見解が有力になってきている（井上・多数当事者法理3頁以下、鈴木重勝「補助参加人の従属性と独立性」ジュリ争点〔初版〕120頁以下）。この立場は、たとえば、①補助参加人と裁判官の関係から参加人に忌避申立権があるか、②補助参加人に訴訟手続の中断・中止事由が生じた場合に本訴訟の手続が停止するか、③補助参加人は被参加人に不利な行為として自白ができるか、

④補助参加人は被参加人の私法上の形成権（取消権、相殺権、解除権等）を行使しうるか、⑤補助参加人に独自の上訴期間が認められるか、等について、通説とは反対に、積極的に解する傾向がある。ここでは、とくに⑤の問題を取り上げる。

　⑤の問題は、たとえば、第1審の終局判決の正本が参加人に送達されるのが著しく遅れていたため、参加人が控訴を提起した時点ですでに被参加人の控訴期間を経過していたときに、（参加人に対する判決正本送達日から起算して控訴期間内であれば）参加人による控訴が許されるかという問題である。そもそも、補助参加人は、その独立性のゆえに、被参加人のために、原則として、被参加人がすることのできる一切の行為を行うことができることから、被参加人に不利な第1審判決に対して、被参加人のために上訴（控訴）をすることができる（もっとも、被参加人が遅滞なくそれを取り消し、またはこれと抵触する行為をすれば、参加人の行為は無効となる）。しかし、被参加人の控訴期間の経過後に参加人が控訴した場合、従来の通説は、当事者である被参加人すら控訴期間の経過によって控訴を提起できなくなっている以上、その当事者に附随してのみ訴訟追行が許される参加人は控訴を提起できないとして、消極の立場を主張する（兼子一『条解民事訴訟法上』〔弘文堂・1955〕880頁ほか。これは判例の立場でもある［最判昭和37年1月19日民集16巻1号106頁ほか。なお、共同訴訟的補助参加人に独自の上訴期間を認めたとみられるものとして最決平成28年2月26日判タ1422号66頁がある］）。つまり、補助参加人の地位が当事者に従たるものであることは、45条1項ただし書で明らかにされており、この規定に逆らってまで参加人の独自の地位を主張して上訴の提起を認めるべきではないとする。

　これに対して、近時は、参加人に独自の上訴期間を認める立場が有力である（野村秀敏「補助参加人の地位」ジュリ争点82頁）。すなわち、補助参加人といえども、自分の利益を守るため訴訟に関与するのであり、当事者とは別に期日の呼出しを受け、判決正本の送達を受ける地位が保障され、また単独で上訴を提起する権能が認められている以上、その手続関与の機会が与えられるべく、上訴期間も参加人のために独自に進行すると主張する。結局、設例では、Ｚが控訴できる期間は、従来の通説および判

例に従えば、Xの控訴期間に左右されるが（Xに対し1審の終局判決の正本が送達された時から進行する）、反対説では、Zに対する判決正本の送達の時からそれは進行する。

【2】── 補助参加の効果

　補助参加の効果として、民訴法46条は、補助参加に係る訴訟の裁判は、一定の場合を除き、原則として、補助参加人に対してもその効力を有する旨規定する。これは、補助参加人にも46条所定の判決効を及ぼすことによって、その者も含めた関連紛争の統一的な解決を図ろうとする趣旨である。通説・判例は、この判決効を、既判力などと異なる「参加的効力」と捉える（参加的効力説。兼子・体系404頁、最判昭和45年10月22日民集24巻11号1583頁）。参加的効力は、補助参加人が被参加人に協力して訴訟追行し、または訴訟追行しえたにもかかわらず、被参加人敗訴となった場合に、参加人は敗訴の訴訟結果についても共同で責任を負担すべきであるとの衡平の理由に基づいて認められる効力である（このような参加的効力の理由づけに反対するものとして、松本博之「訴訟告知の効果の範囲」同・民事訴訟法の立法史と解釈学〔信山社・2015〕448頁）。したがって、この効力は、既判力とは異なり、被参加人敗訴の場合にのみ、被参加人と参加人との間に限って生じる。また、衡平の理由に基づくことから、職権調査事項ではなく、当事者の援用があった場合にのみ顧慮される（反対、松本・前掲453頁）。さらに、この効力は、参加人と被参加人の間の訴訟追行責任を分かち合うという衡平の見地に由来することから、参加人に責任を帰するのが酷な場合、つまり、参加人が十分に訴訟追行をする可能性がなかった場合には（46条1〜4号）、参加人は参加的効力を排除することができる。

　しかし、この通説の立場は、参加的効力が及ぶのが参加人・被参加人間に限られている点を批判される。すなわち、参加的効力の根拠が、参加人が被参加人と共同して1個の敗訴判決がなされるべき基礎を形成した責任に求められるならば、参加に係る訴訟の判決は、その判決基礎が参加人、被参加人、相手方の三者によって形成される以上、参加人と相

手方との間ではまったく効力なしとするのは不衡平ではないか、参加人が訴訟結果を相手方との関係でも争えないものとするのが衡平ではないかとの疑問が提起される。そこから、①参加的効力の主観的範囲を、限定された事例に限ってではあるが相手方と参加人の間にも拡張すべきとの見解が主張されるほか（鈴木重勝「参加的効力の主観的範囲限定の根拠」中村宗雄先生古稀祝賀記念論集『民事訴訟の法理』〔敬文堂・1965〕409頁）、それをさらに一般化して、②当事者（被参加人とその相手方）と参加人との間で、作り上げられた判決の基礎に基づく裁判所の裁判に既判力や争点効を肯定する見解も存在する（新堂・新民訴810頁以下、高橋・前掲463頁）。とくに②説は、被参加人敗訴の場合には、通説と同様、被参加人と参加人との間で参加的効力を認めるが、被参加人敗訴の場合の相手方と参加人の間、被参加人勝訴の場合の被参加人と参加人の間および被参加人の相手方と参加人の間にも、争点効や既判力の拡張を認めて紛争の一回的解決を図ろうとする（このほかにも、参加的効力の基礎に、参加人への主張・立証の機会の保障と引きかえに訴訟結果の不可争性という既判力との共通項を見出し、それを参加人と相手方との間にも及ぼす見解がある［井上・前掲380頁以下］）。

　設例のケースにおいて、ＺがＸ側に補助参加したものの、結局、Ｙが必要な注意義務を果たしていたとの理由でＸの請求が棄却されたときは、通説の参加的効力説によれば、ＺはＸと共同して訴訟追行したにもかかわらずＸ敗訴に終わった責任を分担することになる。したがって、ＸがＺに対して717条１項ただし書に基づき損害賠償請求の後訴を提起したときは、Ｘが前訴判決を援用するかぎり、Ｚは、（46条１〜４号の各場合を除き）Ｙが必要な注意義務を果たしていなかったと主張することはできない。この帰結は、通説（参加的効力説）以外の立場でも同じである。逆に、設例で、かりにＺがＸ側ではなくＹ側に補助参加して、Ｘの請求が、Ｙが必要な注意義務を果たしたとの理由で棄却されたときは、その判決確定後にＸがＺに対して提起した損害賠償請求の訴えで、Ｚが、Ｙは必要な注意義務を果たしていないと主張することは、少なくとも通説によれば妨げられない。

　ともかく、参加的効力説よりも広く判決の効力を認める立場は、補助

第5章　多数当事者訴訟　*281*

参加人への手続保障に基づいて、補助参加人を参加に係る訴訟の判決に拘束しようとの意図があり、最終的には、補助参加訴訟の機能拡大という実践的志向に裏打ちされた見解ということができる。しかし、そもそも当事者間ですら争点効をはじめ判決理由中の判断の拘束力が認められるかが問題である以上、自らは請求を定立していない「従たる当事者」にすぎない補助参加人に既判力や争点効を及ぼすには、依然として、乗り越えるべき高いハードルが存在するであろう（既判力等の判決効ではなく、信義則による制限によって根拠づける立場として、伊藤・民訴法666頁がある）。

なお、以上は、参加的効力の主観的範囲の問題であるが、参加的効力については、他方で、その客観的範囲に関しても議論の余地がある。すなわち、参加的効力は、既判力と異なり、判決理由中の判断にも生じると一般に解されているが、判決理由中の判断なら何にでもこの効力が認められるかという問題である。この点について、判決主文を導き出すために必要な主要事実に係る認定および法律判断などをいうとする最高裁判決がある（最判平成14年1月22日判時1776号67頁〔本判決について和田吉弘・百選〔第5版〕218頁参照〕。これに批判的な見解として松本・前掲444頁）。このように参加的効力の客観的範囲を限定的に捉える立場に立っても、設例のように、XがYに対する訴えで、Yが必要な注意義務を果たしていたとの理由で敗訴したときは、前訴請求棄却判決の理由となったところの、Yが必要な注意義務を果たしていたとの認定に参加的効力が認められるから、そのあとのXのZに対する損害賠償請求訴訟で、Zは、これと矛盾する主張（Yが必要な注意義務を果たしていなかったとの主張）は原則としてできない。

【3】— 訴訟告知とその効力

訴訟告知とは、訴訟係属中に当事者から、利害関係ある第三者に対して、訴訟が係属していることを法定の方式によって通知することである（53条）。訴訟告知により、告知を受けた利害関係人には、訴訟参加して自己の利益を擁護する機会が与えられ、告知をする者には、これによって被告知者にその訴訟の判決の参加的効力を及ぼすことができるという

実益がある（53条4項）。また、参加があれば、紛争の統一的処理も可能となる。

　訴訟告知の効力として、民訴53条4項は、かりに訴訟告知を受けた者（被告知者）が参加しなくても、参加することができた時に参加したものとみなされて、民訴法46条の判決の効力（参加的効力）を受ける旨規定している。しかし、被告知者は、広く、当該訴訟に参加できる第三者であり（53条1項）、補助参加だけでなく、独立当事者参加（47条）や共同訴訟参加（52条）をなしうる者でもよい。たとえば独立当事者参加の場合、前述の意味における参加的効力は考えられないことから、訴訟告知の効果として、常に参加的効力が生じるわけではない。

　設例では、XがZに訴訟告知をしているが、Zは、少なくともX側に補助参加する利益を有すると考えられるから、XがZに訴訟告知をすることは許されよう。それでは、Xの訴訟告知に対して、Zが補助参加しなかった場合に、Zに参加的効力が及ぶか。この点について、判例は、被告知者が補助参加の利益を有すれば、訴訟告知に基づく参加的効力がその者に生じるとの立場をとっていると言われる（最判平成14年1月22日判時1776号67頁、上田徹一郎・『民事訴訟法〔第7版〕』〔法学書院・2011〕567頁）。しかし、学説の多くは、この判例の立場に批判的である。そもそも、前述のとおり、独立当事者参加ができる者にも訴訟告知はなしうるが、独立当事者参加では参加的効力は考えられておらず、訴訟告知をなしうるすべての場合に参加的効力が生ずるのでないことを実定法自体がすでに認めているところである。そのうえ、そもそも一片の訴訟告知書に、後訴での参加的効力という強い効果を一般的に認めてよいかがすでに問題であり、それゆえ、現在の学説の多くは、訴訟告知によって参加的効力が生ずるのは、告知者と被告知者との間に告知者敗訴を直接の原因として求償または賠償関係が成立する実体関係がある場合（たとえば、債権者の保証人に対する保証債務履行請求で、保証人が敗訴すれば保証人から求償請求される主債務者が保証人から訴訟告知された場合）に限るとしている（高橋・前掲478頁、佐野裕志「補助参加と訴訟告知の効力」ジュリ争点85頁、条解280頁ほか。これに類似して、松本＝上野・民訴763頁［上野］は、被告知者が補助参加の利益を

有し、かつ告知者の訴訟追行に協力することが期待できたときにかぎり、参加的効力が生じるとする。これに対して、松本・前掲428、434頁は、訴訟告知を、告知者が係属訴訟の相手方と被告知者の両方に二重敗訴するのを防止するための制度と捉えることから、二重敗訴の防止にふさわしい従属的・択一的関係が係属中の請求と告知者・被告知者間の後訴との間に存在しうる場合にのみ、参加的効力を認める）。このような実体関係にあるときは、被告知者が実体関係を熟知しており、告知者に協力することが期待されてしかるべきだからである。

　したがって、設例で、ＸがＺに訴訟告知をしたが、Ｚが補助参加しなかった場合に、ＸＹ間の訴訟での、Ｙが必要な注意義務を果たしたとの理由による請求棄却判決（確定判決）が、ＸＺ間の損害賠償請求の後訴に参加的効力を及ぼすかについては、判例の立場では、ＺがＸに補助参加する利益を有するということであれば、参加的効力が肯定できるであろう。これに対して、判例と違って補助参加の利益だけでは参加的効力は認められないとする上記多数説によれば、告知者Ｘが請求棄却判決を受けた場合にこれを直接の原因としてＸＺ間に求償または賠償関係が成立する関係があると認められるならば、参加的効力が肯定できる。ＸのＹに対する損害賠償請求が、Ｙが必要な注意義務を果たしたという理由で棄却されたときは、ＸはＺに対して損害賠償を請求できる関係にあるから、被告知者Ｚと告知者Ｘの間にＺがＸに協力することが期待されてしかるべき関係があると考える余地はある。もっとも、Ｚは、そもそもブロック塀の設置・保存の瑕疵自体がないと考えていて、その点でＸよりもむしろＹに協力することが期待される場合もありうることから、ただちに多数説のいう参加的効力の要件を満たしているといえるかは議論の余地があろう（高橋・前掲402頁注12、伊藤・前掲671頁参照）。少なくとも、判例の立場を前提に参加的効力がＺに及ぶと解されるならば、原則として、ＺはＸからの損害賠償請求訴訟においてＹが必要な注意義務を果たしていなかったと主張することはできないということになる（松本・前掲の立場によっても同様の帰結になる）。

　なお、訴訟告知に対して、被告知者は、参加するとしても常に告知者の側に参加するとは限らない。被告知者は、告知者に参加する義務があ

るわけではなく、告知者の相手方当事者の側と利害が共通する場合には、むしろ相手方当事者側に参加することも認められる。ただ、被告知者が告知者の相手方側に参加した場合にも、告知者との後訴で参加的効力を生ずるかが問題となる。訴訟告知が告知者のための制度であり紛争の統一的処理に役立つ制度である面だけを強調すれば、告知者との後訴で参加的効力を肯定する帰結もありうるが（仙台高判昭和55年1月28日高民集33巻1号1頁。松本・前掲436頁も参加的効力を肯定する）、被告知者の手続保障の制度でもあるから、被告知者が積極的に利害の共通する告知者の相手方に補助参加しうると考えられるし、また、その場合には共同で訴訟追行して判決にいたった責任としての参加的効力を、告知者と被告知者間に認める必要はないと考えられよう（高橋・前掲478頁、佐野・前掲85頁、上田・前掲568頁、条解281頁ほか）。

発 展 問 題

　上記ケースの事実関係のもとで、XがYに対して民法717条1項本文に基づき損害賠償の訴えを提起したということを前提にして、次の問いに答えなさい。
　1. XがZに訴訟告知をしたところ、Zは、Y側に補助参加して、ブロック塀の設置または保存に瑕疵がないと争った。結局、瑕疵はあるものの、Yは必要な注意義務を果たしたとの理由で、Xの請求を棄却する判決が言い渡され、その判決が確定した。その後、XがZに対して民法717条1項ただし書により損害賠償請求の訴えを提起して、ブロック塀の設置または保存に瑕疵があったと主張する場合、Zはそれを争うことができるか。
　2. Yは、もしもブロック塀の設置に瑕疵があるとすれば、その原因はAの請負工事にあると考えていた。そこで、Yは、万が一自分が敗訴した場合にAに求償することも踏まえて、Aに訴訟告知した。しかし、Aは、補助参加しなかった。結局、ブロック塀の設置の瑕疵が認められて、Xの請求を認容する判決が言い渡され、その判決が確定した。その後、YがAに対して民法717条3項により求償の訴えを提起した。この訴訟において、Aは、ブロック塀の設置の瑕疵はないと争うことができるか。

［発展問題のヒント］
　1. では、被告知者が告知者の側に補助参加せず、その相手方当事者の側に補助参加したときに、その訴訟の判決が、告知者、告知者の相手方、被告知者（補助参加人）の三者間にいかなる効力をもたらすかが問題となる。とくに告知者と、告知者の側に参加しなかった被告知者との間で、民訴法53条4項・46条による効力が生じるか否かが問われるほか、設置・保存の瑕疵があるとの認定がその効力の及ぶ客

第5章　多数当事者訴訟　　*285*

観的範囲に含まれるかも問題となりうる。これについては、本文の解説を参照。

2．では、Yによる訴訟告知の効力として、民訴法53条4項・46条による効力(参加的効力)がY・A間の後訴に及ぶかどうかが問われる。その際、参加的効力を肯定するにたる関係としてどのような関係が要求されるか、またその関係がY・A間に認められるかが問題となる。この点に関する判例・学説の状況は、本文の解説を参照。

◎◎◎ 参 考 文 献 ◎◎◎

本文中に掲げたもののほか、徳田和幸「補助参加と訴訟告知」同『複雑訴訟の基礎理論』〔信山社・2008〕244頁、坂田宏「訴訟告知の効力に関する一断章」青山古稀『民事手続法学の新たな地平』〔有斐閣・2009〕153頁、伊藤眞「地方自治法242条の3第4項にいう訴訟告知に基づく裁判の効力」NBL914号〔2009〕16頁、福本知行「補助参加人の訴訟行為の独立性と従属性」松本・古稀161頁

(髙田　昌宏)

24 訴訟承継

　訴訟係属中に、訴訟をめぐる実体関係に変動が生じ、新たな法主体が紛争に登場することがある。法は、このような場合を想定し、新たに登場した法主体を係属中の訴訟に関与させるための制度を用意している。これが訴訟承継とよばれる制度である。しかし、実体関係の変動といっても一様ではない。相続のように権利・義務が包括承継される場合もあれば、係争物の売買のように特定承継の場合もある。必ずしも権利・義務の承継ではないが新たな紛争主体と考えられる場合もある。また、どちらか一方の当事者に優勢に手続きが進行している状態で、実体関係に変動の生じることも少なくない。様々なパターンのある訴訟係属中の実体関係の変動を、訴訟承継という制度はどのように規律しているのであろうか。事例を素材に、これらの問題を検討しよう。

ケース

　Aは、愛知県T市に住む資産家である。Aは、マンションやアパート、戸建てといった不動産を所有してこれらを賃貸するほか、所有地を事業用に貸し出していた。

　Bは、妻Cの助けを借りて同市内でスーパーを経営していたが、ちょうど借り手を探していたA所有の土地を借り受けてここに新店舗を出すことにした。新店舗の経営は順調で、Bは手狭であった旧店舗を閉店して新店舗の経営に集中することにした。

　ところが、順調であったBのスーパーの経営は、数年後、近隣に大手資本のショッピングモールが進出してきたころから、大きく傾き始め、やがて、Aに対する地代の支払も滞るようになった。

　AはBに対して幾度となく地代の支払を催促したが、Bはただ、「もうしばらく待って欲しい」というだけで、いっこうに支払おうとしなかった。ついには、Aは内容証明郵便をもって、未払賃料の支払を求める

第5章　多数当事者訴訟　　**287**

とともに、支払がない場合には土地の賃貸借契約を解除する旨を伝えたが、これに対してBは何の反応もしなかった。

そこでAはBを被告として、賃貸借契約の解除を理由に建物収去土地明渡しと、未払賃料の支払を求めて名古屋地裁に訴えを提起した。

この訴訟が第1審に係属中に、Bはそれまでの心労がたたったのか、急逝し、唯一の相続人である妻CがBを相続することになった。

他方、Aのもとには、本件土地を売却して欲しいというDが現れた。AはDに本件土地をめぐって訴訟が係属していることを告げたが、Dから係争中でも構わないので譲って欲しいと懇請されたため、結局、本件土地を係争中のままで売却することにした。DからAに売買代金が支払われるとともに、所有権移転登記がなされている。

スーパーの経営を受け継いだCは、その事務所と倉庫の一部を教室風に改造して、学習塾を経営するEにこれを賃貸することにした。Eは賃借した部屋を教室にして学習塾を開講している。

設問

1．ＡＢ間に係属していた訴訟は、当事者Ｂの死亡によってどのような影響を受けるのか。

2．Ａは訴訟の係属中に係争物である土地を売却したが、これは許されるのか。また、許されるとした場合、土地の売却によって訴訟はどのような影響を受けるのか。Ａは係属している訴訟の原告であり続けるのか。また、Ｄは係属している訴訟の原告になることができるのか。

3．Ｃは訴訟の係属中に係争物である建物の一部をＥに賃貸したが、これは許されるのか。許されるとした場合、Ｅは係属している訴訟の当事者となりうるのか。

解説

訴訟の開始から終了に至るまでにかなりの時間がかかることも珍しくない。そのため、訴訟係属中に、本ケースのBのように当事者が死亡してしまう場合もある。死亡にもかかわらずBをそのまま当事者として同人に対して判決を得ても、当事者が実在しない以上は無意味な判決とな

りうる。また、Aのように、訴訟の係属中に係争物である土地を第三者に譲渡してしまう場合もある。係争物を譲渡することによって権利者でなくなった場合には、その者を当事者とする判決は、紛争解決という点で実質的な意味を持たない可能性もある。さらには、Eのように第三者が係争物を賃借しその占有を開始する場合もある。係争物について新たな占有者が登場する場合には、建物所有者に対する建物収去土地明渡しの判決だけでは、必ずしも占有者を建物から退去させることができず、原告は訴訟の目的を達し得ない可能性もある。

その一方で、これらの場合に、相手方当事者が相続人や建物賃借人を相手にして、あるいは、係争物の譲受人が従前の被告を相手にして、改めて訴えを提起して手続を一からやり直さなければならないというのでは、それまでの訴訟経過を全く無駄にすることになる。また、手続がどのように進行していたかと無関係にリセットされることになるので、当事者の公平といった観点からも必ずしも望ましくない。

そこで法は、上記のような問題に対応するために訴訟承継制度を設けており、また通説によれば、新たに登場した紛争主体は従前の訴訟状態を引き継ぐものと解されている。

なお、訴訟承継は大きく2種類に分けられる。ひとつは、一定の承継原因があった場合に、当然に訴訟承継がなされる場合であり「当然承継」と呼ばれている。いまひとつは、訴訟係属中に係争物が第三者に譲渡された場合になされる訴訟承継であり、これには「参加承継」と「引受承継」がある。以下、それぞれについて検討してみよう。

【1】— 当然承継——設問1のヒント

（1） 当然承継は、当事者の死亡（124条1項1号）、法人の合併による消滅（2号）、受託者等の信託に関する任務の終了（4号）、一定の資格に基づく訴訟担当者の死亡その他の事由による資格の喪失（5号）、選定当事者の全員の死亡その他の事由による資格の喪失（6号）等の事由に基づいて生ずる。

以上のような事由は、当然承継の原因としてではなく、訴訟手続の中

断および受継の事由として規定されている。これらの事由が生ずること
によって訴訟承継、すなわち当事者の交替は当然に生ずるのであって、
後述する、参加承継や引受承継のように受継によってはじめて訴訟承継
が生ずる訳ではない。当事者の交替が生じているにもかかわらず新しい
当事者が訴訟追行できない場合を配慮して、手続は中断するものとされ
ている。そのため当事者に訴訟代理人がある場合には手続の中断は生じ
ない（124条2項）。本ケースにおいては、Bの死亡によって当然承継が
生じている。通常は、唯一の相続人であるCが当然に新当事者となり、
同人の受継までは手続が中断されるに過ぎない。Bが訴訟代理人に委任
して訴訟追行していた場合には、中断も生じない。

　ところで、従前の当事者間の旧請求（AB間の請求）と、承継人と従前
の相手方当事者との新請求（AC間の請求）は、当事者が異なる以上、必
然的に請求が変更される（八木良一「当事者の死亡による当然承継」民訴雑誌
31号42頁以下）。ここでは、訴えの自動的変更ともいうべき状況が生じて
いる（中野貞一郎「訴訟承継と訴訟上の請求」中野・論点Ⅰ154頁）。

　なお、訴訟代理人がない場合に訴訟手続の中断が気づかれないまま、
訴訟が進行してしまうこともある。中断中の相手方当事者および裁判所
の訴訟行為は無効とされ、中断解消後にやり直すことが原則となる。ま
た、中断中の終局判決は、口頭弁論終結後に中断が生じた場合を除いて
（132条1項）違法となり、上訴や再審での取消しが可能とされる。

　（2）　訴訟代理人があれば訴訟手続は中断しない。従前の当事者の名
前で手続が進められ判決が下されることは当然に想定されることであり、
通説は、この場合には従前の当事者を名宛人とする判決の効力は承継人
に及ぶものと解している（兼子・体系424頁以下、条解民訴663頁［竹下守夫=上
原敏夫］、注釈民訴(4)578頁以下［佐藤鉄男］、新堂・新民訴852頁以下など）。さら
に判例は、判決前に承継の事実と誰が承継人かが判明すれば、受継の手
続を経ることなく承継人を当事者として判決に表示できるとする（最判
昭和33年9月19日民集12巻13号2062頁）。従前の当事者が判決に表示された場
合には、承継人が強制執行したり、承継人に対して強制執行するには承
継執行文（民執27条2項）が必要と一般に解されている（兼子・体系425頁、

条解663頁［竹下守夫=上原敏夫］など）。なお、当事者名の更正（257条）での対応を認める判例もある（最判昭和42年8月25日判時496号43頁）。

　以上を本ケースに則して述べれば、Bが訴訟代理人によって代理されていた場合には、Bの死亡後にBを当事者と表示して判決がなされても、承継人であるCに判決効が及び、さらに、受継手続なしにCを当事者として判決に表示することもできる。ただし、当事者の表示がBになっている場合には、Cに対して強制執行するためには承継執行文が必要ということになる。

【2】— 参加承継・引受承継

（1）　総説——設問2・3のヒント

　(ア)　訴訟の係属中に係争物（訴訟物よりも広い概念であり、たとえば、建物収去土地明渡請求訴訟における建物自体や土地自体も含まれる）について特定承継があった場合、たとえば、本ケースにおけるAからDへの係争土地の譲渡など、それをどのように訴訟に反映させるのかといった問題がある。ローマ法時代には、係争物の譲渡が禁じられていたが、現在ではこれが一般に認められるために問題となる。この点、ドイツ法が採用する当事者恒定主義という考え方がある。係争物の譲渡は訴訟に何ら影響を及ぼさずに従来の当事者がそのまま訴訟を追行することができ、その判決の効力が訴訟係属中の承継人にも拡張される、とするものである（日比野泰久「訴訟承継主義の問題点」ジュリ争点〔第3版〕112頁参照）。しかし、わが国においては、兼子一博士の提唱（兼子一「訴訟承継論」兼子・研究(1)1頁以下）以来、49条、50条、51条（旧法においては、旧民訴73条・同74条）を根拠にして訴訟承継主義が採用されていると解されてきた（なお、49条も旧民訴73条も訴訟承継を直接に規定する条文ではない点には注意を要する）。本ケースでは、係争土地の譲渡を受けた承継人Dが新たに当事者の地位につくことが必要であり、そうでなければDには判決の効力は及ばない（115条1項3号参照）。その一方で、承継人Dまたはその相手方Cからの申立てに基づいてDが当事者の地位につくことにより、従前の訴訟状態を引き継ぐ、または引き継がせることができるとされる。

第5章　多数当事者訴訟　**291**

(イ)　問題は、どのような者が訴訟承継において承継人となりうるのか、また、どのような訴訟状態を引き継ぐのか、といった点である。

前者についてであるが、口頭弁論終結後の承継人（115条1項3号）の範囲よりも訴訟承継の承継人の方が範囲が広いという見解（新堂・新民訴857頁以下）もあるが、一般には、両者は同じと解されている。何を承継するかをめぐって学説は分かれるが、近時の多数説（新堂・新民訴701頁、高橋・重点(下)581頁など）に従えば、紛争の主体たる地位を承継した者ということになろうか（この見解は、承継の判断基準をめぐって、さらに「利益衡量説」と「依存関係説」とに分かれる。中島弘雅・百選［第5版］229頁参照）。AからDへの土地所有権の譲渡のように、紛争の基礎をなす権利・義務の譲渡が主な場合といえるが、派生的権利関係の設定もここでいう特定承継に当たる（賃借権の設定について、最判昭和41年3月22日民集20巻3号484頁）。したがって、CE間の賃貸借の設定においても訴訟承継が問題となる。

(ウ)　後者の引き継ぐべき訴訟状態はより問題となる。通説は、「生成中の既判力」を根拠にしてすべての状態を引き継ぐのが原則であるとする（兼子・研究(1)141頁以下、高橋・重点(下)569頁以下など。なお、松本博之『民事訴訟法の立法史と解釈学』〔信山社・2015〕321頁以下は、「生成中の既判力」を否定する一方で、承継人が権利承継の時点において存在するままの権利（および債務）について実体適格を承継するとして、訴訟状態への拘束を肯定する）。独立当事者参加（47条）では、参加人はそれまでの訴訟状態に拘束されないのに対して、その方式を借用する訴訟参加（49条）に、全く異なる規律を認めることになる。このような通説に対して、従前の当事者にとって慎重さが必要とされなかった訴訟行為についての拘束を疑問視する見解もある（福永有利「参加承継と引受承継」三ヶ月ほか・新版民訴法演習(2)47頁）。さらに、「生成中の既判力」そのものを否定するとともに、承継人独自の手続保障を根拠に、それまでの訴訟状態に対する拘束を否定する見解も主張されている（新堂幸司「訴訟承継論よ、さようなら」『民事手続法と商事法務』〔商事法務・2006〕378頁以下）。承継人に対する拘束力の根拠を、従前の当事者による手続保障の代替であると理解すれば、承継人独自の攻撃防御方法の主張はもちろんのこと、具体的な状況のもと従前の当事者による手続

保障の代替が十分でないと解される場合には、例外的に手続きのやり直しの可能性も認められよう。このような点で通説は修正が必要とされようか。なお以上とも関連するが、承継原因の発生と承継人の参加・引受けとの間にタイムラグの生じることも考えられる。このタイムラグに、従前の当事者と相手方の間でなされた訴訟行為をどう評価するかといった問題もある。承継人は当然にはこれに拘束されず、承継人による援用をまって訴訟資料になるとの見解（中野・論点Ⅰ162頁）が妥当であろう。

　　(エ)　さて、参加承継とは、係争物について特定承継があった場合に、承継人が自ら積極的に訴訟に入っていく形式の訴訟承継をいい、引受承継とは、従来の当事者が、承継人を訴訟に引き込む形式をいう。49条は参加承継を、「権利」の譲受人が自ら訴訟を承継するものと規定し、また50条は引受承継を、「義務」の承継に際して当事者の申立てによって承継人に訴訟を引き受けさせるものと規定している。しかし、承継人にとって訴訟状態が有利と考えれば自ら積極的に参加承継を望むであろうし、訴訟状態が相手方当事者にとって有利であれば相手方当事者は訴訟引受けを求めてくるであろう。権利の承継が参加承継に、また義務の承継が引受承継に必ずしも結びつく訳ではない。そこで、さらに51条に義務承継人からの参加承継と権利承継人の引受承継を明文をもって定める形をとっている。したがって、ＡＣ間の訴訟の状況によって、Ｄは49条による訴訟参加で当事者になることも、50条・51条によるＣからの訴訟引受けの申立てによって当事者になることもありうる。また賃借人Ｅも同様である。

　　なお、従来、建物収去土地明渡請求訴訟の係属中に被告から建物所有権を取得した者など（本ケースにおけるＥも同様）は義務承継人として、まずは50条の訴訟引受けが論じられてきた。しかし、近時これに異を唱え、これらの者は権利承継人であり、当事者参加（49条）およびその類推による当事者参加の要求のみを考慮すべきとの見解（松本・前掲書332頁以下）が主張されており注目される。

　　(オ)　ところで、係争物について特定承継があった場合、承継人は当事者適格を新たに取得する。その一方で、従前の当事者は、必ずしも当

事者適格を喪失する訳ではない。脱退（48条）がなければ、従前の当事者の当事者適格と承継人の当事者適格は併存し、承継によって従前の当事者が権利者または義務者たりえなくなれば、訴え却下ではなく請求棄却の本案判決が下されることになる（高橋・重点(下)566頁以下など）。ちなみに、本ケースにおいてＡの建物収去土地明渡請求が、所有権を理由とする場合には、Ｄへの権利譲渡によってその請求は棄却されるものと解されるが、契約終了・原状回復を理由とする場合には、未払賃料の支払請求と同様に、請求が認容される可能性もある。

　(カ)　係争物の譲渡に気付かずに判決に至ってしまう場合を想定すれば、訴訟承継主義が、従前の相手方当事者にとって必ずしも好ましいものでないことは明らかである。訴訟承継主義の不都合に対処するために、実務においては当事者恒定を目的とする仮処分が利用されている。不動産の登記請求権を保全するための処分禁止の仮処分（民保58条）、占有移転禁止の仮処分（民保62条）、建物収去土地明渡請求権を保全するための建物の処分禁止の仮処分（民保64条）がそれである。もちろん、参加承継や引受承継の可能性は排除されないが、原告がこれらの仮処分を得ておけば、原告は当初の被告を相手に訴訟追行さえすれば、仮に被告による係争物の譲渡や占有移転があっても執行のレベルで所期の目的を達することができる。たとえば、ＡがＢに対して、当該建物の占有移転禁止の仮処分および処分禁止の仮処分を得ておけば、当然承継をしたＣに対する建物収去土地明渡を命ずる判決を得れば、Ｅに対する関係でも強制執行が可能となる。ただし、この当事者恒定の仮処分も訴訟承継主義の問題に対する処方としては完全ではない。原告は担保を立てるという経済的負担を強いられる（民保14条１項参照）し、また、ＡからＤへの権利移転のように、原告側の係争物の譲渡に対して原告側を恒定する手段たり得ないという問題が指摘されている（注釈民訴(2)254頁［池田辰夫］）。

（２）　参加承継

　(ア)　係争物の譲受人が自発的に訴訟に関与していく参加承継は、独立当事者参加の方法によるものとされる（49条・47条１項）。47条１項は片面参加を認めているため、旧民訴71条の下でのように不自然な請求を

294　**24** 訴訟承継

立てる必要はなくなった。しかし、従前の相手方に対しては請求を立てなければならない。権利承継の場合には、承継人は給付請求や積極的確認請求を立てることになり、また義務承継の場合には、消極的確認請求を立てることになる（斉藤哲「訴訟参加と訴訟引受け」現代裁判法大系(13)〔新日本法規・1998〕26頁、伊藤・民訴法691頁など）。

　(イ)　49条は、参加承継について独立当事者参加の方法によるとするが、独立当事者参加と訴訟承継とでは、従前の訴訟状態についての拘束という点で異なる規律に服することは、前述した通りである。ただし、独立当事者参加の方法を借用することにより、40条1項から3項の準用をみる点は、とりわけ引受承継が41条の準用をみることとの対比で重要である。参加承継においては、40条の準用により、訴訟資料の統一を図り、判断の統一を図ることが可能とされる。

（3）　引受承継

　(ア)　訴訟承継のうち、係争物の譲受人が受動的に訴訟に引き込まれる形式を引受承継という（50条・51条）。訴訟の係属中に訴訟の目的である義務または権利が承継された場合、従前の訴訟の当事者は、裁判所に対して、義務（または権利）承継人による訴訟の引受けを申立て、裁判所が引受決定をすれば、承継人は新たに当事者となる。

　(イ)　なお、ここで従前の訴訟の当事者としては、相手方当事者が一般に想定されるが、前主が承継人に対して引受申立てをすることができるか、本ケースでいえば、AがDに対して、あるいはCがEに対して引受申立てができるか、が争われている。承継人が参加承継するよりも、従前の当事者と承継人の合意のもと前者が後者に引受申立てをする方が手数料が安く抑えられるというメリットがある（高橋・重点(下)588頁参照）。学説は肯定説（注釈民訴(2)260頁［池田辰夫］、伊藤・民訴法692頁、山本和彦「訴訟引受けについて」判タ1071号61頁など）と否定説（中野・論点Ⅰ170頁注(23)、高橋・重点(下)588頁など）に分かれる。これを否定する下級審判例（東京高決昭和54年9月28日下民集30巻9〜12号443頁）もあるが、肯定するのが判例（最判昭和52年3月18日金法837号34頁）の立場といえよう。結局のところ、従前の当事者に申立てを認める利益があるかによるが、現実的には手数料の

第5章　多数当事者訴訟　　295

点も含めて、法的保護に値するような利益は認めがたいように思われる。否定説が妥当であろう。

　(ウ)　前述のように参加承継については、独立当事者参加、ひいては必要的共同訴訟の準用をみることになる（49条・47条4項・40条）のに対して、引受承継については、必要的共同訴訟の準用は規定されず、かわって同時審判申出共同訴訟が準用されている（50条3項・41条）。旧民訴法のもとでも、参加承継のみに必要的共同訴訟（旧民訴62条）の準用があり、引受承継については何ら規定されていなかった。そのため、引受承継の場合は通常共同訴訟の規律に従うと一般に解されていた。しかし、承継後の手続構造が同一であるにもかかわらず、参加承継と引受承継とで規律が異なることは問題である。そのため、引受承継についても審判の統一を図るために、旧民訴62条の準用を肯定する見解が有力に主張されていた（中野・論点 I 163頁、兼子一＝松浦馨＝新堂幸司＝竹下守夫・条解民事訴訟法〔弘文堂・1986〕218頁［新堂幸司］など）。新法は、同時審判申出共同訴訟の準用により、引受承継について審判の統一を「事実上」図ろうとしたものと解される。しかし、同時審判申出共同訴訟は、弁論と判決の分離の禁止と、同時審判が申し立てられて請求がともに上訴された場合の弁論併合のみが義務づけられた通常共同訴訟に過ぎない。そのため、参加承継とは、明らかに手続規律が異なってくる（山本弘「多数当事者訴訟」講座新民訴 I 155頁以下参照）。本ケースでいえば、Dが参加を申し出れば、A・Dについて必要的共同訴訟の規律が、CからDに対して訴訟引受けが申し立てられれば、A・Dについて同時審判申出共同訴訟の規律が及ぼされるが、明らかにバランスを欠くことになる。訴訟承継のきっかけの違いのみで、全く異なる規律に服させる現行法は、この点で問題をはらんでおり、立法論的には統一が必要と思われる。

発 展 問 題

　1．甲はBの訴訟代理人として訴訟を追行していたが、Bの死亡にあたって中断事由および承継人Cを裁判所に届け出て（民訴規52条）そのまま手続を進めていた。ところが後に承継人を誤っていた（たとえば包括受遺者［民990条］がいた）ことが

判明した。甲の追行した訴訟手続はどのように扱われるか。

　2．参加承継の場合は、参加自体に請求を定立することが要求されるが、引受承継の場合には、承継人と従前の当事者との間の請求はどのように定立されるのか。

　3．A・C間の訴訟にDが参加承継した。審理の結果、裁判所が、A・D間の土地売買契約が参加申出前に解除されていたとの心証に達した場合、Dに対してどのような裁判がなされるか。

[発展問題のヒント]

　1．について。【1】(1)で説明したように、当然承継の前後で請求が変わるとすれば、承継にあたって顕名があった以上、訴訟代理人の甲は真の承継人の請求について訴訟追行した訳ではない。真の承継人からすれば、訴訟代理人がいないのと同様の状況といえるのではないだろうか。なお、処理の仕方については、最判平成19年3月27日民集61巻2号711頁が参考になろう。

　2．について。①A（D）がEに対して訴訟引受けを申し立てた場合（被告側の承継）と、②CがDに対して訴訟引受けを申し立てた場合（原告側の承継）の2パターンが想定される。

　まず①の場合には、参加承継の場合と同様に、引受けを申し立てた者に請求を定立させればよい。

　②の場合は問題となる。以下のような見解を紹介しておきたい。第1は、原告側に承継がある場合にも、被告からの引受申立てに請求の提示を要求するものであり（山木戸克己「判批」法時36巻6号90頁）、またその亜種として、引受申立てには引受人に対する請求が含まれているとの見解（新堂・新民訴861頁）をあげることができる。第2は、引受決定の発効により原告側承継人の被告に対する請求が法律上擬制されるとする見解である（中野・論点1165頁）。第3は、訴訟引受けにおける引込み責任（引受申立て責任）と攻防目標提示責任（請求提示責任）とを分離し、従前の被告に前者を、承継人に後者を認めるが、請求の提示は必要な場合に限ればよいとする見解である（井上治典『多数当事者の訴訟』〔信山社・1992〕67頁以下）。

　3．について。参加承継の申出は独立当事者参加の方法でなされるため、その適否は終局判決において判断されるのが原則となる。承継人であることを訴訟要件と解すれば、訴え却下の訴訟判決と解する余地もあろう。しかし、主張自体失当の場合を除いて、請求棄却の本案判決をすべきではなかろうか。山本克己「兼子一『訴訟承継論』における実体法的思考と訴訟法的思考」松本・古稀182頁以下が詳しい。

◯◯◯ **参 考 文 献** ◯◯◯

　本文中に掲げたもののほか、日比野泰久「訴訟承継」ジュリ争点90頁、田頭章一「訴訟手続の中断・受継」ジュリ争点170頁、加波眞一・百選〔第3版〕230頁、田尾桃二「訴訟引受の一つの問題」判タ242号66頁、加波眞一「訴訟承継論覚書」摂南法学30号1頁、本間靖規「訴訟承継について」立命館法学369=370号629頁、鶴田滋「判決効拡張・訴訟承継における承継人概念」法律時報88巻8号26頁を参照した。

（岡田　幸宏）

25 ▶ 上訴の利益

　民事訴訟法は手続を第１審限りとしないで、不利な裁判を受けた当事者が上級裁判所に上訴することを認めている。それでは、当事者はどのような判決を受けたときに、上訴審手続を開始させることができるのであろうか。ここでは、［ケース］を手がかりに、一見自明に思える上訴の利益の問題を検討してみよう。

ケース

　Ｘは、同郷の友人Ａに対して、1,000万円を貸していたが、その後、Ａが死亡した。Ａは、亡妻との間に、２人の子（ＹおよびＢ）をもうけていた。ＹはＡとともに家業を営んでおり、Ｂは独立して家を出ていた。Ｘは、Ａとの間では、利息は取らない、特に返済期限は設けないというＡに有利な条件で貸していたが、Ａの子らとはむしろ疎遠であったので、とりあえずＡの家業を継いだＹを被告として、Ｙの法定相続分にあたる500万円の支払を求める訴え（本件訴訟という）を提起した。Ｙは、ＡがＸから1,000万円も借りるはずはないと主張して、請求棄却判決を求めた。

　ところで、Ｂは、その後、家庭裁判所に相続の放棄の申述をし、受理の審判がされた（民938条、家事201条・別表第一の95参照）。その結果、ＹはＡの遺産全部を相続することになった。この当時、本件訴訟は第１審に係属中で、Ｂが相続放棄をした事実は、訴訟手続外で進行していたＸ・Ｙ間の和解交渉において、ＹからＸに告げられたため、Ｘの知るところとなったが、Ｘは請求を拡張しなかった。

　本件訴訟の第１審裁判所は、Ｘの請求を全部認容する判決（【例１判決】という）を言い渡した。

・・・・・・・・・・・・・・・・・・・・・・ 設 問 ・・・・・・・・・・・・・・・・・・・・・・

　Ｙは、【例１判決】に対して控訴の利益を有するか。

Ｘは、請求を500万円拡張するために、控訴を提起することができるか。

解説

【1】— 問題の所在

　一般に、私人が訴訟制度を利用するには、そのための正当な利益ないし必要性がなければならないとされ、それが訴訟要件の１つとされる訴えの利益の問題として論じられている（松本=上野・民訴148頁）。これと同様に、上訴制度を利用するには、やはりそれ相応の正当な利益が必要とされ、それが上訴要件の１つとされる上訴の利益の問題として議論されているのである（松本=上野・民訴828頁・832頁・850頁）。

　ところが、民事訴訟法には上訴の利益に関する規定がなく、どのような場合に上訴の利益があるといえるのかが問題となる。そもそも、上訴制度が設置されるのは、不利な内容の判決を受け敗訴した当事者が、その裁判が不当であるとの不信の念を持つ可能性があることを想定し、このような当事者に救済手段として上訴の機会を与えるためである（松本=上野・民訴825頁）。そうであるとすれば、上訴の利益は裁判によって不利益を受けた場合、すなわち裁判に対して不服を有する場合に認められることになる。結局、上訴の利益の問題は、この裁判に対する不服の内容を明らかにする問題であるということになろう。

【2】— 不服概念

（１）　形式的不服説

　多くの人は、【例１判決】に対して不服を有するのはＹであり、Ｘは不服を有しないと答えるであろう。それでは何故このように考えるのか。おそらく、暗黙裡に、ＸおよびＹがした申立てと【例１判決】とを比較して、次のように判断しているのであろう。すなわち、Ｘは訴えの申立てにおいて、500万円の支払を命じる判決を求め、裁判所がその申立てどおりの判決をした、これに対して、Ｙは、Ｘからの訴えに対して請求

棄却判決を求めたのに、裁判所はこのＹの申立てを排斥して請求認容判決をした、それ故【例１判決】に対してＹは不服を有するが、Ｘは不服を有しない、と。

このように、上訴の利益の内容をなす不服を、当事者の申立てと判決との差（判決が申立てよりも小であること）として理解する見解を形式的不服説と言う。形式的不服説は長い間通説の地位を保っており（小室直人編著『民事訴訟法講義（改訂版）』〔法律文化社・1982〕254頁、新堂・新民訴884頁、伊藤・民訴法703頁、松本博之『人事訴訟法（第３版）』〔弘文堂・2012〕209頁、注釈民訴５巻16頁以下〔春日〕、38頁以下〔松村〕など）、判例も古くからこの見解によっている（大判昭和18年12月23日民集23巻1254頁など）。これは、形式的不服説が、人の素朴な考え方に合致するところがあり、判断の基準としても明確であるからであろう。

仮に、本件訴訟の第１審裁判所が、Ｙに対して300万円の支払を命じ、Ｘのその余の請求を棄却する判決（【例２判決】という）をしていたとしたらどうか。申立てと判決とを比較すると、Ｘの訴えの申立ては、300万円分は認められているが、その余の部分（200万円分）は排斥され、Ｙの請求棄却の申立ては、200万円分は認められているが、その余の部分（300万円分）は排斥されている。したがって、形式的不服説によれば、Ｘは【例２判決】中「その余の請求を棄却」した部分に対して、Ｙは300万円の支払を命じた部分に対して、それぞれ不服を有することになる。

（２）　新実体的不服説

形式的不服説は、上訴の利益を申立てと判決の差によって形式的に判断するところに特色がある。それでは申立てと判決に差がある場合、実体的に見て、当事者はどのような不利益を受けることになるのであろうか。【例１判決】に対して上訴ができないとすると、ＸおよびＹはどのような不利益を受けることになるかを検討してみよう。この場合、Ｙに対して500万円の支払を命じた判決が確定することになるから、ＸがＹに対して主張した500万円の貸金返還請求権が存在するという第１審裁判所の判断に既判力が生じ、さらに執行力も生じる。この判決の効力は、

一般的にはXに対して何の不利益ももたらさないが、Yにとっては不利益なものであり、このようなYに不利な判決の効力が生じるのを防ぐためには、上訴して【例1判決】を取り消してもらうほか術がない。

　このように考えてくると、裁判がそのまま確定すると生じることになる不利益な既判力や執行力などの判決効が当該当事者に及んでくることが、その裁判に対する当事者の不服の実体をなすと考えることができる。そして、このような不利益な判決効の発生の有無によって不服の有無を判断する見解を新実体的不服説という（新実体的不服説は規範的不服説とも呼ばれ、その内容からすればこの呼称のほうが適切であるが、ここでは新実体的不服説の用語を使用しておく。なお、「実体的不服説」ついては、【4】（2）参照）。この新実体的不服説も一定の支持を得ている（松本＝上野・民訴829頁、注釈民訴(8)30頁［鈴木重勝］。なお、高橋・重点(下)603頁、小林秀之『プロブレムメソッド新民事訴訟法（補訂版）』〔判例タイムズ社・1999〕477頁参照）。

　以上、【例1判決】について検討した結果は、【例2判決】の場合でも同様に当てはまる。この判決が確定すれば、300万円の貸金返還請求権の存在の判断について既判力および執行力が生じ、200万円の不存在の判断に既判力が生じる。Yは【例2判決】の前者の判決効によって、Xは後者の判決効によって、それぞれ上訴の利益を基礎づけられるのである。

【3】── 結論から見た形式的不服説と新実体的不服説

（1）　原則的な結論の一致

　注意するべきことは、形式的不服概念によっても新実体的不服概念によっても、前述した限りでは、結論に違いが生じてこないということである。しかし、結論が異なることもある。仮に、本件訴訟において、Yが予備的相殺の抗弁を提出していたとして、第1審裁判所が、このYの抗弁を容れて、Xの請求を全部棄却する判決（【例3判決】という）をしたと仮定しよう。

　この【例3判決】に対して、Xは、形式的不服説・新実体的不服説のいずれによっても、上訴の利益を有する。Xの訴えの申立てを全部棄却

第6章　上訴・再審　　*301*

する判決であることによって形式的不服が基礎づけられ、Xが主張した権利の不存在の判断に、民訴114条1項の既判力が生じることによって、新実体的不服が基礎づけられるからである。

（2）　形式的不服説と「例外的不服」

これに対してYの上訴の利益はどうか。【例3判決】が確定すれば、少なくともYが相殺のため主張した自働債権の不存在の判断に、民訴114条2項の既判力が生じる（ただし、この場合に、114条2項の既判力がどの範囲の判断に生じるかについては、見解の対立がある。この点については、上野𣳾男「既判力の客観的範囲」法教282号11頁、17頁参照）。この既判力はYに不利益をもたらすので、新実体的不服説によれば、Yは、上訴の利益を認められ、予備的相殺の抗弁によらない、訴求債権（請求債権）の不存在を理由とする請求棄却を求めて、上訴を提起することができるのである。

形式的不服説ではYに上訴の利益を認めることができないと解されている（小室直人『上訴・再審（民事訴訟法論集㊥）』〔信山社・1999〕14頁、松本=上野・民訴828頁、高橋・重点㊦601頁など参照）。Yが請求棄却の申立てをし、裁判所も請求棄却判決をしているからである（なお、松本博之『人事訴訟法（第3版）』210頁は、形式的不服説は、「当事者が不服の申し立てられている判決の主文と申立ての比較により、前者が後者に達していない場合に当事者は判決に不服を有するとする見解であるが、主文の内容は判決理由の参照によって明らかになる裁判所の判断内容が基準とされなければならない」とする。しかし、この見解は、既判力の不利益な作用に言及するものではなく、一定内容の権利保護の要求である申立てと、判決で与えられた権利保護の内容との比較で得られるものが形式的不服であると述べるものである。上野泰男・松本古稀638頁参照）。

ところが、形式的不服説を採用する者は、相殺の抗弁を容れた請求棄却判決は、被告にとっては、形式的には全部勝訴であるが、「反対債権を犠牲にした点で、実質的には敗訴」の判決であり、「しかも犠牲にした反対債権につき既判力が生じるのであるから、形式的不服の例外として上訴の利益を認めざるをえない」とする（小室直人『上訴・再審（民事訴訟法論集㊥）』14頁参照）。

このようにみてくると、形式的不服説と新実体的不服説とは、上訴の

利益の判断基準は異なるが、多くの場合に結論が一致し、結論が一致しない場合でも、形式的不服説を採用する者が「例外的不服」を肯定しているので、結局最終的な結論に差異は見られないことになる。【例3判決】の場合、「例外的不服」は不利な判決効（相殺の抗弁の既判力）によって基礎づけられていたので、その限度では形式的不服説論者は新実体的不服説の考え方を「例外」として取り入れたことになる。

【4】─ 形式的不服説と当事者の申立ての意味

（1）「例外的不服」を認める基準

それでは、形式的不服説を採用する者は、当事者に不利な判決効が及んでくる場合、すなわち新実体的不服が認められる場合、常に「例外的不服」を肯定するのであろうか。この問題を、当初【例1判決】について設定した設問の後段に立ち戻って検討してみよう。

本件訴訟提起の時点では、XのYに対する500万円の支払請求訴訟は全部請求訴訟であった。しかし、Bが相続放棄をしたことにより、XはYに対して1,000万円請求できることになったので、一部請求訴訟に変じた。しかも、この一部請求訴訟は、Xが一部請求であることを明示しないいわゆる黙示の一部請求である。ところで、一部請求の場合に、請求額が1個の債権の一部であることが明らかにされていないときは、請求額を当該債権の全部として訴求するものと解して、その訴訟において勝訴の確定判決があったときでも、残部請求は許されないとするのが判例である（最高判昭和32年6月7日民集11巻6号948頁、百選Ⅱ〔新法対応補正版〕332頁、百選〔第5版〕172頁参照）。このような見解が正当であるかどうかには疑問はあるが（松本＝上野・民訴632頁参照）、判例が残部請求を否定し、有力な学説もその結論において判例を支持しているので（たとえば、新堂・新民訴337頁、高橋・重点(上)107頁、伊藤・民訴法221頁以下、山本・基本問題118頁など）、【例1判決】が確定すると、XはYに対して残部500万円を訴求できなくなるおそれがある。これを避けるためには、Xに控訴の利益を肯定し、控訴審において請求拡張の機会を与えるほかない。したがって、【例1判決】は、Xの申立てを全部認容し、形式的不服は否定さ

第6章　上訴・再審　　303

れるが、新実体的不服は肯定される。

　前に検討した際、【例1判決】について生じる判決効は、一般的には
Xに対して何の不利益ももたらさないと述べた。そこで「一般的には」
という留保を付しておいたのは、Xの申立てを全部認容する判決も、こ
こで検討したように、例外的にXに不利な判決効が生じたり、不利に作
用したりすることがあるからである。

（2）　実体的不服概念

　なお、不服概念については、これまで検討してきた形式的不服概念お
よび新実体的不服概念のほか、実体的不服概念にも言及されることがあ
る（上野泰男・百選II〔新法対応補正版〕406頁参照）。これは、第1審におい
て全部勝訴の判決を得た当事者も、訴えの変更または反訴によって、よ
り有利な判決を得る可能性があるときは上訴の利益が認められるとする
見解である（たとえば、住吉博『民事訴訟法読本（第2版）続巻』〔法学書院・
1977〕750頁、758頁、761頁参照。古い裁判例であるが、東京控訴院大正1年12月28
日新聞845号21頁も同旨。なお、坂口裕英・百選II〔新法対応補正版〕409頁も同旨
か）。この見解は、続審制控訴制度の下では、いったん訴訟を開始した
機会に控訴審理を活用して、別個の請求について新しく本案判決を取得
しようとする当事者の意図を、後訴が禁止される場合に限らなければな
らないとする理由が見出せないことを根拠としている。この（旧）実体
的不服説によれば、Xは【例1判決】に対して上訴の利益を認められる。
しかし、一般には、この見解は、より有利な判決が取得できるとの主張
さえあれば控訴は適法とされるので、不服概念としては広すぎると見ら
れている（小室直人『上訴・再審（民事訴訟法論集(中)）』〔信山社・1999〕2頁は不
服不要説ともいうべき見解であるとする。ただし、古くは、この見解が支配的であ
ったことにつき、福永有利「控訴の利益」鈴木・古稀755頁、762頁参照）。

（3）　形式的不服説と当事者の申立ての意味

　さて、【例1判決】に対して、形式的不服説からは上訴の利益が否定
されることは、前述のとおりである。この場合に、「例外的不服」が肯
定されるかどうかについては、形式的不服説を採用する者のなかでも見
解が分かれる。残部請求失権という結果が生じるのは苛酷であるとして、

「例外的不服」を肯定する者もあるが（たとえば、新堂・新民訴884頁、高橋・重点(下)602頁など。なお、名古屋高金沢支判平成1年1月30日判時1308号125頁〔百選〔第5版〕266頁〕も控訴の利益を肯定した。この裁判例については、坂口・前掲百選II〔新法対応補正版〕409頁、三木浩一『法学研究（慶応大）』63巻6号131頁参照）、むしろ第1審において請求を拡張して全額を訴求することが可能であった以上、申立てを基準とする形式的不服の例外を認める必要はないとする見解の方が有力である（たとえば、小室直人『上訴制度の研究』〔有斐閣・1961〕35頁は、例外的不服が認められるのは、「過失なくして残部の請求をなしえなかった場合に限る」とし、伊藤・民訴法704頁は、原告の申立て自体は全部満足されているとして、例外的不服を認めない。松本博之『人事訴訟法(第3版)』212頁は、前述のように、全部認容の確定判決の既判力は残部請求を不適法にしないと解するが、残部請求を不適法と解するのであれば、むしろ例外的不服は否定すべきであるとする。栗田隆「上訴を提起できる者」講座民訴⑦66頁以下も、「形式的不服の例外が正当化されるためには、一審判決の確定の場合に勝訴当事者が不利益を受けるということだけでは不十分であり、その不利益が自己責任の原則になじまない、といった事情が加わらなければならない」として、前記小室説を支持する）。この後者の見解によれば、【例1判決】に対するXの上訴の利益は否定されることになる。形式的不服説が独自性を持ち得るためには、後者の見解が優れるように思われる。

　【例3判決】の場合とで結論が異なるのは、ここではYが1次的に訴求債権の不存在を主張していたという事情がある点に認められよう。それ故、Yが、第1審において、Xの請求原因事実を全部自白し、もっぱら相殺による訴求債権の消滅を主張して、請求棄却判決を求めていたというような事情がある場合、相殺の抗弁で勝訴した被告に「例外的不服」が認められるかどうかについては、形式的不服説を採用する者の中で、再び見解が分かれることになるものと思われる（このような問題の設定については、井上治典『民事手続論』〔有斐閣・1993〕174頁参照）。

〖5〗— 上訴の利益の判断構造

（1） 不服の所在と上訴の利益

　最後に、上訴の利益をどのように考えればよいのか、その判断構造をまとめておこう（以下の叙述は、福永有利「控訴の利益」鈴木正裕先生古稀祝賀『民事訴訟法の史的展開』755頁、776頁に大幅に依拠している。なお、この論文は、以下では、単に、「福永論文」で引用する）。

　上訴の利益が認められるためには、上訴審の開始を求めるのにふさわしい利益がなければならない。この利益は、これまでの検討によれば、当事者の不服の所在によって、2つに分類することができる。

　⑦　**判決の内容による不服**　　1つは、当事者が判決の内容そのものに対して不服を有する場合である。たとえば、【例1判決】に対するＹの不服がそれで、Ｙの不服が解消されるためには、【例1判決】が取り消され、これに代えて請求棄却判決がなされる必要がある。したがって、このタイプの不服は、上訴の対象となる判決（以下、原判決という）の取消しのために、上訴の利益を基礎づけることになる（「福永論文」776頁はこのタイプの利益を、原判決取消利益と名づける）。【例2判決】に対するＸおよびＹの利益、【例3判決】に対するＸの利益などもこのタイプに属する。これは上訴の利益が肯定される典型例であり、形式的不服説および新実体的不服説によって結論が異ならない。

　　⒜　**判決の主文と理由に対する不服**　　判決の内容は、判決の主文と理由に分けることができるが、判決内容に対する不服は、その双方に対して向けられるのがふつうである。たとえば、【例1判決】に対するＹの不服は、判決理由において、ＡがＸから1,000万円借りた事実が認められたこと、および判決主文において、500万円の支払が命じられたことの双方に向けられている。

　【例2判決】に対するＸおよびＹの不服、【例3判決】に対するＸの不服も同様である。

　　⒝　**判決理由に対する不服**　　ところが、判決の結論（判決主文）はそれでよいが、理由には不服があるということもある（「福永論文」777

頁は、この場合の上訴の利益を判決理由取消利益と呼ぶ)。それが、【3】(2)で検討した【例3判決】に対するYの不服である。Yは、請求を棄却した判決の主文はそのままでよいが、相殺による訴求債権の消滅という棄却の理由に不服を有し、訴求債権がもともと存在しないという理由による請求棄却判決を求めて上訴を提起するのである。なお、[発展問題]の5.に掲げた事例もここに分類される。

　(イ)　**判決の内容によらない不服**　　これは、判決内容には全く不服はないのだが、控訴審において新たな請求を追加するために、控訴の利益が認められる場合である（「福永論文」777頁は、この場合の上訴の利益を続行手続利用利益と呼ぶ)。【例1判決】に対するXの不服がその例である。Xは【例1判決】の主文および理由のいずれに対しても全く不服を有しない。しかし、Xが、【例1判決】確定後、残る500万円の支払請求訴訟を提起しても、いわゆる黙示の一部請求後の残部請求として、【例1判決】の既判力により排斥される可能性がある。そこで、新実体的不服説によれば、Xとしては、【例1判決】を取り消してもらう必要はないのだが、残部500万円の支払を求めて請求を拡張するために、【例1判決】に対して上訴の利益が認められたのである。なお、[発展問題]の2.に掲げた事例もここに分類される。

（2）　不服の程度と上訴の利益

　当事者が原判決の内容、とりわけ判決の主文と理由の双方に対して不服を有する場合に上訴の利益を否定する見解はないが、その他の場合には上訴の利益が認められるかどうかについて見解の対立が見られる。それは、不服の重大性の判断が分かれることに起因する。このように、上訴の利益の判断に際しては、不服の程度も大きな意味を持つ（この点につき、「福永論文」779頁参照)。

　不服の重大性は、概ね原判決による後訴請求の遮断の有無が重要な判断要素とされる。【例3判決】に対するYの不服が上訴の利益を基礎づけ（【5】(1)(ア)(b)参照)、[発展問題]の2.に掲げた事例で、被告の上訴の利益が、概ね承認されているのはそのためである。逆に、上訴人が後訴において請求や主張を遮断されない場合には（たとえば、原告の被告に対す

第6章　上訴・再審　　*307*

る特定物の引渡請求訴訟において認容判決を得た原告が、被告の過失によってその物が滅失したことを理由とする損害賠償請求をするために控訴する場合や、[発展問題]の5.の場合)、そのような請求や主張をするための上訴の利益が否定されることが多いのは、そのためである。

　しかし、これらの場合に反対の見解が主張されるのは、原審における当事者の態度(特に申立て)もまた斟酌されるべきであるとされるからである。新実体的不服は、確かに上訴の利益を基礎づけうる重大な不服ではあるが、原審における当事者の態度、とりわけ一定の申立てをし、またはしなかったという当事者の態度が、上訴の利益を阻却することがあると考えるのである。たとえば、【例1判決】の既判力によってXが残部請求を遮断されるとしても、Bの相続放棄を知りつつ請求の拡張をしなかったことを理由に、Xの控訴の利益を否定する見解は、このように考えていることになり、ここでは形式的不服に独自の意味が認められている。

　そして、不服の程度の判断に際して、原審における当事者の態度をより積極的に斟酌すれば、遮断されない請求や主張をするための上訴の利益も、肯定されることがあるとする見解に発展してゆく(井上治典『民事手続論』183頁、「福永論文」779頁など参照)。

発 展 問 題

　1.【例1判決】に対してYから控訴が提起された場合、Xは、控訴審において、500万円の残部請求をすることができるか。

　2.離婚訴訟において、請求棄却の第1審判決を得た被告は、第1審口頭弁論終結時までに存在した離婚原因に基づく離婚の反訴を提起するために、控訴を提起することができるか。

　3.原告からの訴えに対して、1次的に訴えの却下を、2次的に請求棄却判決を求めていた被告は、訴えを不適法として却下する判決に対して、請求棄却判決を求めて控訴する利益を認められるか。

　4.請求を棄却した第1審判決に対して、取消差戻判決を求めて控訴した原告は、控訴裁判所の取消差戻判決に対して、上告の利益を有するか。

　5.原告からの貸金返還請求訴訟において、1次的に金銭消費貸借契約の不成立を、2次的に履行期の未到来を主張して、請求棄却判決を求めていた被告は、金銭消費貸借契約は成立しているが、履行期は未到来であるとして請求を棄却した第1

審判決に対して、控訴の利益を有するか。

6．土地賃借人から土地賃貸人に対して「土地賃借権を有することの確認を求める」との申立てで訴えが提起されたにもかかわらず、第一審裁判所は、「一定額を地代額とする賃借権を有することの確認を求める申立て」であると解釈して、当該一定額を地代額とする賃借権の存在を確認する判決をした。原告である土地賃借人はこの判決に対して控訴の利益を有するか。

[発展問題のヒント]

1．Yからの控訴によって控訴審が開始し、被控訴人の地位に就いているXが500万円の残部請求をするためにはどのような手続をとる必要があるのだろうか。最高判昭和32年12月13日民集11巻13号2143頁〔百選〔第5版〕266頁〕、松本＝上野・民訴837頁、後掲講座民訴⑦183頁以下などを参照して検討しよう。

2．通常訴訟とは異なり人事訴訟においては、いわゆる全面的解決主義が行われ、既判力の範囲を超える失権効が規定されている（人訴25条2項）。このような場合の控訴の利益をどのように考えればよいのかを、松本博之『人事訴訟法（第3版）』211頁、259頁以下、高橋・重点(下)601頁以下、本解説【5】(2)後掲新実務民訴講座(3)238頁などを参照して検討しよう。

3．訴え却下判決確定後に、欠缺するとされた訴訟要件が具備したとして同一の訴えが繰り返されても、前訴の訴え却下判決の既判力は、被告がその訴訟において請求棄却判決を求めることを妨げない。そうすると、前訴の訴え却下判決に対して被告は新実体的不服を有するのかということが問題となる。高橋・重点(下)601頁、上野泰男「上訴の利益」新堂幸司編・特別講義民事訴訟法（1988年・有斐閣）294頁、上野・後掲松本古稀646頁などを参考にこの問題を検討しよう。

4．取消差戻判決が確定すると、控訴裁判所が取消しの理由とした法律上および事実上の判断に拘束力が生ずる（裁4条、松本＝上野・民訴844頁参照）。この拘束力は上訴の利益の問題にどのような影響を及ぼすかを、高橋・重点(下)603頁以下、後掲新実務民訴講座(3)239頁などを参照して検討しよう。

5．請求棄却判決を得た被告は、より有利な理由による棄却判決を求めて控訴する利益を有するのかという問題を、最判昭和31年4月3日民集10巻4号297頁〔百選〔第5版〕230頁〕、高橋・重点(下)604頁などを参照して検討しよう。

6．裁判所が民訴246条に違反して申立てのない事項について判決をしたという事例であるが、原告である土地賃借人は形式的不服や新実体的不服を有するであろうか。最判平24年1月31日重判解平成24年度（ジュリ1453号）121頁、安西明子・法の支配169号46頁、高橋・重点(下)242頁、松本＝上野・民訴832頁などを参考にこの問題を検討してみよう。

◦◦◦ 参 考 文 献 ◦◦◦

本文中引用のもののほか、林伸太郎「上訴の利益と附帯上訴」ジュリ争点254頁、上野泰男「上訴の利益」新実務民訴講座(3)233頁、上野泰男「附帯上訴の本質」講座民訴⑦171頁、上野泰男「上訴の不服再考」松本・古稀635頁、越山和広「一部請求と控訴の利益」上野・古稀427頁を参照。

（上野　泰男）

26) 不利益変更禁止の原則

「控訴（ないし附帯控訴）」という「第1審判決に対する不服申立て」に対して、控訴裁判所が応答するにあたり、第1審判決の取消し・変更は、この「不服申立て」の限度内でのみ可能とされている（304条）。その結果、控訴人は、相手方から控訴・附帯控訴がなされない限り、自分のした不服申立ての限度を超えて自分に不利益に第1審判決を取消し・変更されることはない。このことを「不利益変更禁止」の原則というが、これが具体的に訴訟上でどのように現れるかについては、なかなか考えさせられる問題を含んでいる。実際に起きた事例を素材にして検討してみよう。

ケース

　Xは、Yに対して、貸金1,000万円が未払いであると主張して、その支払を求める訴えを提起した。Yは、Xの貸金返還請求権の成立を争いながら、予備的にXに対する反対債権（400万円の金銭債権）を相殺の抗弁に供した。

　第1審では、Xの貸金債権とYの反対債権の両債権の成立を認め、Yの予備的相殺の抗弁を理由ありとして、600万円の支払を命じる判決が出された。

　しかし、その後Xだけが、第1審判決を不服として控訴期間内に控訴し、Yは控訴も附帯控訴もしなかった。

設問

　1．この第1審判決に対し、Yは、控訴せずに、判決で命じられた金600万円を任意にXに弁済した、とする。控訴審でYの弁済の主張が認められるとき、控訴裁判所は、本件控訴をどのように審理・判決すべきであろうか。

2．控訴審で、相殺以前にYの反対債権が不存在との判断に至り、ま
たXの訴求債権も不存在との判断に至った場合、控訴裁判所は、本件控
訴をどのように審理・判決すべきであろうか。

●●●

解 説

　本ケースには、いわゆる「不利益変更禁止の原則」に関する、2つの
問題が混ざっている。

　第1の問題は、第1審判決の後、被告が判決で命じられた給付義務を
任意に履行したのに、控訴または附帯控訴によって、第1審判決（原判
決）の取消し・変更を求めなかった場合、どういう扱いを受けるか、と
いう問題である。

　そして、第2の問題は、予備的相殺の抗弁が容れられて請求棄却判決
を勝ち取った被告が控訴も附帯控訴もしなかった場合、控訴裁判所が、
訴求債権も相殺の抗弁に供した反対債権も両方とも相殺以前に存在して
いないとの判断に至ったとき、いったいどのような判決をすべきか（そ
れ以前に、この場合の控訴審での審理対象は何か）、という問題である。

　そしてまた、不利益変更禁止の原則に基づいた処理をする前に、何か
裁判所としてやっておくべきことはないか、という問いかけも両問題に
は含まれている。

　個別の問題を検討する前に、まず「不利益変更禁止の原則」の意義と、
原判決を相当あるいは不当とする場合に控訴裁判所がなしうる判決の種
類を確認することから、始めよう。

【1】―「不利益変更禁止の原則」の意義

　「控訴」という「不服申立て」は、言い換えれば、原判決での負けた
（不利益）部分を不服として、その部分について原判決の取消し・変更
を求める申立てである。この控訴という不服申立てがなされると、控訴
裁判所は、控訴（附帯控訴でも同じ）によってなされた不服申立ての限度
においてのみ、第1審判決の取消し・変更をすることができる（304条）。
その結果、控訴人は、相手方（被控訴人）から控訴または附帯控訴（293

第6章　上訴・再審　　**311**

条）がなされない限り、自分の不服申立ての限度を超えた判決をなされることがない、ことになる。不服申立ての限度を超える、というのは、「不利益な部分を第1審判決以上に有利に変更して下さい」という申立てを超える、ということだから、控訴人にとって第1審判決よりもっと不利益に変更される、ということである。結局、控訴人は、相手方からの控訴（285条の控訴期間内）または附帯控訴（控訴期間を徒過した場合）によって第1審判決の取消し・変更がありうる範囲が拡張されない限り、自己の不服申立ての限度を超えて自己に不利益に第1審判決を変更されることがない、ということになる。これを、不利益変更禁止の原則という。

　逆に、控訴人が、自分で、この不利益の部分を有利に変更してください、と申し立てている以上、その変更を求めている部分・範囲以上に、控訴人に有利に変更することはできない。1,000万円求めていて600万円の一部認容判決しかもらえなかった場合、不利益としては400万円分ありうるが、控訴人自身が300万円の部分についてだけ控訴した場合、いくら控訴裁判所が1審の敗訴部分400万円全部が実は存在する、という判断に至ったとしても、控訴人の不服申立ては300万円部分に限られているから、その範囲以上に、控訴人に有利に原判決を変更することはできない（これを、利益変更禁止の原則という。不利益変更禁止と表裏一体の関係にある）。そもそも裁判所は当事者の申し立てていない事項について判決をすることはできない（246条）から、この処分権主義（申立拘束主義）が、上訴審でも現れたものだと理解すると、わかりやすい。

　不利益変更禁止の原則があれば、敗訴者は、控訴しても（相手が控訴・附帯控訴して原判決の変更範囲を拡げない限り）原判決以上に不利益に変更されないという保障が得られるし、そのように控訴権の行使を側面から保障してくれればその限りでは安心して控訴ができるともいえそうであるし、そういった保障がないときよりも控訴がなされることになれば（それが結果的に相手方の控訴・附帯控訴を促す結果になったとしても）、誤った判決が是正される機会も増えることになる（不利益変更禁止の原則を、申立拘束主義の上訴審における発現とみるより、このような政策的目的を追求したものだと理解する考え方も有力である）。

【2】— 控訴裁判所における終局判決の種類

①**控訴却下判決**　　控訴裁判所は、控訴要件の不備が明らかで、その不備の補正もできない場合（例・控訴期間〔285条〕の徒過）は、判決で控訴を不適法として却下する。この場合、それ以上不服の当否について審理する必要はないし、また口頭弁論を経る必要はない（290条）。

②**控訴棄却判決**　　控訴裁判所は、控訴審の口頭弁論終結までに提出された資料をもとに、控訴で申し立てられた不服に理由があるかないかを判断し、第1審判決を相当（＝不服に理由がない、すなわち第1審判決の判断を取消し・変更する原因がない）と判断する場合、判決で控訴を棄却する（302条1項。なお303条参照）。第1審判決の理由中の判断が不当であると判断されても、他の理由から主文の判断（結論）が正当と判断される場合も、控訴を棄却する。判決理由中の判断には原則として既判力が生じないから（114条1項）、三審制により判断を是正したうえで確定させる必要はないのである。

＊　　しかし、判決理由中の判断に既判力を生じる場合（114条2項）は例外である。第1審判決が相殺の抗弁を容れて請求棄却を勝ち取った被告でも、被告の反対債権の消滅という不利益な判断を伴う114条2項による既判力よりも、そもそも原告の訴求債権が相殺以前に不存在であるという同114条1項による既判力のほうが有利であるから（したがって、不服の利益も認められる。本書項目**25**上訴の利益参照）、被告の控訴を受けて判断した結果、結論的には第1審と同じ「請求棄却」となる場合でも、控訴裁判所は、たとえば被告の弁済の抗弁が認められる場合には、相殺を理由とする原判決を取り消し（＝控訴認容）、改めて請求を棄却する判決をする。相殺の抗弁に関する判断に既判力を生じさせないこと（＝114条2項の既判力を伴わず、114条1項のみの既判力であること）を明らかにする必要があるからである。なお、他に、最判昭和32年2月28日民集11巻2号374頁も参照のこと。

③**控訴認容判決**　　控訴を認容する判決とは、控訴人の申し立てた不服を相当とし、第1審判決の取消し・変更をする判決である。第1審判決が取り消されると、もともとの「訴え」について裁判所が審理・判断し直さなければならないから、新たな措置が必要となるが、現行法で規定されている措置は、自判・差戻し・移送の3種類である（第1審の

判決を変更する場合は当然に自判となる)。

　控訴裁判所は、控訴審の口頭弁論終結までに提出された資料をもとに、控訴で申し立てられた不服に理由があるかないかを判断し、不服に理由がある（＝第1審判決を不当とする、すなわち第1審判決の判断の取消し・変更をする原因がある）と判断する場合、第1審判決を取り消す（305条）。第1審の判決の成立手続（評決や判決書作成、判決言渡しの手続）に法律違反が認められた場合（その他の第1審の手続の違反の場合、責問権の喪失により治癒する場合〔90条〕もあるし、312条2項に掲げられているような重大な手続違反の場合には、308条2項により訴訟手続が取り消されたものとみなされる場合もある。後者の場合は、審級の利益を保障するため手続法違反を理由に第1審判決を不当として取り消し、第1審に事件を差し戻すことになる）にも、第1審判決を取り消す（306条）。

　控訴裁判所は、第1審に続き事実審であるため、第1審判決を取り消した場合、自ら訴えに対して判決をし直す（＝自判）のが原則となる。

　しかし、特に事件につき更に第1審で弁論をし直す必要がある場合（たとえば、期日の呼出状の送達が無効であるのに第1審で弁論が開かれ、擬制自白〔159条3項〕によりいわゆる「欠席判決」がなされていたような場合）は、第1審裁判所に事件を差し戻す（審理・判決のやり直しを命じる）ことができる（308条1項。任意的差戻し）。また第1審判決が訴訟判決（訴え不適法却下判決）であった場合、第1審では訴訟要件の審理をしただけで本案についての弁論が尽くされていない可能性があるので、第1審裁判所に事件を差し戻さなければならない（307条本文。必要的差戻し。なお近時、最高裁は、訴訟上の和解による訴訟終了を宣言する判決［訴訟判決とされる］に対し被告のみが控訴した場合、控訴審が第1審判決を取り消した上原告の請求の一部を認容する本案判決をすることは，不利益変更禁止の原則に違反する旨判示した［最判平成27年11月30日民集69巻7号2154頁］。この判旨に従えば、同事案において、控訴審が、訴訟終了原因がなく第一審判決取消し及び本案判決が妥当と考える場合には、更に弁論をする必要がないとき［307条ただし書］であっても、第一審に差し戻すことになる［小田真治「時の判例」ジュリ1499号86頁、伊藤・民訴法722頁注69参照]）。ただし、第1審でも、訴訟要件の審理と本案の審理は同時並行的に行われ

314　**26** 不利益変更禁止の原則

ているから、充分に弁論が尽くされていることもあるので、その場合は、控訴裁判所が自判して差し支えない（307条ただし書。他にも、当事者間で事実関係には争いがないなど、事件について第1審で弁論をし直す必要がないとき全般が、このただし書の対象である）。また、事件が、管轄違いを理由として（ただしここでいう「管轄違い」は、専属管轄違反に限られる。299条）、第1審判決を取り消すときは、判決で、事件を管轄裁判所に移送しなければならない（309条）。

以上は、附帯控訴についても同様である（293条3項。なお、控訴が取り下げられ、または控訴不適法却下判決があった場合の附帯控訴の扱いについては、293条2項参照）。

【3】── 設問(1)について

（1）　第1審判決において金銭の支払いを命じられた当事者が、これに対して控訴しないまま相手方に命じられた金額を支払い、相手方からの控訴による控訴審で、その弁済を主張する、ということは、実務上も見られることのようである（福岡高判〔上告審〕平成18年6月29日判時1983号82頁参照）。しかし、この弁済の結果、たとえ第1審判決の認容した金額を下回る額の金銭の支払請求権しか認められなくなる判断に至ったとしても、不利益変更禁止の原則により、控訴裁判所は、控訴人の不服の範囲でしか第1審判決の取消し・変更をすることができない。

（2）　本設問では、Xのみが控訴しており、その不服は、Xの一部敗訴の範囲（400万円）であって、この範囲でしか、第1審判決の取消し・変更の可能性はない。したがって、たとえYの600万円の弁済が認められその結果債務が消滅したとの判断に至ったとしても、第1審判決の認容額を下回る金額に第1審判決を変更することはできず、あくまで、控訴棄却（少なくとも、一部敗訴部分を取消し・変更する理由はない）にとどめざるを得ない（同旨、前掲・福岡高判平成18年6月29日）。これが、不利益変更禁止の原則の帰結である。

（3）　もし、Yが、不利益変更禁止の原則を知らないか気づかず、附帯控訴をしていないのであれば、この結果はやむを得ないことになる。

第6章　上訴・再審　　**315**

しかし、控訴審で、附帯控訴をしないまま、弁済を主張するYの意思は、当該弁済によって債務は消滅していてそれ以上の支払義務はない、との意思であって、実質的には第1審判決の取消し・変更を求めているものと言えよう。控訴ないし附帯控訴の黙示の提起（控訴の提起は訴え提起同様、書面主義をとり、控訴状が必要〔286条、なお附帯控訴についても同293条3項〕）は認めがたいのであるから、不利益変更禁止の原則による帰結について釈明（149条1項）をして、附帯控訴を実質的に促すべきである、という考え方も充分に説得力をもつ。

【4】──設問2について

　（1）　（予備的）相殺の抗弁は、特殊な性質を有する抗弁である。終局判決における、相殺の抗弁についての判断は、判決理由中の判断であるにもかかわらず、114条1項の例外として、既判力を生じうる（114条2項）。それゆえに、裁判所の審理順序が自由である他の抗弁と異なり、まず訴求債権の存否を判断して訴求債権の存在が認められた場合（訴求債権が不存在であればそのまま請求を棄却して114条1項の既判力にとどめる）にはじめて、相殺の抗弁に供された反対債権の存否の審理に入ることができるものとされている（審理順序の強制）。【2】②で説明したように、不服の利益についても、特殊な取扱いがある。不利益変更禁止の原則との関係でも特有の問題があり、それが本設問である。

　　すなわち、相殺の抗弁との関係で不利益変更禁止の原則は、「判決（取消し・変更）」の範囲を不服の範囲内に制限するものと考えるか、判決以前に「審理」の範囲を実質的な不利益の枠内に制限するものと考えるか、またそもそも第1審判決で相殺の抗弁が容れられた場合の不服の範囲の捉え方自体にも、対立がある。

　（2）　反対債権の不存在（相殺によって消滅）について既判力が発生しうる第1審判決に比べて、控訴審の判断通りの判決（第1審判決を取り消して、改めて請求棄却の自判）をしてしまうと、このとき訴求債権不存在の判断によって反対債権についての実体判断がなされないことになる（審理順序の強制）ために、Xは「（Yの）反対債権不存在」判断についての

既判力（114条2項）を喪失してしまう。それが第1審判決と比べるとX（控訴人）にとって「不利益」変更に該る、として、不利益変更禁止の原則から「控訴棄却」判決にとどめるべきだ、というのが、通説・判例（最判昭和61年9月4日裁判集民事148号417頁）である。この場合、Xの不服は、主文における「請求（一部）棄却」すなわち訴求債権が不存在とされた範囲であり（したがって相殺の抗弁を排斥しての請求認容への変更を求めている）、その範囲にある訴求債権の（最終的な）存否が不服の対象であって、したがってXの不利益の範囲で訴求債権・反対債権の存否のいずれもが審理対象になる、と考えていることになる。

（3） これに対して、反対説（右田堯雄『上訴制度の理論と実践』〔信山社・1998〕85頁等）は、不利益変更禁止の原則を、不服を申し立てられている実質的な敗訴範囲の枠内で審判すべき原則だと考えている。本設例だと、X（控訴人）の不服は、原判決で原告が実質的に負けたと考えている部分＝予備的相殺の抗弁が容れられた部分だけだから、反対債権の存在が認められた部分が不服の範囲であり、訴求債権についての判断はそもそも控訴審での審判対象にはならず、予備的相殺の抗弁が認められるかどうか、つまり相殺に供された反対債権の存否だけが控訴審の審判対象になる、とする。不利益変更禁止の原則を、処分権主義により審判対象に「枠」をはめるものだと考え、またその「枠」（＝不服申立ての範囲）は、訴求債権の裁判と反対債権の裁判に分断して考えたうち、控訴人が実質的に敗訴した反対債権の裁判部分に限られるとするのである。この考え方だと、訴求債権の存否に左右されず、反対債権の存否だけを審判対象にするから、控訴審が反対債権不存在という判断に至った以上、「原判決取消し・請求認容」という判決（自判）をすることになる。

（4） 対立点を、再度詳しく検討してみよう。

通説・判例は、あくまで、控訴人にとって、既判力を生じる判断部分（＝訴求債権の不存在および反対債権の不存在の判断）において、原判決より控訴審判決の判断内容が不利益になってはならない、というのが「不利益変更禁止の原則」であって、審理範囲じたいは反対債権の存否に限られない、と考えているわけである。また仮に、不利益変更禁止の原則を処

第6章 上訴・再審 **317**

分権主義（申立拘束主義）の控訴審での発現と考える場合でも、（相殺で消滅した部分の）訴求債権がもともと（相殺以前には）存在した、という第1審判決の判断部分には既判力が生じないので、その判断自体が不利益変更禁止の対象になるわけではない。したがってXの不利益の範囲、すなわち相殺によって消滅した部分については、「もともとの訴求債権の存否」も審理対象から外れるものではない、とするのである。たとえその結果、控訴裁判所が、仮に訴求債権が相殺される以前にもともと不存在だったという判断に至ったとしても、Yが控訴も附帯控訴もしていない以上、「Yの反対債権400万円も不存在（相殺による消滅）」という第1審「判決」を取消し・変更するのは、不利益変更禁止の原則で許されない、ということになるのである。さらに通説の側は、反対説によれば、訴求債権が不存在との判断に至っている控訴審裁判官が、それとは真っ向から逆の判決（請求認容の自判）を書かざるを得ないのは落ち着きが悪い、として反対説を批判する。

　これに対し、反対説は、相殺で消滅するまでもともと訴求債権が存在していたという原審の判断には、実質的に見て原告に不服はないのは確かであり、反対債権ありとされて相殺で消されたところだけに不服がある、という。確かに、訴求債権の裁判の既判力（114条1項）と、反対債権の裁判の既判力（同条2項）とは異なるのであるから、両者を分断して不服を考えることじたいは理論的に不可能ではないであろう。また、控訴審裁判官が自分の判断とまったく逆の判決を書かざるを得なくなるとの批判には、そもそも訴求債権の存否は審判対象でないから批判は当たらない、と応じている。

　（5）　さて、通説・判例のような考え方に立った場合、被控訴人からの控訴や附帯控訴がないからこそ、控訴裁判所の判断がそもそも相殺以前に訴求債権は不存在（したがって反対債権につき114条2項の既判力を受ける必要はない）との判断に至ったとしても、反対債権不存在の判断についての114条2項の既判力を失う不利益を負わされない、というのが不利益変更禁止の帰結となる。

　だとすると、訴求債権がそもそも不存在だという判断に至った控訴裁

判所は、控訴をしなかった被控訴人に、せめて附帯控訴を促す釈明をすべきだということにならないか（通説・判例の考え方と異なり、「請求認容」の自判をせよという反対説ならなおさらだということにもなろう。反対説による限り、訴求債権不存在の判断は、釈明によって附帯控訴がなされなければ判決に現れることはない。審理対象ではないから訴求債権が不存在との判断にも至り得ない、というのが反対説であるが、客観的には、控訴人の不服を狭く解することで第1審の誤判を放置することになるともいえる）。さらに近時、結論的には通説同様に考えながら、不利益変更禁止の原則を、控訴人の申立てに拘束される原則とみるのではなく、被控訴人の申立てが不存在であることから被控訴人に有利な変更がなされないもの（被控訴人の申立ての不存在に基づく拘束）と理解する（不告不理の原則の上訴審での現れとみる）見解が有力になってきているが、こうした見解でも、被告の附帯控訴の申立てはとりわけ重要な意味をもつことになるから、附帯控訴を促す釈明の必要性はなおのこと高いとも言えよう。

　しかし、こうした附帯控訴の提起を直接促す釈明（本書項目**9**釈明権参照）は、当事者が救済を求めるか否かを決めるという処分権主義に踏み込むものでもあり、裁判所の中立性に疑念を抱かせるおそれがあるとも言える。**設問1**のように、被控訴人の主張が法廷に顕れていて、その主張から有利な判決の変更を求めていることが明らかであって、ただ附帯控訴という法的手立てに気づかなかったり知らなかったり、という場合は、かかる釈明をしても裁判所の中立性への懐疑は薄らぐ（むしろ釈明が法的知識の欠缺を救い当事者間の公平を回復するものという評価も可能である）。これに対し、本問のように、反対債権による相殺で請求（一部）棄却を勝ち取ったことで満足している被控訴人に附帯控訴を促すことは、当事者の救済を求める意思が顕れていない段階で、訴求債権のそもそもの不存在をほのめかす、すなわち判決の結果を先取りして当事者に教えてしまうことになりかねない（裁判所はこうした釈明には伝統的に消極的だともいわれる）。ただ、それは控訴裁判所の判断にもっとも沿った解決が得られる方策ともいえる。こうした点をどう評価するかで、釈明権行使に対する態度が左右されよう。

第6章　上訴・再審　**319**

発 展 問 題

　原告が1,000万円の金銭債権のうち400万円の支払を求めている一部請求訴訟において、被告が200万円の反対債権で相殺する旨の予備的相殺の抗弁を提出したとする。第1審で、原告の一部請求する金銭債権の残部も含めた「総額」を800万円と認定し、被告の反対債権も200万円全額存在すると認定された場合、判例によれば、原告の訴求する債権全体の認定総額800万円から200万円を控除した残額600万円が、原告の一部請求する400万円を超えているため、原告の請求を認容する限度額は、原告の請求額400万円である（246条）とされる（被告の反対債権による相殺によって控除されるのは、一部請求された部分からではなく、訴求されていない分も含めた原告の債権全体の認定総額から、とする。いわゆる「外側説」。本書項目 **14** 既判力の客観的範囲・一部請求・相殺参照）。

　さて、こうして原告の一部請求を全部認容した第1審判決に対し、被告のみが控訴したとする。この控訴審で、控訴人（第1審被告）が新たに別口の金銭債権400万円により原告の債権と相殺する旨の相殺の抗弁を提出したところ、控訴人の新たな反対債権は250万円存在すると認め、さらに被控訴人（第1審原告）が一部請求した債権の残部を含めた請求債権の「総額」について、第1審の判断（＝総額800万円）を上回る1,000万円の存在が認定されるとの判断に至った場合、控訴裁判所はいかなる判決をすべきであろうか。

[発展問題のヒント]

　まず、被控訴人（第1審原告）が一部請求した債権の残部を含めた請求債権「総額」について、控訴裁判所は、第1審判決の判断である総額800万円を超えて認定してはならないかどうかを検討しよう。

　一部請求や相殺の知識（本書項目 **14** 既判力の客観的範囲・一部請求・相殺参照）も必要な上級者向けの問題であるが、参考判例として、最判平成 6 年11月22日民集48巻 7 号1355頁がある。また、同最判の判例評釈として、山本克己・法教297号84頁以下、梅本吉彦・ジュリ1068号〔平成 6 年度重判解〕121頁以下、八田卓也・百選［第 5 版］236頁以下等がある。これらを参照して、第1審判決における「不服」は各債権のどの範囲かを考え、「不利益変更禁止」原則の適用を検討してみよう。

○○○ **参 考 文 献** ○○○

　高橋・重点(下)629頁以下、松本=上野・民訴360頁以下（「原判決取消し・請求認容自判」説）および844頁以下（「控訴棄却」説）、宇野聡「不利益変更禁止の原則の機能と限界」民商103巻 3 号397頁、 4 号581頁、山本・基本問題215頁以下。

（勅使川原　和彦）

27 再審

　確定判決の既判力は紛争解決制度としての民事訴訟の実効性確保のために必要不可欠であるが、その成立過程またはその基礎をなした資料に看過しがたい瑕疵があった場合にまでこれを覆すことを認めないのでは、敗訴者に酷というだけでなく、司法に対する国民の信頼を損なう。再審の趣旨はここにある。授業で触れる時間が十分でないため、いきおい学習者の関心も低くなりがちなテーマであるが、再審を学ぶことを通じて、適正手続の保障と紛争解決制度の実効性確保という、緊張関係にある 2 つの要請の折り合いがどうつけられているかを知ることができる。また、本項は送達を題材とする。専ら実務的な問題であると理解されがちであるが、送達を通じて、応々にして学習者が抽象的なレベルでしか捉えていない「手続保障」の具体的な意味が理解できるはずである。

ケース 1

　Xの妻AはX名義のクレジットカードを無断で用いてブランド物の鞄や靴を購入した。代金を立替払いしたカード会社Yは、Xを被告として立替金30万円の支払請求訴訟を提起し、その訴状および第 1 回期日の呼出状がX宅において実施された際、X, A 共に不在であり、7 才になるその娘Bが留守番をしていたので、郵便局員はBに訴状等を交付した。Bはこの訴状等を両親に渡さないでオモチャ箱にしまい込んでしまい、そのため第 1 回口頭弁論期日にXが欠席したままY勝訴の判決が言い渡された。この第 1 審判決の送達の際にはX宅にAがいたので、それがAに交付されたが、カード無断使用の事実を知られたくないAはこれを隠匿し、そのまま 2 週間が経過した。Yがこの確定判決に基づきXの賃金債権を差し押さえたことにより、初めてXは自分が第 1 審で敗訴していた事実を知った。

第 6 章　上訴・再審　*321*

・・・・・・・・・・・・・・・ 設問 ・・・・・・・・・・・・・・・

　Ｂへの訴状等の補充送達の効力、無効である場合のＸの救済方法のあり方を検討しなさい。

　Ａへの第１審判決正本の補充送達の効力、有効または無効の場合のＸの救済方法のあり方を検討しなさい。

・・

解説

【１】― 民訴法338条１項３号の類推適用 ……氏名冒用訴訟

　民訴法338条１項各号に掲げられた再審事由は、判決に至る手続に著しい不公正があった場合（一般的には、絶対的上告理由でもある１号から３号までがそれであるとされるが、４号および９号も含めることができよう）と、判決の基礎に置くべからざる資料が基礎に置かれまたは基礎に置かれるべき資料が基礎に置かれなかったため、その内容に過ちが存する場合（５号から８号までおよび10号）とに分けることができる。とはいえ、［ケース１］に記した訴状等の送達の瑕疵は、同項１号から10号までの再審事由の何れにも直接には当たらない。しかし、３号が定める無権代理は、当事者本人の授権に基づかない自称代理人が追行した訴訟において成立した確定判決の不利な既判力に本人を拘束し続けることが、本人から裁判を受ける権利を実質的に奪うこととなるがゆえに、再審事由とされるものである。そうだとすれば、法形式的には無権代理ではないが、本人の意思に基づかない訴訟追行が行われたという場合に、これを広く類推適用するのが自然である。たとえば、他人の名前を騙って訴訟が追行された場合、すなわち氏名冒用訴訟がそれである。当事者確定の理論においては、確定の基準として、意思説、行動説、表示説があり、基準としての明確性において表示説が優れているとの立場が通説である。氏名冒用訴訟の類型において表示説を採ると、被冒用者が当事者と確定される。その効果は被冒用者が既判力の名宛人となることであるが、無断で名前を騙られたうえ敗訴した者を確定した判決の既判力に永久に拘束すると

322　**27 再審**

いう結論は、およそ採りえない。そこで判例（大判昭和10年10月28日民集14巻1785頁）は３号の類推適用により被冒用者による再審の訴えを許容している。ただし、だからといって、判例がこの類型において表示説で固まっているとするのは即断である。その一方では、原告側の氏名冒用の事案において、被冒用者は原告とならず判決の効力は同人に及ばないとして、後訴における同一の請求につき本案の審判をすべきであるとした判例（大判昭２年２月３日民集６巻13頁）、被告側の氏名冒用の事案において、誰が前訴の当事者であったかに全く言及することなく、騙取された確定給付判決（事案は督促手続に関するものであるが、現行法の施行前は、支払の督促は簡易裁判所の支払命令という裁判によりなされ、それが確定すると給付請求権の存在につき既判力が生じた）は被冒用者との関係では無効であり、これに基づく不動産の強制競売が手続的に完結しても、競売の実体法上の効果（被告・債務者の不動産所有権の買受人への移転）は生じないとの帰結を説く判例（最判昭和43年２月27日民集22巻２号316頁）がある。当事者確定論において、有力説（新堂・新民訴137頁以下）は、再審による救済、判決の当然無効を前提とする救済のいずれを選択しても構わないとするが、判例の立場を、これと同じく、被害者である被冒用者をして救済方法の選択を迷わせないよう、再審を選択してきたときはこれを認めるが、再審以外の方法を選択したときはこれを排斥しない趣旨のものと捉えることもできよう。同様の事態が［ケース１］でも起きうることは後述する。

【2】― 補充送達

　送達は送達を受けるべき者（受送達者）に送達すべき書類を交付してする（交付送達）のが原則である（101条）である。しかし、就業場所以外の送達をすべき場所（原則として受送達者の住所、居所、営業所または事務所が送達場所となる［103条１項］）において受送達者に出会わないときは、同居者等であって書類の受領につき「相当のわきまえ」のあるものに書類を交付することができる（106条１項）。これを補充送達という。［ケース１］のような幼児Ｂは「相当のわきまえ」がなく、これに対する補充送達は無効であって、無効な送達が原因となり、Ｘに訴訟に関与する機会

が与えられなかった場合にも、判例（最判平成4年9月10日民集46巻6号553頁）は民訴法338条1項3号の類推適用を認めている。ただ、ここで注意すべきは、Bに対する訴状等の補充送達が無効であるなら訴訟係属は存在しないはずであり、言い渡された判決もまた無効ではないかという点である。平成4年最判の調査官解説（田中豊・最判解民平成4年度330頁）によれば、同判決は［ケース1］における確定判決が無効であるかにつき全く判断を示していない。しかし、確定判決の当然無効がありうることは前掲昭和43年最判が認めており、また、最判昭和40年2月26日民集19巻1号166頁が確定判決の無効確認の訴えが不適法である理由を「判決の無効であることを前提として現在の権利又は法律関係の存否確認を求める趣旨でない」点に求めていることに照らし、［ケース1］において、仮にXがYに対し前訴の訴訟物である立替金債務の不存在確認を求める訴えを提起した場合、最高裁がこれを違法することはないのではないかと考えられる。当事者確定論における有力説と同様、救済方法が複数ありうる場合に、手続への関与の機会を奪われた被害者に方法選択の誤りのリスクを負わせるべきではないとすれば、こうした取扱いを是とすべきであろう。

　また、［ケース1］では、妻Aに対する第1審判決正本の補充送達にも問題がある。補充送達の背景には法定代理の発想があるが、AとXとの間には、AによるX名義のカードの使用が無断か否かという利害対立がある。双方代理（民108条）の趣旨に照らすと、こうした事実上利害が対立する関係にあるAに対する第一審判決正本の補充送達は無効なのではないか。送達が無効なら控訴期間は開始せず、第1審判決はなお未確定であるため、確定判決に対する不服申立てである再審の訴えは提起できないが、控訴期間開始前であっても控訴の提起は許される（285条ただし書）から、賃金債権の差押えによって敗訴判決言渡しの事実を知ったXは、控訴を提起できることになる。しかし、判例（最判平成19年3月20日民集61巻2号586頁）は、受送達者宛の訴状等の交付を受けた同居者が、当該訴訟の相手方当事者またはこれと同視しうる者である（たとえば、妻が夫に対し提起した離婚訴訟の訴状等を夫の同居者として妻が受領する）場合では

なく、その訴訟に関して同居者と受送達者との間に事実上の利害対立関係があるに過ぎない場合は、それにより補充送達の効力は左右されないとしている。連帯保証債務履行請求事件において、同居者として訴状等を受領した被告義父がその借財につき無断で自分を連帯保証人としたと被告が主張している事案についての判示であり、その趣旨は［ケース1］にも妥当すると解される。

【3】― 再審の補充性

　［ケース1］においてAに対する第1審判決正本の補充送達が有効なら、Xに対して送達があったと見なされる（送達擬制）結果、Xは訴状等の補充送達の無効による訴訟手続への関与不能という再審事由の存在を知ったことになる。そうだとすると、この瑕疵についての不服申立ては控訴によってしかすることができないのではないか、換言すれば、Xは瑕疵の存在を知りながら控訴によりこれを主張しなかったこととなるので、再審の訴えを提起できないのではないか、という問題が生ずる。再審の補充性（338条1項ただし書）であり、その趣旨は、非常の不服申立てである再審は通常の不服申立てである上訴が可能である限り許されないということである。もちろん、［ケース1］ではAが受領した第1審判決正本を隠匿してしまったから、Xは控訴期間の開始を知ることができず、これを遵守できなかった。しかし、それはXの責めに帰することのできない事由によるから、Xとしては、賃金債権の差押命令が送達されて判決の存在を知った日から1週間以内に控訴を提起することにより、控訴の追完が可能である（97条）。追完によるとはいえ、控訴提起が可能である以上、再審の補充性が働く余地がある。しかし、先の平成4年最判は、当事者が現実に再審事由を了知することができなかったときは民訴法338条1項ただし書は適用されないとして、Xによる再審の訴えの提起を許容した。追完による救済では事実審が法律上は1審級しか保障されない（第1審が本来却下すべき訴えにつき本案判決をした事例であるから、必要的差戻し（307条）ではなく任意的差戻し（308条）でしかない）が、［ケース1］における再審の訴えの管轄は第1審裁判所である（340条1項）から、事実

審が２審級保障される。また、追完では期間が１週間であるのに対し、338条１項３号を再審事由とする限り再審期間に制限はない(342条３項)。したがって、再審の方がＸに有利ではあるが、仮に[ケース１]の事案で、Ｘが再審の訴えではなく控訴の追完を申し立てていたとしたら、これを排斥する必要もないと思われる（高見進・民商109巻２号292頁)。

ケース２

　妻ＡによるＸ名義のクレジットカードの無断使用をめぐる事案において、訴えの提起に先立ち、ＸとＹの担当者Ｃとの間でやりとりがあり、その際、今後自分は勤務先の○県△市の本店から東京支店に長期出張するので、自分宛の連絡は東京支店宛にしてほしいと伝えていた。Ｙが提起した立替金支払請求訴訟の訴状送達がＸ宅において試みられた際、Ｘのみならず、Ａ、Ｂも上京中であったので、裁判所書記官はＹに対しＸの就業場所を照会したところ、上記のやり取りがあったにもかかわらず、Ｃは「Ｘの就業場所は不明」と回答したため、訴状等の郵便に付する送達が実施された。書留郵便の発送により送達の効果が生じ(107条３項)、書留郵便は保管期間の満了により裁判所に返戻された。第１回期日にＸ欠席のままＹ勝訴の判決が言い渡され、その正本はＸ宅においてＡに補充送達されたが、Ａはこれを隠匿したまま２週間が経過した。Ｙがこの判決に基づきＸの賃金債権を差し押さえたため、Ｘは30万円を任意弁済して差押申立てを取り下げさせた。Ｘは、本件確定判決はＹの使用人Ｃが債務名義を騙取する意図で裁判所に対してした欺もう行為により成立したものであり、この行為と差押えを取り下げさせるためにＸがした金30万円の支払との間には相当因果関係があると主張して、Ｙに対し金30万円の損害賠償の支払を求める訴えを提起した。

設問

　郵便に付する送達の効力とＸの救済方法のあり方を検討しなさい。

　再審を経由しないで不法行為による救済を求めることの当否を検討しなさい。

::: 解 説 :::

〔1〕— 郵便に付する送達

　まず、Ｘの就業場所不明というＹの担当者Ｃの虚偽陳述に基づく訴状等の郵便に付する送達の効力が問題となる。訴状送達が無効でありその結果としてＸが訴訟に関与できなかったとすれば、ここでも民訴法338条１項３号が類推適用される。しかし、判例（最判平成10年９月10日判時1661号81頁。〔ケース２〕は、この判決の事案をモディファイしたものである）は、国家賠償請求の事案においてではあるが、裁判所書記官が被告の就業場所についての認定資料の収集につき裁量権を逸脱したり、資料に基づく裁判所書記官の判断が不合理であったりする事情がない限り、郵便に付する送達は適法であるとしている。もっとも、先の最判平成19年３月20日は、事実上利害が対立する同居者に対する訴状等の補充送達は有効であるとしつつ、同居者が訴状等を隠匿したため被告が訴訟提起を知りえなかったことは、民訴法338条１項３号の再審事由に当たるとしている。〔ケース２〕も、送達は有効であるけれどもＸが訴訟提起の事実を知らなかった点は同じである。しかし、郵便に付する送達は、補充送達ができない場合に、送達すべき書類が実際に受送達者に到達したか否かを問わず、書留郵便の発送をもって送達の効力を発生させる制度である（107条）。また、送達場所が知れない場合、郵便に付する送達ができない場合などでは、裁判所書記官が送達すべき書類を保管し、いつでも受送達者に交付すべき者に交付すべき旨を裁判所の掲示場に掲示する方法で送達を実施し、掲示した日から２週間経過すれば送達の効力が生ずる。公示送達である（110条ないし112条）。つまり、郵便に付する送達や公示送達は、それらが有効でも被告は訴訟提起を知り得ない事態が存在することを初めから予定した制度であり、被告が訴訟提起の事実を知りえなかったことを再審事由とするのは、制度の自己否定につながりかねない。したがって、最判平成19年の趣旨を〔ケース２〕に及ぼすことができるかというと、疑問が残る（宇野聡・リマークス2008(上)131頁）。とはいえ、〔ケース２〕における債務名義の騙取を意図したＣの虚偽回答が詐欺その他

第６章　上訴・再審　　*327*

刑事上の可罰行為に当たるなら、それによりＸは応訴して防御方法を提出することを妨げられているから、民訴法338条１項５号に基づく再審の訴えは可能である（なお、［ケース２］においても、妻Ａによる第１審判決正本の隠匿という控訴の追完事由があり、したがって再審の補充性が問題となるが、再審事由を現実に被告が了知しない限り補充性の適用はないとする平成４年最判の趣旨は、５号再審事由の場合にも当てはまるとみてよい）。

〔2〕— 可罰行為を理由とする損害賠償請求

さて、［ケース２］における損害ないしは因果関係に関するＸの主張は、仮にＸが現実に応訴していたとしたら金30万円の支払義務はないと判断されたはずであるにもかかわらず、そうならなかったので、強制執行を避けるため本来支払う必要がない同金額の支払いを余儀なくされた、という意味である。しかし、ＸがＹに対し金30万円の支払義務を負うことは、既判力をもって確定されており、Ｘのこの主張はこれをむし返して争うものにほかならない。たとえ確定判決に再審事由に相当する瑕疵があったとしても、確定判決の既判力は再審の訴えにより取り消されるまでは有効に存在するところ、不法行為についてのＸの主張は、確定判決が当然に無効であり既判力が存在しないことを前提として初めて成り立つものであり、本来要求される再審の訴えを潜脱するものではなかろうか。

この点につき、判例（最判昭和44年７月８日民集23巻８号1407頁）は、判決の成立過程において、当事者が相手方の権利を害する意図のもとに、作為または不作為により、相手方の訴訟手続への関与を妨げまたは虚偽の事実を主張し裁判所を欺もうするなどの不正行為を行った結果、本来ありうべからざる内容の確定判決を取得した場合、右判決が確定したからといって、当事者のこうした行為が問責しえなくなるいわれはなく、別途再審の訴えを提起しうる場合であっても、相手方は独立の訴えにより不法行為による損害賠償を請求することを妨げられないとした。この判例に対しては、再審の潜脱を認めるものとして理論的に強い批判があるが、その一方で、損害賠償請求における不法行為該当事実の主張・立証は、再審の訴えにおける５号再審事由の主張・立証と同じであり、行為

と損害との間の因果関係の主張・立証は再審の本案（すなわちYのXに対する立替金支払請求権の存否）についての主張・立証と重なり合うから、この損害賠償請求訴訟は実質的には再審の訴えと同じであって、これを再審の潜脱とする批判はあたらず、Xの選択によりこのような救済方法も認められてよいとの反論がある。説得力ある見解であるが、5号再審事由の場合には、再審の訴えの適法要件として有罪の判決または過料の裁判の確定が必要である（338条2項）。その趣旨は、確定判決の既判力を覆そうと試みるためには、その基礎資料に重大な瑕疵が存することを高度の蓋然性を以て示す証拠が必要であるという点にあり、したがって、不法行為による損害賠償請求でいきなり可罰行為の主張・立証に入ることを許してよいか、また、5号の再審事由ではその存在を知った日から30日という再審期間の制限がある（342条1項）のに、不法行為による損害賠償請求なら損害および加害者を知った日から3年の間訴えを提起できる（民724条）がそれでよいか、検討すべき問題が残されている。

発 展 問 題

　不動産仲介を業とする原告（前訴被告）から、土地建物の売買を仲介された被告（前訴原告）が、同土地が市街化調整区域にあるにもかかわらず、重要事項説明書に建築制限ありとの記載があるのみで、その制限の具体的な説明がなかったため、同土地上の建物が建替可能であると誤審して本件土地建物を購入し、その結果、本件土地建物の売買価額と建替制限ある建物付き土地の適正価額の差額に相当する損害を被ったとして、不法行為に基づく損害賠償を求めた前訴において、原告は、原告代表者である宅建主任は建築制限の具体的内容を説明した、被告はその知人から市街化調整区域による建築制限の実態について話を聞いていた、と主張して原告の主張を争ったが、前訴判決は、原告の説明義務違反を認め、その不法行為責任を肯定した。

　前訴判決の確定後、原告は、被告は、原告代表者や知人から市街化調整区域内における建築制限の具体的内容やその実態につき説明を受けていたのに、前訴において、これを受けていないと虚偽の陳述をしており、被告は、本件建物を建て替える意思なくこれを購入し、17年間本件建物に居住し続けたにもかかわらず、バブル崩壊後に本件土地建物を売却した際の譲渡損を回復するため、被告の説明義務違反により建替えの意思があるのに建替えできない建物付きの土地を買わされたなどと、虚偽の事実を主張して裁判所を欺罔し、本来ありうべからざる内容の前訴確定判決を詐取した上、これに基づき債権執行に及んだ不法行為があるとして、損害賠償を

求め本訴を提起した。

　本文で引用した最判昭和44年7月8日民集23巻8号1407頁の射程は、このような事案にも及ぶと解してよいだろうか。

[発展問題のヒント]

　昭和44年最判の事案は、原告が提訴した訴えを取り下げる内容の和解をした場合において、被告が和解で約束した通り訴えを取り下げるものと信じて、第1回口頭弁論に欠席した結果、原告の主張につき被告が自白したと擬制されてしまったものであり、昭和44年最判自身、仮に被告が訴え取下げを内容とする和解を無視して訴訟を続行する意思を持っていることを知っていたならば、被告自ら期日に出頭して和解の抗弁を提出するなどして争ったと想定される事案であることを強調して、被告の訴え取下げの約束の不履行による確定判決の取得およびそれに基づく強制執行を不法行為にあたると評価している。これに対し、発展問題の事案は、前訴の本案において、当事者が攻撃防御を尽くした争点に対し、前訴裁判所が証拠に基づいてした事実認定について、当事者の主張や事実認定の基礎になった当事者尋問における供述が虚偽であったと主張される場合である。このような場合に、当事者尋問における虚偽供述につき確定した過料の裁判がないにもかかわらず、こうした主張を適法と認め、前訴当事者尋問における供述の信用性等証拠評価の再試を後訴裁判所に許容することは、既判力および再審の制度趣旨と正面から抵触するのではないかという視点が、解答へのヒントとなる（なお、発展問題は、最高裁判所平成22年4月13日第3小法廷判決・裁判集民事234号31頁を基にしている。最高裁の立場は読者各自が原典にあたって確認されたい）。

◎◎◎ **参 考 文 献** ◎◎◎

　［ケース1］につき、田中豊・最判解民平成4年度318頁以下、高橋宏志・リマークス1994㊤148頁、［ケース2］につき、中野貞一郎『判例問題研究──強制執行法』〔有斐閣・1971〕94頁以下、新堂幸司『法学教室［第2期］1』（ジュリスト別冊）180頁以下。

（山本　弘）

28 審判権の限界

　もめごとにはいろいろあるが、民事裁判で取り上げるにふさわしいものには一定の限界がある。たとえば自分の学説が正しいかどうかといった争いは、法を解釈適用して決められる問題ではないので、司法には親しまない。たとえ学者を呼んで正否を鑑定させることができたとしても、それを基に裁判所が判断を下せば学界の自律（学問の自由、憲法23条）に立ち入ることになるので、すべきでない。

　この問題は、多様な紛争に裁判所がどう関わるかという、裁判所の役割一般の問題であるが、とくに司法権と立法権・行政権との境界に関わる事件や団体の内部紛争を対象にして論じられている。ここでは、判例・学説が主に議論対象としてきた宗教団体の紛争で、現実の事件を単純化したモデルを題材に検討してみよう。

ケース

　X寺は、宗派Aに属する宗教法人である（AはXを包括する宗教法人）。X寺の住職Y（法人規則により住職＝法人の代表役員）は、Aから懲戒処分を受け、住職を辞めさせられたのだが、寺に住んで相変わらずの生活を続けており、全く出て行く気配がない。そこで、Xは新しい住職（＝代表役員b）をすえて、Yに対し、所有権に基づく寺院建物の明渡請求訴訟を提起した。

　これに対し、Yは、「自分が現在も住職で代表役員であり、寺を占有する権限がある。Yを懲戒処分にしたというのは、宗教法人Aの代表者を名乗るaという人物であるが、この者は前任者から宗教上の秘伝を授かっておらず、真の代表者でないので懲戒権限がない」として懲戒処分の無効を主張している。そして自らも、Yが住職であり代表役員としての地位にあることの確認を求める反訴を提起した。

第7章　民事紛争と民事訴訟　　*331*

設問

　両者の訴えは、法を適用して調整するにふさわしい「法律上の争訟（裁判所法3条）」にあたるか。それぞれにつき訴えの利益はあるか。それぞれの請求につき本案判決を下すべきか。

解説

　裁判所の権限は法律上の争訟を裁判することとされている（裁3条）。法律上の争訟とは、「当事者間の具体的権利義務ないし法律関係の存否に関する争いであって（狭義の事件性）、法律の適用により終局的に解決できるもの（法律性）」とされ、これにあたらないもめごとが持ち込まれたときは、裁判所は訴え却下判決を下す。

　本ケースでは、明渡しと地位確認という法的な請求が立てられているが、各請求を審理・判断する際に、宗教の教義内容に立ち入ることになるとすれば、団体の自律権（結社の自由、憲21条）、信教の自由（憲20条）を侵し、ひいては裁判所の中立性を害するから問題がある。では、宗教団体の紛争について、裁判所はどのように介入したら（あるいはしなければ）よいだろうか。

〔1〕― 判例の二段審理モデル

　（1）　ある訴訟が法律上の争訟に当たるかどうかを判断する方法として、判例は、まず訴訟物、つぎに訴訟物を判断する前提問題につきチェックする二段審理モデルをとっている（新堂幸司「審判権の限界」新堂・基礎291、300頁）。

　まず第1段審理として、訴訟物自体が具体的権利義務に関する争いでない場合、ここでいえば宗教上の教義や宗教団体の内部事項を含む場合には、法律上の争訟性の要件を欠くとして訴えは却下される。本ケースを見てみると、Xによる明渡請求は具体的権利義務が訴訟物であるから、まずは審査を通過する。一方、Yによる住職たる地位の確認請求は、宗教団体内部における宗教上の地位の確認であるから、要件を満たさないとするのが判例である（最判昭和55年1月11日民集34巻1号1頁）。しかし判

例は、代表役員としての地位の確認を法律上の争訟と認めており（最判昭和55年4月10日判時973号85頁）、本ケースのように「寺の住職を宗教法人代表役員とする（充て職制）」と宗教法人が規則で定めている場合には、これで足りるとの考えが背後にある。また、宗教上の地位であっても報酬請求権や建物の使用権といった一般市民法上の権利利益や、宗教法人の運営に参画する組織上の利益が問題となる場合には、法律上の争訟性が肯定されている。結局、第1段審理でも、訴訟物の背後にある紛争が問題とされており、それは次段階の審理につながる（高橋宏志「審判権の限界」ジュリ争点18頁）。

第2段審理では、訴訟物の前提問題が法的調整に適するかどうか、宗教上の教義などに絡まないかチェックされる。ケースにあてはめてみると、明渡請求における請求原因は寺院建物についてのXの所有権およびYによる占有の事実であり、これらには当事者間に争いはない。本ケースではYが「自分は現在も代表役員であり、占有権限がある。懲戒処分は無効である」と主張するため、Xは処分が有効であると主張していくことになる。代表役員の地位確認請求でも、Yは現在も代表役員であるとして処分の無効を主張するのに対し、Xがその有効性を主張する。両請求ともに、請求の当否を判断する前提となるのはAがYにした懲戒処分が有効かどうかであり、これについてはaに処分権限があるか、Yがどのような理由で処分されたかが要件事実となる。これらが宗教上の教義の解釈にわたらない限り、裁判所は、懲戒処分の実体的理由があるか、処分が手続的規範に従ってなされたかなどにつき審理判断してよい（その結果本案判決を下した例として前掲の2つの最高裁判決）。しかし、本ケースではYが処分権限につきaが前任者から秘伝を受けていない、と宗教上の教義を絡めて争っており、さらに処分理由が「YがAの教義に反する言動をした」ということであれば、やはり信仰の内容に立ち入りかねない。

（2） そこで判例は、たとえ請求が司法判断に親しむものでも、第2段審理を通過しない場合には法律上の争訟でないとしている。本ケースのモデルとなった事件で、最高裁は、請求の前提となる懲戒処分の効力

が紛争の本質的争点であり、かつ訴訟の帰趨にとって必要不可欠であって、それが宗教上の教義、信仰の内容に深く関わっているため、その教義、信仰の内容に立ち入ることなくその処分の効力の有無を判断できない場合には、当該訴訟は法律上の争訟にあたらないとして、却下判決をした（最判平成元年9月8日民集43巻8号889頁）。

　しかし、訴えを却下する判例には問題がある。裁判所は訴えを受け付けないことで、宗教団体の自律に任せようと考えたのだろう。けれども、このような場合に却下判決をすると、X（A）にとってもYにとっても自治が阻害されることとなろう。却下以降、宗派A内でaが処分をしても従わなくてもよいということになり、現実にA宗が包括する多くの寺で同様の紛争が生じて関連事件が全国に提起された。逆に、登記上の代表役員ではないYも、そのまま寺で宗教活動することは難しいだろう。実際、全国の寺の中にはYが他へ移ってしまい、荒れてしまったものもあり、近所からの苦情が登記簿上のXに寄せられたので、新代表者がやむを得ず寺院建物に立ち入って修繕を施すなどしたものもあったが、最高裁は、このような行為は自力救済として許されないと判断した（最判平成10年3月10日判時1683号95頁、最判平成12年1月31日判時1708号94頁）。結局、明渡しを訴訟で求めることも自力救済も許されず、誰が代表役員であるかもはっきりしないままになっている（以上、却下判決の顛末につき井上治典「宗教団体の懲戒処分の効力をめぐる司法審査のあり方——寺院明渡訴訟の現状から」同『民事手続の理論と実践』〔信山社・2003〕74頁）。このように、請求が通常の権利主張であり、訴えの利益は十分に認められる場合には、法律上の争訟性を認めて本案判決をするのが司法の役割と考えられる。

【2】— 本案判決説とその問題点

（1）　そこで、多くの学説はこれらの訴えに本案判決せよと主張する。訴訟物は具体的権利義務である事件については却下するのでなく、一定の争点を回避した制限的な審査を行うことを提案している。この本案判決説は、「裁判を受ける権利（憲32条）」を重視する説（中野貞一郎「司法審判権の限界の画定基準」中野・論点Ⅰ314頁）と、主に「信教の自由（憲20条）」

と「結社の自由（憲21条）」を重視する自律結果受容論（多数説。代表的なものとして松浦馨「民事訴訟法における司法審査の限界」竜嵜喜助先生還暦記念『紛争処理と正義』〔有斐閣出版サービス・1988〕15頁、新堂・前掲281頁、伊藤眞「宗教団体の内部紛争と裁判所の審判権」判タ710号4頁、高橋宏志「審判権の限界」高橋・重点(上)340頁）の大きく2つに分けられる。

　まず前者は、却下説は裁判を受ける権利に反する、宗教団体だからといって特別扱いせず、処分権限につき宗教的主張立証しかしないなら主張立証が認められないのだから、証明責任により判決せよと説く。したがって、ケースの明渡請求ではXが「aは秘伝により地位を取得した」と主張しても要件事実にあたる処分権限の主張がないことになり、請求棄却となる（Yの地位確認については、どちらの当事者に処分の効力につき証明責任があると見るのか、中野説は明言していない）。

　一方、後者は、信教の自由により裁判所は宗教事項に立ち入ることができないが、団体の自律（結社の自由）の観点から、A団体がaを代表者として認めていることや団体内部でのaの選任状況、信望などの社会的事実をXが主張すれば、裁判所は団体が自律的に決めた結果を受容して処分権限を認め、認容判決をせよと言う。この説では結局、ケースにおいても処分権限と処分事由ともXの主張が認められ、明渡しでは認容判決、地位確認では棄却判決が出されよう。

　このように本案判決説は、審理ができない、あるいは許されない争点（審判権の限界）がある場合に、判例のように法律上の争訟でないとして訴えを却下するのではなく、その争点を回避して本案判決を下す方法を示した。けれども、判例は、かつてはこれらの学説に同調するものもあったものの、前掲平成元年最高裁判決以降は却下判決を続け、その消極的姿勢を変えるには至っていない。本案判決説はなぜ実務に受け入れられないのだろうか。

　（2）　結論から言えば、本案判決説は両説とも、判決以前の審理過程が脱けていることに問題があるのではないだろうか。審理する以前に、どちらの説を採るかで勝敗が決まる立論であるために、裁判所は採用しにくいのではないか。

第7章　民事紛争と民事訴訟　*335*

具体的に示そう。前述のとおり、主張立証責任により判決を下そうとする説では、現実に宗派Ａにおいてａが宗教的方法で選出されている以上、Ｘは、厳密には宗教上の教義に関わる事項を主張するほかに選任を示すことができそうもない。主張立証できない事項に主張立証責任を課すことになる、と批判されている（竹下守夫・元年最高裁判決評釈・民商102巻3号362頁など）。

　これに対し、自律結果受容論によれば、Ｘ団体に有利になる。まず、自律結果受容論のうち、ひとつの立場は「前任者から秘伝を授かってａが選任された」という主要事実を推認させるために当時の選任状況（前任者の死亡時の状況、対立候補の存否、Ａ団体内のａの信望、異議の存否など）の社会的事実（間接事実）をＸは主張すればよいとする（竹下・前掲361頁）。あるいは、秘伝自体は認定できず主要事実になりえないから、立証主題を変更して、ａが団体内で代表と承認されていることを示す事実（これこそ主要事実になる）をＸは主張すればよいとする立場もある（伊藤眞「宗教団体の内部紛争に関する訴訟の構造と審判権の範囲」宗教法10号164頁）。しかし、いずれにしてもＸはａがＡ団体内で選任されているという形式的な主張をすればよく、Ｙからは「ａの選任につき公序良俗違反があった、Ａ団体の規則に反している」という以外ほとんど反論を差し挟めない（同旨の批判は中野・前掲342頁など）。そして、そこまで重大な違反は、現実にはほとんどないだろう。もともとこの説は、団体に入った以上は団体多数派・執行部が決めたことに従うべきだという処分貫徹の論理に基づくものと考えられる。

　このように、いずれの説も、審理過程において相手に反論を許さず、一方的な主張立証を導き、中立的でないと考えられる。それどころか、主張立証責任説では明渡請求につきＹが、自律結果受容論では明渡しでも地位確認でもＸが宗教事項を主張しさえすれば、相手方に反論の余地を与えず勝てるので、故意に宗教事項に引き込むという不公正な争いを助長してしまう（自律結果受容論からの中野説への同旨の批判は高橋・重点(上)340頁）。

【3】— 当事者の争い方への着目

（1）　そこでつぎに、本案判決説に欠けている審理過程に着目した審理判決の方法を探ってみよう。ここでは明渡請求だけを検討対象とし、両請求において要件事実となる処分権限と処分理由のうち、後者につきケース設定を細かくしてみる。

　　①　Xの主張によれば、Yを処分した理由は、Yが宗教上の異説を唱えたことである。

　　②　Xの主張によれば、Yの処分理由は、Yが「訓戒を受けても改めないこと」である。これはAの規則に規定された懲戒事由にあたる。訓戒をしたのは、Yが包括宗教法人Aの承諾なくXの責任役員を解任したためである。

　　③　Xの主張によれば、Yの処分理由は、Yの使い込みである。

　以上の各場合に、Yがやはり「aは宗教上の秘伝を受けていない」と主張し、処分権限を問題として自分に対する懲戒処分の無効を主張する場合、本案判決は不可能か。

　①は前掲平成元年最高裁判決を、②は平成14年最高裁判決（最判平成14年2月22日判時1779号22頁）をモデルにしている。②の処分事由には、①のように宗教教義が絡んでいない。②の平成14年の事例では、YがAに黙ってX責任役員を解任したのは、宗派AからX法人を離脱させるためであった（宗派から出る決議をするため、Aから推薦された責任役員を排除して、新役員を選任したいが、Aの承諾が得られるはずもない）。Yへの処分の有効性判断の鍵となるのは責任役員解任の目的である宗派離脱であって、それは宗教上の教義とは無関係に宗教法人法上の問題として処理することができる。しかし、平成14年の事例では、Yが冒頭ケースと同様に、「aは秘伝を受けていないため真の代表者ではない」と、処分権限につき宗教上の教義を絡めて争ったため、最高裁は法律上の争訟に当たらないとして訴えを却下した。本案判決をすべきとしていた原審、それを支持した2名の裁判官の反対を押さえて平成元年最高裁判決に追随した判決であり、学説の批判が強い。

この判決の問題点は、③も加えてみると、より鮮明になるだろう。③の場合、処分理由は宗教の教義とは関わりなく審理判決できるはずであり、ここでもＹがａの処分権限を同様に宗教問題を絡めて争った場合、却下判決が下されることになるとすれば明らかにおかしい。それではＹが故意に宗教的な主張をする戦術に出ることが予測され、不公正な争い方を助長してしまう。

　以上からわかることは、①では処分理由に宗教問題が絡み、しかも、それをＸの方から持ち出しているのだから、却下判決も仕方ないが、②や③ではそうすべきではないということである。Ｙだけが宗教問題を主張して却下に持ち込もうとする場合には、判例のようにそれを事件の争点と評価して訴えを却下するのではなく、そこはＹが一方的に主張するだけで争点ではないと見て、Ｙに不利益を課す形で本案判決すべきではないか。これが、審理過程における当事者の争い方に着目する審判方法である。

　（2）　もともと判例は、審理過程における当事者の争い方を見ていなかったわけではない。平成元年最高裁判決は、処分の効力の有無が「当事者間の本質的争点をなす」とともに宗教事項に深く関わっているため、それに立ち入らずして効力の有無を判断できず、「その判断が訴訟の帰すうを左右する必要不可欠のものである場合」法律上の争訟でないとして、限定をつけていた。ところが平成14年最判（多数意見。最判平成21年9月15日判時2058号62頁も同旨）は、あっさり訴えを却下した。すなわち、本件処分をしたａが「正当な管長（A法人の代表者：筆者注）としての地位にあったかどうかが本件罷免処分の効力を判断するための争点となっており、本件罷免処分の効力は、被上告人の請求の当否の判断の前提問題となっている。そして、A宗においては、前記の通り、管長は法主（A宗の宗教上の代表者：筆者注）の職にある者をもって充てるものとされているから、本件罷免処分の効力の有無を決するためには、ａがA宗においていわゆる血脈相承（宗教上の秘伝：筆者注）を受けて法主の地位に就いたか否かの判断が必要であり、ａが血脈相承を受けたかどうかを判断するためには、A宗の教義ないし信仰の内容に立ち入って血脈相承の意義を

明らかにすることが避けられない」として、本件の法律上の争訟性を否定した。平成元年最高裁判決を引用してはいるが、「本質的争点」の用語を回避し、本件の「本質的争点」は宗派離脱であるから本案判決をすべきとしていた原審を覆しており、平成元年最判より消極化、後退したといわざるをえない。平成元年最判の事案では処分事由も異説主張という宗教問題であり、それを回避する審理は難しかったが、本件の処分事由は原判決のとおり、その背景にある宗派離脱（宗教法人法の問題）であるから、平成元年最判の枠内で本案判決を下すことが十分可能な事案であった（井上・前掲論文110頁）。

　この多数意見に対し、亀山裁判官の反対意見は、当事者の争い方に着目している。すなわち、多数意見の引用する平成元年最判が「本質的争点」の限定をつけたのは裁判回避は極めて限定された場合にのみ許されるという趣旨である。本件では、Ｙはそれまでａが代表者であることを前提に積極的活動を続けてきたことが認められ、また関連する16件の寺院明渡訴訟のうち13件では、処分権限が争われていない。Ｙが処分権限を争わなかった関連事件（たとえば最判平成12年9月7日民集54巻7号2349頁）では、宗派離脱を争点にして本案判決が下されている。したがって本件は、平成元年最判とは事案がちがい、ａの地位取得は紛争の本質的争点ではない。Ｙは訴訟回避のため便宜的にａの処分権限を争って争点を作出したと見られ、信義則違反ないし権利濫用として許されない、と。

　このように、相手方が反論できず、裁判所も審理できないような事項を自ら持ち出しておいて訴え却下を求める被告の行動は、不公正で許されないという当事者の争い方の観点こそ、この問題を考える際に重要であろう。

発 展 問 題

　1．本ケースにつき本案の審理判決をしようとする場合、懲戒処分についてどのような審査方法をとればよいと考えられるか。法律上の争訟や訴えの利益という概念を用いるのと、審判権の限界という概念を用いるのとで本ケースへの対応はどのように異なるか。

　2．本ケースの本訴で（反訴なし）、Ｙ死亡後にその占有を引き継いだＹ′が被告と

なって、「X代表者とされているbはaから任命されているために真の代表者ではない」と主張し、専ら訴訟要件としてのbの代表権限を争う場合、裁判所は訴えを却下すべきか。

[発展問題のヒント]

1. については、教科書の記述を参照し、自分の考えをまとめよう。

2. については、訴訟要件の判断に宗教上の教義が絡むとして訴えを却下した東京地判平成21年12月18日判夕1322号259頁と、代表権限は請求の当否判断に影響しないとして本案判決をした大阪高判平成22年1月28日判夕1334号245頁を比較して、自分の立場を述べてみよう。

◎◎◎ 参 考 文 献 ◎◎◎

本文中に掲げたもののほか、安西明子『民事訴訟における争点形成』(有斐閣・2016) 22頁以下。

(安西　明子)

29)) 訴訟と非訟

　裁判所が扱う事件には、訴訟事件のほか、非訟事件と呼ばれるものがある。非訟事件に該当するのはどのような事件か。非訟事件の手続には、訴訟手続と比べてどのような特徴があるのか。訴訟事件と非訟事件は、どのような基準で区別されるのか。事例を素材に、これらの問題を検討しよう。

ケース

　A男とB子は、半年間の交際を経て挙式し、婚姻届けを出した。2人はそれぞれ別の企業の東京本社に勤めていたので、新居は東京都内に定めた。

　1年半後に、B子は大阪支社に異動になった。A男も大阪に転勤することができないか、上司と相談したが、しばらくは東京で勤務してもらいたいということであった。A男とB子は相談して、次のように取り決めた。

　大阪には、B子が単身で赴任する。月に数回、B子が東京に帰ってA男と過ごす。A男が大阪に転勤するまでこうした生活を続け、転勤が決まったところで、大阪市内に2人の新しい住居を定める。

　それからしばらくたって、B子が東京に帰ってくる回数が減るようになった。B子が電話やメールで「このところ仕事が忙しくて、週末は疲れて休んでいることが多いの。ごめんね」というので、A男は、B子も1人で大変だなと思って納得していた。しかし、その後もB子は帰京せず、連絡もとれないことが続いたため、だんだん不安になってきた。

　ようやくB子に電話がつながったので、A男は「次の週末は帰れないか」といってみた。B子の返事は、「前にもいったけれど、今、仕事が忙しくて毎日大変なの。夫婦だからって、月に何日は一緒にいなければならないという決まりはないんだし、それぞれの家で都合のよいように

第7章　民事紛争と民事訴訟　*341*

すればいいと思うの。しばらく帰れないけれど、がまんしてちょうだい」というものであった。

•••••••••••••••••••••••• 設 問 ••••••••••••••••••••••••

　1．A男がB子の返事に納得できない場合、どのような方法で事態を解決すればよいか。

　2．A男は、裁判所に解決を求めることはできるか。その場合に、裁判所のどのような手続を利用すればよいか。

••

解 説

　A男とB子は、夫婦の同居についての考え方が違っているようである。しかし、それぞれ違うところはあっても、協力し合ってともに人生を歩もうと決めた2人である。けんかをせず、仲良く話し合って解決してもらいたいものである。2人で話し合ってもよい解決策がみつからないときは、家族や友人のアドバイスを受けたり、間にはいってもらったりしてもよいだろう。

　それでもうまくいかないときには、裁判所の手続の利用を考えることになる。その場合の問題は、民事訴訟によってどのような解決が与えられるのか、訴訟以外に適切な手続はあるのか、である。そもそも、夫婦の同居のような家庭内の事柄に、国家機関である裁判所がどこまで介入できるのかも、問題となろう。

　これらの問題は、夫婦の同居義務の法的性質とかかわっている。そこでまず、夫婦の同居について法律がどのように規定しているか、通説・判例はどのような理解をしているかを確認することから始めよう。

【1】― 夫婦の同居義務

　民法は、夫婦には同居の義務があると定めている（民752条）。夫婦の一方が正当な理由もなく同居を拒否した場合には、同居義務に違反することになり、相手方は、同居を求める訴えを提起することができる（最大決昭和40年6月30日民集19巻4号1089頁。ただし、後述するように、訴訟の可能性を否定する意見も付されている）。裁判所は、同居義務違反があると認め

342　**29** 訴訟と非訟

たときは、判決で被告に同居を命じる。それでも被告が同居しようとしない場合に、強制執行によって同居義務を実現することができるかが問題になるが、通説および判例（大決昭和5年9月30日民集9巻926頁）は、これを消極に解している。夫婦の同居義務は、債務者が任意に履行をしなければ債権の目的を達することができないものであり、その性質上強制執行をすることのできない債務である、というのが理由である。

【2】— 同居義務の内容を定める手続

（1）　通説・判例によれば、裁判所は、夫婦の同居義務を強制的に実現することには手を貸してくれないが、同居義務に違反した夫または妻に対して同居を命じることまではしてくれる。問題は、夫婦の一方が「同居義務に違反した」とは一体どのような場合をいうか、である。夫婦の同居義務を果たしたといえるためにはどのようなことをしなければならないか、と言い換えてもよい。ところが、民法752条は「夫婦は同居し、互いに協力し扶助しなければならない」と規定するだけで、同居の期間や時期、場所等の具体的なことについては何ら定めていない。民法以外の法律で、これらの事柄について定めたものがあるわけでもない。これでは、夫婦の一方が同居義務に違反しているのかを判断しようがない。しかし、民法が夫婦の同居義務を一般的抽象的に規定するにとどめていることには、十分な理由がある。

　一口に夫婦の同居義務といっても、夫または妻の職業や生活様式、家族構成などによって、同居の態様はさまざまである。たとえば、夫（または妻）が遠洋漁業に出ていたり、農閑期には都会で働いたり、家族を伴えない海外勤務を命じられたりすれば、夫婦が同じ家で暮らせるのは1年のうちの限られた期間ということになる。同居の場所も、夫婦の家とは限らない。たとえば、子育てを支援してもらうためとか、親の介護をしなければならないとか、親元を離れて夫婦で生活するだけの経済力がないといった理由から、夫婦が夫または妻の実家で同居することもあるだろう。そうした個別の事情と無関係に同居義務の内容を法律で一般的に定めても、意味はない。B子が言っているように、それぞれの家庭

第7章　民事紛争と民事訴訟　**343**

の事情に応じて夫婦が自分たちで同居の態様を決めて、実行すればよいのである。

　A男とB子も、B子の転勤後の夫婦の同居の態様について、2人で相談して取り決めをした。そのとおりに事が運んでいれば問題はなかったのだが、実際には、B子が東京に帰る回数が減り、A男はそれを不満に思っている。夫婦で話し合いをしても解決策がまとまらず、A男が裁判所に解決を求めた場合には、裁判所は、夫婦の同居に関連するA男とB子の事情を考慮して、この夫婦にふさわしい同居の時期、場所等を決定し、そのとおりに同居義務を履行するように2人に命じる。こうして、裁判所の判断を通じて夫婦の同居義務が具体化されていくわけだが、それがどのような手続によって行われるかが、次の問題である。

　(2)　1つの考え方は、訴訟手続によって同居義務の具体的内容を決定する、というものである。事実、家事審判法（昭和22年法律152号。後述する家事事件手続法の施行に伴い、廃止）が施行される前には、そうした訴訟手続として、夫婦の同居を目的とする訴えが法定されていた。[*]

> ＊　旧人事訴訟手続法（家事審判法施行法［昭和22年法律153号］による改正前のもの）
> 　第1条
> 　　第1項　婚姻ノ無効若クハ取消、離婚又ハ夫婦ノ同居ヲ目的トスル訴ハ夫カ普通裁判籍ヲ有スル地又ハ其死亡ノ時ニ之ヲ有シタル地ノ地方裁判所ノ管轄ニ専属ス（以下、略）

　この訴えは、通常訴訟ではなく、人事訴訟であった。人事訴訟においては、真実発見のために職権探知主義が採用され、裁判所は、当事者が主張しない事実を斟酌することができるし、職権で証拠調べをすることもできる（人訴20条）。裁判上の自白（民訴179条）の拘束力は認められず（人訴19条1項）、請求の放棄・認諾（民訴266・267条）も原則として認められない（人訴19条2項）。このように、人事訴訟では弁論主義や処分権主義が制約されているけれども、その他の点では、通常訴訟と同様に手続が進められる。その概要は、以下のとおりである。

　①手続は、当事者が訴えを提起することによって開始される。訴えの提起は、訴状（書面）を裁判所に提出する方法による（民訴133条1項）。

裁判所は、訴状を被告に送達し（138条1項）、口頭弁論の期日を指定して当事者双方を呼び出さなければならない（139条）。

②口頭弁論は、公開の法廷で、それぞれの当事者が口頭で主張を述べ合う手続であり、いずれの当事者に対しても期日の呼出しが行われ（94条1項）、立会権が保障されている（公開主義・口頭主義・双方審尋主義）。口頭弁論の手続を経ずに裁判をすることは、特別の定めがない限りできない（必要的口頭弁論。87条1項・3項）。

③裁判は、判決の形式でされ、言渡しによって効力を生ずる（250条）。言渡し後に裁判所が判決を撤回したり、内容を変更したりすることは、原則としてできない（これを、判決を言い渡した裁判所自身も判決によって拘束されるという意味で、「自己拘束力」という）。判決をした裁判所自身で内容の変更ができるのは、計算違いや漢字の表記の間違いといった表現上の誤りを修正する場合（257条）と言渡し後1週間以内に法令違反のあることを発見してそれを改める場合（256条）に限られている。

④判決の言渡し後に判決の基礎になった事実に変更が生じた場合、あるいは裁判所が判決に際して考慮しなかった事実が、実は判決の結論に影響を及ぼす重要な事実であることが言渡し後に判明した場合でも、判決の内容を変更するには、当事者の控訴（281条・286条）を待たなければならない。控訴審の判決に対して、当事者は上告（311条・312条）または上告受理の申立て（318条）をして、上告審の審判を受けることができる。判決が控訴・上告によって取り消される可能性がなくなったときに、当該判決は確定し（116条）、訴訟は終了する。

⑤確定判決には既判力が生じ、同一事項について再度訴えを提起して確定判決の主文の判断を争うことはできない。確定判決の成立過程または内容に重大な誤りがあり、その是正を認めなければ著しく正義に反する場合には、非常の不服申立てである再審によることになる（338条）。

以上のとおり、訴訟手続は、厳格で慎重な手続である。裁判官の権限の行使を監視し、適正・公平な裁判を保障するためには、こうした手続が必要であろう。判決に自己拘束力が認められ、確定判決に既判力が生じることも、紛争解決の実効性と法的安定性を確保するためには重要か

もしれない。しかし、裁判所に持ち込まれる紛争のすべてについて、こうした重厚な手続が必要であり、かつ、適切であるとは限らない。たとえば、A男とB子の同居義務をめぐる争いについて、裁判所が口頭弁論を開いて双方から事情を聴取し、証拠調べもして、2人に東京と大阪で交互に同居することを命じる判決を言い渡したとしよう。これで解決したと思った直後に、A男の大阪転勤が決まったり、B子が名古屋に転勤を命じられたりするかもしれない。そうなれば、先の判決はもはや用をなさない。控訴審でまた審理をやり直すか、すでに判決が確定した後であれば、基準時後に新たな事由が生じたことを理由として別訴を提起し、新たな裁判を求めることになる。いずれにしても、効率性・経済性・機動性に欠けることに疑いはない。同居義務の具体的内容については、裁判所が簡易迅速に判断を示し、その後に事情変更が生じたときは臨機応変に対応することのできる柔軟な手続のほうが、適しているといえよう。

　そのような手続として、家事事件手続法（平成23年法律52号）は夫婦の同居に関する審判（夫婦同居の審判）を設けている（家事39条・150条1号・別表第2の1の項）。この審判をはじめとする家庭裁判所の家事審判の手続は、非訟事件の手続（非訟手続）といわれる。非訟事件とは何か、どのような事件が非訟事件とされるのか、非訟事件と訴訟事件を区別する基準は何かも問題となるが、これらについては【3】で検討することとし、以下ではまず、非訟事件の手続である家事審判の手続には、民事訴訟や人事訴訟の手続と比べてどのような特徴があるかをみておくことにしよう。

　（3）　①家事審判の手続は、家庭裁判所の職権によって開始されることもあるが（例：成年後見人に対する報酬の付与［民法862条、家事別表第1の13の項］、成年後見の事務の監督［民法863条、家事別表第1の14の項］）、多くの場合は、当事者の申立てによって開始される。申立ては、書面（申立書）を提出することにより行われる（家事49条1項）。

　②期日においては、当事者の審問（陳述の聴取）、事実の調査、証拠調べなどが行われる。ただし、訴訟手続におけるのと異なり、手続は非公開で行われる（家事33条。非訟30条も参照）。家庭裁判所は、当事者の陳述

の聴取を審問の期日においてしなければならないわけではなく、書面による照会で行ったり、期日外に家庭裁判所調査官が行ったりすることもできる。ただし、夫婦同居の審判などの家事事件手続法別表第2に掲げる事項についての家事審判の手続に関しては、当事者の陳述の聴取は、当事者の申出があるときは審問の期日においてしなければならない（家事68条2項）。その場合には、他の当事者は、原則として当該期日に立ち会うことができる（家事69条本文。例外的に立会いが認められない場合については、同条ただし書および【3】（1）参照）。以上は、夫婦同居の審判のように、二当事者が対立する構造をとり、争訟性が強い類型の家事審判においては、当事者の手続権を保障する必要性が高いという理由によるものである。

③家事審判の本案についての終局的な裁判は、「審判」と呼ばれる。訴訟手続の判決と異なり、審判については言渡しの必要はないが、当事者等の審判を受ける者に対して相当と認める方法で告知しなければならない（家事74条1項）。即時抗告（④参照）をすることができない審判については、審判をした家庭裁判所がその審判を不当と認めて、職権で当該審判を取り消したり変更したりすることができる（家事78条1項）。審判の取消し・変更をする場合には、その審判における当事者およびその他の審判を受ける者の手続保障を図るために、これらの者の陳述を聴かなければならない（同条3項）。

④審判に対する不服申立ての方法は即時抗告であり（家事85条1項）、即時抗告の期間は2週間である（家事86条1項）。即時抗告をすることができない審判は、これを受ける者に対する告知によってその効力を生ずるが、即時抗告をすることができる審判は、確定しなければその効力を生じない（家事74条2項）。即時抗告が申し立てられた後でも、審判をした家庭裁判所は、即時抗告を理由があると認めれば、その審判を更正（取消しまたは変更）しなければならない（家事90条本文。これを「再度の考案」という）。ただし、夫婦同居の審判などの家事事件手続法別表第2に掲げる事項についての審判は、更正することができない（同条ただし書）。

⑤審判に既判力があるかどうかについては争いがあるが、通説は、審

第7章　民事紛争と民事訴訟　　347

判は家庭裁判所が後見的な立場から合目的的に法律関係を形成するものであることを理由に、既判力を否定している。審判に既判力がないとすれば、審判に再審事由がある場合でも再審は認められず、④で述べた職権による取消し・変更の方法によるというべきかが問題となる。この点については、再審に関する明文の規定を欠いていた旧非訟事件手続法・家事審判法の下でも、再審を認める見解が有力であった（最判平成7年7月14日民集49巻7号2674頁は、特別養子縁組成立の審判につき、準再審の事由を認めた。旧家事審判法7条の準用する旧非訟事件手続法25条が、即時抗告をすることができる決定に対する再審を認めた、旧民訴法429条［現行法349条に対応］を準用していることを根拠とする）。以上を踏まえて、現行の非訟事件手続法も家事事件手続法も再審に関する定めをおいている（非訟83条・84条、家事103条・104条）。

（4）　A男が本件について家庭裁判所に家事審判の申立てをした場合の手続は、以下のとおりである。

　家庭裁判所は、当事者であるA男またはB子の申出があれば、非公開の審問の期日を開いてA男とB子の言い分を聴き、事実の調査をする。それによって判明したそれぞれの勤務の状態や東京と大阪のそれぞれの住居の事情などを勘案して、夫婦同居の審判をする。たとえば、月の前半に1回、B子が東京に帰り、月の後半に1回、A男が大阪のB子のもとを訪ねるように命じることが考えられよう。A男またはB子がこれに不服があれば、高等裁判所に即時抗告をすることができる（家事156条1号）。抗告審の手続については、旧家事審判法は明文の規定をおいていなかったが、家事事件手続法は、抗告人以外の当事者には、原則として抗告状の写しを送付しなければならないものとしている（家事88条1項）。また、原審判を取り消す場合には、抗告人以外の当事者の陳述を聴取しなければならず（家事89条1項）、夫婦の同居のような家事事件手続法別表第2に掲げる事項についての家事審判事件においては、原審判を取り消すか否かにかかわらず、即時抗告が不適法であるときまたは即時抗告に理由がないことが明らかなときを除き、抗告人以外の当事者の陳述を聴かなければならない（家事89条2項）。高等裁判所の裁判に対して最高

裁判所に抗告をすることは、憲法違反を理由とする場合やその高等裁判所が許可をした場合でなければできない（裁7条2号、家事94条1項・97条1項）。

【3】── 訴訟の非訟化とその限界

（1）【2】（2）で述べたとおり、夫婦の同居義務を具体化する手続は、かつては訴訟手続であったが、現在は、非訟手続による事件処理が行われている。同様に、かつては訴訟事件であったものが非訟事件とされた例としては、夫婦共有財産の分割、親族間の扶養、遺産分割、推定相続人の廃除などがある（これらのうち、推定相続人の廃除は夫婦の同居義務と同じくかつては人事訴訟によって処理され、それ以外の事件は通常訴訟によって処理されていたが、現在は、すべて家事審判事項とされている。家事別表第1の58の項・84の項から88の項、別表第2の9の項・10の項・12の項・13の項）。このような現象は、「訴訟事件の非訟化」と呼ばれている（その背景事情については、三ヶ月章「訴訟事件の非訟化とその限界」民事訴訟法研究(5)71頁以下を参照）。

訴訟事件の非訟化がどこまで許されるかは、裁判を受ける権利を保障し、裁判の対審・判決は公開の法廷で行うと定めた憲法32条・82条との関係で問題となる。すでにみたように、非訟事件の手続においては手続は公開されない。双方審尋主義も、訴訟手続の口頭弁論に比べて制限されている。すなわち、夫婦同居の審判のように争訟性の強い事件類型においては、対立する当事者は、相手方の審問が行われる期日に立ち会って相手方の主張に反論する機会を与えられるが、立ち会うことによって事実の調査に支障を生ずるおそれがあると認められるときは、立ち会うことができない（家事69条ただし書）。訴訟手続と非訟手続にはこうした違いがあることから、本来、訴訟事件として扱われるべき事件を立法によって非訟事件とすることは、憲法違反にあたり許されない。そのため、どのような事件が非訟事件なのか、訴訟と非訟の区別の基準は何かをめぐり、議論が展開されてきた。

（2）　伝統的な見解は、訴訟と非訟とを次のように区別する。すなわち、訴訟事件の裁判は、法規を適用して紛争を解決する民事司法である。

これに対して、非訟事件の裁判は、国家が私人間の生活関係に介入して命令処分をする民事行政である。両者の区別は、こうした国家作用の性質の違いによるものである（兼子・体系40頁など）。

他方、判例は、訴訟と非訟の区別について、次のような理論を形成してきた。すなわち、実体的権利義務の存否を確定する裁判が訴訟であり、実体的権利義務が存在することを前提として、その具体的内容を裁判所が裁量権を行使して形成する裁判が非訟である。したがって、権利義務の存否を確定する裁判を公開の法廷における対審・判決によらずに行うことは、憲法32条・82条に違反する。しかし、権利義務が存在することを前提としてその具体的内容を非訟手続によって形成しても、権利義務の存否それ自体については訴訟手続によって確定する途が開かれているのだから、違憲ではない（最大決昭和35年7月6日民集14巻9号1657頁、前掲最大決昭和40年6月30日19巻4号1089頁、最大決昭和40年6月30日民集19巻4号1114頁など）。

この判例理論に対しては、さまざまな疑問が提起されている。

第1に、判例理論は、遺産分割（非訟）とその前提となる相続権の存否（訴訟）のような関係についてはうまくあてはまる。しかし、訴訟と非訟の区別が問題になる事件の中には、権利義務の具体的内容と切り離されて存在する権利義務なるものを考えることができない場合もある。たとえば、夫婦の同居義務は、夫婦関係が存続する限り当然に存在するのであり、同居の場所・時期・態様等の具体的内容とは別に、同居義務の存否を訴訟で確定する意味はない（前掲最大決昭和40年6月30日における田中二郎裁判官の意見参照）。

第2に、判例理論のように、非訟の裁判が確定したのちに訴訟において権利義務の存否自体を争えるとすれば、手続が重複し、非訟手続の存在意義が薄れる（前掲最大決昭和40年6月30日における松田二郎裁判官の意見参照）。

第3に、判例理論によれば、実体法が権利義務の要件・効果を一般的抽象的にしか規定していなければ、裁判は裁量的・形成的なものとなるので、それは非訟の裁判ということになる。しかしそれでは、憲法上の

保障が憲法よりも下位の法律の内容に依存する結果となってしまい、妥当ではない（谷口・口述43頁）。

（3）　夫婦の同居義務は、その存否を訴訟によって確定することが予定されておらず、非訟手続によって具体的内容を形成することが憲法上も許容されている場合の一例である。こうした非訟的処理が正当化される事件を選別するには、どのような基準を用いればよいのだろうか。

有力な見解は、現在、非訟事件とされているものの特性として、裁判所が裁量を行使する必要性のほか、迅速に事件処理をする必要性、事件の公益性・裁判所が後見的に介入する必要性、プライバシー保護の必要性、事情変更に応じて裁判を取消し・変更する必要性などがあることに着眼する。そして、判例のように、裁判所の裁量の必要性のみをもって非訟的処理を正当化するのではなく、これらの諸要素のうちのいずれがあてはまるかを考察すべきであるとする。また、一般に、非訟事件における当事者の手続保障は訴訟事件に比べて薄いことに留意し、そのことを甘受してでも非訟的処理を行う必要があるかどうかも検討すべきであるとしている（鈴木正裕「訴訟と非訟」小山ほか・演習民訴28頁、新堂幸司「訴訟と非訟」ジュリ争点〔第3版〕12頁）。

発 展 問 題

　1．非訟事件としては、本文で掲げた夫婦同居の審判その他の家事審判事項のほか、どのようなものがあるか。

　2．非訟事件の手続において当事者の審問請求権（当事者が自己の見解を裁判所に対して表明し、かつ、聴取されるべき機会を要求することができる権利）を保障することは、憲法上要請されているといえるか。

　3．当事者の手続保障としては、記録閲覧権も重要だといわれている。当事者の記録の閲覧謄写は、非訟事件の手続においてはどのように保障されているか。訴訟手続と比べて制限があるとすれば、それはなぜか。

［発展問題のヒント］

　1．については、教科書の記述を参照。なお、実質は非訟事件でありながら、形式上は訴訟事件とされているもの（形式的形成訴訟）もある。これについては、本書項目**30**境界確定訴訟を参照。

　2．については、最決平成20年5月8日（家月60巻8号51頁、判時2011号116頁）

第7章　民事紛争と民事訴訟　　*351*

の法廷意見、田原睦夫裁判官の補足意見および那須弘平裁判官の反対意見において
どのような見解が表明されているか、検討してみよう。

3.については、非訟事件手続法32条、家事事件手続法47条を参照し、これらを
民事訴訟法91条と比較して、考えてみよう。

◦◦◦ 参 考 文 献 ◦◦◦

本文中に掲げたもののほか、本間靖規・百選〔第5版〕8頁、佐上善和・百選〔第4版〕
8頁、青山善充・百選〔第3版〕4頁、鈴木正裕・百選〔第2版〕12頁、高田裕成「訴訟と
非訟」ジュリ争点12頁。

（長谷部　由起子）

30 境界確定訴訟

　境界確定訴訟（不動産登記法147条・148条は、同訴訟を「筆界確定訴訟」「筆界の確定を求める訴え」と表現する。が、以下では慣行に従い、境界確定訴訟との用語を維持する）は、通説によればいわゆる形式的形成訴訟（伝統的に訴訟手続によって処理されてきたが、要件事実が具体的に規律されておらず、いかなる結論の判決を下すかが裁判所の裁量に委ねられている訴訟）の１つとされる。

　しかし、境界確定訴訟が対象とする「境界」とは何なのかを発端に、同訴訟の機能は何なのか、境界確定訴訟の特殊性はどこまで認めるべきか、同訴訟の当事者適格を有する者は誰なのか、等の問題が生じている。

ケース

　登記簿上、東京都三鷹市下連雀□丁目○番△号の１の土地（以下、甲土地）と、東京都三鷹市下連雀□丁目○番△号の２の土地（以下、乙土地）とは、隣接する関係にある。

　甲土地は、昭和47年以来Aが所有していたが、平成11年３月２日にAからBに譲渡された。平成18年６月７日にBは死亡し、Bの妻Cが甲土地を相続している。登記もそのとおり移転している。

　乙土地は、昭和47年から現在に至るまでFが所有し続けており登記簿上の名義人もFである。

　甲・乙両土地が存在する地面には、両土地の境界を示す石票として、ア・イ、ウ・エの石票の４つの石票があった（次頁図参照）。ウ・エの石票の方が古く、昭和47年以前から存在するものと考えられるが、ア・イの石票は昭和50年頃、AとFの協議により設定された石票である。

　昭和50年頃ア・イの石票が設置されて以来、Fはア・イの境界までを自己の土地と信じ、占有し続けてきた。

　ところが、CとFの間で、甲土地と乙土地の境界がア・イの線で画されるのか、それともウ・エの線で画されるのかにつき、争いが生じた

第７章　民事紛争と民事訴訟　*353*

(ア・イ・エ・ウ・アで画される土地を「本件係争地」とする)。

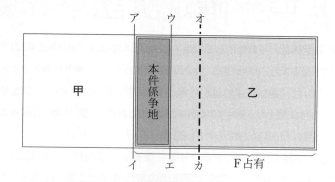

・・・・・・・・・・・・・・・・・・・・・・・・・・・・・ 設 問 ・・・・・・・・・・・・・・・・・・・・・・・・・・・・・

　CがFを被告として、(1)甲・乙土地の境界がウ・エ線であることの確定を求める訴え、(2)本件係争地の土地所有権確認の訴えを提起した。

　それに対しFが、境界はア・イ線だと争った上、仮に境界がウ・エ線であるとしても、Fはア・イ線まで土地を時効取得したと主張した。

　裁判所は、甲・乙間の境界は不明だが、諸般の事情からオ・カの線で引くべきであると判断した場合、裁判所は(1)・(2)の訴えにつきいかなる判決を下すべきか。

・・・

解説

【1】── 通説・判例理論の理解

　境界確定訴訟については、確立した判例理論がある（そもそも境界確定訴訟自体、判例理論により発展してきた制度である）。

（1）　二種類の「境界」

　陸続きである限り、土地の間に区切りはない。しかし、その土地を取引対象とすることができるようにするため、日本では、土地の間に人工的・観念的な区切りを設け、区切られたそれぞれの土地につき登記簿を作成し、地番を付与する、という作業を施している。地番が付与されそれにつき登記簿が作成された土地を「一筆の土地」といったように表現

する。原則この「一筆の土地」を対象として、土地売買等が行われるわけである（同時に登記は対抗要件としての機能も有している）。

したがって、土地の「境界」には、①各土地所有者が実際に有する土地所有権の境界線（以下「所有権界という」）、②登記簿上の土地の仕切りとしての境界線（以下「筆界」という）、の２種類がある。登記簿上の所有権についての記載が実際の所有権を反映しているとは限らないことにも対応し、所有権界と、筆界は現実にも必ずしも一致しない。

たとえば、一筆の土地のうちの一部についてのみ売買がなされることも可能であるし、一筆の土地の一部のみが時効取得される、ということもある。こういうことがあると、所有権界と筆界との間にずれが生じる。

（２）　境界確定訴訟の対象となる「境界」

そして、判例理論によれば、以上の二種類の境界のうち、所有権界ではなく筆界が境界確定訴訟の対象である（最判昭和42年12月16日民集21巻10号2627頁、最判昭和43年２月22日民集22巻２号270頁）。すなわち、筆界の所在が不分明になっている場合に、その筆界の位置を確定するのが境界確定訴訟である、というわけである。

この、境界確定訴訟の対象は「筆界」であって「所有権界」ではない、という観点から以下の準則が導き出される。

(ア)　境界確定訴訟の対象となる「筆界」は、私人の処分に服するものではない。したがって、境界確定の訴えを提起する際、当事者は必ずしも特定の境界を主張する必要はなく（最判昭和41年５月20日裁判集民事83号579頁）、原告が一定の境界線を主張して訴えを提起しても裁判所はそれに拘束されることなく境界線を引くことができ（当事者双方の主張する範囲内に境界線を定める必要もない。大(連)判大正12年６月２日民集２巻345頁。処分権主義の不適用）、上訴審は第１審の判決を上訴人の不利益に変更することが許される（最判昭和38年10月15日民集17巻９号1220頁。不利益変更禁止原則の不適用。本書項目**26**不利益変更禁止の原則参照）。

(イ)　筆界の位置は本来客観的に決まっているものであるが、資料の紛失等により、その場所が当事者にも裁判所にも分からない、ということがある。その場合には、境界確定訴訟の提起を受けた裁判所は、証明

責任の適用によらず、裁量により境界を定めなければならない（大判昭和11年３月10日民集15巻695頁。そもそも筆界確定の際に、証明責任適用の対象となる主要事実は観念できない）。即ちこの場合裁判所は実体法の要件に事実を適用して境界を定めるわけではなく裁量による。このことから、境界確定訴訟は形式的形成訴訟との位置づけを得る。

(ｳ)　また、境界確定訴訟の対象は所有権界ではなく筆界であることのコロラリーとして、境界確定訴訟の中で境界に接する土地の時効取得が主張されても、それは境界確定訴訟とは無関係であり（最判昭和43年２月22日民集22巻２号270頁。土地の時効取得は所有権を対象とするものであり、土地の時効取得により筆界が動くわけではないからである）、当事者間に境界についての合意が成立しても、それのみを根拠として合意のとおりの境界を確定することは許されない（最判昭和42年12月16日民集21巻10号2627頁。筆界は公法上の境界である以上、私人の合意によって移動できるものではないからである）。

(ｴ)　最後に、筆界は土地の取引単位を画するものである以上、全員との関係で統一して定まる必要があることから、その旨明言した判決はないが、境界確定訴訟の判決は対世効を有すると考えるのが一般的である（高橋・重点(上)82頁）。

（3）　筆界と所有権界との密接関連性

しかし他方で、上述の時効取得・土地の一部売買の場合等を除き、原則として所有権界は筆界に一致するので、筆界を定めることは即ち所有権界を定めることに限りなく近い。

この筆界と所有権界の密接関連性という観点から以下の準則が導かれる。

(ｱ)　境界に争いがある「隣接土地の各所有者」が、境界を確定するについて最も密接な利害を有する者として、境界確定訴訟の当事者適格を有する（最判昭和47年６月29日裁判集民事106号377頁、最判平成７年３月７日民集49巻３号919頁）。地上権者は、相隣接する土地につき処分権能を有する存在ではないので、境界確定訴訟の当事者適格を有しない（最判昭和57年７月15日金融・商事判例668号45頁）。

(イ)　筆界を境に隣接する一方土地が複数人の共有に属する場合には、当該共有者が全員当事者とならなければならない固有必要的共同訴訟となる（最判昭和46年12月9日民集25巻9号1457頁）。ただし、原告側共有の場合で、提訴に同調しない者がいる場合には、原告はこの者を被告側にすえて境界確定訴訟を提起すれば、当事者適格の要件を満たす（最判平成11年11月9日民集53巻8号1421頁）。なお、本書項目**19**固有必要的共同訴訟を参照。

(ウ)　境界確定の訴え提起により係争部分についての土地所有権の取得時効は中断する（新民法に則していえばその完成が猶予され、更新される。最判昭和38年1月18日民集17巻1号1頁）。

（4）　境界に接する土地の時効取得の場合

筆界と所有権界の密接関連性から隣接土地の各所有者が境界確定訴訟の当事者適格を有するとすると、土地の一部譲渡の場合や、筆界に接する土地が時効取得されたような場合には、筆界と所有権界がずれ、両者間の密接関係性が崩れるので、隣接土地の各所有者は当事者適格を失い、境界確定訴訟は不適法となるようにも思われる。

(ア)　しかし、判例は、隣接土地のうちの原告側の土地のうちの筆界の一部に接する一部土地を被告が時効取得した場合（最判昭和58年10月18日民集37巻8号1121頁）、筆界の全部に接する一部土地を被告が時効取得した場合（最判平成7年3月7日民集49巻3号919頁）にも、一般論として「隣接土地の各所有者」が当事者適格を有するという命題を維持した上で、かかる原告・被告間の境界確定訴訟を適法とした（ここにいう「隣接土地の各所有者」とは、筆界を挟んだ各土地の所有権者、という意味ではないと解される。なぜならば、境界の全部に接する一部土地が時効取得された場合には、境界を挟んだ各土地はいずれも一方当事者の所有に帰し、原告・被告は筆界を挟んだ各土地の所有権者であるという関係に立たないからである。「隣接土地の各所有者」とは、筆界を挟んで二筆の土地が隣接する場合で、その二筆の土地の所有権が二者に帰属しており、その二者の土地所有権の所有権界も接している場合の、当該二者、という意味に捉えるべきである。そのように捉えると、境界の全部に接する一部土地が時効取得された場合も、原告・被告は「隣接土地の各所有者」たる関係を失わな

第7章　民事紛争と民事訴訟　　**357**

い）。

　　(イ)　この、「隣接土地の各所有者」が当事者適格を有する、という命題を最高裁は他のケースでも維持している。

　　　(a)　まず、境界をはさんだ隣の土地の全部が時効取得された場合には、「隣接土地の各所有者」という関係が崩れるので、当事者適格を欠き境界確定訴訟は不適法になる（最判平成7年7月18日裁判集民事176号491頁）。

　　　(b)　次に、筆界を接する2筆の土地の一方土地中、筆界に接する部分が第三者の所有に帰しており、所有権の帰属が、［X・Q｜Y］という関係に立つ場合（X・Yがそれぞれ原告・被告、Qが第三者。「｜」が筆界である）、X・Y間の境界確定訴訟は当事者適格を欠き不適法になる（最判昭和59年2月16日判時1109号90頁）。

【2】─ 判例理論を適用した場合の設問の解決

(1)の訴えは筆界を対象とする境界確定訴訟、(2)の訴えは通常の所有権確認訴訟である。

（1）　(1)の訴えについて

(1)の境界確定の訴えについては、以上の判例理論を適用すれば、次のような解決が導かれよう。

　　(ア)　まず、Fによる土地の時効取得は、境界確定訴訟の対象である筆界は動かさない。したがって、Fによる時効取得が真実であったとしても、筆界はア─イ線とはならない。したがって、境界を確定する関係では、時効取得の審理は不要である（上述【1】(2)(ウ)）。また、裁判所は、境界が不明の場合でも、裁量により境界を引くべきであるとされる（上述【1】(2)(イ)）。したがって、裁判所は、境界をオ─カの線で引く判決を下すべきである。ここで、オ─カの線は、原告が線引きを求めているア─イの線と一致しておらず、またCとFの間で境界が争われている範囲からもはみ出るが、そのような場合でも、裁判所がオ─カの線で境界を引くことは妨げられない（上述【1】(2)(ア)）。

　　(イ)　次に、Fの主張が正しければ、Fは境界ア─イに接する甲土地

を時効取得していることになるが、その場合でもCとFが「隣接土地の所有者同士」という関係は崩れないので、CとFはそれぞれ当事者適格を失わない（上述【1】(4)(ｱ)）。

(ｳ) 以上の通り、(1)の訴えは適法であり、かつ、裁判所は、境界をオーカの線で引くべきである。

（2） (2)の訴えについて

(ｱ) まず、裁判所は、Fによる時効取得の抗弁を審理するべきである。Fの主張が事実と認められれば、(2)の訴えに対しては請求棄却判決を下すべきことになる。

(ｲ) Fの時効取得の主張が認められなかった場合には、C・Fの所有権界は甲・乙地間の筆界と一致する。しかし、本件では、甲・乙地間の筆界は不明だということなので、裁判所としては、本件係争地についてのCの所有権の存在を証明責任を超えて確信することができない。よって、この場合も請求棄却判決を下すべきことになる。ここで、裁判所が(1)の訴えとの関係で、甲・乙地の境界（筆界）をオーカで引いているのであれば、それに応じ、オーカの線までのCの土地所有権も認められないか、が問題となる（なお、認められるとなった場合にも、処分権主義により、判決としては、ウ・エ・カ・オ・ウの範囲の土地についてはCの所有権確認判決は下せない）。が、Cの土地所有権が及ぶのはあくまで客観的に存在していた甲・乙地間の筆界であり、裁判所が裁量により（「新たに」）引いたオーカの筆界はこれとは異なる。したがって、オーカの線までのCの土地所有権が認められることはない。

【3】— 境界確定訴訟の意義

（1） 所有権の範囲に関する紛争の解決

さて、通説・判例理論は【1】で紹介したとおりでよいとして、このような性質を持つ境界確定訴訟はいかなる意義を有するのであろうか。

これについては、伝統的に「両隣地間ニ於ケル經界ノ不明ニ基因スル争議ヲ根絶シ相隣者間ノ權利状態ヲ平安鞏固ナラシムルコトヲ目的トスル」（大(連)判大正12年6月2日民集2巻345頁）とされ、通説・判例の立場に

おいても境界確定訴訟の意義は、第1には筆界の確定を通じて所有権の範囲についての争いに解決をつける、という点に求められてきたと考えられる（所有権界についての紛争解決機能）。

ではなぜ、筆界を確定すると所有権界についての紛争を解決することに繋がるのか。それは、一筆の土地中の一部譲渡や一部時効取得の場合を除いて、原則として所有権界は筆界に一致するからである。

（2）　境界確定訴訟の所有権範囲確定機能

では、所有権の範囲に関する紛争を解決する手続として、どうして境界確定訴訟は有効なのであろうか。

それは、主として、境界確定訴訟においては、境界の位置が不明でも証明責任は適用されず、必ず裁判所が境界線を引くことに求められる。

すなわち、X・Yが所有土地の境界を争っている場合で通常の所有権の確認訴訟が提起される場合を想起する。この場合、境界の位置が裁判所にとっても不明の場合、Xが原告として訴えを提起すれば、証明責任の適用によりXの所有権の不存在が認定され、Xの訴えは請求棄却となる。さりとて、Yが原告として訴えを提起しても、証明責任の適用によりYの所有権の不存在が認定され、Yの訴えは請求棄却となる。このように通常の所有権確認の訴えでは、境界が不明の場合、所有権の範囲に関する紛争に決着がつかない。

それに対し、証明責任の適用のない境界確定訴訟ではX・Yのどちらが提訴しようと請求棄却はありえず、必ず境界線が引かれることになり、紛争の解決を図ることができる（高橋・重点(上)84頁以下）。

（3）　通説的理解に対する批判

以上の通説的理解に対しては、しかし、2点の批判がある。

　(ア)　第1は、「筆界」と「所有権界」は別物である以上、「筆界」を対象とする境界確定訴訟では、所有権の範囲についての紛争を解決するのに不徹底である、という批判である。【2】(2)(イ)でみたように、特に裁判所が裁量で「筆界」を引く場合、そのようにして引かれる「筆界」は実は所有権の境界を画する機能を有しない。このような場合には、裁判所が境界確定訴訟で「筆界」を画しても、それは所有権の範囲に関す

る紛争を解決したことにならない、というのである。この批判は、境界確定訴訟の対象となるのは端的に所有権界とするべきである、という説につながった。

　すなわち、境界確定訴訟の対象は所有権界とした上で、証明責任不適用という特殊性だけを認めればよい、という説である（所有権境界説。花田政道「土地境界確定訴訟の機能」中川善之助=兼子一監修・不動産法大系⑥〔青林書院新社・1970〕、玉城勲「境界確定訴訟の対象たる境界とは何か(1)～(4・完)」琉大法学45号103頁～48号151頁、林伸太郎「境界確定訴訟に関する一考察(1)～(3・完)」法学48巻3号389頁～49巻2号305頁ほか。このような特殊性をもつ所有権確認訴訟を認めた判決として福岡高判平成18年3月2日判タ1232号329頁が挙げられることがあるが、本判決は証明責任の排除までみとめたものではないと思われる）。

　(イ)　第2は、境界確定訴訟の機能が、間接的な所有権範囲の確定にあるのであれば、設問のように、被告が原告側土地のうち境界全部に接する一部を時効取得しているような場合には、すでに所有権の範囲は時効取得により定まっている以上、境界確定訴訟をする意味がない、という批判である（村松俊夫『境界確定の訴え』〔有斐閣・1972〕）。この見解は、【1】(4)(ア)で見た判例理論と異なり、境界確定訴訟の当事者適格者は、筆界で境を接する各土地の所有権者であるとし、被告が原告側土地のうち筆界全部に接する一部を時効取得しているような場合には、原告は筆界を境とする土地の所有権者でなくなっている以上、当事者適格を欠き、訴えは不適法になるという。

　しかし、この見解に対しては、被告が原告側土地のうち境界全部に接する一部を時効取得しているような場合でも、原告側土地のうち被告が時効取得した一部につき、被告が分筆登記をするためには境界の確定が必要であり、境界確定訴訟を行う意義は残っているという反論が提起されている（最判昭和58年10月18日民集37巻8号1121頁が契機となった）。設問でいえばFが時効取得したア・イ・カ・オ・アの土地につき対抗要件を備えるには、甲土地の中からア・イ・カ・オ・アの土地を分筆し、それ自体単独で登記可能な一筆の土地にする必要がある。その分筆登記は、実務上分筆する土地部分の各角が定まっていないとできないことになって

いるので、甲土地と乙土地の筆界がカーオの線である旨の判決がやはり
必要であるというのである。

（4）　近時の学説

以上のような議論の展開を受けて、現在では、境界確定訴訟の機能と
して、①所有権の範囲確定機能と、②分筆の前提としての筆界確定機能
の2つが意識されるにいたっている。それに応じ、現在の学説は以下の
二説に展開している。

　(ア)　境界確定訴訟として、①の機能に特化した（証明責任の適用のな
い）所有権範囲確認訴訟（（3）(ア)で見た学説の主張する境界確定訴訟である）と、
②の機能に特化した筆界を対象とした境界確定訴訟の2つを認める必要
がある、という二元説（林伸太郎「境界確定訴訟の再生のために」民訴雑誌42号
264頁、山本・基本問題57頁）。

　(イ)　境界確定訴訟としては、筆界を対象とした境界確定訴訟のみを
認めれば足り、この訴訟が、①所有権の範囲確定機能も、②分筆の前提
としての筆界確定機能も、どちらも果たす、という一元説（畑郁夫「境界
確定訴訟」新堂編・特講204頁、高橋・重点(上)87頁）。

　(ウ)　このうち二元説の弱点は、所有権範囲確認訴訟で証明責任の適
用排除を根拠付けることが難しいことにあり（248条の類推適用を持ち出す
見解もあるが、苦しいと思われる）、一元説の弱点は、筆界を対象とした境
界確定訴訟では①の所有権の範囲確定機能が弱い、という点にある。が、
現在の一元説は、筆界が確定されれば所有権の範囲もそこだとする暗黙
の合意ないし前提があって境界確定訴訟が提起される、とし、かかる訴
訟外規範（黙示の合意ということになろうか）を梃子に、所有権の範囲確定
機能を再補強するにいたっている（畑・前掲220頁、高橋・重点(上)86頁）。

【4】── 判例理論の内在的理解

（1）　上記学説との関係

上記学説との関係では、一応判例は一元説にたっていると考えられる。
もっとも、判例は必ずしも分筆登記の必要性を理由に時効取得の場合の
境界確定訴訟の必要性を基礎付けているわけではない。最判平成7年3

月7日民集49巻3号919頁は境界の全部に接する一部土地時効取得の場合の境界確定の訴えの適法性を基礎付けるに当たり、「境界確定を求める訴えは、公簿上特定の地番により表示される甲乙両地が相隣接する場合において、その境界が事実上不明なため争いがあるときに、裁判によって新たにその境界を定めることを求める訴えで」(傍点引用者)あることを強調している。即ち、境界確定訴訟が新たに筆界を定めるものであるとすると、判決により新たに引かれる筆界と、それまで客観的に存在していた筆界とは一致しないのが通常であるということになる。であるとすれば、時効取得以外のケースで、それまでに客観的に存在していた筆界と一致すると考えられる所有権界は、判決により新たに引かれる筆界と一致しないのが通常だということになる(【2】(2)(イ)参照)。即ち、所有権界と筆界がずれるのは、時効取得の場合に限られないのである。

したがって時効取得の場合に所有権界と筆界とがずれることを理由に、筆界を対象とした境界確定訴訟の所有権確定機能を否定し、境界確定訴訟を不適法とするのであれば(【3】(イ)の批判説)、一般的に筆界を対象とした境界確定訴訟を不適法とする必要が出てきてしまう。それを避けるために、判例は「隣接土地の各所有者」(その意味については【1】(4)(ア)参照)という概念を持ち出してこれにより境界確定訴訟の当事者適格者を一般的に画し、その一般論の一適用場面として時効取得の場合の当事者適格も肯定したものと推察される。

(2) 境界全部に接する一部土地の時効取得と、隣接土地全部の時効取得の場合の判例の整合性

境界全部に接する一部土地の時効取得の場合、判例は境界確定訴訟を適法とするのに対し、隣接土地全部の時効取得の場合には境界確定訴訟を不適法とする。

この判例の立場に対しては、この立場を、境界全部に接する一部土地の時効取得の場合には分筆の前提として筆界を確定する必要があるが、隣接土地全部の時効取得の場合には分筆の必要はなく、また隣接土地同士を合筆するとしてもそのためにも筆界を確定する必要がないから、前者では境界確定訴訟が適法になるのに対し、後者では境界確定訴訟が不

適法になるという立場だ、という理解に立ち、①合筆であっても境界不明な二筆の土地の合筆は本来できないはずである、②逆に仮に境界不明な二筆の土地の合筆ができるのであれば、境界不明のまま一部土地を分筆することも可能であるはずであるから、後者で筆界確定の必要性を否定しつつ前者で筆界確定の必要性を肯定するのには矛盾があるという批判がある。

しかし、この批判は、判例の立場を若干誤解した批判というべきである。第1に、判例は分筆登記や合筆登記のための必要性を主眼において時効取得の場合の境界確定訴訟の適法性を肯定・否定しているのではない（（1）参照）。第2に、仮に分筆・合筆のための必要性という視点を導入したとしても、判例の立場からは、境界確定訴訟における筆界は新たに引かれるものである以上、設問を用いれば、時効取得されたアーイ線の右側に筆界がひかれる可能性も、左側に筆界がひかれる可能性もあることになる。仮に分筆を境界不明のまま行うことが可能だとしても、その境界線が時効取得線（アーイ線）の右にあるか左にあるかが確定しないことには、やはり分筆登記はできないのである。その意味で、筆界を確定する必要性は依然残っている。したがって合筆のためには境界確定の必要はないが、分筆のためには境界確定の必要があるという議論は整合性を失っていない。

（3）　原告側必要的共同訴訟において提訴拒絶者を被告に回すことが出来るという判例の射程

上述【1】（3）(イ)の通り、原告側共有の場合、境界確定訴訟は共有者全員が原告とならなければならない固有必要的共同訴訟であるが、提訴拒絶者がいる場合、原告は彼を被告に回せば、原告欠缺の瑕疵は治癒される。

この判例法理の射程は、境界確定訴訟にのみ及ぶのか、それとも他の訴訟にも一般的に及ぶのか。

上記判例は、提訴拒絶者を被告に回す処理の適法性を基礎付けるに当たり、境界確定訴訟の実質的非訟性を強調しており、そうである限り射程は境界確定訴訟に限定されるというのがこれまでの一般的な理解であ

った。ここで射程を限定する契機は2つある。①ひとつは、境界確定訴訟は実質非訟でありそこでは原告の「請求」なるものが厳密には観念できないこと。したがって、「請求」との関係での当事者適格を云々する必要が境界確定訴訟ではないことである。この契機を重視すれば、他の通常の訴訟では「請求」が観念され、提訴拒絶者を被告に回した場合に当該「請求」との関係で提訴拒絶者の被告適格を肯定することが困難となることを理由に、射程が限定されることになろう（山本弘「権利能力なき社団の当事者能力と当事者適格」新堂古稀(上)849頁、特に858頁注4、860頁注5）。②もうひとつは、境界確定訴訟では判決が対世効を有すること、したがって、設例で原告側がC・D・Eの共有だったとして、C・D・EがFを訴えた場合とD・EがC・Fを訴えた場合とでは判決効の生じ方に違いがないことである。この契機を重視すると、対世効の生じない通常の必要的共同訴訟の場合にはX_1・X_2・X_3がYを訴えれば既判力はX_3－Yの間でも生じるのに対し、X_1・X_2がX_3・Yを訴えると既判力はX_3・Yの間には生じないことを理由に射程は限定されることになろう。もっとも、X_1・X_2がX_3・Yを訴えると既判力はX_3・Yの間には生じないというのはいわゆる「矢印思考」を前提とした考えであり、その思考の限界がつとに指摘されているところである（谷口安平「多数当事者訴訟について考える」法教86号6頁）。「矢印思考」に変わる「メリーゴーランド思考」を採用すれば、X_1・X_2がX_3・Yを訴えた場合にも既判力はX_3・Yの間に生じることになり、提訴拒絶者を被告に回す処置の適法性の射程を境界定訴訟に限定する理由はないことになる。

しかし、ごく最近になり、最高裁は、入会権の対外的確認の訴え（これは入会権者による原告側の固有必要的共同訴訟になるというのが判例である。最判昭和41年11月25日民集20巻9号1921頁）につき、入会権者のうち訴え提起に同調しない者がいる場合でも、その者を被告とすることにより、原告側の当事者適格欠缺の瑕疵は治癒されるとした（最判平成20年7月17日民集62巻7号1994頁。以下「本判決」）。本判決は、それまで境界確定訴訟に射程が限定されると解されてきた提訴拒絶者を被告に回すという措置の許容性を、入会権確認の訴えにまで拡張したといえる。

もっとも、本判決の射程については慎重な検討が必要である。なぜなら本判例の事案は、入会権者内部でも入会権の範囲につき争いがある事案であり、提訴を拒絶する「入会権者」との関係でも入会権確認の訴えを提起する利益を肯定することができる可能性のある事案であった（もっとも、入会権者内部で入会権の存否に争いがあるというだけで、入会権を主張する者が入会権を否定する「入会権者」に対して入会権確認の訴えを提起する訴えの利益を当然に有するとは、必ずしもいえないように思われる）。そうだとすると、本判決の事案は例外的に原告の「請求」との関係で提訴拒絶者の被告適格を肯定でき、①にいう射程との関係では例外的にその射程内にある事案だったと見ることもできる。裏からいえば、本判決の射程は、例外的に提訴拒絶者の被告適格を肯定し得る事案にのみ及ぶと解することも不可能ではないからである。

　しかしそれでも、前述②の射程限定の契機との関係では、本判決は大きな一歩を踏み出したと見ることができるのではないか。なぜなら、入会権確認の訴えでは、提訴拒絶者を被告に回した場合、被告に回された提訴拒絶者と入会権を争っていた本来的な被告との間には、伝統的な見解によれば判決の既判力は生じないはずである。にも拘わらず本判決は提訴拒絶者を被告に回すことにより固有必要的共同訴訟の要件を満たすことを肯定している。その趣旨は慎重に吟味する必要があるが、しかし、「メリーゴーランド構成」に一歩踏み出したと本判決を評価することも、あながち不可能ではないようにも思われるからである（以上につき、より詳細には八田卓也・リマークス39号106頁参照。また、本判決についての解説として、本書項目19固有必要的共同訴訟、百選第5版97事件〔山本弘解説〕ほかを参照されたい）。

発 展 問 題

　1．判例理論によれば境界確定訴訟に処分権主義の適用がない実質的理由はどこに求められるか。特に、単に原告の主張と異なる位置で境界を確定することが許されるだけでなく、当事者間の係争土地の範囲外に境界線を引くことができるとする根拠は何に求められると考えられるか。

　2．境界確定訴訟の対象を所有権の境界と捉える説では、境界確定訴訟は形式的

形成訴訟だということになるか？

　そのほか、境界確定訴訟はどのような特徴を有することになるか（判決の対世効、処分権主義の適用の有無等はどうなるか）？

　３．不動産登記法131条以下の筆界特定制度と境界確定訴訟の関係を説明せよ。

　４．冒頭のケースにおいて、ＦがＫに乙土地を譲渡し登記も移転したのちＦ・Ｋ間の土地の売買契約が解除されたが、未だ登記はＫのもとにある、という状態にあるとき、Ｃは誰を被告として境界確定の訴えを提起するべきか。

　５．登記簿上の筆界で画される二筆の土地甲・乙がある。甲の所有者はＡであり、乙の所有者はＢである。甲土地にはＡを債務者とするＣのための債権につき抵当権が設定されており、その登記がある。Ｃ・Ｂは、甲・乙両地の境界をめぐって争っている。しかし、Ａは甲土地はいずれＣによる担保権の実行としての競売により他人に奪われるものと考え、土地境界については特に関心を示していない。

①このような場合に、Ｃは何らかの形で、適法に境界確定訴訟を提起することが出来るか？
②ＢがＡを被告として提起した境界確定訴訟に対し、Ｃが何らかの形で関与していく方法はあるか？

［発展問題のヒント］

　１．については、「筆界」が私人の処分に属しないことのほか、筆界をどこに引くべきかに関し、「隣接土地所有者」以外に強い利害関係を有する者はいないか、また、当事者の主張する範囲内に「筆界」を引くことが何らかの形で裁判所に不自然を強いることにならないか（大判昭和11年３月10日民集15巻695頁参照）を考慮する必要があろう。

　２．については、境界確定訴訟の対象が所有権であるとした場合、かかる境界確定訴訟の機能・意義は何か、その機能・意義との関係で境界確定訴訟にいかなる特殊性を認めるべきかを考察することになろう（高橋・重点(上)87頁、山本・基本問題68頁以下、新堂・新民訴212頁注１参照）。

　３．については、不動産登記法123条以下、清水規廣ほか『Ｑ＆Ａ新しい筆界特定制度』〔三省堂・2006〕１頁以下、特に24頁以下、新堂・新民訴203頁注２を参照。また、筆界特定制度ほかの筆界特定のための新制度と境界確定の訴えとの関係につき、佐藤・リマークス36号122頁を参照されたい。

　４．については、Ｆ・Ｋ間の売買契約解除の効力につき争いがある可能性があること、Ｆ・Ｋ間の売買契約がＦにより解除された場合、解除後Ｆに登記が戻る前に、Ｋが第三者に不動産を譲渡し登記を移転する可能性もあること、等の事情を考慮されたい。

　５．については、境界確定訴訟には、本文で紹介した①所有権の範囲確定機能、②分筆の前提として筆界を確定する機能のほか、③対抗要件の及ぶ土地の範囲を画する機能というものが存在し得ること（八田卓也「境界確定訴訟の意義について」新堂古稀(下)97頁、特に120頁を参照）、そして③の機能に照らして考えた場合、筆界確定に最も密接な利害関係を有するのは誰になるか、を考慮されたい。

第７章　民事紛争と民事訴訟　367

◎◎◎ 参 考 文 献 ◎◎◎

本文中に掲げたもの。特に、高橋・重点(上)82頁以下の一読を強くお勧めする。

（八田　卓也）

事 項 索 引

い

遺言執行者 ……………………………23
遺言無効確認の訴え …………………52
一応の推定 ……………………………134
一部請求 ………………………………164
　　――と相殺 ………………………164
イン・カメラ手続 ……142,145,146,147,151

う

訴えの主観的予備的併合 ……………219
訴えの利益 ……………………………48

か

解明度 …………………………………132
確認の利益 ……………………………51
家事審判 ………………………………346
貸出稟議書 ………139,143,144,145,146,147
間接事実 …………………………77,95
間接反証 ………………………………134

き

規範的要件 …………………………86,121
既判力
　　――の基準時後の形成権行使 ………153
　　――の客観的範囲 ……………164,190
　　――の作用 ………………………166
　　――の遮断効 ……………………154
　　――の主観的範囲 ……………179,235
　　判決理由中の判断と―― ………168,190
共同訴訟人独立の原則 ………………221

け

境界確定訴訟 …………………………353
経験則 …………………………………128
形式的形成訴訟 ………………………353
厳格な証明 ……………………………127
原告適格 ………………………………13
権利抗弁 ………………………………120
権利自白 …………………………98,117
権利能力なき社団 ……………………2

こ

合一確定 ………………………………254
　　――の必要性 ……………………230
控訴裁判所における終局判決 ………313
控訴の利益 ……………………………298
口頭弁論 ………………………………78
口頭弁論終結後の承継人 ……………179
抗弁 ……………………………………116
固有必要的共同訴訟 ……………230,357

さ

債権者代位訴訟 ………………………14
再抗弁 …………………………………116
再審 ……………………………………321
　　――の補充性 ……………………325
再度の考案 ……………………………347
裁判所の調査権能 ……………………104
債務名義 ………………………………154
参加承継 ………………………………291
参加的効力 ……………………………280
暫定真実 ………………………………120

し

時機に後れた攻撃防御方法 …………97
事実上の推定 …………………………133
事実認定 ………………………………125
自白 ……………………………………87
　　――の効果 ………………………89
　　――の成立要件 …………………91
　　――の撤回 ………………………90
　　裁判上の―― ……………………87
氏名冒用訴訟 …………………………322
釈明義務 ………………………………102
釈明権 …………………………………80,100
宗教団体の紛争 ………………………331
自由心証主義 …………………………126
重複訴訟の処理 ………………………63
主張 ……………………………………78
主張共通の原則 …………………77,115
主張責任 ………………………………114

事項索引　*369*

主要事実 ……………………………77, 95
証拠…………………………………………78
証拠共通の原則……………………77, 221
証拠調べの必要（性）……………146, 151
証書真否確認の訴え………………………51
上訴の利益 ……………………………298
証明責任 ……………………………115, 128
証明度 …………………………………130
証明妨害 ………………………………149
将来の給付の訴え…………………………50
将来の損害賠償の請求……………………48
職権探知主義 …………………………344
処分権主義 ……………………………102
信義則 …………………………………190
人事訴訟 ………………………………344
真実擬制 ……………………………142, 148, 149
審判権の限界 …………………………331

せ

請求異議の訴え ………………………153
請求原因事実……………………………116
正当な当事者……………………………13
選定当事者………………………………25

そ

相殺の抗弁
　——と既判力 ……………………164
　——と上訴の利益 ………………307
　——と二重起訴……………………60
　——と不利益変更禁止の原則 …310
　——の審理方法 …………………170
送達 ……………………………………321
争点効 …………………………………190
訴訟行為と表見法理………………………42
訴訟告知 ………………………………275
訴訟承継 ………………………………287
訴訟上の請求 …………………………164
訴訟上の和解 …………………………205
　——と既判力 ……………………209
訴訟代理…………………………………40
訴訟担当 ……………………………14, 25
訴訟追行権 …………………………13, 25
訴訟と非訟 ……………………………341
訴訟物 …………………………………164
損害額の認定 …………………………136

た

代理……………………………………36

つ

通常共同訴訟 …………………………219

て

手続保障 ……………………155, 292, 321

と

当事者適格 …………………………13, 25
当事者能力……………………………… 1
同時審判申出共同訴訟 ………………219
当然承継 ………………………………289
独立当事者参加 ………………………253

に

二重起訴の禁止…………………………60
入会権確認の訴え ………………230, 365
任意的訴訟担当…………………………25

は

判決主文 ………………………………164
反射効 …………………………………179

ひ

引受承継 ………………………………291
被告適格 ………………………………13
非訟事件 ………………………………341
筆界確定訴訟 …………………………353
必要的共同訴訟 …………222, 230, 240
　——の手続の進行 ………………245
表見法理…………………………………42

ふ

夫婦同居の審判 ………………………346
夫婦の同居義務 ………………………342
付郵便送達 ……………………………326
不利益変更禁止の原則 ………………310
文書の特定 …………………………142, 151

へ

弁護士代理の原則………………………26
弁論……………………………………78

370　事項索引

弁論主義………………………74,102,114

ほ

法人でない社団……………………… 3
法人の代表…………………………41
法定訴訟担当………………………14
法定代理……………………………38
法律上の事実推定 ………………120,133
法律上の争訟 ………………………332
補充送達 ……………………………323
補助参加 …………………………263,275
補助参加人の権限 …………………275
補助参加人への判決効 ……………275
補助参加の利益 ……………………263

補助事実………………………………77

よ

要件事実（論）…………………112,113

る

類似必要的共同訴訟 ………………240
　──と上訴 ………………………246

わ

和解 …………………………………204
　裁判外の── …………………205
　裁判上の── …………………205

事項索引　*371*

—— 編者紹介

長谷部由起子（はせべ・ゆきこ）

1980年東京大学法学部卒業。現在、学習院大学大学院法務研究科教授。

『変革の中の民事裁判』（東京大学出版会・1998）、『破産法・民事再生法概論』（共著、商事法務・2012）、『ケースブック民事訴訟法［第4版］』（共編著、弘文堂・2013）、『民事手続原則の限界』（有斐閣・2016）、『民事訴訟法［新版］』（岩波書店・2017）、『民事執行・保全法［第5版］』（共著、有斐閣・2017）等。

山本　弘（やまもと・ひろし）

1981年東京大学法学部卒業。現在、神戸大学大学院法学研究科教授。

「送達の瑕疵と民訴法三三八条一項三号に関する最近の最高裁判例の動向」青山善充先生古稀祝賀論文集『民事手続法学の新たな地平』（有斐閣・2009）、『民事訴訟法［第2版］』（共著、有斐閣・2013）、『破産法・民事再生法概論』（共著、商事法務・2012）等。

笠井正俊（かさい・まさとし）

1986年京都大学法学部卒業。現在、京都大学大学院法学研究科教授。

『倒産法概説［第2版補訂版］』（共著、弘文堂・2015）、『倒産法演習ノート［第3版］』（共著、弘文堂・2016）、『ケースブック民事訴訟法［第4版］』（共編著、弘文堂・2013）、『新・コンメンタール民事訴訟法［第2版］』（共編著、日本評論社・2013）、『民事訴訟法［第2版］』（共著、有斐閣・2015）等。

—— 執筆者紹介（2018年2月1日現在）

1. 名津井吉裕（なつい・よしひろ）

2000年京都大学大学院博士課程単位取得退学。現在、大阪大学大学院高等司法研究科准教授。

2. 松下淳一（まつした・じゅんいち）

1986年東京大学法学部卒業。現在、東京大学大学院法学政治学研究科教授。

3. 堀野　出（ほりの・いづる）

1998年同志社大学大学院法学研究科博士課程退学。現在、九州大学大学院法学研究院教授。

4. 林　昭一（はやし・しょういち）

2003年神戸大学大学院法学研究科博士後期課程単位取得退学。現在、同志社大学大学院司法研究科教授。

5. 野村秀敏（のむら・ひでとし）

1978年一橋大学大学院法学研究科博士課程修了。現在、専修大学大学院法務研究科教授。

6. 三木浩一（みき・こういち）

1984年慶應義塾大学大学院法学研究科前期博士課程修了。現在、慶應義塾大学大学院法務研究科教授。

7. 笠井正俊（編者紹介参照）

8. 菱田雄郷（ひしだ・ゆうきょう）

1997年東京大学法学部卒業。現在、東京大学大学院法学政治学研究科教授。

9. 坂田　宏（さかた・ひろし）

1983年京都大学法学部卒業。現在、東北大学大学院法学研究科教授。

10. 下村眞美（しもむら・まさみ）

1987年大阪大学大学院法学研究科博士前期課程修了。現在、大阪大学大学院高等司法研究科教授。

11. 山田　文（やまだ・あや）

1990年東北大学法学部卒業。現在、京都大学大学院法学研究科教授。

12. 北村賢哲（きたむら・けんてつ）
2002年東京大学大学院法学政治学研究科博士課程修了。現在、千葉大学大学院社会
科学研究院教授。

13. 内山衛次（うちやま・えいじ）
1988年大阪大学大学院法学研究科博士後期課程単位修得退学。現在、関西学院大学
法学部教授。

14. 越山和広（こしやま・かずひろ）
1987年慶応義塾大学法学部卒業。現在、龍谷大学法学部教授。

15. 本間靖規（ほんま・やすのり）
1974年北海道大学法学部卒業。現在、早稲田大学法学学術院教授。

16. 原　強（はら・つよし）
1986年上智大学大学院法学研究科博士後期課程単位取得退学。現在、上智大学大学
院法学研究科教授。

17. 垣内秀介（かきうち・しゅうすけ）
1996年東京大学法学部卒業。現在、東京大学大学院法学政治学研究科教授。

18. 水元宏典（みずもと・ひろのり）
1999年東京大学大学院法学政治学研究科博士課程修了。現在、一橋大学大学院法学
研究科教授。

19. 山本克己（やまもと・かつみ）
1982年京都大学法学部卒業。現在、京都大学大学院法学研究科教授。

20. 和田吉弘（わだ・よしひろ）
1988年東京大学大学院法学政治学研究科博士課程単位取得退学。現在、立命館大学
法務研究科教授、弁護士。

21. 畑　瑞穂（はた・みずほ）
1989年東京大学法学部卒業。現在、東京大学大学院法学政治学研究科教授。

22. 山本和彦（やまもと・かずひこ）
1984年東京大学法学部卒業。現在、一橋大学大学院法学研究科教授。

23. 髙田昌宏（たかだ・まさひろ）
1987年早稲田大学大学院法学研究科博士後期課程単位取得退学。現在、早稲田大学
法学学術院教授。

24. 岡田幸宏（おかだ・ゆきひろ）
1990年名古屋大学大学院法学研究科退学。現在、同志社大学法学部教授。

25. 上野泰男（うえの・やすお）
1975年大阪市立大学大学院法学研究科博士課程単位取得退学。現在、早稲田大学名
誉教授。

26. 勅使川原和彦（てしがはら・かずひこ）
1993年早稲田大学大学院法学研究科修士課程修了。現在、早稲田大学大学院法務研
究科教授。

27. 山本　弘（編者紹介参照）

28. 安西明子（あんざい・あきこ）
1993年九州大学大学院法学研究科修士課程修了。現在、上智大学法学部教授。

29. 長谷部由起子（編者紹介参照）

30. 八田卓也（はった・たくや）
1995年東京大学法学部卒業。現在、神戸大学大学院法学研究科教授。

基礎演習民事訴訟法（第3版）

2010（平成22）年4月30日　初　版1刷発行
2013（平成25）年3月30日　第2版1刷発行
2018（平成30）年2月28日　第3版1刷発行

編著者　長谷部由起子・山本　弘・笠井正俊

発行者　鯉　渕　友　南

発行所　株式会社　弘文堂　101-0062 東京都千代田区神田駿河台1の7
　　　　　　　　　　　　　TEL 03(3294)4801　振替 00120-6-53909
　　　　　　　　　　　　　http://www.koubundou.co.jp

装　幀　青　山　修　作

印　刷　港北出版印刷

製　本　井上製本所

© 2018 Yukiko Hasebe, et al. Printed in Japan

JCOPY ＜（社）出版者著作権管理機構　委託出版物＞
本書の無断複写は著作権法上での例外を除き禁じられています。複写される場合は、
そのつど事前に、（社）出版者著作権管理機構（電話 03-3513-6969、FAX 03-3513-6979、
e-mail:info@jcopy.or.jp）の許諾を得てください。
また本書を代行業者等の第三者に依頼してスキャンやデジタル化することは、たとえ
個人や家庭内での利用であっても一切認められておりません。

ISBN978-4-335-35752-7